加快构建中国特色管理学体系

李志军　尚增健　主编

经济管理出版社
ECONOMY & MANAGEMENT PUBLISHING HOUSE

图书在版编目（CIP）数据

加快构建中国特色管理学体系/李志军，尚增健主编 . —北京：经济管理出版社，2022.1
ISBN 978 – 7 – 5096 – 8296 – 8

Ⅰ.①加⋯ Ⅱ.①李⋯ ②尚⋯ Ⅲ.①管理学—中国—文集 Ⅳ.①C93 – 53

中国版本图书馆 CIP 数据核字（2022）第 006864 号

组稿编辑：杨世伟
责任编辑：胡　茜　姜玉满
责任印制：黄章平
责任校对：董杉珊

出版发行：经济管理出版社
　　　　　（北京市海淀区北蜂窝 8 号中雅大厦 A 座 11 层　100038）
网　　　址：www. E – mp. com. cn
电　　　话：(010) 51915602
印　　　刷：唐山昊达印刷有限公司
经　　　销：新华书店
开　　　本：720mm × 1000mm/16
印　　　张：26. 75
字　　　数：411 千字
版　　　次：2022 年 1 月第 1 版　　2022 年 1 月第 1 次印刷
书　　　号：ISBN 978 – 7 – 5096 – 8296 – 8
定　　　价：98. 00 元

前　　言

2016 年 5 月 17 日，习近平总书记主持召开哲学社会科学工作座谈会并发表了重要讲话，提出"着力构建中国特色哲学社会科学，在指导思想、学科体系、学术体系、话语体系等方面充分体现中国特色、中国风格、中国气派"。

管理世界杂志社积极响应习近平总书记在哲学社会科学工作座谈会上的重要讲话精神，心怀"国之大者"，重视发挥学术期刊的引领作用，积极推动构建中国特色、中国风格、中国气派的管理学体系。

为了纪念习近平总书记在哲学社会科学工作座谈会上的重要讲话发表五周年，学习贯彻 2021 年 5 月 9 日习近平总书记给《文史哲》编辑部回信的重要指示精神，2021 年 5 月 15 日，管理世界杂志社组织召开了"加快构建中国特色的管理学体系"研讨会。

现将这次研讨会专家发言要点进行整理，并收入《管理世界》近年发表的几篇有关文章，汇编成册，结集出版，以飨读者。

目　　录

为构建中国特色管理学体系贡献力量

——《管理世界》办刊理念、主张与做法

管理世界杂志社　李志军

2016 年 5 月 17 日，习近平总书记主持召开哲学社会科学工作座谈会并发表重要讲话，提出"着力构建中国特色哲学社会科学，在指导思想、学科体系、学术体系、话语体系等方面充分体现中国特色、中国风格、中国气派"，为构建中国特色的管理学体系指明了方向。

《管理世界》是国务院发展研究中心主管主办的经济类管理类学术期刊。我们认真学习贯彻习近平总书记重要讲话精神，并贯彻到办刊的全过程。创刊 36 年来，我们始终坚持党刊姓党和政治家办刊的原则，坚持正确政治方向，坚守意识形态阵地，认真贯彻落实"三审三校"制度，坚守科研诚信，努力搭建学术成果交流发表的高端平台，赢得了学术界的认可和好评。

《管理世界》是全国哲学社会科学工作办公室重点资助的学术期刊，也是国家自然科学基金委员会认定的学术期刊，在国内几大社科期刊评价中，多年来一直居管理类首位或被称作"顶级期刊"。在国际影响力方面，在国内管理学期刊中也是名列第一。2020 年 12 月，根据中国学术期刊、清华大学图书馆和中国科学文献计量评价研究中心评价结果，《管理世界》的影响力各项指标在国内管理学期刊中排名第一。2020 年，全国哲学社会科学工作办公室对 185 家资助期刊进行年度考核，综合政治导向、办刊规范、重要举措、质量效果和资金使用等情况，有 24 家期刊考核"优秀"，《管理世界》是其中之一。

一、 明确办刊理念和主张， 积极引领学术前沿

我们一贯倡导研究中国问题，讲好中国故事，推动构建有中国特色、中国风格、中国气派的学科体系、学术体系、话语体系，研究我国经济社会发展中的重大现实问题，提出主体性、原创性的理论观点，提炼出有学理的新理论。

进入新时代以来，我们进一步明确办刊理念和主张，归纳为十个方面：①倡导把论文写在祖国大地上。研究总结我国经济社会发展的伟大实践，立足国情和发展实践，揭示新特点、新规律，提炼和总结我国经济发展实践的规律性成果，把实践经验上升为系统化的理论。②倡导立足中国实践，借鉴国外经验，面向未来，着力构建有中国特色、中国风格、中国气派的学科体系、学术体系、话语体系，反对照抄照搬外国模式。坚定学术自信，反对崇洋媚外。③倡导负责任的学术研究。学术研究的目的不是自娱自乐，要有社会责任感和时代感，要为国家经济社会发展服务。研究方法要科学，数据要可靠，研究结果可重复、经得起检验。④倡导研究范式规范化，研究方法多样化。根据所研究问题的实际需要，实事求是地使用数学方法，不盲目崇拜数学模型。学术研究以问题为导向，而不是以技术为导向，数学方法只是工具和手段，不是目的。文章是用来表达思想和观点的，不是玩数学游戏的。要做有思想的学术，有学术的思想。⑤倡导科研诚信，抵制学术不端行为。要树立良好的学术道德，自觉遵守学术伦理规范，把做人、做事、做学问统一起来。严格论文查重。打击各种学术不端行为，对科研不端行为零容忍。警惕并抵制"买版面""找枪手"等不良现象。⑥倡导推行代表作评价制度，注重标志性成果的质量、贡献和影响。在学校评估、学科评估、各种人才计划、奖励评选、项目评审、职称评审过程中摈弃"唯论文"现象，反对片面追求论文数量。⑦倡导文章要深入浅出，坚持简单性原则，把复杂问题简单化，反对把简单问题复杂化，把明白的东西神秘化。文章是让别人看的，要让读者看懂、看明白，反对卖弄博学、故作高深。不要老想着"我多么高明"，而是要采取与读者处于完全平等地位的态度。⑧倡导好文章发表在中文期刊上。鼓励高质

量的学术论文优先在国内发表，在职称评定、各类人才计划和奖励评选中，以在国内发表的论文作为代表作。反对一味追求在国外期刊发文章，给外国人交版面费，壮大发展外国期刊的做法。⑨倡导培育世界一流的哲学社会科学类期刊，提升我国哲学社会科学学术期刊的国际影响力和话语权。破除社会科学评价中对 SCI、SSCI 等期刊评价体系的盲目崇拜，合理规范高等院校、科研院所的 SCI、SSCI 期刊等级划分标准和 SCI、SSCI 论文相关指标的使用，不直接以 SCI、SSCI 论文的相关指标作为判断的关键或唯一依据。⑩倡导发挥学术期刊的引领作用。对我国经济学管理学研究进行选题引领、研究范式引领。坚持以原创性、思想性、科学性为选稿标准，破除"重模型、轻思想""重技术、轻问题""重国外、轻国内"等不良倾向。

二、倡导研究总结我国经济社会发展的伟大实践，把实践经验上升为系统化的理论

我国经济社会发展进程波澜壮阔、成就举世瞩目，蕴藏着理论创造的巨大动力、活力、潜力。我们倡导深入研究世界经济和我国经济社会面临的新情况、新问题，为经济学和管理学创新发展贡献中国智慧；要深刻解读新中国历史性变革中所蕴藏的内在逻辑，讲清楚历史性成就背后的中国特色社会主义道路、理论、制度、文化优势，更好地用中国自己的理论解读中国实践。近年来，我们积极刊发了一批研究中国实际问题的研究成果，比如：

围绕我国经济社会发展的重大问题，组织刊发了《如何看待中国仍然是一个发展中国家？》《中国发展仍处于重要战略机遇期——中国潜在经济增长率与增长跨越》《充分发挥"超大规模性"优势　推动我国经济实现从"超大"到"超强"的转变》《突破"制度高墙"与跨越"中等收入陷阱"——经验分析与理论研究结合视角》《高质量发展的目标要求和战略路径》《2035：中国经济增长的潜力、结构与路径》《打好防范化解重大风险攻坚战：思路与对策》《结构转换、全要素生产率与高质量发展》《面向国家治理体系和治理能力现代化的财税改革框架研究》《未来 15 年

国际经济格局变化和中国战略选择》等系列文章。

围绕庆祝新中国成立70周年开展征文，组织刊发了《新中国70年的经济增长：趋势、周期及结构性特征》《始终服从和服务于社会主义现代化强国建设——新中国财政70年发展的历史逻辑、实践逻辑与理论逻辑》《发展与平衡的新时代——新中国70年的空间政治经济学》《新中国70年农业经营体制的历史变迁与政策启示》《中国发展战略的回顾与展望》等系列文章，阐释新中国成立70年来我国经济社会发展的伟大实践、取得的伟大成就、成功经验和理论创新成果。

围绕纪念改革开放40周年举办学术研讨会，组织刊发了《改革开放以来我国宏观经济政策的演进与创新》《中国经济增长四十年回顾与展望》《中国开放型经济发展四十年回顾与展望》《改革开放40年中国企业管理学的发展——情境、历程、经验与使命》《人民币汇率市场化改革40年：进程、经验与展望》《从乡土中国到城乡中国——中国转型的乡村变迁视角》《要素禀赋变化与农业资本有机构成提高——对1978年以来中国农业发展路径的解释》等文章，阐释我国改革开放的伟大实践、取得的伟大成就、成功经验和理论创新成果。

围绕新发展格局和学习贯彻党的十九届五中全会精神，组织刊发了《更加自觉地用新发展格局理论指导新时期经济工作》《百年大变局、高质量发展与构建新发展格局》《"十四五"时期中国金融改革发展监管研究》《"十四五"时期中国区域经济发展的重大问题展望》《"十四五"时期我国发展内外部环境研究》《"十四五"时期中国新型城镇化发展重大问题展望》等系列文章。

围绕新冠肺炎疫情影响与防控开设专栏，组织刊发了《疫情冲击下的经济增长与全面小康经济社会目标》《新冠肺炎疫情防控对国家应急管理体系和能力的检视》《构建重大突发公共卫生事件治理体系：基于中国情景的案例研究》《疫情冲击下中小微企业困境与政策效率提升——基于两次全国问卷调查的分析》《疫情后我国积极财政政策的走向和财税体制改革任务》等系列文章。

围绕乡村振兴、精准扶贫，组织刊发了《以习近平总书记"三农"思想为根本遵循实施好乡村振兴战略》《反贫困与国家治理——中国"脱贫攻坚"的创新意义》《乡村振兴背景下乡村治理的目标与实现途径》《乡村振兴评价指标体系构建与实证研究》《科学理解推进乡村振兴的重大战略导向》《农地"三权分置"背景下的土地流转研究》等系列文章。

2021年，我们围绕庆祝建党一百周年主题开展征文，从经济学和管理学角度，研究总结党领导人民进行革命、建设和改革开放的伟大实践、取得的伟大成就、成功经验和理论创新成果。

三、准确把握期刊定位，积极推动构建中国特色、中国风格、中国气派的学科体系、学术体系、话语体系

我们高度重视研究阐释习近平新时代中国特色社会主义理论，组织刊发了《论习近平新时代中国特色社会主义经济思想》《伟大的实践深邃的理论——学习习近平新时代中国特色社会主义经济思想的体会》《坚持新发展理念，推动现代化经济体系建设——学习习近平新时代中国特色社会主义思想关于新发展理念的体会》等系列文章。

我们倡导研究总结我国经济发展实践的规律性成果，发展中国特色社会主义政治经济学，组织刊发了《进入新时代的中国特色社会主义政治经济学》《新时代借用西方经济学的几个重大理论问题》《加快发展中国特色的健康经济学》《构建中国风格的世界经济学理论体系》等系列文章。

我们关注我国重大工程、国之重器、大科学装置和高技术领域的管理学问题，开设了"管理科学与工程"栏目，组织刊发了《构建中国特色重大工程管理理论体系与话语体系》《冲破迷雾——揭开中国高铁技术进步之源》《构建新时代两型工程管理理论与实践体系》《重大工程决策"中国之治"的现代化道路——我国重大工程决策治理70年》《重大工程全景式创新管理——以港珠澳大桥工程为例》等系列文章，研究总结我国重大工程等领域的伟大实践，用中国的学术体系和话语体系讲好、讲全、讲透我国重大工程管理的故事，推动构建中国特色、中国风格、中国气派的管理科学与工程。

我们积极倡导百花齐放，百家争鸣。就经济学研究范式和中国经济学派问题，组织刊发了《试论经济学的域观范式研究——兼议经济学中国学

派研究》《论中国特色社会主义经济学的范式承诺》《经济学何去何从？——兼与金碚商榷》《经济学：睁开眼睛，把脉现实——敬答黄有光教授》；就发展经济学的理论探讨，组织刊发了《"发展悖论"与发展经济学的"特征性问题"》《发展的机制：以比较优势战略释放后发优势——与樊纲教授商榷》。这是多年来少有的思想交锋，引起了学术界的高度关注。

2021 年，我们组织召开了"研究中国问题　讲好中国故事——积极响应习近平总书记'把论文写在祖国大地上'伟大号召"和"加快建设中国特色、中国风格、中国气派的管理学——学习贯彻习近平总书记在哲学社会科学工作座谈会上重要讲话精神"等研讨会。

四、提倡研究方法多样化，反对片面追求"数学化""模型化"倾向

近年来，我国学术界出现了不分情况、不分场合地使用数学方法和模型的现象，甚至出现了过度"数学化""模型化"等不良倾向，实在让人担忧。有的期刊全然走样，刊发的文章读者看不懂、看不明白；有的论文一味追求数学模型的严格和准确，忽视了新的思想、观点和见解；有的学者炫耀数学技巧，追求复杂甚至冗余的数学模型；有的学者沉迷于数学游戏，忽视了对问题本身的深入思考，其结果是使简单的问题复杂化，用"众所不知"的语言去讲述众所周知的道理。针对这种情况，我们旗帜鲜明地反对片面追求"数学化""模型化"倾向。

我们在推进研究方法多样化、研究范式规范化方面做了一些探索和努力。早在 2017 年就刊发了《经济学研究中"数学滥用"现象及反思》一文。我们刊发的一些文章完全不用数学模型，仅用文字或辅以简单的图表表达思想和观点，学术水平也很高。我们推动开展中国企业管理案例与质性研究，发掘中国企业管理的优秀案例，推动构建有中国特色的企业管理理论。

我们组织对学术研究和论文写作中的"数学化""模型化"倾向进行反思。2020 年第 4 期刊发编者按《亟需纠正学术研究和论文写作中的

"数学化""模型化"等不良倾向》，在学术界引起很大反响。编辑出版《学者的初心与使命——学术研究与论文写作中的"数学化""模型化"反思》一书，组织召开"把论文写在祖国大地上"研讨会暨《学者的初心与使命——学术研究与论文写作中的"数学化""模型化"反思》新书发布会。

新时代，新征程，新作为。我们将一如既往，不忘初心，牢记使命，继续开拓进取、不断改革创新，始终坚持正确的办刊方向，不断提高办刊质量和水平，努力打造高质量、高水平的学术交流平台，为构建有中国特色、中国风格、中国气派的学科体系、学术体系、话语体系贡献力量！

加快构建高质量的中国特色管理学体系[*]

——使命、进展与展望

首都经济贸易大学　王永贵

伴随着中国经济的蓬勃发展和中国企业在国内外舞台上竞争地位的提升，围绕以中国管理学、东方管理学、中国式管理、管理理论中国化为代表的概念探讨也愈来愈多。在立足新发展阶段、贯彻新发展理念、构建新发展格局的大背景下，如何加快构建高质量的中国特色管理学体系已迫在眉睫。

一、 中国特色管理学的使命与担当

正如习近平总书记在哲学社会科学工作座谈会上所指出的，"人类社会每一次重大跃进，人类文明每一次重大发展，都离不开哲学社会科学的知识变革和思想先导"，他强调，坚持和发展中国特色社会主义，必须高度重视哲学社会科学，结合中国特色社会主义伟大实践，加快构建中国特色哲学社会科学。这其中，当然也离不开中国特色管理科学的贡献。实际上，作为旨在研究和总结经营管理活动的基本规律和一般方法的管理科学，在我国实现"两个一百年"奋斗目标的过程中发挥着重要作用，指导着中国企业的有效实践，并为世界管理科学的发展做出贡献。

作为管理学者，我们必须以加快构建高质量的中国特色管理学体系为己任，树立为人民做学问的理想，尊重人民主体地位，聚焦人民实践创

---

* 原载《管理世界》2021 年第 6 期。

造，自觉把个人学术追求同国家和民族发展紧紧联系在一起，努力多出经得起实践、人民、历史检验的高质量研究成果；要牢固树立问题导向，深入研究和回答我国经济社会发展过程中有关管理科学的重大理论和实践问题，要立足中国、借鉴国外，挖掘历史、把握当代，关怀人类、面向未来，力争在中国特色管理学的指导思想、学科体系、教材体系、学术体系、话语体系等方面打造出鲜明的中国特色、中国风格、中国气派，使管理学学术命题、学术思想、学术观点、学术标准、学术话语等方面的能力和水平同我国的综合国力和国际地位相匹配。同时，管理学者也需要立时代之潮头、通古今之变化、谋管理之发展、解企业之难题、发思想之先声、育管理之英才，担负起历史赋予的光荣使命。

二、 中国特色管理学的进展与不足

在管理科学的发展历程中，"理论普适科学化"与"本土实践针对性"的矛盾一直困扰着整个管理学术界。进入 21 世纪以来，伴随着中国的改革开放，全球互联网数字浪潮在中国大地上催生了一批又一批成功的企业和成功的商业模式，为中国特色管理学的高质量发展提供了肥沃的土壤。同时，在以"ABCDE"（人工智能、区块链、云计算、大数据和新兴技术）和"UVCA"（不确定性、模糊性、复杂性、动荡性）为特征的商业环境下，管理实践的复杂多样性和创新性也迫切需要更适合中国情境和中国国情的管理理论来服务和指导中国企业的管理实践。

与此相应，有关中国特色管理学的研究和探讨也层出不穷，一些优秀学术期刊上刊载了一系列中国管理学、中国管理哲学、东方管理、中国本土管理、中国式管理、中国特色企业管理学、中国管理学研究情境化等主题的相关研究成果，并就"中国式管理理论"的存在性、中国管理学跟西方管理学的区别与联系，以及中国特色管理学的历史演进和未来发展等核心问题展开了深入探讨，为中国特色管理学的构建奠定了较好的学理基础。这些研究大都强调扎根于中国本土、服务中国企业的生存与发展，旨在解释和预测中国特有的管理现象，使相关理论更适应和体现中国国情，更适应和体现中国文化环境、社会价值观念与思维方式。综合来看，主要包括以下三种类型：①纯粹原创的本土理论，这类研究是从无到有，结合中国国情，从传统文化中提炼中国管理思想；②开发本土量表，如和谐心智模式、中国道德领导、中国精神型领导以及中国人的关系、面子、圈子、中庸结构等；③介绍并适当修正西方理论，这类研究借鉴西方的理论思想，将其引用至中国本土的研究中。

不过，也应该清醒地认识到中国特色管理学的构建依然存在着以下不足：①有些理论研究与管理实践相脱节，单纯为了本土化而本土化。例如，过度解读传统文化，将其与现代管理实践进行机械对应；囿于自身研究视角，缺乏与同行和企业的沟通交流，造成中国特色管理学流派日趋复杂等。②缺乏系统长远规划，片面追求所谓"学术前沿"，生搬硬套西方管理学理论，忽视中国国情和管理实践，思考深度有待增强等。③受西方管理学研究范式影响，有过度追求研究规范化、推崇复杂定量研究与高深模型的倾向，对实际问题的研究不够深入，难以发现管理实践背后的中国逻辑和中国规律。④同时存在为了实证而实证、过于推崇实证研究和为了案例而案例、过于强调质性研究优点两种极端情况。实际上，定性研究与定量研究从来没有谁优谁劣之分，管理研究应该以问题为导向，从问题意识出发，以帮助解决实践问题为初衷，定性研究与定量研究仅仅是方法或工具，是为解决研究问题而存在的，过于推崇其中一方、只谈方法不谈内容，注定无法构建高质量的中国特色管理学（王永贵、李霞，2019；张佳良、刘军，2018）。

三、 中国特色管理学的展望和方向

中国特色管理学未来的发展方向是：立足国情和中国企业管理实践，完善中国特色管理学的学科体系、学术体系、话语体系，探索和揭示中国企业管理实践的内在规律。

第一，从研究对象上看，应聚焦中国管理实践，重点研究本土组织的管理和发展问题；从研究选题上看，应正确处理世界管理问题与中国本土管理问题的关系，突出具有中国现实意义和前沿性的核心问题，在服务中国本土的同时为世界管理科学的发展贡献中国智慧；从研究内容上看，应该重点关注中国企业管理实践中的特殊元素，探索构建中国特色管理学的概念体系，阐释这些概念之间的逻辑关系；从研究情境上看，应基于中国管理实践的特定情境或视角，对中国的独特管理现象进行剖析和诠释；从研究方法上看，应该坚持辩证唯物主义和历史唯物主义的方法论，同时既充分借鉴吸收西方现代管理学的有益研究方法，又立足中国现实与研究需要促进研究方法创新（王永贵、李霞，2019）。

第二，从情境依赖性的角度看，应科学理解加快构建中国特色管理学所面临的关键情境。以中国数据（中国证据）、世界数据（世界证据）和中国现象（中国问题）、世界现象（世界问题）为坐标轴划分 4 种情境。以中国数据（中国证据）和世界现象（世界问题）构建的情境 1 以及以中国数据（中国证据）和中国现象（中国问题）构建的情境 2 都是中国学者需要重点关注的，是构建中国特色管理学的核心所在。其中，情境 1 是基于中国的证据来检验世界普遍的现象；情境 2 是基于中国的证据来探索中国特有的现象。比较而言，情境 3 则是基于世界数据去研究世界问题，这也是中国学者可以为世界管理科学贡献中国智慧之处。至于最后一种情境，现实中一般是不存在的。

第三，加快构建中国特色管理学体系还须加快改革和优化学科评价体系。我们需要以《深化新时代教育评价改革总体方案》为指引，逐步完善和优化管理科学的学术评价体系、管理体制和运行机制，切实加强高水平管理科学学术团队和人才培养工作，鼓励更多管理学者投身到深入研究和探索我国经济社会发展过程中有关管理科学的重大理论和实践问题中，并大力改革和优化高质量研究成果的分享与传播机制，重视并切实推动高质量中文和英文学术期刊的建设，逐步提升中国特色管理学的国际话语权，与世界分享"管理学术中的中国""管理理论中的中国"，让世界了解"发展中的中国""开放中的中国""为人类管理科学作出贡献的中国"。

第四，加快构建中国特色管理学体系还要有包容的心态和科学的态度来对待各种研究方法。根据研究目标或问题灵活选择科学研究方法，让管理研究扎根于中国的管理实践、解决中国的管理难题。如果脱离管理实践，管理研究只会成为无源之水、无本之木。同时，要保持科学严谨的学术精神，辩证地看待中国传统文化，让更多的中国优秀传统文化跟现代管理理论有机地融合起来，并在中国的管理实践中持续加以拓展与创新，为中国特色管理学贡献新的智慧、新的理论、新的工具。

第五，加快构建中国特色管理学还必须正确理解中国特色管理学国际话语体系可能要经历以下三个阶段：第一个阶段：中国语言、中国故事，基本上不强调跟国际接轨，学者们做好自己的研究并努力夯实"内功"，为能够"讲得出"优秀的中国管理故事奠定基础。第二个阶段：世界语言、中国故事，学者们需要让世界了解中国、了解中国企业、了解中国元素、了解中国文化、了解中国管理、了解中国经验，并让世界"听得懂"优秀的中国管理故事，跟国际学术界真正"对上话"。显然，这离不开使用世界语言来讲述中国故事，逐步赢得国际话语权。当全世界都来关注中国经济和中国管理的时候，在积累到一定程度的时候，就会自然而然地过渡到第三个阶段：中国语言、世界故事。到那个时候，中国的，民族的，也是世界的。

参考文献

［1］王永贵、李霞：《面向新时代创新发展中国特色企业管理学》，《人民日报》，2019 年 11 月 25 日，第 009 版。

［2］张佳良、刘军：《本土管理理论探索 10 年征程评述——来自〈管理学报〉2008～2018 年 438 篇论文的文本分析》，《管理学报》，2018 年第 12 期。

谈管理学理论构建的几个问题[*]

中国科学院大学　汪寿阳

管理学的理论构建与发展是目前中国管理学界讨论比较多的一个话题，我自己也作了一些思考。今天很高兴讲几点意见和建议，供大家参考和批评指正。

第一，最近，管理世界杂志社举办的系列"加快构建中国特色的管理学"研讨会，将在推动中国特色的管理学理论的构建与发展方面产生广泛的影响。在管理学的众多理论的诞生与发展中，学术期刊发挥了基础性的作用，例如 H. Markowitz 的投资组合理论（Markowitz，1952）发表在 *Journal of Finance* 上，对华尔街第一次科学革命产生了非常关键而深远的影响。今天 Nobel 经济科学奖评奖委员会在对获奖者进行选择时特别看重研究工作的原创性，特别是看重在学术期刊上发表相关理论的第一篇论文及影响。《管理世界》《管理评论》和《管理学报》等期刊在促进中国特色的管理学理论的创立和发展方面做了不少探索，特别是《管理世界》做出了突出的贡献，为其他管理学中文期刊树立了榜样。

第二，管理学理论的构建之最为关键的一点就是核心概念的提出，例如 Nobel 经济科学奖获奖的工作之一 H. A. Simon 的"有限理性决策理论"（Simon，1972），其中"Bounded Rationality"和"Satisfied Decision"是两个核心概念，正像质量、速度、加速度等概念奠定了牛顿力学理论的基础。未来，中国管理学者需要在核心概念的提出方面下大气力，创立产生广泛影响的中国特色的管理学理论。

---

[*] 原载《管理世界》2021 年第 6 期。

第三，中国管理学的理论一定会具有鲜明的中国特色和离不开中国情景，在我们的理论构建中一定要把握中国特色和中国情景的本质。就像东方的管理哲学与西方的管理哲学之内核有本质的区别，让人一目了然。中西管理哲学思想的差异反映了两者各自不同的历史环境和文化背景。因此，中国学者需要结合中国特有的制度和文化因素，发展出具有中国特色的管理研究。但是，在构建我们的管理理论时，还需要关注理论的普适性和科学性。在欧洲，法国许多企业的管理与德国许多企业的管理在风格上有很大的差异，但并没有"德国企业管理理论"和"法国企业管理理论"一说。将来怎么把握管理理论的普适性和科学性与管理理论的中国特色之权衡是需要我们加以关注的一个重要问题。

第四，管理学理论的构建可以借鉴或引入其他学科的一些基本概念和研究方法。例如，牛文元先生借鉴物理学中的热力学理论的基本概念"燃点"和相关理论构建了今天很热门的社会管理研究领域的"社会燃烧理论"（牛文元，2001，2017），指导政府管理，产生了广泛的影响。又如我们把文学中和心理学中的"冰山理论"引入到企业商业模式的研究中（汪寿阳等，2015，2019），提出了"商业模式冰山理论"，不仅可以回答"好的商业模式难以复制"这一工商管理的公开问题，有效地指导了多个企业的商业模式设计和创新，出版的专著和在国内外期刊上发表的系列论文得到了国内外同行和企业家的赞扬。

第五，在构建管理理论时，我们一定要把握时代的特征。数字经济在中国的快速发展以及今天我们处于百年未有之大变局的关键时期，特别是中央提出的"双循环"为中国管理学界创立新的管理理论提供了千载难逢的机遇和前所未有的可能性。随着数字技术和人工智能的蓬勃兴起，新一轮产业革命催生层出不穷的新经济和新业态，新的数据形式和变量间的新型复杂关系将给管理学理论的构建带来空前的挑战；另外，我国在数字资源的总量、广度和深度等方面都居于世界领先水平，从而为大数据管理学领域的发展提供了最重要的基础，也给管理学的发展和原创性的理论突破带来难得的机遇。我们应该立足中国大地，以解决中国管理问题为导向，充分利用我们的综合优势，注重新的管理思想的提炼，创新管理理论与方法，在全球引领数字经济时代管理理论的研究与发展（洪永森、汪寿阳，

2020）。

第六，要重视与媒体的合作，讲好中国管理故事，提升中国管理学的国际影响力与国际话语权。最近，我们在 *Science* 正刊、*Nature* 正刊以及它们的子刊上发表了几篇论文，发现 *Nature* 和 *Science* 这些著名期刊与国际上各大主流媒体都有着非常紧密的合作关系。例如，我们关于比特币与中国碳排放的一篇管理学论文（Jiang et al.，2021）在 *Nature Communications* 上发表后，其研究工作被 CNN、BBC，美国《时代周刊》、《商业周刊》、《华盛顿邮报》、《纽约时报》，英国《经济学人》等广泛报道，这对研究成果被社会大众广泛了解有很大帮助。今后《管理世界》和《管理评论》等学术期刊可加大与国内外大媒体的合作力度，让中国特色的管理理论在中国、在全世界产生更为广泛的影响。

参考文献

［1］Jiang，S. R.，Li，Y. Z.，Lu，Q.，et al.，2021，"Policy Assessment for the Carbon Emission Flows and Sustainability of Bitcoin Blockchain Operation in China"，*Nature Communications*，doi. org/10. 1038/s41467 – 021 – 22256 – 3.

［2］Markowitz，H.，1952，"Portfolio Selection"，*Journal of Finance*，Vol. 7，pp. 77 ~ 91.

［3］Simon，H. A.，1972，"Theories of Bounded Rationality"，*Decision and Organization*，Vol. 1（1），pp. 161 ~ 176.

［4］洪永淼、汪寿阳：《数学、模型与经济思想》，《管理世界》，2020 年第 10 期。

［5］牛文元：《社会物理学与中国社会稳定预警系统》，《中国科学院院刊》，2001 年第 1 期。

［6］牛文元：《社会物理引论》，科学出版社，2017 年。

［7］汪寿阳、敖敬宁、乔晗等：《基于知识管理的商业模式冰山理论》，《管理评论》，2015 年第 6 期。

［8］汪寿阳、乔晗、胡毅等：《商业模式冰山理论：方法与案例》，科学出版社，2019 年。

构建中国特色管理理论体系的思考[*]

江西财经大学　　吴照云

2016 年 5 月 17 日，习近平总书记在哲学社会科学工作座谈会上提出"着力构建中国特色哲学社会科学，在指导思想、学科体系、学术体系、话语体系等方面充分体现中国特色、中国风格、中国气派"，管理学作为哲学社会科学的重要分支，关乎着"中华民族伟大复兴"中国梦的实现。

一、 构建中国特色管理理论体系的意义

（一） 经济发展的要求

伴随着改革开放，中国向世界打开了大门，各种生产要素、管理经验与文化思潮竞相流通，如今已然越居为世界第二大经济体，实现了经济发展从"引进来"到"走出去"的转变。因此在管理理念上，需要从学习借鉴、本土转化中走向自我总结、贡献世界的道路。

（二） 理论研究的使命

在管理学领域，围绕我国和世界发展所面临的管理难题，着力提出能够体现中国立场、中国智慧、中国价值的理念、主张、方案，构建中国特色的学科体系、学术体系与话语体系也是管理研究者的责任使命。

（三） 管理实践的需要

以华为、海尔、小米等企业为代表，发生在各类优秀企业和新型企业中的"中国管理故事"越来越多，同时西方理论成果在中国管理实践中

＊ 原载《管理世界》2021 年第 6 期。

"水土不服"的现象也屡屡发生，迫切地要求我们扎根中国本土管理实践、构建中国特色管理理论、形成中国管理学派，为世界化解管理难题提供中国方案、贡献中国智慧。

二、 构建中国特色管理理论体系的内涵

（一）中国有没有管理？

首先，学界关于"中国管理理论"是否存在长期争执不休，相当一部分学者认为：中华文明起源于农耕经济，而当代管理理论体系承接自西方商业文明及工业文明的社会背景，故中国农耕文明的历史背景下没有管理与管理学。若仅仅因为历史背景与文化情境不同而认为"中国没有管理和管理学"，无疑陷入了"白马非马"的思维陷阱：从泰罗的科学管理开始，不论是量化管理还是动作管理，究其本质旨在通过分工产生效率以更快更好地实现组织目标，那中国从氏族社会的采集渔猎到封建社会的男耕女织均能体现目标共有、群体劳动与分工合作，不正是"分工产生效率"的体现吗？

（二）中国管理是什么？

"管理"一词含有围绕着"人"所产生的主客体互动之意，一问一答、一唱一和、良性互动，即主体要能够"会管"，客体要愿意"被管"，管理才有实施下去的可能，所以"管理"是一门关于在组织中如何做人做事的学问。

根据《说文解字》："理，治玉也。从玉，里声。"理，也就是治理玉石，即治理玉石要顺着它的纹路去进行内在分析，有"认识内在规律"之意。"文化"也就是"文而化之"，意指形成带有历史痕迹的而就某种意识形态或行为习惯达成共识的过程。由此可见，管理本身就是一种带有历史文化印记的组织行为，中华上下五千年的灿烂文化就是中国管理理论赖以存在的根本。

（三）什么是理论与理论体系？

什么是理论，接上文"理"代表着对规律所形成的某种认知与判断，《说文解字》对"论"的解释为"论，议也，凡言语，循其理得其宜谓之

论"，"论"则是对"理"作出的一系列解释与表达。理论是帮助人们认识、解释、表达规律的一系列判断，带有客观性、规范性与动态性。

理论体系则是更进一步将若干相互联系的理论整合起来构成一个有特定功能的理论系统。管理作为一种实践活动，其理论体系应兼顾"易知易学易行"的要求，"知"是对人性与管理规律的客观认识与判断，"学"是化繁为简、言简意赅的准确转述，"行"是在面对真实管理问题时如何操作达到学以致用。

三、 构建中国特色管理理论体系的路径

自 20 世纪 80 年代以来，经过几代人数十年的探索，中国管理理论取得了丰实硕果。其中，既有扎根历史文脉与意识形态的理论构建研究，也有以国学典籍为指导的管理哲学与企业家精神研究；既有按时间线与关键人物划分的思想归类整合研究，也有以阴阳五行等为分析工具的研究，提出并使用了诸如"东方管理学""管理学在中国""中国式管理"等数十项学术概念与框架。

欲解决中国管理研究存在的概念命题范式不统一问题，可尝试从三个视角入手：一是从本体论出发，扎根中国传统哲学，提炼传统哲学要素，即"道理"层面；二是从认识论出发，运用管理哲学提取出人事物协调与控制的核心范畴，即"学理"层面；三是从方法论出发，通过田野调查与历史考据，从传统文化与企业实践中挖掘管理智慧形成操作指导方案，即"术理"层面，让研究成果实现"产学研"全覆盖。具体研究范式与成果体现如下：

（一）关于构建路径的研究范式

以传统文化为参照构建中国的管理理论之框架如下：以自我为核心，管理者首先进行自我管理，提高个人素质然后推己至家；有了稳定的家庭条件，心无旁骛地向外求索，面临如何谋生治生，也就是经营管理；百姓小家富起来必然为国家宏观管理打好微观经济基础；维护国家主权、保卫人民生命财产安全都需要人民军队的存在，即军事管理。因此，从中国传统文化中挖掘管理智慧的纵向逻辑顺序是：自我管理、家庭管理、经营管

理、国家管理、军事管理，即治身、治家、治生、治国、治军的"国学五维"，呈现出由小到大、由内向外不断拓展泛化的逻辑。

另外，管理作为一种协调人与物等资源为实现组织目标服务的实践行为，故从形态上来说必然具有人类有目的实践活动的所有要素，即实践的主体、实践的对象（客体）、实践的环境、实践的目标和实践的内容与方法等要素。因此，管理的主体、管理的对象（客体）、管理的环境、管理的目标、管理的内容与方法作为管理行为的"实践五维"必然要纳入挖掘管理智慧的横向视角，如此将"实践五维"与"国学五维"的横纵视角组合起来，实现传统管理智慧与当代管理理论对接（见表1）。

表1　构建中国管理理论的框架

	自我管理	家庭管理	经营管理	国家管理	军事管理
管理主体	管理者自己	家长族长	管理机构	政府与商人	君主与将帅
管理客体	内心与身体	族人族产	经营活动	政治与社会	士兵与后勤
管理环境	独处与相处	血缘与地缘	政策与技术	政局与经济	和平与征战
管理目标	内圣外王	家族繁荣	富国富民	国家富强	护国安邦
内容与方法	正心诚意	家训家风	官营私营	礼法并重	修武军备

（二）关于构建路径的成果体现

遵循"国学五维＋实践五维"框架从传统文化中挖掘管理智慧来构建中国管理理论的同时，在成果的设置上将零散的管理思想与方式方法梳理、重组、汇总，大致有以下四种方式：

一是按时间序列分析各个历史阶段的重要管理思想，展现中国管理思想发展演变的历史过程，如先秦、秦汉、唐宋、明清管理思想等，从中找到中国传统管理思想的形成轨迹、发展路径与规律启示。

二是按传统学派进行专题剖析，提炼各学派的管理精髓与当代运用要领，如儒家人才管理、道家创业管理、兵家战略管理等，再通过某种视角或逻辑串联起来。

三是按某个思想家或某部典籍的管理理论进行构建，如老子、管子、王阳明管理思想等，该构建方式可以推衍至现代企业家管理思想，为古今中外管理思想对话提供新思路。

四是按商业组织解读经营思想为当代企业服务，如晋商、徽商、赣商管理思想等，最重要的是从中找到因"五缘"所形成的社会网络及其背后的运行机理。

中国管理学体系的国际话语权[*]

浙江大学　吴晓波

改革开放以来，中国实现了奇迹式发展。而人类社会每一次重大跃进，人类文明每一次重大发展，都离不开哲学社会科学的知识变革和思想先导。中国哲学社会科学发展进入了新时代，加强管理学的国际话语体系建设，打造为国际社会所理解和接受的新概念、新范畴、新表述，引导国际学术界展开平等理性的研究和讨论已经成为当下中国管理学者的重要任务。

一、 三个基本观点

讲到哲学社会科学，其实离不开亚里士多德体系。现代科学没有诞生在中国的一个重要原因是，现代知识体系的底层框架是古希腊学者们提出的。勤奋的中国人民各种实践智慧（Phronesis）非常多，但如何提炼成清晰表达的理论大智慧？智慧（Episteme）代表的不仅是认识物理世界、自然世界、人与人的关系，还要往上提升成为对事物客观性的认识论，变成不以人的意志为转移的科学理论。当下，国际会议上能听到的中国声音很多，但是涉及中国管理学体系的国际话语权还存在以下三个方面的问题。

首先，兼顾"民族性"与"世界性"是一项重大挑战。语言是话语符号，话语是思想载体。如何能让源远流长的中国思想得到世界的理解和认可？我们做得不够的原因，不在于没有推出某种所谓的"世界通用语言"。

---

[*]　原载《管理世界》2021 年第 6 期。

国际话语权的产生，并不是简单地创造一组纯粹的符号，而是要有源自客观实践的认识体系。当下中国，既要避免"自说自话"，也要避免"亦步亦趋"，要理性地推动构建话语体系在兼顾"民族性"与"世界性"中前进。

其次，发展管理学术话语体系不等于"造新词"。管理话语表达的基础是"概念"，我们需要基于中国管理情境中的规律认识而开发新概念。然而，现今中国管理学术圈，有一种"攒造新词"以哗众取宠的不良风气。科学中对概念的定义不是源于文字界定，而是源于与之相关的客观观察。我们所构建的话语体系也并非空中楼阁，需要先辨析前人理论的源头和假设前提，追根溯源，而不是简单粗暴地否定他人并进行盲目堆砌。正如奥卡姆剃刀法则所说："如无必要，应予舍去。"话语权要在继承前人基础上进行基于理性的创新和发展。

最后，要考虑语言之间的互文性。从语言的本质来看，汉语具有天然的独特性，富含"缄默知识"，许多汉语词汇难以找到准确的外文对应词，翻译很难完全准确和清楚。中华文化和汉语言给予了中国管理学体系发展的沃土，但如何在西方管理学体系中寻找与之呼应的思想和情境，并实现文字的借用和理念的传达？我们需要在思想和语言的循环和共鸣中下真功夫。

二、 勿忘学者初心

回归本源，我们要问自己：学者究竟为何而研究？正如郭重庆院士所言："当下中国管理科学界极需'实践'冲动，改变中国管理理念、顶层设计、制度设计的滞后，这是我们一代人的历史使命和社会责任担当。"学者的责任和价值在于不断逼近真理，这就需要我们不断地质疑"常识"、挑战"常识"并建立新的"常识"。而管理学者的基本素养在于科学精神和科学方法——竺可桢先生提出的"求是精神"和钱学森先生提出的定性与定量相结合的综合集成方法当为表率。在此基础之上，有三个基本的管理问题值得思考和回应。

一是中国模式有普适性吗？2004年5月7日，美国《时代》周刊高级编辑乔舒亚·库珀·雷默在伦敦《金融时报》上发表文章，指出中国通过艰苦努力、主动创新和大胆实践，摸索出了一个适合本国国情的发展模式。但是，这给学者们提出了一个重要的研究命题：这种适合中国国情的发展模式只是一个特例，还是符合普适的市场规律？存不存在也适用于别国的客观规律？只有去芜存菁，才有普适的真理。

二是中国的实践是否有悖于经典的技术驱动经济论？诺贝尔经济学奖得主罗伯特·索洛于1956年提出经济增长模型，其结论是经济增长的路径是稳定的，在长期只有技术进步是增长的来源。因此，人们把技术进步作为经济发展的内在动力，并建立起科技与经济结合的市场制度体系作为一国经济能否保持长期增长的核心要素。但中国的技术供给大多来自引进，而非原生，内源性的技术创新成果较少。是原有的发展理论存在偏差？还是由于中国仍处于追赶为主的特殊阶段所致？这需要中国管理学者们脚踏实地又能对接国际语境的研究来回答。

三是中国情景的企业治理的"特殊性"？英美有以股东为中心的企业治理，德国有"劳资同权"的企业治理，日本奉行以经营者为中心的企业治理。而中国具有国企、民企、混合所有制等多种产权结构的企业治理，有何特色？中国特色社会主义市场经济下的政企关系和公司治理体系应有其客观的合理性。

三、 共同奋斗

为了更好地解决问题和回答问题，中国管理学体系的国际话语权建设需要从以下三个方面来进行共同努力。

一是大力发展扎根中国管理实践的质性研究。话语权不是简单的工具，而是思想、创新理论体系，而是扎根于实践、深华于思想。讲好中国管理故事，凝炼标识性新概念，离不开扎实的"定性研究"。近十几年来，中国在国际顶级杂志上发表的文章越来越多，其中大部分偏于定量的对已有理论的实证，具有中国自己学术话语内容的却鲜有所见，尤其缺少基于扎根案例的深入分析和规范研究。我们需要通过定量与定性相结合的研究，"理性深入地进去"，"科学表达地出来"，大力提倡扎根中国管理实践的研究。

二是在学界形成理性批判风气。我国管理学界目前存在着较重的追求"网红效果"的"非理性批判倾向"。通过极端化的论点和观点吸引"流量",往往会"一知半解"地对经典理论"大张挞伐"。但科学是一种思考和观察事物以使深入理解其运行机制的方法,我们需要纠正浮夸风气:既尊重权威,又不迷信权威;既尊重经典,又勇于创新。要相信"来自竞争的繁荣",提供理性争鸣的平台,加大理性批判、促进争辩争鸣,才会有好的管理理论诞生出来。

三是大力发展"人文教育",着力培养中国管理学术人才。站在科学与艺术交叉口的管理学,是一门交叉学科,既涉及人文艺术,又需要科学修养。时代呼唤既具有人文关怀、悲悯情怀,又具有独立精神、创新精神的管理学者。培养青年一代的人文精神和素养非常重要。与中国当今的经济与社会的伟大变革相比,中国管理科学的理论研究显得苍白,管理科学研究滞后于经济社会转型的实践,尚未起到指导作用。"直面中国管理实践的求是精神"是当今中国管理学界面临的最大挑战!

总之,构建管理学学术话语体系需要多方共同努力,学者要充分发挥更加积极主动深入实践的"科学理性"和"非功利性"作用;大学管理部门应改革机制,致力于塑造生动活泼、百花齐放的良性局面,允许有各种大胆的创新尝试和探索。我们要充分抓住新一轮产业革命的重大发展机遇,抓住理论创新和话语体系全球性重构的重大"超越追赶"的战略机会窗口,为"人类命运共同体"建设贡献中国智慧和中国方案。

构建有国际影响的中国特色管理理论[*]

中国人民大学　毛基业

　　面对百年未有之大变局，在增强"四个自信"与破"五唯"的形势下，本文探讨如何构建有国际影响且源自中国管理实践的管理学理论，首先说明为什么尚未出现这样的理论，但目前的条件已经具备。随后论述为实现这样的目标应该用什么样的研究范式和方法。

一、为什么尚未出现有国际影响且源自中国管理实践的理论？

　　2020年《财富》全球500强排行榜中中国内地和香港地区的公司达到124家的历史新高，第一次超过美国（121家）。而1995年这个榜单第一次发布的时候，中国内地只有4家企业上榜；2001年中国加入世贸组织时也仅有12家。有这样的跨越式发展，有没有产生普适性的最佳管理实践？管理学研究有没有提出有国际影响的管理工具、方法、概念和理论？答案并不乐观。

　　管理学理论本质上是组织现象的一般规律，表现为概念及之间的关系与解释。管理学文献中有少数具有显著中国文化特色的概念。但十年前，徐淑英和张志学（2011）指出"十分可惜的是，目前已发表的中国管理研究文章几乎显示不出本土化的特征"。Jia等（2012）也发现，1981～2010年在国际上最高水平的6本管理学期刊上，发表的中国管理学研究文

---

　　*　原载《管理世界》2021年第6期。

章一共有 259 篇，仅占这些期刊发表的论文总数的 2.7%，其中只有 10 篇有情境化研究（包括 2 篇质性研究），数量是微乎其微的，最近十年来的改进并不显著①。然而，Li 和 Tsui（2002）发现有影响力的研究（高引用次数）都具有本土化的特征。可以说，越是民族的才越是国际的。

这个现状的背后有两个主要原因（观察）。首先，在工业经济时代，国内似乎没有出现全球范围内的原创最佳管理实践，因而管理学者缺乏做出引领性理论创新的素材。以当前广受关注的华为公司为例，其成功因素除了中国管理智慧和文化之外，在流程和方法方面基本也是学习和采纳西方为主。相比之下，20 世纪八九十年代初期，日本经济腾飞的时候却产生了以丰田生产方式为代表的精益制造体系和知识管理理论等。其次，以往国内管理学者缺乏理论构建的能力，1990 年之前，甚至 1995 年之前，基本没有实证研究，科研主要用的是思辨式方法和引进西方管理理论（张玉利、吴刚，2019），而前者属于"前无古人后无来者"的论文写作范式。

然而，目前以上两个观察都发生了根本性变化。一方面，中国有全球最大的消费互联网，电商的交易额超过世界总量的一半。2019 年的网购零售额已经超过 10 万亿元人民币，占社会零售总额的 25%。中国已经全面进入移动互联网时代，移动互联网用户超过 13 亿。不仅是规模，中国在数字化营销、金融科技、人工智能应用、共享经济、移动支付、3D 打印、无人机等领域有一系列的全球范围内的最佳实践。金融科技是公认最发达的，因为我们有全球最大的大数据，最丰富的应用场景、相对宽松的隐私保护。数字经济中涌现出以海尔为代表的平台型组织，以及阿里巴巴、小米、美团等生态型组织。这些现象为管理学研究和创新提供了鲜活的素材。

另一方面，实证研究范式已经牢固确立了主导地位。在国际上高水平期刊论文检索数据库中的中国学者的论文数量和引用次数，都已经名列前茅，仅次于美国。在管理学里的 24 本顶级期刊上，国内学者的发表能力也逐渐提升，极少数顶尖本土学者已有能力独立发表，若干所商学院已经进入了全球百强。例如，Li 等（2019）在 *Journal of International Business*

① 参见 2019 年 6 月 6 日陆亚东在天津大学管理与经济学部所作主题为"学术贡献理论化"的学术报告。

Studies 期刊上发表的一篇论文，受中国电商平台国际化现象的启发，提出生态系统特定优势（ESA）的概念。

"时代是思想之母，实践是理论之源"。新时代在呼唤并催生新理论，新理论也在引领新时代。中国学者构建有影响的管理理论的条件已经成熟。

二、 如何构建有国际影响的管理理论？

借用双循环的概念，即以国内大循环为主体、国内国际双循环相互促进的新发展格局。核心是解决国际化跟本土化理论构建的关系。国际化指使用国际通用的社会科学研究范式（实证研究方法），而不是指使用英文发表。本土化指的是讲中国故事，聚焦中国管理情境。

为什么需要采纳国际通用的研究范式？第一，实证研究范式有坚实的科学哲学基础，包括本体论和认识论等。例如，波普尔提出的证伪的概念，要求研究必须与已有的理论对话，对其进行延伸和修正，这是社会科学界普遍认识的理论构建范式。波普尔的认识进化论，提供了一个理论的进化机制。第二，实证研究方法有其规范性和严谨性，强调精准的概念定义和测量，进而基于可观察和测量的数据确立概念间的关系。这个范式对于什么是理论以及什么是理论贡献是有明确的定义和共识的。例如，针对如何确立现象间的因果关系，实证研究方法的教科书都介绍其三个必要条件。第三，从可行性角度看，现有管理学理论的演化过程显示它具备与时俱进和自我修正的机制，有足够的包容性、开放性和多元性。在研究方法上既有基于大样本定量研究的演绎方法，也有基于质性研究的这种归纳式方法，而且很多西方管理学大家都强调本土化和情境化。此外，以往本土管理学理论的成长和进步，也说明了采纳实证研究方法已经取得了巨大成功。因此，我们应该继续发扬光大以往的成功之道，坚持采纳国际通用语言去研究中国企业和实践。既然管理学研究的范式已经存在而且相对有效，我们没必要重新发明轮子，而应该是缺什么就补什么。

应该说现有管理学理论是全人类管理实践与研究的结晶，也包括东方的贡献。有没有必要去区分西方的管理科学与中国的管理科学？尽管有文化和地域差异，但以企业为研究对象的管理科学似乎应该只有一个。这里有个类比，各地区的文化与制度可以不同，但是思维方式和科学哲学应该是一样的。否则为什么人类有同样的数学、同样的逻辑推理？同理，管理学的描述对象、研究对象可以不同，但是描述方式需要共同的。

作为管理学研究对象的微观组织的共性大于个性。比如，现代企业治理制度中的中国企业和欧美企业有没有本质区别？如果有，是什么？相关研究并不多。企业内部，无论是目光所及的建筑和设备等硬件，还是组织架构图、岗位说明等软件与西方企业都很相似，有全球趋同的趋势。华为与欧美企业的差别主要是看不到的文化与所有制的差异。具体到员工层面，中国员工与欧美员工本质区别有哪些？也是共性大于个性。因此，我们在承认共性的基础上去研究个性，"不要觉得中国的很多东西有多特殊，站在全球的视野可能不一定这么特殊"（张玉利、吴刚，2019）。

此外，随着时代的变化，中国企业开始"走出去"，我们开始有一批世界级的企业和世界领先的管理实践。所以中国管理理论产生国际影响也是一个必然，对于提高国际话语权和"四个自信"有重要意义。因此，我们应该拒绝自说自话、不能闭门造车，避免追求单一的内循环。

然而，我们也要意识到国内目前普遍采纳的大样本定量研究，较多借鉴自然科学的研究范式，有其局限性。我们应该大力推动质性研究，这样的归纳性研究方法，天然扎根在管理实践中，因而更适合从实践中提炼新颖的管理理论。案例研究与实践的关系天然就非常密切，便于构建接地气的管理理论（Eisenhardt，1989），特别适合构建原创性理论，近年来也在管理学界获得了普遍采纳和认可（毛基业，2020）。

当代中国管理学者面临一个千载难逢的历史机遇。我们需要聚焦中国情境，讲好中国故事，并坚持采纳国际通用的范式。

参考文献

［1］Eisenhardt，K. M.，1989，"Building Theories From Case Study Research"，*Academy of Management Review*，Vol. 14（4），pp. 532～550.

［2］Jia，L.，You，S. and Du，Y.，2012，"Chinese Context and Theoretical Contributions to Management and Organization Research：A Three decade

Review Management and Organization Review", *Management and Organization Review*, Vol. 8 (1), pp. 173 ~ 209.

［3］Li, J. T. and Tsui, A. S., 2002, "A Citation Analysis of Management and Organization Research in the Chinese Context: 1984 – 1999", *Asia Pacific Journal of Management*, Vol. 19 (1), pp. 87 ~ 107.

［4］Li, J., Chen, L., Yi, J. and Mao, J., 2019, "Ecosystem – specific Advantages in International Digital Commerce", *Journal of International Business Studies*, Vol. 50 (9), pp. 1448 ~ 1463.

［5］Mao, J., 2018, "Forty Years of Business Research in China: A Critical Reflection and Projection", *Frontiers of Business Research in China*, Vol. 12 (1), pp. 323 ~ 330.

［6］毛基业：《运用结构化的数据分析方法做严谨的质性研究——中国企业管理案例与质性研究论坛（2019）综述》，《管理世界》，2020 年第 3 期。

［7］徐淑英、张志学：《管理问题与理论建立：开展中国本土管理研究的策略》，《重庆大学学报（社会科学版）》，2011 年第 4 期。

［8］张玉利、吴刚：《新中国 70 年工商管理学科科学化历程回顾与展望》，《管理世界》，2019 年第 11 期。

立足管理实践　开展管理研究[*]

北京师范大学　戚聿东

　　管理学作为一门科学，从其产生之日起就与管理实践须臾不可分离。管理学随着管理实践的产生而产生，随着管理实践的发展而发展，其最深刻的本质在于与时俱进的实践性。正如文学"源于生活，高于生活"一样，管理学更是"源于实践，高于实践"。脱离丰富多彩的管理实践，管理理论研究必将成为无源之水，缘木求鱼。

一、　管理实践始终是管理理论产生发展的源泉

　　管理实践一直是管理理论产生发展的主要源泉和驱动力量，反过来说，管理理论始终是在立足实践、超越实践、反躬实践的闭环中得以不断发展创新的。纵观管理学说史，无论哪个阶段的重大理论学说，大多是具有丰富管理实践经验的企业家或管理学家总结提出来的。"科学管理之父"泰勒、古典组织理论及管理过程学派的创始人法约尔，都是公司总经理级别的企业家。哈佛大学教授梅奥是在主持霍桑工厂实验基础上促使行为科学理论诞生的。现代管理理论的主要流派代表性人物中，穆尼、戴维斯、孔茨、巴纳德、德鲁克等，都是直接经营企业的企业家；一些管理理论学派的创始人虽是大学教授，但代表性成果多是直接源于对具体企业的调查研究而成就的，如明茨伯格、伍德沃德、卢桑斯、钱德勒等。在当代管理理论形成发展过程中，诸多学派的奠基性成果，也多是出自具有深厚实践

　　* 原载《管理世界》2021 年第 6 期。

背景的管理学家或企业家，如彼得斯、波特、圣吉等；甚至诸多代表性成果直接出自企业，如波士顿管理顾问公司提出的经验曲线和成长—份额矩阵、通用电气公司提出的以市场吸引力和企业优势为变量的GE矩阵、摩托罗拉公司提出的六西格玛理论、麦肯锡公司提出的7S理论、日本丰田公司的精益生产方式、海尔集团的"人单合一"理论，等等。

当然，管理实践不直接等同于管理理论，要想把丰富多彩的管理实践上升为科学的管理理论，必然存在一个去粗取精、去伪存真、由此及彼、由表及里的"再加工"过程，这恰恰是管理学者的使命和价值所在。尽管管理理论成果存在自身的内在属性和逻辑要求，但并不改变管理理论的实践性本质。正如马克思在《关于费尔巴哈的提纲》一文中所指出的："社会生活在本质上是实践的。凡是把理论引向神秘主义的神秘东西，都能在人的实践中以及对这种实践的理解中得到合理的解决"，因此，只有坚持实践导向，管理理论才能保持生命之树长青。

二、　单纯实证主义管理理论研究的弊端

然而，自从实证研究范式流行以来，管理研究渐渐偏离实践性的要求，步入了"繁琐哲学"式研究而不能自拔。应该说，实证研究作为一种方法和范式，至今仍闪耀着科学的光芒，历史贡献功不可没，今后应该继续鼓励，但要避免走极端。从目前普遍情况来看，管理研究主体多为"从校门到校门"后躲在大学"象牙塔"里的教师，一味从书斋里而不是从企业实践中寻找选题，对研究对象缺乏经历和体验，研究过程走纯粹的"技术路线"，研究成果也就难免成为"不结果实的智慧之花"，甚至可以说是"极其完美地做了一件毫无意义的事情"。当下，这种脱离实践的学术倾向越来越盛行，管理学界基本上是在"自说自话"并且"自娱自乐"。麻省理工学院斯隆管理学院原院长理查德·施马伦西2006年在《商业周刊》撰文指出，美国商学院从20世纪50年代末期开始注重学术研究、忽略管理实践的风气，导致了近年来对管理教育与管理实践脱节的批评。为了弥补这一缺陷，管理学院需要鼓励有思想、有实践经验的教师，致力于以解决问题为目的的研究，这样，既能改善教学，又能提升管理实践。他

批评现有的学术奖励体系，引导教师唯有通过在权威期刊上发表专业研究论文来体现自己的价值，而不去奖励那些花大量时间对某一行业进行实地考察并研究其中问题的人。目前的学术聘用体系和奖励教授的方法不能吸引或鼓励那些以实践为导向的教授，而学院需要这样的教授使学院的研究和教学更能适应当前和未来的管理挑战。领导力大师本尼斯 2005 年在《哈佛商业评论》发表文章《商学院如何迷失了方向？》，认为过去几十年一些顶尖商学院悄然无声地改变了自己的文化，它们仅靠科研成绩来衡量自己的作为，有少量研究成果是杰出的，但大多数成果与实践脱节，对商业从业者来说毫无价值。他提出商学院应鼓励并奖励那些能启发和解决今天的商业实践所面临的难题的研究。

造成这种状况的原因虽是多方面的，但与学术界"无实证不论文"的学术时尚密不可分。实证研究是一种进步，但过度滥用则暴露出很多问题，如实证研究应该是先论证相关变量的逻辑关系，这是模型构建的前提，但现有研究过于突出数据与工具的使用，而忽略了相关变量的逻辑论证；现有模型与实证研究通常简单地根据实证结果陈述因与果的关系，而不是探索因与果之间的作用发生机制；一些研究的理论模型基本是借鉴国外学者的研究思路，有些直接照搬，有些稍作修改；任何模型都基于一定的假设之上，而这些假设本身是否合理、是否符合国情却鲜有考量；实证研究的数据还存在真实性、科学性、合理性问题，解释变量和被解释变量在"代理变量"选择上过于简单，等等。我们指出上述模型化实证化研究上的一些弊端，并不是从根本上否定模型化和实证化的研究方法，而是需要注意到模型化实证化不是万能的，需要在研究过程中予以进一步完善。与此同时，应该倡导包括质性分析、案例研究在内的多种研究方法，各种研究方法之间应该取长补短、相互借鉴，把质的分析和量的分析有机结合起来。

三、 如何构建中国特色管理学体系

2020 年 8 月，习近平总书记主持召开经济社会领域专家座谈会时指出，"新时代改革开放和社会主义现代化建设的丰富实践是理论和政策研究的'富矿'",希望广大理论工作者"从国情出发,从中国实践中来、到中国实践中去,把论文写在祖国大地上,使理论和政策创新符合中国实际、具有中国特色"。这为包括管理研究者在内的理论工作者指明了方向和路径。但知易行难,需要管理学者、管理学院、管理期刊共同发力,对标实践,矫正偏差,早日使管理理论研究回归到正确的轨道上来。

(一) 学者自觉

目前,管理理论研究的主体多是高校教师和科研院所研究人员,这些研究人员虽然受过严格的学术训练,但多数都是缺乏实践阅历和经历,实践体验和经验严重不足,躲在"象牙塔"里从事管理研究,难免选题上"找不着北",内容上严重"内卷化",方法上只能通过二手资料做实证研究,研究结论不知所云,政策建议隔靴搔痒。为改变这种理论脱离实践的状况,广大理论工作者应该积极"走转改",即"走基层、转作风、改文风"。研究者要走出"象牙塔",深入企业实际,使用"田野作业法",从企业发展面临的问题中提炼研究选题,以通过调查得到的一手资料数据作为支撑,在此基础上进行规范建模和实证研究,研究结论需从实证研究中得出,政策建议需与研究结论密切相关。在这方面,管理咨询公司为企业诊断的流程和方法非常值得学者借鉴。

(二) 评价导向

学术研究中理论脱离实践的现象,与学术评价的"指挥棒"有关。为鼓励管理学者发表货真价实的论文,亟需改革长期以来流弊甚多的论文评价导向制度。无论是教育部门考核高校,还是高校考核教师,不仅陷入了"无论文不科研"的境地,而且始终走不出"无量化不管理"的怪圈,量化考核的结果就是简单的"数数"和"计分"。为此,2020年10月,中共中央、国务院印发了《深化新时代教育评价改革总体方案》,提出"扭转不科学的教育评价导向,坚决克服唯分数、唯升学、唯文凭、唯论文、唯帽子的顽瘴痼疾"。关于高校教师科研评价,文件提出"突出质量导向,重点评价学术贡献、社会贡献以及支撑人才培养情况,不得将论文数、项目数、课题经费等科研量化指标与绩效工资分配、奖励挂钩"。评价导向改革的大政方针已经明确,只是有待早日落地。鉴于广大教师实践经验匮乏,高校应该鼓励广大教师多多参与实践,如直接创办经营实体、企业顾问和独立董事监事等形式的企业兼职、企业挂职、承接企业委托项目、开发企业案例、实地调研等。其中企业委托项目和案例都应根据质量情况享受与其他科研成果相同的激励政策。

（三）期刊引领

期刊是论文发表的载体，也是论文发表的指挥棒。高水平期刊应该积极引领学术风尚，在坚持自己办刊理念特色的同时，鼓励研究方法的多样化、论文风格的差异化。"文无定格"，好论文关键在思想体系，论证阐述的形式应不拘一格，不应局限于"土八股"或"洋八股"式的千文一面。为此，不是反对论文模型化实证化，只是反对唯模型唯实证，在论文发表取向上，高水平期刊在内容题材上应该带头坚持理论与实践、规范与实证、历史与逻辑等方面的统一，在范式形式上应该追求研究方法的多样化。鉴于当前学术论文普遍存在的思想贫瘠和方法单一的局限性，管理期刊当务之急是弥补实践短板。在这种背景下，管理世界杂志社在长期重视管理实践研究成果的基础上，为深入贯彻落实2016年5月17日习近平总书记在哲学社会科学工作座谈会上的重要讲话精神，举办了"加快构建中国特色管理学体系"的学术会议，可以说是非常及时、非常重要。2021年3月，《管理世界》等26家管理类、经济类核心期刊共同发起成立中国案例研究期刊联盟，带头开设案例研究专栏，共同搭建实践创新成果的宣传阵地，推动形成中国案例研究浓厚氛围，推进哲学社会科学研究范式变革。相信有了期刊引领和高校导向，加上学者自觉，管理理论服务管理实践的能力会越来越高。

管理研究的"中国风"*

天津大学　张　维

2016 年 5 月 17 日，习近平总书记在哲学社会科学工作座谈会上做出重要讲话，提出构建中国特色哲学社会科学要在"指导思想、学科体系、话语体系等方面充分体现中国特色、中国风格、中国气派"。管理学科无疑是哲学社会科学的一个重要组成部分。面向未来，由中国特色、中国风格和中国气派组成的"中国风"，将成为推动我国管理学科发展的重要驱动力量。

管理学的理论具有"情境依赖性"。管理学作为一门实践性很强的学科，是研究人类不同层次社会经济组织的管理活动规律的综合性学科。该学科通过严谨规范的研究方法，在特定"时空情境"假设下，将管理活动中的实践问题抽象为可求解的学术问题，进而探索这类活动的本质规律。管理活动赖以存在和发生的"时空情境"（相当于自然科学研究中的"假设"）是由相关的历史文化背景、政治经济制度和科学技术基础等诸多复杂因素相互扭结而形成的。管理学的知识产出就是在给定情境下，提供能够描述和解释管理活动规律的理论知识。由于研究对象的这种特殊属性，相比自然科学学科，管理学的研究方法论和手段、研究内容都随着时代的发展而不断演进，研究结论也具有更多的"情境（假设）依赖性"。

中国实践催生中国特色管理学理论创新。从某种意义上讲，现有主流管理学理论大多建立在西方"情境"之下（当然，也有一部分理论适用于更普遍的"情境"）。随着以中国为代表的新兴经济体的成功实践和当今

---

* 原载《管理世界》2021 年第 6 期。

世界格局的巨大变化，现有管理理论所依托的"情境"正在发生巨大改变，从而催生了管理学理论发展的新前沿。正如习近平总书记所指出的那样，"当代中国正经历着我国历史上最为广泛而深刻的社会变革，也正在进行着人类历史上最为宏大而独特的实践创新。这种前无古人的伟大实践，必将给理论创造、学术繁荣提供强大动力和广阔空间"。

管理学的"中国特色"。一个事物的所谓"特色"，即是其显著区别于其他事物的形式。管理学的中国特色，是由其赖以产生和发展的特定具体环境因素所决定的。因此，"中国情境"将推动管理研究问题的新构建。中国特色的管理学研究，要坚持中国共产党的领导、把握正确政治方向和坚守意识形态阵地，这就决定了中国特色管理学研究的选题方向和价值判断；社会主义核心价值观、党中央提出的"新发展理念"为管理和治理活动的目标设定提出了要求，进而对管理活动的规律产生作用；中国的政治经济制度所决定的现代国家治理体系，揭示出政府的多级（多部门）"看得见的手"之协同及其与市场"看不见的手"的协同问题等都成为中国管理研究的重要选题。所有这些，都需要我们在未来的中国特色管理学研究中面向国家发展重大战略需求提出研究问题、以中国"情境"为基础假设和问题设定框架、运用中国的数据和事实案例进行论证。

中国的管理学者有责任基于中国管理实践进行研究、获得有特色的原创管理理论，一方面回应并服务于国家发展的重大需求，另一方面为全人类的管理学体系做出原创的知识贡献，从"中国故事"中带给世界原创的管理学理论。

管理学的"中国风格"。从词义上，"风格"原本更多地针对艺术而言。用于学科上，大致应当指其所表现出来反映的时代风貌、民族文化或研究思想、价值观等相对稳定的内在特性。习近平总书记指出，构建中国特色哲学社会科学，"要体现继承性、民族性。要善于融通马克思主义的资源、中华优秀传统文化的资源、国外哲学社会科学的资源，坚持不忘本来、吸收外来、面向未来"。这就要求我们在发展管理学研究方法论方面，要突出体现"中国风格"。例如，考虑到中国文化背景，中国历史和文化沉淀出富有特色的思维方式，造就了中国学者对事物认知在时间和空间上的"整体观"；而当今时代科学技术（特别是信息技术）的迅猛发展，推动了对于参与管理活动的微观主体行为的巨量、异构数据的积累和数据分析能力的提升,为认识这些微观主体行为及其相互作用,进而认识由这些微观主体的复杂动态交互而形成的宏观整体之规律,提供了强有力认知工具。这两者的有机融合,使得钱学森等老一辈科学家提出的、具有"中国风格"的"从定性到定量综合集成复杂巨系统的方法论"得以进一步走向管理研究的实践。基于中国风格的研究还应当体现中国文化基因的塑造作用。中华文化源远流长,从大秦到盛唐、从咸平之治到康乾盛世,特别是直至新中国的伟大创举,无论从宏观的国家治理,还是从微观的企业组织的管理都取得了为世界所瞩目的成就,这背后深厚的文化力量绝不可忽视。深入扎实地挖掘中国文化对于中国管理实践的推动力及其规律,寻找管理学中的"中华民族基因",是当今中国管理学者的历史责任。

管理学的"中国气派"。所谓"气派",原本指做事情的态度作风或事物表现的气势。习近平总书记指出,"观察当代中国哲学社会科学,需要有一个宽广的视角,需要放到世界和我国发展大历史中去看"。这就要求我们新时代中国的管理学研究,需要建立一个立足中国的全球视野,在管理学理论的"情境意识"下、在对中国情境自觉的基础上,审视现有理论的"情境陷阱",从学习理解(基于西方情境的)"主流"管理理论,到建立(基于中国情境的)"本土"管理理论,进而发展更具包容性的"情境框架"和全球视角,并在此基础上发展具有包容性的管理学新理论,为推进人类管理知识前沿贡献中国智慧。管理研究的"中国气派"还要体现中国管理学者对于人类命运共同体的责任和担当。针对人类发展共同面临的突发"黑天鹅"式以及缓进的"灰犀牛"式严峻挑战,需要人类共同的智慧来加以应对。对于像"人口结构的社会经济影响机理""能源资源系统的转型规律""区域的社会经济协调发展""全球性公共危机的管理"等一系列重大研究问题,都应当责无旁贷地纳入中国管理学者的研究视野。

着力构建中国特色管理学科体系,需要中国管理学者在"中国特色""中国风格"和"中国气派"上体现出历史责任和担当,需要建立一个更加宽广的全球视野和包容胸怀,需要更加扎实、艰苦和严肃的学术工作,向全世界讲好中国故事,"让世界更好认识中国、了解中国"。

东西方管理文化视域下的中国特色管理学体系的构建[*]

上海外国语大学　　苏宗伟

根据《财富》2020 年世界 500 强的统计数据，中国世界 500 强企业增至 129 家，首度超越美国（121 家），成为全球拥有 500 强企业最多的国家。经过 70 多年的发展，中国成为世界上唯一拥有联合国产业分类中全部工业门类的国家。

大凡一个大国的经济腾飞，往往会诞生新的管理方法、孕育新的管理理论。当初，美国崛起将美国汽车企业的流水线与科学管理推广到了全球；德国崛起令定制设计、工程师技能培训系统风靡一时；而日本在 20 世纪七八十年代的崛起则使大规模精益制造、全面质量管理等日本企业管理方式令世界刮目相看。

时至今日，中国企业世界 500 强的数量已超过美国，但迄今为止为什么中国还没有自己独特的管理理论与管理方式被世界认可呢？德鲁克曾预言：21 世纪中国将与世界分享管理奥秘。那么，中国当代的管理奥秘是什么？如何构建中国特色管理学体系，为中国企业未来的可持续发展提供理论依据和实践指导，将是今后管理学界的重大研究课题。

一、　中国管理学理论的研究现状

中国管理学研究经过 40 多年的发展，已取得了相当丰富的成果。总

---

[*]　原载《管理世界》2021 年第 6 期。

的来讲，中国管理学研究成果可以分为两种类型：一是从中国古代管理哲学、思想及中国传统文化出发，结合西方管理理论，建立了具有本土特色的管理理论。较具代表性的是苏东水的东方管理理论体系、成中英的 C 理论、席酉民的和谐管理理论等。二是基于中国管理实践的视角提出的具有中国特色的企业管理模式，如华为灰度管理、陈春花的领先之道模型等。他们都为中国特色管理学理论的发展做出了重要贡献。

但要构建完整的中国特色管理学体系，仍存在着缺乏哲学层面的探索、学术理论与管理实践的某种脱节及在国际管理话语权掌控上的缺失等现实问题。

二、 西方管理理论的演进与产生的特征

纵看过往的工业发展进程，历经了百年多的演变，西方管理理论从泰勒的科学管理理论到行为科学理论，再到现代管理理论"丛林"的众多理论流派。这些管理思想和理论，往往产生于美国、英国、德国、日本等经济大国。因为他们的经济强势发展，使他们掌握了管理理论的话语权。横看这些国家的经济、文化和技术发展状况，可以发现他们的共同基本特征：一是拥有厚重深远的历史文化底蕴；二是拥有悠久丰富成功的商业实践；三是拥有硕果累累的商业成就，即拥有较多世界级工商企业；四是持续的科技创新能力。

就上述四个特征而言，中国也是同样具备的。但为何至今仍然没有源于中国管理实践的系统思想与理论？这正是我们与西方管理学界在管理学研究理论与实践上的差距。这也是中国管理学研究人员与学者要面对的问题与挑战。

三、基于哲学、理论及方法层面构建中国特色管理学体系

从管理研究本身的角度，哲学是理论研究的基础，正确的哲学研究方法是构成理论的基本条件。构建完整系统的中国特色管理学体系务必从管

理的哲学、理论与方法三个层面着手。

（一）管理哲学层面的构建

首先，将中国哲学与西方哲学相结合，把握中西方哲学的差异与特点。充分认识中国哲学是基于主客观统一的认知模式，长于形象思维，具备整体分析的特点；而西方哲学是基于主客观对立的认知模式，长于逻辑分析，具备局部分析的特点。中国管理理论的研究应以中国传统哲学为主、以西方哲学为辅。面对中西方思想差异，我们应当强调对中国传统管理思想的批判性继承及创造性发展。其次，科学主义与人文主义研究相结合。科学精神和人文精神是人类在探析对象和发现自己的活动中形成的两种观念、方法和价值体系。因此，管理哲学的研究强调价值涉入，既要有理性与逻辑，又要有直觉判断与洞察力。最后，传统经典梳理与现实文化传统的提炼相结合。既要梳理传统经典，深入理解和挖掘中国传统哲学文化的精髓，并从中汲取优良养分，又要对现实文化传统加强描述和提炼。

（二）管理理论层面的构建

第一，传统文化与管理情景相结合。由于管理学的学科特性，管理学的研究不仅需要考虑到特定传统文化因素，还要考虑具体的社会和制度情景问题。注重对两者结合进行理论的构建，尝试将传统文化情境化纳入到中国本土情境要素的范畴，发展中国传统文化的特殊情境，实现传统文化与情境的有效融合。第二，学术理论与管理实践相结合。管理学研究必须注重发现中国管理实践的重大问题，以我国企业实际问题为导向，从实践中总结经验、提炼理论认识，形成从实践到理论，再运用到实践中去的过程，形成严密的规律性认识。经过40多年的高速发展，中国培育出一批优秀成功的企业，也淘汰了一大批后进的企业。这需要我们寻出个中原因，因为社会迫切需要契合中国实践的管理理论的指导。第三，管理研究"个性"与"共性"相结合。即特殊性和普适性的问题。国外管理学的几大经典理论都注重建立一般管理理论，即普适的管理理论。现在普遍采用的西方管理理论也是起源于其文化特殊性，这表明，中国本土管理理论发展成为一般管理理论是可能的。未来中国管理理论研究应透过中国本土管理现象，发展中国情境下特殊性和普适性共存的本土管理理论。

（三）管理方法层面的构建

一是要注重以问题为导向的多维度研究方法的融合。管理研究要以问题为导向，确定研究问题的意义，抓典型问题进行切实和深入的研究；在研究方法上，我们应鼓励运用科学、规范研究方法，依据问题选择多种研究方法，包括实证分析、案例研究、文献整理法、实验法等方法，尤其是运用案例研究方法来解释中国独特管理现象，从而挖掘和发现既有意义又生动有趣的研究问题。二是需注重开拓和加强中国特色管理学的话语体系。中国管理学术话语体系的建立首先要使用全球性研究语言，确保源自中国情景的管理理论能被世界范围内的学者所接受与认同。片面强调中国式的思维方式、文化特点及认知习惯，将导致中国管理研究成果难以被国外管理者所理解。只有使用全球通用的语言习惯与规范方法，才有可能为中国管理理论走向国际管理学界铺平道路。三是积极展开与西方管理学者的对话。充分学习和借鉴国外构建学术话语体系的经验，借助国际专题学术会议，开展跨文化、跨学科交流研讨活动，面向国际平台翻译出版优秀的学术论著，扩大国际影响与传播面。创办国际性学术团体和社群，鼓励本土与国际的多元互动，逐步提升管理学国际话语的影响力。

目前，中国正处于一个大有可为的历史机遇期，国际学术话语体系新格局正在呈现出多极化的趋势，我们应着力使中国管理学研究从"照着讲"向"接着讲"的转变，从"模仿研究"到"创新研究"转变。随着中国经济的不断发展，科技水平的持续提高，中国将会产生更多的世界级企业，并逐步形成为全球学者所认可的具有中国特色的管理学系统理论，与世界分享"中国管理的奥秘"。

以国家品牌建设为指导，提升中国特色话语体系的"内功"和"外功"*

清华大学　朱旭峰

当今世界正经历百年未有之大变局。全球经济社会发展面临的不确定性增加，国际发展与全球治理的深层次矛盾日益突出。中国凭借着持续中高速的经济增长、稳步加强的综合国力、负有责任的大国观，已经前所未有地走近了世界舞台的中央，进入到从重点关注国内治理到国内外问题并重、积极承担全球治理责任的关键转型期。为了在国际社会上争取话语权、获得更广泛深层的国际认同，中国必须不断建设完善有中国特色的话语体系。党的十八大以来，党和国家领导人也对构建有中国特色、中国风格、中国气派的话语体系高度重视，提出加强话语体系建设，集中讲好中国故事，让世界认识一个立体多彩的中国。

"话语即权力"，西方话语体系在全球范围仍占据主导地位，令中国在话语构建和话语传播两个方面始终面临严峻挑战。其一，中国学界在话语构建方面长期受到西方学术体系影响。自人类进入现代社会后，"西方性"在很长一段时间似乎成为"现代性"的同义词。中国的管理科学教育在改革开放后从西方引入，无论从知识系统、研究范式方法还是评价发表体系，仍然高度依赖西方学术体系。其二，目前活跃在国际社会上的大型学术出版社、广播电视公司、新闻媒体集团等大都来自于西方国家，它们在信息加工能力和民众资源上拥有长期积累，其他国家很难突破现有的传播媒介格局，广泛传播非西方主流话语。

＊　原载《管理世界》2021 年第 6 期。

以构建国家品牌的策略指导中国特色话语体系建设的思路值得关注。"品牌"的概念常见于管理学、营销学、心理学、传播学相关研究。而"国家品牌"的概念，则将品牌概念延伸至公共管理学、政治学、国际政治等学科。国家品牌是指一定时期内一个国家在其他国家公民心目中的总体形象。国家品牌建设，实际上就是赢取国家声誉、取得外界信任的过程，塑造国家品牌，就是要提炼出本国的标识性特征，并通过系统化的宣传推广，让这种特征为世人所知，并最终转化为世人认可的稳定形象。

那么，为什么我们要强调从构建国家品牌的角度去思考中国特色话语体系建设的问题呢？构建国家品牌始终是以"民众（顾客）"为中心来谋篇布局的，它强调这种建构出的、针对国家的良好印象能够通过传播媒介切实地走入民众的心中，沉淀下来并形成稳定的认知。这其实恰恰回应了中国特色话语体系建设面临的上述困境：其一，形成中国特色话语一定是向民众持续、稳定地传递有关的国家形象，而不能为了发表回应甚至盲目驳斥西方的刻板印象和评判体系，做到"以我为主、主动出击"的话语生产。其二，建立中国特色话语体系也绝不能自说自话，不能仅仅止步于发出声音，更重要的是让对方"听到""听懂"，才能从根本上解决"有理说不出，说了传不开"的问题，探索有力的话语传播。

在中国特色话语体系建设过程中，中国学者应该既从话语内容上勤练"内功"，又在话语传播上苦修"外功"，从而让世界更好地理解中国，让中国更好地走向世界。

在加强话语构建的"内功"方面：第一，中国学者应从比较的视角出发，思考中国学派的准确定位。正如国家品牌建设中所强调的，找准自身"定位"非常重要。而如果要为中国特色的话语体系找到合适的定位，则必须以世界其他话语体系作为参照系。掌握话语权绝不等于一家独大，只有保持开放包容的心态，充分理解其他话语体系的优点与局限，才能在话语体系的"光谱"中找到适合诠释中国发展轨迹和历程的空间。

第二，中国学者应注重抽象提炼概念，形成对标识性概念简约而精确的表达。国家品牌建设十分重视形成言简意赅的标识性概念。学者治学研究所著往往洋洋洒洒，但也必须时刻追问自己文中的核心贡献。学术话语中积淀着学者们对世界的认知和理解，而概念，尤其是标识性概念凝练了学术思想的核心。这既对学者观察与提炼现象的独到眼光提出更高要求；也需要学者对中外语言的语义对照达到更深理解。

第三，中国学者应保持观点传播的一致性，注重话语场域变化中的潜在偏误。一致性也是国家品牌建设中强调的策略要点。为了向外界传递一个稳定、可信的国家印象，在国家品牌建设过程中应该确保向不同的相关方传递相同的品牌认知。这一点对于中国构建话语体系的实践也格外有意义。一些学者在面对国内外不同的出版媒介时，没有注意到维持话语内容的稳定一致，这在无形中为中国特色话语体系构建又徒增了变数。当然，一致性暗含了对学术研究要基于事实证据严谨推断的要求。

在加强话语传播的"外功"方面：第一，中国学者应理解中外差异，充分尊重不同制度环境中的认知异同。国家品牌建设很重视跨文化传播中的权衡。中国学者在讲述中国故事时要求同存异，一方面要找到国际社会通行、普遍认可的底层价值观，以寻求共鸣；另一方面也要注意尊重双方在价值观上的分歧，以博得好感。学者需要对于中外文的语义对照有深刻明确的了解，需要根据不同的语境对词义做出恰当的解读。

第二，中国学者应广交朋友，保持开放的心态与多方交流。从国家品牌建设的角度说，品牌认知虽然往往是较为单一的，但是品牌认知的载体却常常是非常丰富的。因此，中国学者应当以更开放的心态与多方（特别是西方的专家学者）交流。不仅要与和我们想法相近的人士交往，更要与和我们想法相左的人士交流。利用机构平台和学术共同体作为媒介，关注对中国态度相对负面学者的观点主张，深入了解对方思想的依据和局限，开启影响对方态度和观点的大门。

第三，中国学者应适应时代，积极利用社交媒体促进话语传播。国家品牌建设中采用不同媒介进行品牌认知传播也是重要的策略之一。随着社交媒体的广泛应用，其对国家政治生态和政策过程都产生了深远的影响。拥有"去中心化"特征的社交媒体也为中国学者摆脱西方主导的媒体渠道限制打开了一条重要途径。中国学者应以更加积极的姿态参与国际社会的公共讨论中，并注重传播形式、呈现效果的适当创新，重视研究结果的可视化和简洁性，形成更适应网络推广的成果形式。

构建新时代中国公共管理知识体系[*]

中国人民大学　杨开峰

　　我国公共管理学科进步迅速，但是总体看还满足不了日益增长的对中国特色公共管理理论的需求。习近平总书记指出，我国哲学社会科学"学术命题、学术思想、学术观点、学术标准、学术话语上的能力和水平同我国综合国力和国际地位还不太相称"，公共管理学科的发展现状同样符合这个论断。

　　在双一流学科建设背景下，学科影响力的核心是知识体系。改革开放以来，我国公共管理知识生产与积累取得重大进展。学者们关注了很多中国特色的现象，提出了一些富有解释力的概念，出版了一些试图贯通中西的教材，发表了大量研究论文。但是，一个成熟的知识体系有更高要求。在一阶层面上，知识体系包括基本价值与假设、核心问题与内容、主要概念与命题、重要工具与方法，分别对应价值意识、问题意识、理论意识、科学意识；在二阶层面上，包括关于知识生产的知识和关于知识传播的知识，分别对应方法论和教育传承。知识体系既包括显性知识，也包括隐性知识。这些不同的方面需要构成一个系统完备、科学规范的体系。

一、 当前的问题

　　从知识体系角度看，公共管理学面临六个问题。一是价值意识有待进一步明确。现有公共管理知识受到西方理论的巨大影响，但是我们对西方

---

　　*　原载《管理世界》2021 年第 6 期。

理论背后的价值导向和意识形态缺乏足够认识。治理研究、公共性和公共价值研究、公平正义研究等，或多或少带有西方中心主义和新自由主义倾向。公共管理学没有国界，但是一定有"为什么人"的问题。很多人对价值与认识论之间的关系还存在误解。

二是问题内容有待进一步聚焦。公共管理跨学科特征明显，边界不清，缺乏统一范式，因此在某种程度上存在公共管理研究的"丛林"。更重要的是，同美国公共管理学一样，理论与实践脱节令人忧虑，学术研究往往在重大公共政策问题上失声失语。在治理现代化背景下，我们的知识体系从管理向治理的转型还远没有完成。

三是知识生产有待进一步反思。公共管理哲学研究不足，既缺乏对公共管理哲学最新研究进展的追踪与对话，也缺乏将马克思主义哲学应用到公共管理知识体系的系统努力。公共管理思想史研究羸弱，对西方公共管理思想史的研究不尽准确，对中国传统行政管理思想的现代转换不够重视。比较研究相对落后，受美国中心主义影响，比较往往缺乏广度，同时对各国制度与政策的路径依赖特征了解不够，缺乏深入的历史制度主义的研究。

四是理论水平有待进一步提升。西方公共管理学面临一个困境，即"拿来主义"多，对社会科学重大一般性理论贡献少，还处在确立一些独特概念的阶段，比如公共价值与公共服务动机。我国公共管理学也面临创新理论贡献不够、原创理论尤其不足的问题，还面临其他一些问题，比如规范性理论不够厚重的同时，解释性理论构建匮乏；理论批判性不足；基于缜密的经验研究的理论文章不够；对场景和分析层次不够敏感；基于机制的中层理论构建不够。

五是科学水平有待进一步提升。公共管理学科起步较晚，西方学界对方法的反思和重视也只是从20世纪80年代才开始，总体上落后于政治科学、企业管理、社会学等姊妹学科。我国公共管理学界在这方面已有很大改观，但是路还有很长，首要问题是科学精神与科学意识不足，其他问题包括质性研究不规范、量化研究不足与"乱用"并存、因果关系论证薄弱、方法与技术自主创新匮乏等。

六是教育传承有待进一步强化。我国目前有52家公共管理学科博士培养单位，但是不少学校培养定位不清，对基础性、理论性研究重视不够，在处理基础研究与智库研究的关系上认识模糊。对课程教育不够重视，缺乏系统的社会科学理论培训，总体上也缺乏有效的方法培训。一些具体领域的政策类专业对理论不够重视，很多研究往往有问题有方法有结果，但是无理论无机制无规律。

二、 原则与任务

解决这些问题需要坚持八个原则。一是战略性，服务国家战略，来自实践、服务实践、指导实践，处理好理论与实践的关系。二是价值性，强化价值引领，坚持马克思主义指引，坚持善治理念，坚持社会主义核心价值观，处理好一核与多样的关系。三是民族性，中国特色、世界眼光，民族的就是世界的，处理好特殊性与普遍性、本土化与全球化的关系。四是历史性，尊重文化传承，继往开来，处理好继承与发展的关系、存量与增量的关系。五是人文性，坚持以人为本，追求人的自由共生，强调人民性，满足人民美好生活的需要，处理好制度与人的关系、技术与人的关系。六是系统性，坚持系统观念，学科有机融合，处理好学科间的关系、学科内二级学科的关系，独立与交叉的关系。七是演进性，坚持学科规律，处理好规划与演进的关系，需求导向与知识逻辑的关系。八是多样性，坚持百花齐放，鼓励探索创新，处理好主流与特色的关系。

构建新时代中国公共管理知识体系面临十大任务。一是坚持马克思主义的立场、观点与方法，重塑公共管理哲学与公共管理思想史。全面应用辩证唯物主义和历史唯物主义，对西方公共管理学中新实用主义和不同形式的实在主义进行梳理、对话、重构，加强中外公共管理思想史、制度史研究。

二是弘扬社会主义核心价值观与传统文化，锚定有中国特色的公共性与公共价值。公共、公共性、公共利益、公共价值是公共管理的根本性概念，既具有民族性又具有时代性，要充分利用我国传统思想资源，遵循习近平新时代中国特色社会主义思想，研究这些概念的中国特殊性与世界一般性，研究它们背后制度安排的多样性与权变性，研究它们在改革实践和具体政策中的意蕴和作用。

三是从中国公共管理实践的普遍意义出发，发展中国公共治理学与比较公共治理。去除当前治理研究的西方中心主义色彩，总结中国国家治理现代化经验，不但用西方学者能听懂的语言讲好中国故事，更要在中国经验的基础上融合重构现有理论，提出创新概念和命题，在更高层次上发展解释力更强、解释面更广、包容性更大的理论。

四是围绕"五位一体"战略布局改革进展，更新二级学科配置与重点理论议题。比如在政治治理上，要深入研究中国共产党在我国公共管理中的作用，创新政治—行政关系的研究；在经济治理上，要深入研究我国市场化改革的经验教训，创新政府定位、政府职能、政府边界、政府监管的研究；在社会治理上，要围绕构建共建共治共享的社会治理共同体，创新社区治理、社会组织、基层民主、公民参与的研究，等等。

五是坚持问题导向与目标导向的紧密结合，创造解释性与指导性兼备的理论知识。既要着眼当下需求，发展具有高度适用性和解释性的理论，也要着眼长远格局，发展具有高度指导性和规范性的理论。既要避免规范性理论研究目空一切，自说自话，缺乏经验基础，也要避免解释性理论研究肤浅零碎，让数据或"现状"牵着鼻子走，缺乏思想深度。

六是因应先进生产力与颠覆性科技的发展，构建大数据人工智能时代的管理模式。新兴技术深刻改变着社会结构和社会心理，改变着治理思想、治理主体、治理工具、治理流程、治理结构，在这个重大的社会转型中，公共管理学者要参与、影响、型塑新的治理模式构建，保证其公共性和伦理性。

七是适应后常规科学与跨学科发展的需要，反思公共管理的学科边界与组织体系。公共管理问题越来越跨界、跨时空、跨学科，要在凸显公共管理学内核的基础上，增强公共管理学对其他学科的驱动力、指引力、整合力；同时，广泛吸收借鉴其他学科的理论与方法，助力本学科创新，推动跨学科研究和交叉学科发展。

八是整合宏观、中观、微观不同研究视角，联结宏观政策、组织管理、个体行为。要在组织与个体行为的基础上研究宏观体制与政策的形成与变迁、冲突与摩擦、信号与效应，要在宏观转型与改革的背景下研究组织与个体的观念与激励、决策与选择、适应与博弈。

九是推动"量质结合"的方法创新与规范，强化知识生产过程的科学性与批判性。方法是认识世界、改造世界的工具，新方法为理论研究释放新空间。不但要继续从其他学科引进、消化、规范研究方法，还要鼓励方法的自主创新；不但要发挥定量方法的精确性、客观性，还要发挥定性方法的深刻性、丰富性，特别要推广案例研究，发掘治理现代化的富矿，从改革实践中构建原创理论。

十是落实"立德树人"根本任务钻研教学，保障知识传播过程的有效性与创新性。克服博士生培养不重教学的错误认识，既重视到实践中学，向实际工作者拜师，又要重视在课堂中学，钻研经典与前沿文献，对社科理论熟稔于心，胸中有丘壑。重视研究生教材建设，教材写作要强调在实践经验基础上的政治性、理论性、基础性和国际性。

共和气象、人民精神：中国特色公共管理学构建的整体和核心目标[*]

北京大学　杨立华

　　建立中国特色、中国风格、中国气派的公共管理学是新时代每个中国公共管理学人的共同责任。但是，特色、风格、气派等概念之间的关系究竟是什么？它们在整体上又表现为什么？只有理解了这两个根本性问题，才能为构建什么样的中国特色、中国风格、中国气派的公共管理学以及如何构建这一公共管理学奠定坚实的基础，才能真正找到新时代中国特色、中国风格、中国气派公共管理学构建的整体和核心目标，并为探讨追求和实现这一目标的基本路径提供可能。

　　通过深入辨析可知，特征、风格和气派是三个逐步递进的概念。特征是一个事物区别于其他事物的特点和情形；在不特别强调风格、气派等独特要素的情况下，也常常可以用特色来统一表示不同作品、研究乃至科学、学科、学术等的风格、气派等。风格则比特征更进一步，不仅强调事物具有区别于其他事物的特点，而且强调这些特点个性鲜明，具有独特和系统的个体特征，同时具有为人们所重视或喜爱的美、知识甚至真理等的价值。在刘勰的《文心雕龙》中，我们所说的风格实际上就是他说的"体性"。气派则又比风格更进一步，不仅强调事物具有区别于其他事物的特点，强调这些特点的鲜明个性和系统性，强调其具有的美、知识、真理等的价值，而且强调其形成了比风格更广和更深的带有整体性甚至派别性意义的特征。

---

　　* 原载《管理世界》2021 年第 6 期。

　　精神则指贯穿特色、风格、气派以及后面所要强调的境界、气象等所有这些作品、研究、科学、学科、学术等评价要素的核心要素、支柱和灵魂。王国维在《人间词话》中所强调的"境界"则指特定情境下作品、研究、科学、学科、学术等揭示事物的真相、真情、根本等"真性"成分的程度。作品、研究、科学、学科、学术等的"真性"成分越多，则其境界越高。与以上所有这些概念所不同，气象则是更为整体性或总体性的概念，它描述了作品、研究、科学、学科、学术等的精神、境界、特色、风格、气派等所有这些要素在整体上所形成的内外合一的总体性景象。事实上，就是在诗歌领域，用"气象"来"概括诗歌的整体风貌"，也是"中国古代自唐宋以来就不绝如缕的一个诗歌美学传统"（钟元凯，2011）。

　　综合起来，如要讨论以上所讲诸要素间的相互关系，则可发现：在作品、研究、科学、学科、学术等内容所构成的基础性物化要素的基础上，作为最核心要素的精神，决定和影响着作品、研究、科学、学科、学术等的境界；境界则在特定的范围、层次等上展现着作品等对事物真性成分的揭示；而在精神和境界之后，则有附着于它们两者之上，或由它们两者在很大程度上决定，并加之其他诸如结构、形式、逻辑、方法、文采、辞藻、修辞、韵律等的影响而形成的依次递进的特色、风格、气派；而当所有这些要素整合起来，就形成了表示作品等的整体性或总体性景象或情形的气象。而这也就是本文所提出的新气象论。

　　在新气象论的指导下，基于大视域俯瞰法，通过与中国历史和特别久远的未来以及其他国家的大时空比较分析，和著名学者林庚（2011）提出的"盛唐气象、少年精神"相对，可以发现，"共和气象、人民精神"是新时代中国特色、中国风格、中国气派公共管理学构建的必然、应然甚至必须的整体和核心目标。这是因为：首先，不仅和历史的以及特别久远未知的未来中国相比较，当代中国的最大区别是"共和"，就是和其他国家相比，"共和"也是当代中国的最大特色，这从当今世界近200个国家的国名中就可看得很清楚。其次，当代中国的另一个最大的区别就是我们的国家是"人民"共和国，具有最为突出的人民性和"人民精神"。而这精神也就是习近平总书记（2015）所强调的作为"社会主义文艺的灵魂"的"中国精神"的最根本要义之一。而且，人民精神也影响甚至决定了中国公共管理的境界、特色、风格、气派乃至其总体气象。自然，作为不仅要反映当代中国现实公共管理实践，又要引领这一实践的中国公共管理学，也必然要反映并体现这一精神和气象，并最终形成中国公共管理学的"共和气象、人民精神"。特别地，和春秋战国时中国文化的"救世精神"、清末民国时中国文化的"救国精神"相比，新时代中国公共管理学的"人民精神"，就是要在国家相对统一、社会大体稳定的基本前提下，全心全意为广大人民谋求最幸福、最美满和最自由生活的蓬勃精神。

但是，如何才能实现"共和气象、人民精神"这一新时代中国公共管理学的必然、应然甚至必须的整体和核心目标呢？这又要求我们必须做到如下几点。

首先，必须具有整体思维和远见卓识。而这整体思维和远见卓识又必须建立在对中国公共管理史以及公共管理学发展史的系统深刻和更根本性理解之上，建立在对大历史的精准分析之上，建立在对全球公共管理和公共管理学的大视域比较分析之上，建立在通过大视域比较深刻把握中国公共管理与公共管理学的本质特征之上。

其次，必须具有四类根本性意识。与北宋哲学家张载所讲的"为天地立心，为生民立命，为往圣继绝学，为万世开太平"相对应，这四类根本意识则依次是：必须具有大气磅礴、顶天立地的宇宙意识和担当意识；必须具有悲天悯人、义无反顾的民本意识、人民意识、人类意识和生命意识；必须具有推陈出新、继往开来的历史意识；必须具有舍我其谁、开天辟地的当下意识和未来意识。

最后，必须深度参与当代中国治理的伟大实践；必须实现真正的百家争鸣，百花齐放；必须知行合一，重在行动；必须深耕细作，久久为功；如此等等。

总之，在西方公共管理学理论几乎一统天下，以及西方文化和社会科学主导国际话语体系的大背景下，要建立中国特色、中国风格、中国气派的研究治国理政"大学问"（蓝志勇，2006）和"创造人类文明"（Waldo，1980）的公共管理学，我们必须弄清楚特色、风格、气派、境界、精神、气象等诸多概念的基本内涵和相互关系，必须认识到气象是中国公共管理学乃至整个管理学或社会科学在精神、境界、特色、风格、气派等基础上形成的更为整体性和总体性的景象，必须认识到精神是诸多要素中的最核心要素。也只有认识到这一整体性景象和最核心要素，并通过采用大视域俯瞰法与中国历史和未来以及其他国家的双重对比，才能更清楚地知道如何更好地构建具有中国特色、中国风格、中国气派的公共管理学，才能真正明白为什么"共和气象、人民精神"是新时代中国公共管理学的应然、必然甚至必须的整体和核心目标。而要实现这一目标，则不仅需要每个公共管理学人都必须付出更加艰辛持久的努力，不仅需要我们所有人的通力合作，而且需要我们具有强烈的责任感和担当意识，不忘"学者的初心与使命"，真正承担起时代赋予我们的这一伟大而艰巨的历史重任。

参考文献

［1］Waldo，D.，1980，*The Enterprise of Public Administration：A Summary Vie*，Novato，CA：Chandler & Sharp Publishers.

［2］蓝志勇：《公共管理是关于治理的实践性极强的大学问》，《公共管理学报》，2006 年第 3 期。

［3］林庚：《唐诗综论》，商务印书馆，2011 年。

［4］习近平：《在文艺工作座谈会上的讲话》，《人民日报》，2015 年 10 月 15 日，第 002 版。

［5］钟元凯：《林庚的诗学思想和学术贡献》，载林庚《唐诗综论》，商务印书馆，2011 年。

生态价值主张导向的缠绕与共生[*]

——中国制度情境下管理学突破的新可能性

西交利物浦大学　席酉民

　　生态管理与治理如今备受关注，正在国内外多个领域、不同层面得到实践，从国家战略、区域经济发展、产业转型升级到企业竞争、科技创新突破等。比如，国际上，《美国创新战略：确保我们的经济增长与繁荣》报告把创新生态系统建设放在国家战略的重要位置；在国内，《中华人民共和国国民经济和社会发展第十四个五年规划和 2035 年远景目标纲要》多次提到生态化发展——"优化创新创业创造生态""培育一批具有生态主导力和核心竞争力的龙头企业""营造良好数字生态"等。在产业（如ICT）与企业（如 Apple、腾讯）层面，生态化发展实践已结出累累硕果。西交利物浦大学的 3.0 模式，也是融合各类资源，营造教育、创新和产业的共生生态，以创造和分享生态红利（席酉民，2020，2021）。

　　大量不同层面和领域的生态实践为开展生态管理理论研究提供了丰富的实践基础，为构建中国特色的管理学体系创造了条件。本文结合多个领域、不同层面的生态管理实践，以多年来的观察、思考和实验为基础，尝试提出一项生态管理与治理研究的议程，即从新的切入点研究生态管理与治理现象（角度与视角），进而深入理解生态系统的演化（动力学机制），再研究生态参与主体适应、互动、干预、改变生态演化的方式（行动策略）等。

---

　　*　原载《管理世界》2021 年第 6 期。

一、融合东西方智慧、自然科学与人文学科的思想，借助生态隐喻想象和启发出新的观照角度（View）

中国管理学在改革开放后取得的发展成就离不开学习、掌握现代科学方法和源自西方的管理理论。然而，随着中国管理实践不断突破发展甚至进入需要创新的"无人区"，如今再延续套用西方现有管理理论，就会产生本土实践研究不透、原创性中国特色理论不足等问题。正如一些反思指出，"如果你一直找你希望看到的，那你可能会忽略错失很多，其中一个就是真相"。因此，中国管理学发展面临着"克服现有管理理论塑造的思维定势"和"在无人区寻找新方向"的双重挑战，管理学研究突破需要完成"放下不合时宜、沉重的旧理论工具"（Weick，1996）和"借助生态隐喻想象和启发出新可能性"的双重任务。

融合东西方智慧应对当前的挑战是出路之一（席酉民、刘鹏，2019），同时自然科学与人文学科的思想结合可能碰撞出有价值的概念、理论。就像关于组织的理论大多始于一些类比想象：一部实现目标的机器、具有社会结构和文化的小社会、在资源环境中求生存的生物等（Morgan，1986），这些不同的比喻或理解强调组织的不同侧面，引导人们观察其不同的关系模式，由此产生不同视角、概念和理论（Scott and Davis，2007）。生态隐喻正在激发当下管理实践者的想象力，结合涌现的生态发展实践，有可能启发形成新的理论视角。

二、运用生态实践的缠绕观，深入研究生态参与主体的目的性及其对生态系统演化的作用

缠绕（Entwinement）是实践哲学、社会理论研究中的术语，意指人们在特定的实践世界中总是与他人、事物联系在一起（Sandberg and Tsoukas，2011）。缠绕概念把生态参与者与其通过实践构建的生态系统之间的联系揭示出来。缠绕包含两个主要特征：一方面，生态参与主体通过有目的的构建（Enact）形成新物种、生态位和生态系统，它们的互动推动着

生态系统演化；另一方面，生态参与者被包含在生态系统中、体现着（Embodied）生态实践（Sandberg and Tsoukas，2011）。比如作者作为教师——教育生态系统的参与者，既开展或构建教学实践，同时教学实践也在作者身上得到体现。

商业生态实践的目的对应着特定的价值主张。既包括生态参与主体由个体内在动机产生的价值目的、经协商形成群体的共同目标，还包括不同参与主体互动、实践后形成一种超越参与主体的个体动机、群体目标的实践目的——本文称之为生态价值主张。生态价值主张是构建生态系统的重要推手，在参与主体的实践中有所体现，但并不依赖于也不等同于参与主体的个体动机或群体目标。现有研究对这方面的认识还较少。反身性研究是揭示该现象的途径之一（Sandberg and Tsoukas，2011；Weick，2002；韩巍、席酉民，2021）。不同领域的历史经验都表明，人的意志、目的性在生态系统演化中发挥着重要作用。当然，凸显人的目的性不等于强调生态参与者可以完全理性设计生态系统，它们仍然是有限理性进行干预，只不过更强调研究其可能产生的积极作用。精细地考察生态参与主体有目的地干预生态系统演化，或许可以发现近似的事情（如电商、外卖）由不同主导型企业（如天猫与京东、美团与饿了么等）带动的生态系统产生的价值差异；也可能揭示不同生态参与主体竞合博弈策略的选择差异，主导企业与参与企业的控制与反控制；深入理解它们在建立生态位，驾驭或适应达到非常态、临界区域的生态系统时各种努力的原因及结果等。

三、建立生态系统的共生演化观，研究不同生态参与主体的互动、行动策略如何适应、干预、改变生态演化过程与景观，揭示共生的不同模式与演化机制

共生（Symbiosis）由 Heinrich Anton de Bary 界定为"不同生物体共同生活在一起"（The living together of unlike organisms），最早用来描述社群中人们的共处关系（席酉民，2014）。共生概念描述了生态参与主体在价值创造、获取与分配等方面的关系和差异，为剖析生态系统的演化指出了新的分析单位（层次）、研究问题和可能的理论洞见。相比之下，缠绕概

念着力于刻画生态参与主体与其生态实践的关系。

商业、管理领域对共生的理解侧重于互利共赢方面，偏重研究不同生态参与主体的价值共创活动（马浩等，2021）。然而，按照生物学的研究发现，共生包含多个类型，不仅有互利共赢的共生，还有单方收益（偏利共生）、一方收益另一方受损（寄生）等类型。在商业生态系统与社会生态中，这些不同类型同样存在。生态主导与参与企业、参与企业之间通常上演的是竞合博弈的戏码，只有把共生关系的不同方面都纳入考察探究的范围，才可能理解不同生态参与主体如何陷入共同演化的锁定陷阱以及如何突破等问题。

作者曾运用和谐管理探讨深度互联的数字化、智能化时代的共生关系——不仅有远程、跨地域的网络化特征，还有数字与物理世界交融的自组织分布式发展趋势。研究提出，通过打破边界、融合、平衡、边缘创新等方式实现共享、共生等效应（如红利），并促进局部效应（红利）的扩散、反馈、指数型放大等实现生态系统的效应（红利）（席酉民、刘鹏，2019；席酉民等，2020）。这方面的研究有待深化。

综合而言，管理理论构建避免不了因想象力带来思维跳跃、逆俗突破，作者期待抛砖引玉、引出更多的建设性对话，以推动科学系统地提炼生态管理与治理的实践，为新时代高质量发展和开发原创性、有价值的本土管理学理论做出贡献。

参考文献

［1］Mogran，G.，1986，*Images of Organization*，Beverly Hills，CA：Sage.

［2］Sandberg，J. and Tsoukas，H.，2011，"Grasping the Logic of Practice：Theorizing Through Practical Rationality"，*Academy of Management Review*，Vol. 36（2），pp. 338～360.

［3］Scott，R. and Davis，G. F.，2007，*Organization and Organizing*：*Rational，Natural and Open System Perspectives*，Prentice Hall：Person Education Inc.

［4］Weick，K. E.，1996，"Drop Your Tools：An Allegory for Organizational Studies"，*Administrative Science Quarterly*，Vol. 41（2），pp. 301～313.

［5］ Weick，K. E.，2002，"Essai：Real - Time Reflexivity：Prods to Reflection"，*Organization Studies*，pp. 893 ~ 398.

［6］ 韩巍、席酉民：《再论和谐管理理论及其对实践与学术的启发》，《西安交通大学学报（社会科学版）》，2021 年第 1 期。

［7］ 马浩、侯宏、刘昶：《数字经济时代的生态系统战略：一个 ECO 框架》，《清华管理评论》，2021 年第 3 期。

［8］ 席酉民：《共生互赢与管理新路向》，《管理学家》，2014 年第 1 期。

［9］ 席酉民、刘鹏：《管理学在中国突破的可能性和途径——和谐管理的研究探索与担当》，《管理科学学报》，2019 年第 9 期。

［10］ 席酉民、熊畅、刘鹏：《和谐管理理论及其应用述评》，《管理世界》，2020 年第 2 期。

［11］ 席酉民：《和谐心智：鲜为人知的西浦管理故事》，清华大学出版社，2020 年。

［12］ 席酉民：《特立独行——和谐教育之路》，清华大学出版社，2021 年。

做具有中国特色的工商管理学研究[*]

中山大学　李新春

　　管理学可能是最具有"国界"特征的学科。著名的管理文化学者霍夫斯泰德在他对不同国家的管理和组织进行比较研究后给出的结论中指出，并不存在一个"放之四海而皆准"的管理学理论，因为美国较之于全球其他国家和地区在制度和文化上存在着显著的差异，因此，诸多基于美国制度文化背景而发展起来的管理学理论很少能在美国之外有着适用性。霍夫斯泰德指出，至少可以用几个不同的制度文化维度来区分开不同国家的管理行为范式，这包括：权力距离、个人主义、男子气（指果断、行动力、成功和竞争这些坚强的特质）、不确定性规避以及长期导向的价值观等，美国管理中更多强调的是较完善的市场机制、个体（个人主义）以及关注管理者（多于关注工人），这些特质与中国的管理文化显然有着很大的差异。

　　尽管不少学者认识到制度文化的差异导致管理和组织行为上有着明显的不同的"国家"特征，但全球的管理学理论则基本上被欧美主导的西方"话语权"所控制。目前商学院的管理学理论和教材基本上是在美国和西方商业管理实践基础上发展起来的，也就是说，基于西方尤其是美国的法律政治制度和市场体系，基于个人主义价值体系以及管理者和大型企业的理论和实践成为商学院管理教材的主线，并通过学术市场而建立起西方垄断性的学术话语权（如美国有着全球最有影响力的商学院，培养了大量的教师和学生；美国也有着全球最多的权威期刊、国际高端学术会议如美国

---

　　*　原载《管理世界》2021 年第 6 期。

管理学会年会及各专业学会会议如战略管理学会以及具有垄断地位的商学院教材和案例库等），其知识在全球各地扩散，似乎成为一种普适性的理论教条。

我国自 20 世纪 80 年代改革开放以来，首先向西方学习管理，通过"引进来"和"走出去"，我们借用西方教材和案例培养了大量的商学院学生，同时，也在关注中国管理实践和重大管理问题，并期望在理论上有所创新和发展。近年来，一种学术自觉性在不断提升，就是对中国特色管理学的研究，关注中国制度文化环境和中国特色的管理问题和实践，打破西方主导的管理学话语权，做出中国特色的管理学知识贡献。习近平总书记提出的"将论文写在中国大地上"，为做中国特色的管理学研究指明了方向，无疑是我国管理学理论创新和实践的正确道路。开拓工商管理学研究中国特色的发展道路，需要从以下几方面着手。

一、充分把握并批判性借鉴西方主导的主流管理学理论体系

发展中国特色的管理学研究，并非完全排斥西方主流范式。对待主流的西方主导的管理学理论体系，需要学习借鉴和批判性地吸收并结合我国的制度文化加以改造和创造性地发展，要能与主流理论进行对话，吸收其科学的成分，掌握好的研究方法。在国际开放和竞争的大格局中，我们的企业需要进行全球合作，走向国际建立命运共同体，也需要展开有效的竞争，这就要求我们理论界全面深入地理解基于西方制度文化建构起来的管理学主流理论范式，批判性地吸收其科学思想、运用科学方法，来发展中国特色的管理科学。只有这样，中国特色的管理学理论和案例研究才可能进入全球管理知识体系，做出中国的贡献，在主流管理学理论中发出"中国声音"和拥有中国特色管理学的"话语权"。

二、将中国的制度和文化作为中国特色管理学研究的重要背景

中国数千年的制度文化和历史塑造了中国特色的管理和组织，尤其是

改革开放以来，我们的政治经济制度的演进、制度转型和深化改革成为中国经济发展的主旋律，同时，中国企业走向全球，基于深厚的儒家文化以及商业精神，以和平发展、合作共赢、平等竞争以及人类命运共同体的价值体系和理念走向全球化。在这一宏大的历史叙事中，中国的国有企业、地方政府与私人企业共同努力，中国共产党作为执政党不仅在制度的宏观层面推进制度完善依法治国以及经济的高质量发展，而且在企业层面党组织中也发挥积极作用。中国数千年来不断延续的家文化在民营经济打下了深刻的烙印，新时期，在中国经济中占有重要地位的家族企业在现代治理转型中走向未来，并融入国际化和数字经济中，成为创新创业和国际化的重要力量。中小企业、家族企业、新创企业以及集群化、平台化、生态化发展，成为新时期我国企业组织和管理理论与实践必须关注的重要研究课题，这无疑超越了传统教科书中大中型企业主导的管理范式，成为中国特色管理理论创新的重要研究内容。

三、 发展本土组织理论和行为科学作为理论基础

组织行为是管理学的重要理论基础，一直以来，基本上是作为普适性科学来发展，但越来越多的管理学者认识到，组织行为受到各国各地区制度文化的深刻影响，而有着巨大的差异。20 世纪 80 年代以来，中国台湾著名管理行为学者杨国枢教授等就开始探索华人组织行为的研究，并有了很大的进步。之后，沿着这一传统，包括海外的华人学者与中国大陆的学者一起不断推进本土组织行为和心理科学的基础性研究。显然，发展中国特色的管理学理论需要在这方面大力投入和做出贡献，这需要心理学、行为科学，甚至其他学科如脑神经科学等的交叉融合，关注中国本土的制度文化及行为特征，将为理解和深化中国特色的管理学理论创新奠定基础。

四、 注重中国管理实践的典型案例研究

中国经济在进入 21 世纪以来，不仅经济总量在全球的地位不断攀升，

而且经济发展的质量和引领性也在加强，尤其在一些新兴领域和数字经济中，中国不少领先企业的管理实践在全球具有创新性和引领性，在前沿性的管理领域，实践一定程度上走在了理论创新的前面，因此，需要对我国管理实践进行深入的观察、思考和研究，并上升到理论和知识体系的层面，由此将中国的管理实践和智慧通过理论发掘和创新纳入全球管理知识的新范畴。

五、 建立中国特色的商学院

从管理学理论创新和知识扩散的视角来看，商学院无疑是处于核心地位，不仅商学院的教授是管理学知识的创造者和传播者，同时，商学院也通过大量学生的培养而直接影响到工商管理的实践。但商学院的模式基本上是在美国和欧洲所形成的传统，近年来也不断受到批判，其中一个主要的问题就是商学院的理论和教学无法适应新时代管理的挑战和需求，这不仅涉及管理学的理论体系和主流范式，也与商学院的课程设置、教学方法、与产业界的联系、案例和教材等，都有着密切的关系。我国的商学院如何在全球的经验基础上，结合我国工商管理的社会需求，创新发展具有中国特色的管理学理论和案例教材，服务于人才培养和经济发展，就是发展中国特色管理学研究中的一个重要问题。

六、 建立学术共同体和话语权

管理学理论的范式和知识体系的建立还取决于学术社区或学术共同体的联合行动，这里，包括科学研究基金会、管理学会、各专业委员会以及专业的学会会刊等，这是支持学术研究以及学术界建立的学术共同体，通过这些机构不断推进理论创新、确立学术规范、相互交流以及加速知识扩散，这其中，尤其是学术期刊的作用至关重要，是学术发展的一个方向标。遗憾的是，国际上主流性的顶级期刊基本上被美国和欧洲所主宰，因此，主导了国际的学术"话语权"。在致力于做中国特色的管理学研究的过程中，如果不能打造出一流的、有国际影响力的学术期刊，显然无法达成这一中国管理学知识创新的宏大目标。这需要在体制改革、论文评价标准和期刊质量等方面下大功夫，由此建立一流的具有国际学术水准的中文管理类期刊体系，使得"将论文写在中国大地上"有实实在在的承载体来支撑其发展。

基于管理实践创新的工商管理理论研究*

南开大学　张玉利

工商管理是实践应用性很强的学科，更多地面向经济主战场和国家重大需求，管理学者应该贡献于经济社会发展而非"搭"经济增长的"便车"，通过管理理论和实践创新来让未来世界变得更加美好。

理论滞后于实践但超前于绝大多数企业的管理水平，应该是我国工商管理理论研究的基本状况。在理论和实践总体都落后的情况下，只能引进学习甚至是照搬国外。多年前面对中国企业到西方发达国家投资建厂的客观事实，学者提出了中国企业如何在管理先进的国家进行经营管理（通俗地说"徒弟怎么管理师傅"）的研究问题。今天情况发生了实质性的变化：2020年《财富》世界500强，中国大陆（含香港）公司数量达到124家，历史上第一次超过美国（121家）；世界经济论坛和麦肯锡咨询公司2018年开始联合发布全球"灯塔工厂"名单，旨在为跨企业的互相学习与协作创造条件，并为全球制造业社区树立新标杆。累计评出69家灯塔工厂，按工厂所在国家来看，中国共有20家工厂入选了这份名单，完全意义上属于中国的灯塔工厂有7家，分别是海尔（2家）、青岛啤酒、上汽大通、宝钢和美的（2家）。中国企业在诸多人类共同的问题（如摆脱贫困、环境保护、可持续发展等）上提供了解决方案。截至2019年8月，入选哈佛大学商学院案例库的大陆企业案例共有147个，涉及110家企业。"中国议题"的管理科学研究得到国际学者特别是美国、英国、澳大利亚学者的高度关注。据统计，2007～2019年国际393种期刊中关于

---

* 原载《管理世界》2021 年第 6 期。

"中国议题"的管理科学研究论文19000多篇，其中完全由国外学者发表的"中国议题"论文7500多篇，占到论文总数近40%。中国企业的管理实践已经进入国外经典教材。中国企业的长期积累，特别是改革开放40多年的建设发展，取得了举世瞩目的成就，企业管理实践创新给理论研究提供了新的平台，是真正意义的"富矿"，是难得的历史机遇。

中国共产党从来就没有照搬国外的理论，一定要与中国实践相结合。中国特色社会主义市场经济建设起步晚，自然需要学习、消化、吸收国外市场经济体制中的企业管理理论，随着全球化进程的加快以及基于中国国情的创新发展，工商管理理论研究到了学习借鉴、丰富贡献并行的阶段，甚至可以贡献基于中国企业实践的原创理论。从国内情况看，学术界和实业界的界限也变得模糊，不是学术界产生理论思想、实业界转化应用的单向知识流动，企业家队伍水平在大幅度提升，企业界的学术研究能力也在显著增强，这为理论与实践结合，共同开展理论研究创造了条件。

2020年2月中旬，我们通过网络开展了"请企业家出题"的活动，问题就一个："您认为最需要管理学者研究的重大且具有普遍性的管理问题是什么？问题不超过两项，请您简述理由。"40多家规模在行业前5%的大公司董事长或总经理参与出题，他们给学者们出的和数字经济相关的问题包括"AI会如何替代人工，在这种背景下，企业应该如何进行组织建设才能领先于时代而不是被时代抛弃？""互联网时代企业员工分散，需要协同办公，如何让企业高效运转？""如何围绕持续数字化技术背景，重构战略与组织管理等理论框架和逻辑？""数字化时代组织管理重构。数字化技术带来巨大的变化，个体价值的崛起，个体与组织关系重塑，组织管理模式的变革，工作行为与工作方式的改变，有关新激励、企业组织转型等等问题，都无法沿用工业化时代的组织管理理论。""随着智能化的快速发展，企业如何解决富余员工的内部再安置，不把职工推向社会？"这些同样也是学者关心的问题，应该给予解答，也可以很好对接，合作研究。

工商管理学科面临着重要而紧迫的双重任务：一是不断提升工商管理学科的科学性，让工商管理成为负责任的科学；二是不断提升工商管理学科的应用性，科研成果更多地面向经济主战场和国家重大需求。坦诚地讲，这双重任务没有处理好，没有融合好。科学性被片面地执行为发表学术论文，把管理问题转化为科学问题开展科学研究，为政策提供科学依据，直接服务企业发展，做得很不够。对此，学术界已经开始深刻地反思。世界范围内的一些管理学院负责人于 2017 年 11 月联合推出了立场宣言——"负责任的商业与管理研究：愿景 2030"。核心观点是让管理学成为负责任的科学，呼吁大家积极行动起来，改革目前的商业与管理研究，以实现人类创造更美好世界的最高理想。国家自然科学基金委明确提出"原创、前沿、需求、交叉"的资助导向，在管理学部试点的基础上已经全面实施分类申请与评审，加大需求牵引的科学研究成为基金改革的一个重要方向。国内一些高校联合呼吁开展"服务社会的管理研究"。工商管理学科领域学者对工商管理研究的反思和批判空前高涨，焦点更加务实、基础，如关注研究范式、科学问题、理论与实践、微观研究与宏观问题等。

基于实践创新的学术研究不仅引起重视，也已经付诸行动。近来，深入企业调研的学者多了，开展案例研究的学者多了，越来越多的管理类杂志开设专栏征集案例研究和调查研究论文，在可喜的同时也能看到存在的问题。

首先，仍然是论文导向，问题和研究导向并不突出。年青学者和博士研究生深入企业调查研究的比例还是偏低，其中有教学任务重等各种原因，不容易撰写和发表论文还是主要原因。调查研究需要长时间积累，写论文不可能像利用二手数据和问卷调查那么快。其次，习惯于把调查研究纳入质化研究的范畴，甚至简单等同于案例研究，质化研究也有自己的范式甚至可以说是"套路"，如扎根、编码、三角验证等，本质上和基于统计分析的量化实证研究范式一样。调查研究缺乏洞见，缺乏思想。再次，对理论关注得不够。理论与实践结合要突出理论。强调理论与实践结合不能否定理论，相反，理论基础薄弱倒是普遍反映的问题。太突出实践导向，不关注理论，造成的危害可能更大。最后，准备不足，一窝蜂地涌向企业，不能让企业受益，无法和企业共创价值，进而无法持续。

事实上，洞察实践比研究文献难多了，需要研究理论与实践结合的方法论。工商管理学科是多学科交叉的应用学科，学术研究可以借鉴自然科学、社会学、经济学、人类学、心理学等多学科的研究方法，但又不能照搬。例如，田野调查是社会学常用的研究方法，在企业调研工作中还是不能直接采用；多数管理理论特别是应用性的管理理论情境依赖性强，管理是科学，但不是纯粹的自然科学，准确的重复实验很困难。高校学术研究成果丰富的学者进入企业研究院，担任首席战略官，不少企业高管进入高校担任实践教授，还有不少学者出于学术兴趣长期跟踪企业开展调查研究，只要大家共同努力，在方法论上下功夫，一定能够提升研究质量，研究透中国问题，讲好中国故事。

改变引进消化吸收再创新的学习、模仿、赶超、弯道超车的路径依赖和惯性，深刻认识和洞察中国的独特情境、历史创造、发展路径，改变验证西方碎片化知识理论的国内研究范式，紧迫而且必要。中国企业改革发展为管理研究从规模、数量、多样性、创新等多方面创造了新的研究平台，管理研究要利用好这个平台。实践的丰富性和前沿性为基于实践创新的理论研究提供条件，具有可行性。我们要抓住难得的历史机遇，从理论的高度研究好中国企业管理实践创新，多开发工具性理论，让中国企业实践进教材，为提升企业整体管理水平做贡献，为管理理论的发展做贡献。

中国传统文化对管理学科的影响探讨[*]

复旦大学　吕长江

　　两千年间，中国传统文化尽管几经改朝换代的磨难，仍然形成了全世界文明发展最为连续也最为完善的文明实体。然而，从 1840 年以来，中华文化经历了"三千年未有之大变局"，西方工商业文明打败了东方农业文明（邓晓芒，2016）。但是，改革开放 40 多年来，中国经济增长创造了人类经济史上的奇迹，2020 年世界 500 强中，中国大陆（含香港）公司数量达到 124 家，历史上第一次超过美国（121 家），而中国企业取得的奇迹却很难用西方理论得到全面的解释，这需要我们深入挖掘中国企业成功背后的文化、制度因素，只有在中西文化充分相互交融的当下，我们才有可能更全面系统地总结发展中国传统文化的智慧结晶，更好地服务于中国企业管理，科学地开展管理学学术研究。

一、　中国传统文化的内涵及其影响

　　中国传统文化源远流长、灿烂辉煌，在五千多年文明发展中孕育出了丰富的传统文化。一般意义上，中国传统文化主要包括儒、释、道思想及其理念。儒、释、道各家都重视美好人格的养成，儒家提倡智、仁、勇"三达德"（《礼记·中庸》）或仁、义、礼、智、信（《孟子》）"五常"的人格论；道家提倡"居善地，心善渊，与善人，言善信，政善治，事善能，动善时"（《道德经》）的"上善若水""道法自然"的人格论；佛家

---

　　* 原载《管理世界》2021 年第 9 期。

提倡"勤修戒定慧，息灭贪嗔痴"的常乐我净的人格论；等等，这些都对企业管理者的自我修炼和领导才能提出了严格的要求（陈劲，2019）。绵延千年的传统文化通过影响国人的偏好和价值观念（Guiso et al.，2006），作用于其认知和行为选择（DiMaggio，1997），对人们的生活、工作、教育、社交等各个方面都产生了深远影响。

随着中国经济的跨越式发展，中国式管理思想受到越来越多的关注和研究（颜世富、马喜芳，2018）。中国传统文化通过影响企业家的价值观，融入企业管理（Fu and Tsui，2003）。杜维明（2003）认为儒家思想是公司创造财富的重要精神力量。企业文化是企业赖以生存发展的精神支柱。美国兰德公司和麦肯锡公司通过对全球增长最快的30家公司的跟踪考察后，认为一流公司胜出其他公司的关键因素在于拥有强势的主流企业文化，例如海尔"真诚到永远"重视服务的文化、华为的"狼性"文化、万科的"职业化"文化等。因此，如何系统挖掘并科学计量文化对企业的影响一直是国内外学术界关注的重要问题。

二、 中国传统文化对管理学科的影响

中国传统文化是从先辈传承下来的丰厚的历史遗产，它不仅记录了中华民族文化发生、演化的历史，而且作为世代相传的思维方式、道德情操、价值观念、行为准则、风俗习惯，具有强大的遗传性，渗透在每一位中国人的血脉中，制约着国人的行为方式和思维方式，同时对构成企业主体的管理者、员工、各利益相关者的行为产生深刻的影响。

但是，如今的中国文化其实既不是中国传统文化的简单延续，也不是西方殖民文化的强势延伸，它是一种扎根于中国土壤的综合型的社会主义新文化，原本就是中西文化交融的成果，因而从原则上说，单纯西方理论或者中国传统理论都无法满足当代中国急剧发展和变化着的社会现实的需要（汝信，2017）。我们需要借鉴西方文化中的科学因素，完善并发展中国传统文化，使之更好地促进管理学学术研究。

德鲁克曾明确表示管理的根基是文化，企业家的文化价值观和企业家精神在管理中发挥着越来越重要的作用。研究中国企业管理就要深入研究

中国企业管理者的行为，企业管理者尤其是企业家的文化背景、个人偏好都对企业管理产生重要影响。2000 年，方太集团董事长茅忠群开始在方太集团引进西方管理制度，2008 年开始在方太导入儒家文化，经过十余年中华文化与西方管理方法融合，以中华文化价值观引领战略创新，形成了独具特色的"茅忠群儒学商道"。

员工是企业最具价值的资产，也是企业竞争优势的重要来源。组织领域相关研究显示，组织文化、组织工作环境、组织承诺、组织间信任和沟通等众多组织情境因素影响员工绩效（Wang et al.，2017），其中组织文化是影响员工绩效的重要因素。因此，如何构建与企业发展战略相一致的组织文化是企业管理研究重要的问题。

三、科学计量传统文化、弘扬传统文化的学术影响力

中国传统文化所包含的儒家、道家、佛家文化都强调人的本性应该清净完美，人应该追求天地合一、天人和谐的境界，甚至应该"为天地立心、为生民立命，为往圣继绝学，为万世开太平"（张载：《张子语录》）。但是，几千年来，我们仍停留在对传统文化"悟道"的抽象层面，没有将其结合管理实践通过科学量化的方式构建理论并予以指导管理实践。从科学的意义上，我们认同中国传统文化的核心价值和核心理念，并非否定西方文化，西方文化中对人本性价值的认知、注重求真务实、实证推演的理性精神值得借鉴。

有关传统文化的计量，通常有两种计量视角：宏观上度量地区传统文化的氛围，微观上捕捉个体的具体观念。已有研究已经关注到宗教文化、儒家文化和科举文化等地区文化特征，并发展出了适用于大样本研究的计量方法。

对地区宗族文化强度的度量通常有两种方式：前几大姓氏占该地人口的比重、每百万人拥有家谱数量（潘越等，2019；陈斌开、陈思宇，2018；Chen et al.，2020；Peng，2004）。本土宗教主要是指佛教和道教，度量宗教影响力的常见指标包括：公司注册地一定半径内的寺庙数量、各

省份重要宗教场所的数量、各省政协委员中宗教界人士的比例等（辛宇等，2016；陈冬华等，2013）。也有学者认为儒家文化的影响力与该地的儒家建筑数量相关（例如儒家学校、儒家书院、孔庙、贞节牌坊、儒家祠堂等），因此，度量儒家文化的常见指标有：公司注册地一定半径内的儒家建筑数量、各省份分布的儒家建筑数量（徐细雄等，2020；古志辉，2015；Kung and Ma，2014）。另外，持续了几千年的科举制度对当代中国社会影响依旧深远，Chen等（2020）使用各地明清进士、举人的数量作为科举文化的代理变量。

地区文化可以从宏观上捕捉各地的文化差异，也有很多文献试图从微观个体层面度量传统文化的具体观念。潘越等（2020）使用董事长和总经理是否具有相同姓氏来度量高管的宗姓认同程度；陆瑶和胡江燕（2014）使用董事会中与CEO籍贯相同的董事比例来衡量老乡关系；戴亦一等（2016）则识别了董事长和总经理是否来自同一方言区。杜兴强等（2017）通过公司年度报告中的董事排名顺序来识别企业的论资排辈文化，许年行等（2019）发现，在家族企业中，由年龄最大的"兄长"担任公司董事长时业绩更好，由此认为中国现代家族企业仍受到"长兄如父"观念的影响。张兴亮和夏成才（2016）使用"不患寡而患不均"的传统观念来解释部分企业的高管对薪酬公平性的感知特点。吴佳辉和林以正（2005）等设计问卷来度量组织成员的中庸思维。王庆娟和张金成（2012）测度了工作场所的儒家传统价值观强度，例如遵从权威、接受权威、宽忍利他、面子等；李锐等（2012）测度了员工的集体主义倾向、个人传统性。

对于传统文化的计量，无论是一手数据还是二手数据，都是从科学可验证的视角，推动了传统文化的传播，并影响企业的管理实践。然而，中国传统文化博大精深、源远流长，目前对传统文化的计量方式、方法还远远不能充分反映传统文化的深刻内涵，需要我们开发、创新一系列计量传统文化的指标、量表，尤其是在当前"大智移云"①环境下，数字媒体交互技术的可视化传播方式逐渐被推崇，传统文化数字化成为可能，因此，

---

① "大智移云"是大数据、智能化、移动互联网、云计算的简称。

进一步开发推广中国传统文化的数字化计量成为下一步管理学科研究的重要内容。

参考文献

［1］Chen，T.，Kung，J. K. and Ma，C.，2020，"Long Live Keju! The Persistent Effects of China's Civil Examination System"，*The Economic Journal*，Vol. 130，pp. 2030～2064.

［2］DiMaggio，P.，1997，"Culture and Cognition"，*Annual Review of Sociology*，Vol. 23，pp. 263～287.

［3］Fu，P. P. and Tsui，A. S.，2003，"Utilizing Printed Media to Understand Desired Leadership Attributes in the People's Republic of China"，*Asia Pacific Journal of Management*，Vol. 20，pp. 423～446.

［4］Guiso，L.，Sapienza，P. and Zingales，L.，2006，"Does Culture Affect Economic Outcomes?"，*Journal of Economic Perspectives*，Vol. 20，pp. 23～48.

［5］Kung，J. K. and Ma，C.，2014，"Can Cultural Norms Reduce Conflicts? Confucianism and Peasant Rebellions in Qing China"，*Journal of Development Economics*，Vol. 111，pp. 132～149.

［6］Peng，Y.，2004，"Kinship Networks and Entrepreneurs in China's Transitional Economy"，*American Journal of Sociology*，Vol. 109，pp. 1045～1074.

［7］Wang，J.，Yang，J. and Xue，Y.，2017，"Subjective Well－Being，Knowledge Sharing and Individual Innovation Behavior：The Moderating Role of Absorptive Capacity"，*Leadership & Organization Development Journal*，Vol. 38（8），pp. 1110～1127.

［8］陈斌开、陈思宇：《流动的社会资本——传统宗族文化是否影响移民就业?》，《经济研究》，2018 年第 3 期。

［9］陈冬华、胡晓莉、梁上坤、新夫：《宗教传统与公司治理》，《经济研究》，2013 年第 9 期。

［10］陈劲：《中华传统文化中的创新因素与第四代管理学》，《科研

管理》，2019 年第 8 期。

　　［11］杜维明：《儒家伦理与东亚企业精神》，中华书局，2003 年。

　　［12］邓晓芒：《论中国传统文化的现象学还原》，《哲学研究》，2016
年第 9 期。

　　［13］戴亦一、肖金利、潘越：《"乡音"能否降低公司代理成
本？——基于方言视角的研究》，《经济研究》，2016 年第 12 期。

　　［14］杜兴强、殷敬伟、赖少娟：《论资排辈、CEO 任期与独立董事
的异议行为》，《中国工业经济》，2017 年第 12 期。

　　［15］古志辉：《全球化情境中的儒家伦理与代理成本》，《管理世
界》，2015 年第 3 期。

　　［16］李锐、凌文辁、柳士顺：《传统价值观、上下属关系与员工沉默
行为——一项本土文化情境下的实证探索》，《管理世界》，2012 年第
3 期。

　　［17］陆瑶、胡江燕：《CEO 与董事间的"老乡"关系对我国上市公
司风险水平的影响》，《管理世界》，2014 年第 3 期。

　　［18］潘越、宁博、戴亦一：《宗姓认同与公司治理——基于同姓高管
"认本家"情结的研究》，《经济学（季刊）》，2020 年第 1 期。

　　［19］潘越、宁博、纪翔阁、戴亦一：《民营资本的宗族烙印：来自融
资约束视角的证据》，《经济研究》，2019 年第 7 期。

　　［20］汝信：《立足当代实践，走出中西文化二元对立的窠臼》，《哲
学研究》，2017 年第 1 期。

　　［21］王庆娟、张金成：《工作场所的儒家传统价值观：理论、测量与
效度检验》，《南开管理评论》，2012 年第 4 期。

　　［22］吴佳辉、林以正：《中庸思维量表的编制》，《本土心理学研究》
（台湾），2005 年第 24 期。

　　［23］辛宇、李新春、徐莉萍：《地区宗教传统与民营企业创始资金来
源》，《经济研究》，2016 年第 4 期。

　　［24］徐细雄、李万利、陈西婵：《儒家文化与股价崩盘风险》，《会
计研究》，2020 年第 4 期。

　　［25］许年行、谢蓉蓉、吴世农：《中国式家族企业管理：治理模式、

领导模式与公司绩效》,《经济研究》,2019 年第 12 期。

　　［26］张兴亮、夏成才:《非 CEO 高管患寡还是患不均》,《中国工业经济》,2016 年第 9 期。

　　［27］颜世富、马喜芳:《中国管理学如何为世界管理学做出新贡献——"第 21 届世界管理论坛暨东方管理论坛"学术思想述要》,《管理世界》,2018 年第 5 期。

结构重塑与制度创新：建立公司治理研究的中国学派[*]

山东大学　徐向艺

一、 建立公司治理研究中国学派的必要性与可行性

中国政治、经济、社会文化等情境因素和西方存在着根本性差别，长期以来，主要借鉴西方经验构筑的公司治理模式的适用性与有效性在实践中充满争议。尤其是近年来，中国的发展理念和经济结构均发生了一些重大变化，在大国崛起和数字化经济发展的背景下，结合中国情境特殊性建立公司治理研究的中国学派，以及推动中国管理学界在世界舞台发出自己声音的时机已经到来。

第一，从机器大工业到电子信息工业，再到数字经济时代的发展，公司治理模式与治理机制必将发生重大变革。在 19 世纪机器大工业以及 20 世经电子信息工业发展阶段，借鉴、学习西方公司治理理论与移植实践模式具有必要性及合理性。但是，在以移动互联网、大数据、人工智能发展为代表的数字经济时代，中国与西方公司治理制度变革与创新处于同一起跑线上。西方传统公司治理范式在中国公司治理实践中面临更深层次的挑战。第二，中国传统文化体系与西方的差异性，凸显出建立公司治理中国学派的必然要求。中国传统文化提倡基于道德规范与社会舆论的监管模式，要求公司治理应当对外部利益相关者的诉求更加重视。中国传统文化

　＊　原载《管理世界》2021 年第 6 期。

中不断积累的知识与智慧是构建公司治理中国学派的文化基础。第三，中国具有特殊的现代国情：一是国有企业在国民经济的关键领域中处于重要地位；二是金字塔结构下的母子公司制度形式导致的委托代理问题较为复杂，子公司作为上市主体而非整体上市的现象较西方普遍，母子公司治理问题也呈现出不同于西方的特点；三是政府在经济运行中发挥着重要调控作用，对公司经营发展的影响力远大于西方。第四，中国改革开放历经40多年的时间，已涌现了一大批世界级的优秀企业，这些企业根植于中国情境，逐步形成了中国化的公司治理经验，在治理结构安排与制度设计上与西方存在诸多不同，有待学者们认真思考与探索。基于以上中国特殊的现代国情，构建中国公司治理学派具有重要价值，归纳梳理出有中国特色的公司治理制度，构建本土化的公司治理模式已经具备可行性。

二、 修正公司治理目标， 回归公司治理研究本源

长期以来，公司治理与公司绩效之间的关系是中国公司治理领域普遍关注的问题。在已有的实证研究中，公司绩效主要以资产收益率、每股收益等反映收益能力的财务指标进行测量。这些研究在一定程度上为提升中国上市公司治理效率做出了贡献。但是，公司治理绩效与财务绩效之间在短期内可能并不存在必然显著的相关性，甚至在某些特殊情境下，良好的公司治理对短期主义导向的绩效提升反而具有抑制效应。为此，要为公司治理正本清源。基于中国的具体国情与历史文化背景，公司治理目标应从财务绩效转变为"运作合规、权力制约、利益均衡、公司善治"。其中，"运作合规、权力制约、利益均衡"分别是中国公司治理的基础要求、本质需求及核心诉求；"公司善治"则是中国公司治理的长期追求，是公司实现可持续发展的根本导向。结合中国情境对公司治理的目标进行准确界定与测度，是完善公司治理组织设计与制度安排的重要标准，也是建立公司治理研究中国学派的逻辑出发点与归宿。

三、 构建公司治理中国学派的新范式及理论体系

科学研究的范式存在的意义是可以运用即成的定理、公论解释科学研

究的难题和实践中的疑惑。如果依据常规范式在解决难题时不断遇到挫折或困扰，或者既成范式对新出现的社会现象及现实问题缺乏鲜明说服力，就需要修正常规范式。这一修正过程产生新定理、新理论、新方法，也就产生了新的研究范式。理论的创新需要新范式，同时也需要对传统范式的修正与创新。仅依靠西方理论、范式来研究中国公司治理问题是目前理论与实践脱节的主要原因。在我国公司治理理论构建及指导实践过程中，我们应着重思考：

一是辨析造成东西方制度与文化差异的公司治理长期、深层、隐性影响因素，形成适合中国情境的公司治理效果评判标准，评价结果应以公司治理的长期价值创造效应为参考；二是立足中国经济体制改革过程中的历史情境因素，积极寻找公司治理实践发展进程中显著异于西方模式的成功经验，必须同时思考变革过程中的制度环境、社会文化、人情社会、关系社会所带来的共同影响，实现公司治理理论的本土化创新；三是继续深入探索如党的领导、"社会资本""社会舆论"等基于中国情境的特殊公司治理参与方的积极意义。以该范式为基础，建立"以股东为主导的核心利益相关者相机治理""中国情境下母子公司双向治理""以董事会为核心的治理结构"等理论体系。立足于中国情境，完善并拓展公司治理中国学派理论体系的解释力和影响力。

四、 规范与创新公司治理研究的方法论

公司治理研究的方法论是在该领域具有普适性，在研究过程中起指导作用的范畴、原则、理论、方法和手段的总和。从方法论的角度，我国公司治理要对以下几个问题重新审视。

第一，利益相关者共同治理理论所主张的全员参与治理容易引起的目标混乱、效率低下等问题，股东至上、单边治理也存在治理局限。第二，公司治理结构仅是公司治理的组织特性，而公司治理有效性更多地取决于公司治理行为。第三，公司治理绩效不同于公司财务绩效。公司治理绩效表现在明确而合理地配置公司股东、董事会、经理人员和其他利益相关者之间的权力、责任和利益，以确保公司运作的合规、合法性，但在短期内

不能保证公司利益的增长。第四，公司治理存在跨期效应。公司治理绩效既可能是当期公司治理改进的结果，也可能是前期公司治理改进的结果。公司治理与公司绩效表现之间的关系在不同时期可能会表现出不同的特征，较短的数据样本期间无法检验出两者之间的真实关系。

目前公司治理领域的学术研究大多运用大样本数据进行实证研究，但很多实践中的重要问题受限于数据的不可获得性而难以有效开展研究，并且数据与模型也无法解释更深层次的作用机理。近年来，我国学术界一直致力于"打造中国气派的哲学社会科学话语体系"，公司治理的中国学派也应当回归本源，推进研究方法多样化和研究范式规范化，从"真问题"出发，深入"真现场"，以扎根精神展开学术研究，总结中国公司治理的独特实践，升华并形成中国公司治理的独特理论。

综上，在中国特殊情境与资本市场制度深化改革背景下，中国公司治理过程中一些新的实践已无法用原有的公司治理理论进行解释与评价。我们亟需结合公司治理的本质，修正公司治理目标，回归公司治理研究的本源，构建新的理论框架和研究范式。应在新范式与新框架下展开对公司治理的学术研究，共同建立对现代公司治理具有理论的解释力、实践的渗透力、在国际上具有重大影响力的公司治理中国学派。

加快构建中国创业学体系[*]

上海财经大学 刘志阳

习近平总书记在哲学社会科学工作座谈会上的讲话中强调，"当代中国的伟大社会变革……不是国外现代化发展的翻版，不可能找到现成的教科书。"长期以来，创业研究以西方创业管理范式为主导，研究新事物的机会是如何出现并被特定个体所发现或创造的过程（Shane and Venkataraman，2000）。西方范式尽管在新企业创建的微观基础方面积累了大量的知识，但是缺乏创业推进社会建构和国家发展的宏观探讨；西方范式主要源自资本主义企业家精神的历史实践，无法反映中国商业文明的历史传承，更无法为全面建设社会主义现代化国家新征程提供理论指导。中国特色创业学体系是由我国经济社会发展的现实逻辑、理论逻辑和历史逻辑共同决定的。

一、 中国特色创业学的现实、 历史和理论逻辑

第一，中国特色创业学的现实逻辑。首先，正如 20 世纪 20 年代"仰韶文化"的发现，展现了通过考古学构建史前史的可能，才使得考古学这门外来的学问获得了中国学术界的接纳。百年变局背后也蕴含着中国科技、市场以及制度变革的重大机遇，为构建中国特色创业学研究企业创建和国家追赶现象提供了最佳契机。其次，中华民族伟大复兴战略全局需要有一批能屹立于世界之林的新创企业家和企业，这对构建中国特色创业学

---

* 原载《管理世界》2021 年第 6 期。

服务国家需要提出了现实新要求。最后，中国改革开放 40 多年来的伟大实践为构建中国特色创业学奠定了现实基础。

第二，中国特色创业学的历史逻辑。中国历史上的企业家精神及其实践发展是一部企业家精神和民族精神紧密融合的发展史。儒家在论证"修身、齐家、治国、平天下"的人生追求同时，也强调了"义利兼顾"的经营哲学。早在《国语·晋语一》中就有"民之有君，以治义也。义以生利，利以丰民"。"儒商始祖"子贡、"商圣"范蠡、"治生者祖"白圭等经营实践反映了古代企业家的取之有道的"义利观"。以张謇、吴蕴初、范旭东为代表的民族企业家，将实业救国视为士大夫不容推卸的责任。中国几千年的商业文明显著有别于西方世界，这是构建中国特色创业学体系的历史根脉。

第三，中国特色创业学的理论逻辑。从现代西方创业理论看，创业经济学强调创业活动对经济增长的贡献（Baumol，1968）。以德鲁克、麦克莱兰、史蒂文森为先导的管理学家继承并发展了经济理论中创业的历史根源，将这一概念应用于创新的机会寻求活动，其任务是对机会进行利用和开发。后来者逐步从创业者特质、行为和认知等方面对创业理论进行了崭新的诠释（Read et al.，2016）。马克思主义政治经济学认为，增进社会财富是中国特色社会主义政治经济学的目标（洪银兴，2020），创业劳动作为"当代劳动"的最新进展，在财富创造同时理应参与分配。2017 年中共中央、国务院印发了《关于营造企业家健康成长环境弘扬优秀企业家精神更好发挥企业家作用的意见》，充分肯定了企业家和创业劳动的主体价值，为理论构建做好了思想准备。当前，新发展理念已经是我国现代化建设的指导原则，也应该是构建中国创业学的根本遵循。总之，现代西方创业理论强调创业者追求冒险精神的力量，力图避免政府干预，注重价值创造过程，但无法处理财富公平分配，并不能适用于中国创业实践；马克思主义政治经济学强调创业劳动创造财富，关注生产力和生产关系的适应性，追求财富创造和分配的统一，是符合我国制度背景和现实发展要求的指导思想。

二、 中国特色创业学的构建设想

近年来，在国家自然科学基金委等的支持下，中国管理学者对创业学理论进行了富有成效的工作，为学科创建打下了坚实基础。结合已有研究成果，创业学体系构建需要从观念重构、结构改造和方法改革入手。

第一，观念重构。要提高对创业学理论体系构建的重视，承认其学科体系的构建内蕴。中国特色创业学不是西方创业经济理论的翻版，也不是现代企业管理理论的附庸，可以作为一门独立的学科对待。中国创业学不仅应该回应百年变局下的包括新创企业在内的各种新组织的微观创建过程，也应该回应后发国家如何创新赶超的时代课题，体现了其宏微观结合的整合式导向；中国创业学不仅要总结已有企业创建规律，更要探索"新发展理念"指导下的各类新技术、新产业和新模式的创业实践，体现了其非系统的探索性导向；中国创业学不仅要研究财富创造和分配的规律，更应传递中国声音和中国力量，体现了其服务国家的鲜明价值导向。

第二，结构改造。应进一步明确中国创业学研究对象，着力完善创业学学术体系。中国特色创业学研究对象是基于财富创造的创建活动和规律。基于国家财富创造理论，研究领域包括：制度创业、国际创业、技术创业和数字创业等内容；基于社会和自然财富的创造，研究领域包括：社会创业、绿色创业、文化创业以及可持续创业等内容。基于个人和家庭财富创造，研究领域包括：中小企业创业、家族创业和公司创业等内容。未来学术体系完善尤其应该关注如下几个方面：一是要研究百年变局新特征，进而分析全球技术、市场、制度和秩序的变化，促进创业学的微观基础构建和理论转型。二是要研究伟大复兴战略全局的具体新要求，进而分析各种财富的积累变化及其互动机制，促进创业学的宏观基础构建和学科结构转型。三是要研究改革开放40多年来中国的创新创业活动实践，进而以解决企业家出现和成长的"现实难题"为出发点，促进创业学学科的问题发现和现实转向。

第三，方法改革。应该从交叉科学、历史学和各种新技术手段中融合形成创业学自身的研究方法。新时代创业实践逐渐模糊的时空边界，对传统的创业要素研究提出了新要求。需要将管理学、信息学、统计学、神经科学、人工智能、机器学习等不同学科方法有机融合，提高创业过程研究的有效性；创业学研究应放眼于历史长河中，通过时空的变迁阐述了制度对企业家精神以及企业的创立、发展和消亡的影响；应该高度重视数智手段应用，数智技术利用不仅有利于收集数据帮助理解创业者的认知变化，也可以有效降低创业风险并提高成功率。

参考文献

［1］Baumol, W. J., 1968, "Entrepreneurship in Economic Theory", *The American Economic Review*, Vol. 58（2）, pp. 64 ~ 71.

［2］Shane, S., Venkataraman, S., 2000, "The Promise of Entrepreneurship as a Field of Research", *Academy of Management Review*, Vol. 25（1）, pp. 217 ~ 226.

［3］Read, S., Sarasvathy, S., Dew, N. and Wiltbank, R., 2016, *Effectual Entrepreneurship*, London：Routledge.

［4］习近平：《在哲学社会科学工作座谈会上的讲话》，人民出版社，2016 年。

［5］洪银兴：《进入新时代的中国特色社会主义政治经济学》，《管理世界》，2020 年第 9 期。

［6］蔡莉、张玉利、路江涌：《创新与创业管理》，《科学观察》，2019 年第 1 期。

［7］张玉利主编：《创业研究经典文献述评》，机械工业出版社，2018 年。

观察—洞察—涌现：从案例中发现中国管理方案[*]

浙江大学　魏　江

一、　直面中国管理研究的问题

管理学学者作为管理实践的观察者、管理知识的创造者、管理思想的传播者，理应紧紧围绕"面向世界科技前沿、面向经济主战场、面向国家重大需求、面向人民生命健康"的"真"问题，产出兼具相关性和严谨性的"真"研究。然而回顾中国管理研究的发展历程与现状，"指鹿为马""类虎画猫""投机取巧""闭门造车"式研究盛行，削足适履式挑选中国数据、讲中国"坏话"、违背中国发展事实的研究屡屡在国际期刊发表。

究其原因，以完全由西方管理话语体系主导下国际期刊发表作为评价的导向应当承担一定责任。第一，中国管理理论界在国际期刊特别是美国主导的"顶级"期刊中话语权不足，这些期刊的"守门人"和"读者"的学术品位导向了中国管理研究前进的方向。皮尤研究中心调查显示，发达国家的大多数民众对中国持有负面看法，其中 2019 年只有 26% 的美国民众对中国持有正面评价①。第二，中国管理学术生态不甚健康，"以刊评质"特别是以国际期刊等级评价研究质量的顽疾在职称评审、人才项目

　＊　原载《管理世界》2021 年第 6 期。

　①　参见：https：//www. pewresearch. org/global/database/indicator/24/country/us［Accessed on 2021 - 4 - 20］。

评审等过程中根深蒂固，服务中国管理实践的评价体系严重缺失。第三，中国管理学者缺乏自信，崇尚基于西方管理实践的管理理论，缺乏适用中国情境的本土知识创造，过分强调量化技术而忽略实践相关性（Meyer，2006）。

直面这些问题，我们应该如何做？接下来本文以"非对称创新理论"研究过程为例，提出"观察—洞察—涌现"研究模式，而后探讨具体的可操作建议。

二、"观察—洞察—涌现"：从案例中构建非对称创新理论

观察：扎根中国管理实践。中国 40 多年经济高速发展过程中涌现出大量独特的管理实践，扎根实践中管理者的困惑以及基于中国管理实践与现有文献之间的冲突，是构建有用的管理理论重要起始（Shepherd and Suddaby，2017），这始于对中国管理实践的密切观察。我们研究团队 20 年来持续扎根于中国企业实践，与 200 余家企业共同针对特定实践问题系统研究解决方案，基于实践调查为国家和地方政府相关部门提供过百余份政策研究报告。正是这些对中国管理实践的近距离观察，让我们对中国管理实践需求及实践与文献之间的冲突有了深刻把握，我们发现中国企业的技术追赶历程与西方发达国家以及其他转型经济国家企业发展有着显著的差别，这是我们"非对称创新"理论提出的基本前提（魏江等，2014，2020a）。

洞察：抽象管理理论逻辑。仅仅近距离观察中国管理实践还远远不够，还需要基于溯因推理的逻辑，基于理论逻辑和严谨的案例研究流程，洞察中国管理实践背后的理论逻辑，这一过程被描述为受训练的想象力（Disciplined Imagination）（Weick，1989）或者创造性跳跃（Creative Leaps）（Mintzberg，2005）。例如，基于海尔集团、万向集团、吉利集团、金风科技、中联重科、迈瑞医疗、东华链条等企业跨国并购案例的单案例深描、跨案例比较分析，结合合法性理论的研究进展，我们提出了中国企业在跨国并购过程中的独特行为模式和背后的理论逻辑（魏江、王诗翔，

2017；魏江、杨洋，2018；魏江等，2020b）；中兴通讯、舜宇光电、海康威视、中国南车等企业的跨案例比较，提出了"制度型市场"这一新概念以解释中国后发企业追赶的独特性（魏江等，2016a）。这些洞察的得出不仅得益于我们对中国管理实践的深耕，亦受现有理论的启发。

涌现：构建中国管理理论。对中国管理实践背后理论问题的洞察会随着研究的不断深入而更加深刻，逐步涌现出系列研究内容，进而形成相对完整的中国管理方案。事实上，随着我们对中国管理实践洞察和案例研究的不断深入，我们逐步形成了从"市场体制、制度体制、技术体制"三维阐释中国企业非对称创新宏观情境独特性，从"制度设计非对称、组织设计非对称、路径设计非对称、机制设计非对称"四维分析中国企业非对称创新内部机制的中国管理理论（魏江等，2016b；魏江、杨洋，2018）。这一理论不仅贡献于理论，更重要的是为缺乏核心资源的中国企业创新追赶提供了系统解决方案（魏江等，2020a）。

三、 加快构建中国特色管理体系

通过"观察—洞察—涌现"，从案例中发现中国方案并不容易，我们从全球视野、历史格局和严谨方法三个方面给出操作建议。首先，以全球化视野考察，不能"孤立封闭"。"扎根中国"并不是要切断与国际管理学术圈的联系。西方管理学从1911年开始快速发展，累积了大量现代管理思想和成果；而以工商管理学科为代表的中国管理学科则走过了一段曲折的历程（张玉利、吴刚，2019）。中国管理学者需要通读各自研究领域的经典和前沿理论，厘清文献的基本假设和核心逻辑，以全球化视野考察中国实践，反过来基于中国管理实践构建新理论对话文献。

其次，以历史观为根基。"全球化视野"不是要忘记中国的历史。尽管中国近现代由于种种原因错过了全球管理理论从经验主义转向科学化发展的关键时期，使中国管理学者未能掌握国际话语权；但中华民族五千多年的历史文明延绵至今，恢宏的历史和延绵的文化深刻地影响着中国人民的行为方式，大量中国现代企业的管理智慧根植于中国历史文化中璀璨的思想。现代中国管理学者应该肩负起历史使命，不断系统和深刻总结和传播中国管理思想精髓，让其获得该有的地位。

最后，以严谨方法为依托，不能"不负责任"。扎实的科学哲学训练，掌握严谨的方法，以"负责任"的方式才能做出"真"的研究，创造出"可靠且有用的知识"（徐淑英、仲卫国，2018）。概括来说，我们认为"真"研究应该要有以下四个方面的内涵：一是识真山真水——认识中国管理实践的真实世界，揭示中国企业的智慧；说真话真相——采用严谨的方法呈现真实管理世界，系统刻画真实的管理逻辑；明真知真理——呈现真实可信的结论与理论，解释并指引真实管理实践；育真人真才——培养真才，解决中国真实管理问题，服务中国经济。

参考文献

［1］Meyer，K. E.，2006，"Asian Management Research Needs More Self – confidence"，*Asia Pacific Journal of Management*，Vol. 23（2），pp. 119～137.

［2］Mintzberg，H.，2005，"Developing Theory about the Development of Theory"，in Smith，K. G. and Hitt，M. A.（eds），*Great Minds in Management*，Oxford：Oxford University Press，pp. 335～372.

［3］Shepherd，D. A. and Suddaby，R.，2017，"Theory Building：A Review and Integration"，*Journal of Management*，Vol. 43（1），pp. 59～86.

［4］Weick，K. E.，1989，"Theory Construction As Disciplined Imagination"，*Academy of Management Review*，Vol. 14（4），pp. 516～531.

［5］魏江、刘洋、黄学：《非对称创新战略：中国企业的跨越（理论辑）》，科学出版社，2018 年。

［6］魏江、潘秋玥、王诗翔：《制度型市场与技术追赶》，《中国工业经济》，2016 年 a 第 9 期。

［7］魏江、王丁、刘洋：《非对称创新：中国企业的创新追赶之路》，《管理学季刊》，2020 年 a 第 2 期。

［8］魏江、王丁、刘洋：《来源国劣势与合法化战略——新兴经济企业跨国并购的案例研究》，《管理世界》，2020 年 b 第 3 期。

［9］魏江、王诗翔：《从"反应"到"前摄"：万向在美国的合法性

战略演化（1994～2015）》，《管理世界》，2017 年第 8 期。

［10］魏江、邬爱其、彭雪蓉：《中国战略管理研究：情境问题与理论前沿》，《管理世界》，2014 年第 12 期。

［11］魏江、应瑛、潘秋玥：《创新全球化：中国企业的跨越（案例辑）》，科学出版社，2016 年 b。

［12］魏江、杨洋：《跨越身份的鸿沟：组织身份不对称与整合战略选择》，《管理世界》，2018 年第 6 期。

［13］张玉利、吴刚：《新中国 70 年工商管理学科科学化历程回顾与展望》，《管理世界》，2019 年第 11 期。

［14］徐淑英、仲卫国：《负责任的管理研究：哲学与实践》，北京大学出版社，2018 年。

充分发挥案例研究方法在构建中国特色农林经济管理学中的作用*

中国社会科学院　　郜亮亮

推动农林经济管理学研究是加快构建中国特色哲学社会科学的重要内容。2016 年 5 月 17 日，习近平总书记在哲学社会科学工作座谈会上的讲话（以下简称："5·17 讲话"）开启了"加快构建中国特色哲学社会科学"的发展阶段。讲话强调，要努力构建一个全方位、全领域、全要素的哲学社会科学体系。因此，农林经济管理学必在构建之列。从实践与理论的辩证关系看，新中国成立后，特别是改革开放以来，"三农"领域发生了翻天覆地的变化，这些实践创举既得到了既有农林经济管理理论的指导，又为农林经济管理理论的进一步发展提供了沃土。而且，脱贫攻坚成果的巩固与拓展、乡村振兴战略的推进和农业农村现代化的实现等新的发展实践亟需发展着的理论的指导。总之，以我国农林经济发展实际为研究起点，提出具有主体性、原创性的理论观点，构建具有自身特质的农林经济管理学具有重要意义。

科学的研究方法是支撑农林经济管理学研究的利器。"5·17 讲话"指出："我国哲学社会科学还处于有数量缺质量、有专家缺大师的状况"，这在很大程度上是因为科学研究方法不足导致的。缺乏科学方法论意识、不能规范运用研究方法，将使研究者视实践为无物，从实践中提炼理论的能力大打折扣，导致"实践孕育理论"的速度非常缓慢。总体而言，社会科学研究有定性研究和定量研究两大方法传承。近 30 年来，国内定量研

*　原载《管理世界》2021 年第 6 期。

究（主要表现为各类计量方法的运用）越来越多，并逐渐替代定性研究（主要表现为案例研究或纯文字性的论文）成为主流的研究方法。两类方法的运用极大地提高了我国哲学社会科学的研究水平，但学术界对它们的认识仍存在一些误区①。一方面，两种传承相互否认，以计量模型运用为核心的定量研究群体认为案例研究或纯文字研究比较简单和缺乏严谨性等，而后者认为前者唯模型，缺乏故事性和过程性分析等。另一方面，不管是定性派还是定量派，即使对各自自身所认可（或引以为豪）的方法，每一派都存在认识误区和运用不规范问题：如部分定性研究群体认为纯文字的论文不必讲逻辑、不必追求严谨或者不能进行严谨的因果关系分析；部分定量研究群体认为只要论文里有数学公式或计量模型就意味着严谨了，部分群体忽略计量实证研究结果的外部有效性，认为其结果可以任意推广等。实际上，定量研究和定性研究在推论逻辑上是相通的，都追求分析的严谨性，都可以进行因果关系研究等。当然，两者各有优势，如果说计量方法的优势是更严谨地识别（或验证）一个理论假说的话，那么案例研究的强项就是提出或发展出一个理论假说；如果说前者擅长于识别一对因果关系的话，那么后者更擅长于分析这对因果关系背后的运行机制和实现路径——因果机制分析；如果说前者更适合在样本同质（至少可依据某些特征归并为同一类总体）前提下对大样本②进行平均推断的话，那么后者更擅长对一些现实中特有的且重要的个案进行深入分析和抽象推断；等等。本文认为，两种方法是互补的，可以根据研究目标及特定条件选择最合适的方法开展研究；当然，对两种方法进行综合运用或许能让只用一种方法的研究变得锦上添花。

当前阶段，在农林经济管理学研究中充分运用案例研究方法正逢其时。案例研究方法是定性研究方法传承中最常用的方法。案例研究③是对单个案例（或一小组案例）进行的深入研究，研究的目的——至少部分目

---

① 国外社会科学界也一直存在认识误区（King et al. ，1994；Goertz and Mahoney，2012）。

② 本文所言大样本是指样本量大的意思。

③ 案例研究或者案例研究方法一直存在多种定义的问题（殷，2017）。但是，不管哪种定义，都包括如下基本要义：研究的对象是个案（但不限于一个个案）；案例研究是对个案的深入系统的研究，可能用个案验证某个存在的理论，也可能发现新的理论，或者只是纯粹地展现一个个案的全面情况。本文不对相关方法的定义及社会科学方法论层面的东西进行细致讨论。

的——是解释一组更庞大的案例（总体），或者将研究结论推广至更大一组具有相同的一般化类型的案例（吉尔林，2017）。由于其研究的问题可以是探索性的（提出新问题）、描述性的（全面系统地展现实际情况），也可以是解释性的（因果分析），因此在某些条件下案例研究更有用武之地。第一，当事物总体处于快速发展变动中时，即总体未定时，运用抽样获得数据进而开展计量分析变得不易实现，此时用案例研究方法更适合，根据现象的重要性及研究的必要性来选定研究个案（即所谓的理论抽样）并进行深入研究。第二，当事物总体中样本的空间分布分散，如一个村或一个镇或一个县等范围内都找不出几个样本时，此时用抽样方法进行抽样进而获得大样本数据的成本较大，若用案例研究深入剖析某些个案就更具现实可操作性。第三，当事物总体中的样本个数极少但特色鲜明时，如以国家为样本时，中国的发展实践具有独特性，尽管无法进行大样本跨国比较研究，但对这种独特且重要的现象依然有研究的必要性，此时可采用案例研究方法。第四，当研究目标是进行因果机制（因果路径）分析时，案例研究具有突出的优势，尽管很多定量研究已开始用计量模型研究因果机制，但仍限于初步探索，还无法对机制环境及路径进行深入分析。第五，当研究目标是提出问题（如假说、理论或概念）时，就有必要用案例研究对某些具体社会实践进行全面系统的分析。理论创新只能从问题开始，而问题提出往往从案例研究开始。中国正经历着我国历史上最为广泛而深刻的社会变革，也正在进行着人类历史上最为宏大而独特的实践创新。从这种前无古人的伟大实践中挖掘新材料、发现新问题、提出新观点、构建新理论是哲学社会科学工作者的重要使命。如果提出问题后，还要进一步进行大样本计量分析，那之前的案例分析可看作计量分析的前提环节。当前，农林经济管理发展现实也具备如上这些理论条件，案例研究方法的运用正逢其时。下面以几个例子加以说明。

例1：新型农业经营主体研究。随着中国农业进入生产经营主体多元化阶段，各类主体的生产效率比较就是重要的研究问题。由于小农户、家庭农场等各类主体处于快速发展阶段，即生产主体的总体是未定的，而且总体结构（各类主体占比）也缺少先验信息，因此抽样的实现难度较大。而且，由于家庭农场、农民合作社和农业龙头企业是典型的规模化经营主体，它们在空间上分布分散，在一村一镇等层面很难调研到大量规模经营主体样本，获取大样本数据的成本较大。但对这些主体的形成、变迁及现状等进行及时研究又很有必要。此时，不妨采用案例研究方法对一些典型家庭农场进行深入分析，当然也可以聚焦两个家庭农场进行多案例比较分析。再如，跨区作业收割机是很重要的生产服务主体，对这种流动着的样本采用案例研究方法显然更具优势。

例2：乡村治理研究。对第一书记在乡村治理中的作用进行研究具有重要意义。一方面，采用抽样方法获得大样本数据具有一定难度，因此可以用案例研究方法对少数第一书记进行深入研究，可以具体比较有无第一书记或者两个不同学历背景第一书记的乡村治理效率差异——这是常见的因果关系识别研究；另一方面，也是更重要的，是在因果关系基础上分析第一书记"为什么"或者"怎么样"产生了治理效率——即因果机制或因果路径的研究，而这正是案例研究方法的优势所在。

例3：脱贫攻坚研究。中国的减贫实践是人类历史上的伟大创举，这种独特的、复杂的、其他地区短时间内不易重复的现象是最能产生新理论的沃土，需要用案例研究方法对这种扶贫模式进行经验总结，提炼新概念，产生新理论。

最后，本文想强调的是，本文并不否认以计量分析为代表的定量研究方法，只是认为在某些条件下，特别是在以"提出问题""发展理论"为主要目标的研究中，案例研究方法具有独特优势。本文提倡综合使用各种方法的思路，而且建议把主流计量经济学各种方法的核心精神吃透，并运用到以案例研究为代表的定性研究中。实际上，多案例研究就是将计量分析中的匹配、通过加入控制变量将核心变量的偏效应隔离出来等思想加以运用的实例。

参考文献

［1］Goertz, G. and Mahoney, J., 2012, *A Tale of Two Cultures：Qualitative and Quantitative Research in the Social Sciences*, Princeton University Press.

［2］King, G., Keohane, R. O. and Verba, S., 1994, *Designing So-*

cial Inquiry：Scientific Inference in Qualitative Research，Princeton University Press.

［3］罗伯特·K. 殷：《案例研究：设计与方法》，重庆大学出版社，2017 年。

［4］约翰. 吉尔林：《案例研究：原理与实践》，重庆大学出版社，2017 年。

积极构建中国特色管理学理论体系[*]

——基于 NSFC 管理科学 A 类期刊刊文（2013~2020 年）的分析

安徽大学　周泽将　王浩然
中南大学　修宗峰

摘要：如何构建中国特色管理学理论体系以指导不断深化的本土管理实践已成为当前管理学界亟需解决的重要问题，而这一理论体系的构建离不开对中国当前管理学理论研究的客观分析与归纳演绎。本文选取国家自然科学基金委（NSFC）管理科学 22 本 A 类期刊刊文（2013~2020 年）作为分析对象，应用文献计量法研究发现：①近年来管理学期刊的刊文篇数总体呈现先降后升的特征，单篇刊文篇幅有所增加，刊文严谨性不断增强；②研究方法呈现多元化，定量研究法占据主流，其中案例研究法已推广应用至中国情境下管理实践问题的研究当中；③研究情境聚焦于中国本土化的管理实践，技术创新、供应链、创新绩效和经济增长 4 个研究主题是管理学领域关注的热点，研究内容呈现出延续性与交叉性相结合、时代性与前沿性相结合的基本特征；④在不同领域的管理学代表性学术期刊中上述研究发现存在一定的异质性。在此基础上，本文凝练出中国特色管理学理论体系构建的现存问题与实现路径，试图通过该路径中"理论与实践"的持续性互动，探究中国特色管理学理论体系的本土化发展和国际化创新。本文从文献计量学视角增进了对中国特色管理学理论体系发展现状

＊　原载《管理世界》2021 年第 9 期。

的理解，相关研究结论对于积极构建中国特色管理学理论体系具有一定的理论启示意义。

关键词： 管理学　理论体系　中国特色　文献计量　发展路径

一、引言

2016 年 5 月 17 日，习近平总书记在哲学社会科学工作座谈会上指出"要按照立足中国、借鉴国外，挖掘历史、把握当代，关怀人类、面向未来的思路，着力构建中国特色哲学社会科学，在指导思想、学科体系、学术体系、话语体系等方面充分体现中国特色、中国风格、中国气派"①，上述会议精神对中国特色哲学社会科学体系的构建、发展和完善提出了明确要求并指明了未来发展方向。作为中国特色哲学社会科学体系的重要组成部分，如何构建中国特色管理学理论体系这一问题也越来越迫切。实际上，中国本土化的管理学理论体系是伴随中国经济高速发展而不断丰富完善的。改革开放以来，中国国内生产总值从 1978 年的 3679 亿元增长至 2020 年的 101.60 万亿元②，已经实现由落后经济体到全球第二大经济体的转变，在这一过程中，主要包括宏观社会主义市场经济制度的确立和微观非公有制经济的快速发展两个层面的重大变化（白永秀、宁启，2018），制度环境的不断变革以及市场主体的多元化致使企业经营压力持续增加，催生了大量新的管理技术，同时推动了政府公共治理体制发生变革。为适应变革中的制度环境、经济社会环境和技术环境，中国特色的工商管理、管理科学与工程、公共管理和农林经济管理等不同管理学领域的管理实践创新不断涌现，这为构建中国特色管理学理论体系提供了丰富的本土素材，为中国特色管理学理论创新奠定了实践基础。因此，基于中国特色的管理实践，如何进一步拓展中国特色管理学理论体系并实现这一理论体系的国际化创新，进而凝练出中国特色管理学理论体系构建的实现路径，这是当前中国管理学理论需要突破的瓶颈性问题，也是本文讨论的主要内容之一。

---

① 资料来源：http：//www.xinhuanet.com//politics/2016 – 05/18/c_ 1118891128_ 4. htm。

② 资料来源：https：//data. stats. gov. cn/easyquery. htm？ cn = C01&zb = A0201&sj =2020。

中西方之间的文化差异导致其管理情境明显不同，使得管理学理论的普适性受到一定程度的挑战、出现"水土不服"现象。因此，在借鉴并引进西方经典管理学理论的同时，必须对之加以变革和创新，使其同中国情境下的管理实践相适应，进而推动和促进中国乃至全球的经济发展（Leung，2012；Wei et al.，2017）。同时，"生于斯，长于斯"的中国本土化管理学理论体系能够弥补西方经典管理学理论体系中的漏洞和不足，为全球管理学理论体系的完善提供独特见解（Li and Tsui，2002；Barney and Zhang，2009）。基于中西方文化情境和国家发展阶段存在的显著差异，如何构建中国特色管理学理论体系已成为国内外学者共同关注的热点话题（Farh et al.，2006；Banks et al.，2016）。部分学者从思辨和定性研究层面提出当前关于中国特色管理学理论研究的基本观点，主要包括基于实践理论视角对中国本土管理实践进行深入研究（蓝志勇，2006；陈春花、马胜辉，2017）、立足传统文化和本土情境相融合视角以构建"本土特色，整体普适"的本土管理学研究体系（Wei et al.，2017；王永贵等，2021）、运用中华优秀传统文化寻求解释过程中常见的直觉和领悟等方法进行本土管理学研究（李平，2013；巩见刚等，2019）等。近年来，也有学者以国内多种管理学期刊已发表的实证研究论文为样本加以分析，认为中国管理学研究应同时选择康庄大道、羊肠小道、综合之道和发现之道等多元化道路（曹祖毅等，2017），或以制度理论的管理学文献为分析样本，认为中国本土管理学研究呈现出研究主题倡导较多、实际研究较少的状况（吴小节等，2016）。依据上述分析可知，当前关于中国特色管理学理论体系构建的研究更多是思辨性和定性讨论层面的，难以具备文献计量学的揭示度和说服力，少数采取文献计量法的定量分析论文也多是以管理类期刊刊发的实证研究文献或制度理论文献等某一类学术论文作为研究对象，但不同管理学领域类学术论文在研究范式或研究主题方面存在差异，这使得上述研究所得出的结论在普适性和推广性方面将受到一定的限制。因此，为了体现中国当前管理学期刊刊文类型的多样性和客观差异性，更好地反映中国管理学研究的总体概况，本文选择国家自然科学基金委（以下简称"NSFC")管理科学 22 本 A 类期刊①作为研究对象,拟对期刊刊文篇数、刊文篇幅、研究方法和研究问题进行全面系统的数据分析和研究总结,进而厘清中国当前管理学理论研究的现状及存在的问题,并尝试凝练出中国特色管理学理论体系构建的实现路径。

基于此,本文采用文献计量学的基本分析工具,通过分析 NSFC 管理科学 A 类期刊 2013～2020 年刊文篇数、篇幅、研究方法和研究问题等方面的内容,试图为如何构建中国特色管理学理论体系提供较为清晰的注解,并进一步聚焦分析《管理世界》(综合类)、《南开管理评论》(工商管理类)、《管理科学学报》(管理科学与工程类)、《公共管理学报》(公共管理类)、《农业经济问题》(农林经济管理类)五本代表性管理学期刊②,对比并揭示不同管理学期刊之间在刊文数量与篇幅、研究方法、研究问题等方面的差异性。本文研究发现:①2013～2020 年中国管理学期刊的刊文篇数呈现出先下降后上升的趋势特征,同时,单篇文章的刊文篇幅有所增加,刊文的学术严谨性得到了加强;②研究方法呈现出多元化特征,定量研究法占据主流,其中实证研究法和分析性研究法居多,同时案例研究法已逐渐推广应用至中国情境下管理实践问题的研究当中;③研究情境聚焦于中国本土化的管理实践,技术创新、供应链、创新绩效和经济增长四个研究主题是管理学领域关注的热点,研究内容呈现出延续性与交叉性相结合、时代性与前沿性相结合的基本特征;④进一步分析表明,上述研究发现在不同领域的管理学代表性学术期刊中存在一定的异质性。在以上研究发现的基础上,本文初步凝练出中国特色管理学理论体系构建过

---

① 选择 NSFC 管理科学 A 类期刊作为研究对象的原因在于,这些期刊无论从影响因子、基金资助、学术影响力等方面,还是从办刊历史、发展规模等方面,在管理学领域都具有一定的社会影响力和代表性。具体包括《管理科学学报》《系统工程理论与实践》《管理世界》《数量经济技术经济研究》《中国软科学》《金融研究》《中国管理科学》《系统工程学报》《会计研究》《系统管理学报》《管理评论》《管理工程学报》《南开管理评论》《科研管理》《情报学报》《公共管理学报》《管理科学》《预测》《运筹与管理》《科学学研究》《中国工业经济》《农业经济问题》22 本期刊。

② 根据研究主题的差异,管理学可相应地分为工商管理、管理科学与工程、公共管理和农林经济管理等子领域,本文有针对性地选择《南开管理评论》《管理科学学报》《公共管理学报》《农业经济问题》分别作为上述 4 个管理学子领域的代表性学术期刊,同时选择《管理世界》作为管理学综合性期刊的代表加以分析。

程中存在的问题及其相应的实现路径，以期为积极构建中国特色管理学理论体系提供一定的文献基础和理论启示。

本文其他部分的内容安排为：第二部分为文献综述；第三部分为样本来源、数据处理和研究方法；第四部分为研究结果与分析；第五部分为研究结论。

二、 文献综述

中国的管理学研究主要是在对西方管理学理论的引进、消化和吸收的基础上发展起来的（齐善鸿等，2011），但是源于管理者所处文化和社会因素的影响，基于西方社会文化背景而发展起来的主流管理学理论在其他社会文化背景下并不具有普适性（Zhao and Jiang，2010；张志学，2010），特别是在中国独特的经济、制度、技术演变过程中所涌现的管理实践更加难以用西方经典管理学理论予以解释，如村干部与村落发展问题（赵仁杰、何爱平，2016；杨婵、贺小刚，2019）、儒家文化与公司治理问题（古志辉，2015；徐细雄等，2020）等，中国特色管理学研究必须去探索中国本土优秀管理实践蕴含的规律和特点以及归纳总结管理实践中的经验与教训，进而形成符合中国现实国情的管理学理论体系。因此，摆脱现有西方成熟理论范式所限定的研究主题、直面中国管理实践尤为重要（郭重庆，2012；王永贵等，2021）。管理学理论体系构建主要围绕研究起点、情境因素和研究方法等基本问题展开（Cheng et al.，2009；徐淑英等，2016），下面将围绕这三个管理学理论体系构建的基本问题对已有研究文献进行梳理。

首先，关于管理学理论体系构建的研究起点。现行较多管理学研究同管理实践相脱节，造成了管理学理论难以指导和改善管理实践的窘境（Van and Ven，2007；胡国栋、王天娇，2019），使得管理学理论的应用价值明显不足。因此，以管理实践问题作为研究起点、分析复杂管理现象的内在逻辑以构建具备实践价值的管理学理论已成为当务之急（Sandberg and Tsoukas，2011；Shepherd and Suddaby，2017）。但是，现行中国管理学研究中普遍存在盲目追随西方研究热点、缺乏对管理现象的深入分析、在现行理论框架中增加冗余的调节变量或中介变量、对研究悖论进行较多解释和应用中国情境以验证西方成熟理论等问题（金占明、王克稳，2015；陆亚东，2015）。近年来，以"优秀实践"作为管理学研究问题更具学术生命力和社会实践价值（章凯、罗文豪，2017），这些研究主要包括基于中国特有文化视角研究本土管理实践和现象（陈春花、马胜辉，2017；苏勇、段雅婧，2019）以及从管理使命、责任和任务角度研究优秀管理实践的基本原理和客观规律（章凯等，2014；刘平青，2018）。在这一过程中，中国管理学期刊的学术贡献功不可没，其已逐步摆脱依赖西方研究热点的惯性，开始着力追踪中国的本土管理实践问题（齐善鸿等，2010；陈春花、吕力，2017），以此来揭示管理现象背后的观念、机制和因果关系。

其次，关于管理学理论体系构建的情境因素。东西方管理差异的根源主要在于文化差异性（Tsui，2006；Chen and Miller，2010），只有根植于中国本土哲学、历史、语言和经济等深层次问题的研究方可发掘出适合中国的管理经验（李平，2013；王永贵等，2021）。五千年悠久的历史传统和文化对中国本土管理实践产生了深远影响（陆亚东，2015；巩见刚等，2019），这已令中国管理实践具有鲜明的本土特色（黄群慧，2018）。中国特色管理学理论体系构建主要有两个源泉（Li et al.，2012；Pan et al.，2012）：一是中华优秀传统文化中的思想以及中国现代思想；二是以现代企业管理活动为核心内容的中国管理实践。但令人遗憾的是，学术界对中华优秀传统文化的解读不足致使中国管理学理论体系无法与西方管理理论有机衔接，也难以支撑现代管理学理论体系的构建（Chen and Miller，2010；李宝元等，2017），在得到主流研究范式认可的过程中面临严峻的挑战。基于此，在运用传统文化解释中国本土管理实践的同时，也应注重引入规范严谨的研究范式，发掘中国本土管理现象的文化根源，进行本土情境构念的探索（Klag and Langley，2012；吕力，2019），提出和解释富有趣味性和现实意义的本土管理问题（王永贵等，2021）。

最后，关于管理学理论体系构建的研究方法。科学适当的研究方法有助于研究结论可信度的提升，其在管理学理论创新方面发挥着重要作用（Scandura and Williams，2000；韵江，2011）。与中国管理学研究从引进到逐步成熟的发展轨迹相类似，管理学研究方法在中国也经历了从早期以定性、思辨和总结研究为主到当前以实证研究法为主流的逐步蜕变过程（马庆国，2002）。当前中国管理学研究主要遵循西方规范严谨的实证主义研究范式，中国管理学研究正在朝科学化、系统化、严密化方向发展，这能够提升中国管理学研究的国际学术话语权与影响力，但是也会对中国特色管理学研究的发展产生一定的阻碍（谭力文等，2016）。席酉民和张晓军（2017）则认为过去十几年中国学者大量模仿西方量化实证主义研究范式，这类采用假设检验的"新八股"模式由于其特定研究范式预示了固定研究结果，从而对产生有价值的管理学研究造成了负面影响。陈春花等（2014）提出在构建中国特色管理学理论体系的过程中不能过度推崇实证主义研究范式的作用，而应依据研究问题和研究目的的不同选择多元化研究方法。质性研究法作为连接理论与实践的重要工具，尽管目前尚存在研究设计不充分、现象分析不深入等客观问题，致使理论构建的情境化程度较低（毛基业、李亮，2018），但是能深入剖析管理实践情境的质性研究不失为将中国情境融入至世界主流管理学研究的重要方法（毛基业、李亮，2018；王冰等，2018）。

基于上述分析，本文认为，中国的管理学研究正在从检验、拓展西方已有管理学理论逐步向将中国特色情境因素纳入研究范畴的本土管理学理论构建转型，研究方法多以实证研究法为主，案例研究法已得到推广应用，质性研究法也处于引入推广阶段。中国管理学理论界已在构建中国特色管理学理论体系过程中进行了大量的尝试与努力，并力争充分体现中国特色、中国风格、中国气派。但是现有文献中较少存在通过分析代表性管理学学术期刊刊文以揭示中国特色管理学理论体系构建的现状、问题与实现路径，这也是本文的主要研究目的。基于此，本文尝试基于 NSFC 管理科学 A 类期刊刊文数据（2013～2020 年）、采用文献计量学工具以分析探讨中国特色管理学理论体系构建的相关问题。

三、 样本来源、 数据处理和研究方法

（一） 样本来源与数据处理

本文以 NSFC 管理科学 22 本 A 类期刊 2013～2020 年刊发的学术性论

文作为初始研究样本，为深入分析工商管理、管理科学与工程、公共管理、农林经济管理等管理学细分领域的理论体系构建情况，本文有针对性地选择《南开管理评论》《管理科学学报》《公共管理学报》《农业经济问题》四本管理学细分领域的代表性学术期刊以及管理学综合性学术期刊《管理世界》进行具体分析。党的十八大以来，中国管理学界围绕新时代重大理论和现实问题进行了大量的创新性研究，并形成了一系列有影响力的研究成果，在构建中国特色管理学理论体系道路上迈出了坚实的步伐。因此，考察2013年以来具有代表性的管理学学术期刊刊文情况，能够客观地反映新时代中国特色管理学理论体系的构建与变迁动态，也有利于科学地凝练构建中国特色管理学理论体系的实现路径。为了减弱非学术性论文对研究结论的潜在影响，本文剔除了公告、会议通知、招聘启事、机构简介、征文启事、新春寄语、感谢信、期刊评价等非学术性论文，最终获得28817个年度刊文观测值。本研究所需数据均来源于中国知网CNKI系统。

（二）研究方法

本文所运用的文献计量软件为CiteSpace 5.1R8，采用文献计量法对NSFC管理科学A类期刊2013年至2020年的刊文篇数、篇幅、研究方法和关键词等方面进行详细分析，并结合中国管理学研究现状和经济社会发展规律，初步总结出中国管理学理论的研究现状和演变逻辑，进而为构建中国特色管理学理论体系的实现路径提供若干建议。具体来说，通过对NSFC管理科学A类期刊进行总体考察，并具体分析《管理世界》《南开管理评论》《管理科学学报》《公共管理学报》《农业经济问题》五本代表性管理学学术期刊，相关研究内容如下：第一，通过对相关期刊历年刊文篇数的统计分析，识别近年来刊文篇数的变化特征和总体趋势；第二，通过对相关期刊刊文篇幅情况的统计分析，阐明相关期刊刊文内容充实性和研究严谨性的情况；第三，通过对相关期刊研究方法的统计分析，归纳中国管理学研究在研究范式科学性和规范化方面取得的进展；第四，通过对相关期刊刊文关键词的统计分析，揭示相关期刊研究主题的分布特征和演变规律。

四、 研究结果与分析

（一）刊文篇数和篇幅分析

刊文篇数是一个期刊产出容量的体现，也是评价期刊吸收和传播学术研究成果能力的关键指标。通过对期刊历年刊文篇数的统计分析，能够较好地归纳总结期刊刊文篇数的变化特征和总体趋势（肖兴志、张伟广，2018）。表1报告了2013～2020年相关管理学期刊的刊文篇数情况。NSFC管理科学A类期刊刊文总篇数由2013年的3619篇下降至2019年的3320篇，但2020年刊文总篇数又上升至3969篇，呈现出先降后升的趋势。具体地，《管理世界》刊文篇数由2013年的159篇下降至2017年的150篇，而后上升至2020年的184篇；《南开管理评论》刊文篇数由2013年的89篇上升至2020年的114篇，总体呈现波动上升的趋势；《管理科学学报》刊文篇数由2013年的94篇上升至2016年的114篇，而后下降至2020年的90篇；《公共管理学报》刊文篇数2013年至2020年一直维持在50篇左右；《农业经济问题》刊文篇数由2013年的194篇下降至2020年的155篇，但研究期间内刊文篇数呈现出一定的波动性；此外，《管理世界》和《南开管理评论》2020年的刊文篇数相较于2019年均有明显增加，一个潜在原因在于，近年来中国经济快速增长催生出大量管理实践创新，从而促使管理学理论创新研究成果快速增长。总体来看，在样本期间内，尽管NSFC管理科学A类期刊刊文总篇数有所上升，但部分代表性管理学期刊的刊文总篇数有所下降。

表1 2013～2020年相关管理学期刊刊文篇数分布　　　单位：篇

年份	全部期刊	《管理世界》	《南开管理评论》	《管理科学学报》	《公共管理学报》	《农业经济问题》
2013	3619	159	89	94	51	194
2014	3582	157	91	98	49	175
2015	3671	160	85	99	55	166
2016	3600	152	96	114	51	144

年份	全部期刊	《管理世界》	《南开管理评论》	《管理科学学报》	《公共管理学报》	《农业经济问题》
2017	3575	150	94	112	51	146
2018	3481	158	116	99	48	175
2019	3320	166	107	96	53	168
2020	3969	184	114	90	54	155
合计	28817	1286	792	802	412	1323

刊文篇幅是确保学术论文摘要、正文和参考文献等信息完整性的重要保障，有助于论文作者将理论说透、故事讲好，进而有效提高学术论文质量和学术影响力。表2报告了2013～2020年相关管理学期刊的刊文篇幅情况①，NSFC管理科学A类期刊刊文篇幅均值由2013年的9.22页增加至2020年的11.96页，这表明单篇刊文篇幅有所增加，学术论文本身所采用的研究方法规范性不断提高，如构建模型更加严谨、数据分析更加全面，这使得单篇刊文篇幅有所增加，刊文的学术严谨性也在同步增强。具体来说，《管理世界》单篇刊文篇幅由2013年的12.65页增加至2020年的15.57页，样本期间内单篇刊文篇幅总体上呈现出上升趋势；《南开管理评论》单篇刊文篇幅由2013年的10.52页增加至2020年的11.63页，样本期间内单篇刊文篇幅总体上变化不大；《管理科学学报》单篇刊文篇幅由2013年的11.98页增加至2020年的17.07页，样本期间内单篇刊文篇幅总体上也呈现出一定的上升趋势；《公共管理学报》单篇刊文篇幅由2013年的10.25页增加至2020年的12.11页，样本期间内单篇刊文篇幅总体上变化不大；《农业经济问题》单篇刊文篇幅由2013年的6.79页增加至2020年的10.72页，样本期间内单篇刊文篇幅呈现持续上升趋势。总之，上述单篇刊文篇幅数据表明，样本期刊单篇刊文篇幅在样本期间内有所波动，但总体上单篇刊文篇幅处于上升趋势。

---

① 在刊文篇幅的统计过程中，基于科学性和严谨性角度考虑，本文剔除了篇幅等于或少于3页的刊文。

表2　2013~2020年相关管理学期刊刊文篇幅分布　　　单位：页

年份	全部期刊平均值	《管理世界》	《南开管理评论》	《管理科学学报》	《公共管理学报》	《农业经济问题》
2013	9.22	12.65	10.52	11.98	10.25	6.79
2014	9.64	12.92	10.32	12.16	11.02	7.33
2015	9.86	12.58	11.00	11.96	11.02	7.75
2016	10.32	13.32	11.77	13.72	11.80	8.72
2017	10.67	13.56	12.01	14.25	11.94	8.77
2018	11.10	13.24	11.38	15.24	12.38	9.68
2019	11.58	14.53	12.36	15.58	12.62	10.15
2020	11.96	15.57	11.63	17.07	12.11	10.72

（二）刊文研究方法分析

根据 NSFC 管理科学 A 类期刊刊文研究范式的差异，本文将上述期刊刊文所应用的研究方法划分为定性研究法和定量研究法两大类，然后将定量研究法根据刊文所应用的主要研究方法又细分为实证研究法、案例研究法、分析性研究法和其他四类①。表3列示了经手工整理后的 NSFC 管理科学 A 类期刊刊文研究方法的统计分析结果。在28817个年度刊文观测值中，采用定性研究法的刊文4203篇、占比14.59%，采用定量研究法的刊文24614篇、占比85.41%；在采用定量研究法的刊文24614篇中，采用实证研究法的刊文13056篇、占比45.31%，采用案例研究法的刊文1550篇、占比5.38%，采用分析性研究法的刊文10194篇、占比35.37%。

根据各类具体研究方法的统计分布，主要呈现出以下三个基本特征：①研究方法呈现多元化。2013年以来，立足于国家重大战略需求以及企业管理实践中迫切需要解决的重要问题，中国管理学期刊刊文有针对性地

---

① 参考洪剑峭和李志文（2004）将会计研究法分为实证研究法和分析性研究法，本文将管理学研究中运用数学模型来推理概念或变量之间关系的研究范式归纳为分析性研究法。部分论文在研究过程中综合应用实证研究法和分析性研究法等多种方法，基于尊重客观现实的考虑，在统计时将之分别单独计入所属研究方法类型，以上处理方式会致使表3~表8中的应用实证研究法和分析性研究法的论文篇数（占比）之和会超过应用定量研究法的论文篇数（占比）。

采用定性研究法、定量研究法（实证研究法、案例研究法、分析性研究法）等方法，这充分说明中国管理学研究方法已逐步同国际主流研究方法相接轨，并呈现出一定的多元化特征。②定量研究法占据主流。伴随国际主流管理学理论和研究范式的逐步引入与普及，采用定量研究法的学术论文比重一直保持在84%以上，其中实证研究法和分析性研究法已成为中国管理学理论研究的主流范式，中国管理学研究的规范化水平和合法性增强。③案例研究法的重要性得到凸显。表3中案例研究法占比由2013年的4.64%上升至2020年的6.30%，总体上呈现出上升趋势，特别地，根据表9关于"NSFC管理科学A类期刊刊文词频前20的关键词信息"中所示的"案例研究"是全部刊文中第8位高频关键词，这也反映出案例研究法正被运用到更多的中国本土管理学理论研究之中，其重要性不言而喻。总之，表3中的相关数据在一定程度上揭示了定量研究法尤其是实证研究法和分析性研究法正逐步成长为中国管理学理论研究的主流范式、与国际主流研究方法相接轨，且案例研究法在中国管理学理论研究中也受到更多的采纳和重视。

表3　2013~2020年NSFC管理科学A类期刊刊文研究方法统计

年份	定性研究法		定量研究法		实证研究法		案例研究法		分析性研究法	
	篇数	占比	篇数	占比	篇数	占比	篇数	占比	篇数	占比
2013	550	15.20%	3069	84.80%	1494	41.28%	168	4.64%	1405	38.82%
2014	484	13.51%	3098	86.49%	1591	44.42%	166	4.63%	1341	37.44%
2015	511	13.92%	3160	86.08%	1624	44.24%	191	5.20%	1351	36.80%
2016	508	14.11%	3092	85.89%	1621	45.03%	203	5.64%	1317	36.58%
2017	508	14.21%	3067	85.79%	1677	46.91%	172	4.81%	1270	35.52%
2018	546	15.69%	2935	84.31%	1623	46.62%	182	5.23%	1220	35.05%
2019	498	15.00%	2822	85.00%	1647	49.61%	218	6.57%	941	28.34%
2020	598	15.07%	3371	84.93%	1779	44.82%	250	6.30%	1349	33.99%
合计	4203	14.59%	24614	85.41%	13056	45.31%	1550	5.38%	10194	35.37%

中国管理学各领域期刊在办刊过程中由于刊文偏好、研究主题等方面存在不同，导致刊文的研究方法存在一定的差异性，如管理科学与工程类

刊文倾向于采用分析性研究法，而公共管理类刊文则偏重采用定性分析法。因此，为全面深入分析管理学各领域期刊刊文的研究方法现状和变化趋势，本文进一步分析上述研究方法在《管理世界》《南开管理评论》《管理科学学报》《公共管理学报》《农业经济问题》等代表性管理学期刊的统计分析结果。

《管理世界》刊文研究方法的统计结果如表4所示。《管理世界》刊文研究方法具有以下两个特点：①定性研究法占比日趋增加。刊文采用定性研究法的比重由2013年的23.90%增加至2020年的55.98%，这说明定性研究法在解释中国本土管理学重大问题及在总结中国情境下管理实践规律方面具有定量研究法难以替代的作用，定性研究法对于构建中国特色管理学理论体系具有重要意义（Jia et al.，2012；陈春花、马胜辉，2017）。②对比实证研究法和分析性研究法，案例研究法的刊文占比有所提高。在样本期间内，刊文采用实证研究法和分析性研究法的占比均呈现出一定的下降趋势，但案例研究法的刊文占比尽管有所波动但总体上呈现出递增趋势，这也反映出《管理世界》一贯反对滥用数学方法和模型的办刊主张（李志军、尚增健，2020），提倡通过凝练典型管理学案例并对其进行深度剖析，挖掘出中国本土化的组织运行规律和管理实践经验，从案例研究角度为构建中国特色管理学理论体系提供案例支撑和实践素材。

表4　2013～2020年《管理世界》刊文研究方法统计

年份	定性研究法		定量研究法		实证研究法		案例研究法		分析性研究法	
	篇数	占比	篇数	占比	篇数	占比	篇数	占比	篇数	占比
2013	38	23.90%	121	76.10%	91	57.23%	16	10.06%	8	5.03%
2014	37	23.57%	120	76.43%	95	60.51%	21	13.38%	4	2.55%
2015	29	18.13%	131	81.88%	108	67.50%	11	6.88%	7	4.38%
2016	29	19.08%	123	80.92%	107	70.39%	10	6.58%	3	1.97%
2017	37	24.67%	113	75.33%	99	66.00%	12	8.00%	1	0.67%
2018	54	34.18%	104	65.82%	87	55.06%	10	6.33%	7	4.43%
2019	68	40.96%	98	59.04%	73	43.98%	23	13.86%	2	1.20%
2020	103	55.98%	81	44.02%	61	33.15%	21	11.41%	1	0.54%
合计	395	30.72%	891	69.28%	721	56.07%	124	9.64%	33	2.57%

　　《南开管理评论》刊文研究方法的统计结果如表5所示。《南开管理评论》刊文研究方法主要呈现出以下特征：①定量研究法占据主流。在2013～2020年的样本期间内，采用定量研究法的刊文篇数占比的最小值为91.38%、最大值为98.96%，这表明定量研究法在《南开管理评论》刊文中普遍被应用；其中，实证研究法是其刊文研究所应用的主要研究范式，采用实证研究法的刊文篇数总计614篇、占比77.53%；采用案例研究法和分析性研究法的刊文篇数占比则呈现出递增趋势。②定性研究法刊文篇数占比则较低。2013年以来，采用定性研究法的刊文篇数占比不到10%，单年刊文数量不超过10篇，但近三年（2018～2020年）的刊文数量有所提升，这表明《南开管理评论》的刊文更加注重数学方法和实证模型的国际化研究范式。

表5　2013～2020年《南开管理评论》刊文研究方法统计

年份	定性研究法		定量研究法		实证研究法		案例研究法		分析性研究法	
	篇数	占比	篇数	占比	篇数	占比	篇数	占比	篇数	占比
2013	2	2.25%	87	97.75%	72	80.90%	4	4.49%	23	25.84%
2014	1	1.10%	90	98.90%	72	79.12%	2	2.20%	16	17.58%
2015	2	2.35%	83	97.65%	72	84.71%	6	7.06%	19	22.35%
2016	1	1.04%	95	98.96%	80	83.33%	8	8.33%	19	19.79%
2017	3	3.19%	91	96.81%	78	82.98%	2	2.13%	22	23.40%
2018	10	8.62%	106	91.38%	85	73.28%	7	6.03%	29	25.00%
2019	4	3.74%	103	96.26%	81	75.70%	5	4.67%	23	21.50%
2020	6	5.26%	108	94.74%	74	64.91%	11	9.65%	35	30.70%
合计	29	3.66%	763	96.34%	614	77.53%	45	5.68%	186	23.48%

　　《管理科学学报》刊文研究方法的统计结果如表6所示。《管理科学学报》刊文研究方法则呈现出以下特征：①定量研究法占据主流。在样本期间内，定量研究法刊文篇数为771篇、占比96.13%，其中分析性研究法刊文占比为63.22%、实证研究法刊文占比为33.54%，这说明分析性研究法是《管理科学学报》刊文采用的主要研究方法，明显不同于工商管理类期刊，分析性研究法在管理科学与工程学科发展过程中发挥了重要的方

法论作用。②实证研究法日益受到重视，而案例研究法则较少采用。采用实证研究法的刊文篇数占比由 2013 年的 28.72% 增加至 2020 年的 37.78%，实证研究法刊文数量也有所增加，这表明管理科学领域的研究逐渐重视通过数据验证新理论以及运用数据考察新方法和新技术在管理实践中的应用效果，但是在样本期间内采用案例研究法刊文的篇数很少。

表6 2013～2020 年《管理科学学报》刊文研究方法统计

年份	定性研究法		定量研究法		实证研究法		案例研究法		分析性研究法	
	篇数	占比	篇数	占比	篇数	占比	篇数	占比	篇数	占比
2013	9	9.57%	85	90.43%	27	28.72%	6	6.38%	58	61.70%
2014	2	2.04%	96	97.96%	25	25.51%	1	1.02%	61	62.24%
2015	1	1.01%	98	98.99%	29	29.29%	1	1.01%	61	61.62%
2016	0	0.00%	114	100.00%	41	35.96%	2	1.75%	80	70.18%
2017	3	2.68%	109	97.32%	27	24.11%	2	1.79%	86	76.79%
2018	2	2.02%	97	97.98%	46	46.46%	4	4.04%	54	54.55%
2019	7	7.29%	89	92.71%	40	41.67%	1	1.04%	57	59.38%
2020	7	7.78%	83	92.22%	34	37.78%	1	1.11%	50	55.56%
合计	31	3.87%	771	96.13%	269	33.54%	18	2.24%	507	63.22%

《公共管理学报》刊文研究方法的统计结果如表7所示。《公共管理学报》的刊文研究方法主要呈现出以下特征：①定量研究法和定性研究法呈现出此消彼长的态势。采用定性研究法的刊文篇数占比由 2013 年的 25.49% 增加至 2020 年的 46.30%，而采用定量研究法的刊文篇数占比由 2013 年的 74.51% 降低到 2020 年的 53.70%，这表明定量研究法和定性研究法呈现出此消彼长的变化趋势，对公共管理问题进行思辨性的理论探索和争鸣日益得到重视。②定量研究法中分析性研究法占比较低，但实证研究法和案例研究法的占比则较为接近。由于公共管理学研究主题多是围绕国家政策以及重大战略而展开，较少涉及数学模型推理和实证检验，而更多地采用规范研究法，这使得公共管理类刊文较少采用分析性研究法。但需要注意的是，2020 年刊文中采用定性研究法、实证研究法和案例研究法的刊文篇数占比分别为 46.30%、20.37% 和 31.48%，案例研究法刊

文占比首次超过实证研究法，这表明中国公共管理学研究方法的多样化特征更为明显。

表7 2013~2020年《公共管理学报》刊文研究方法统计

年份	定性研究法		定量研究法		实证研究法		案例研究法		分析性研究法	
	篇数	占比	篇数	占比	篇数	占比	篇数	占比	篇数	占比
2013	13	25.49%	38	74.51%	22	43.14%	13	25.49%	3	5.88%
2014	14	28.57%	35	71.43%	21	42.86%	12	24.49%	2	4.08%
2015	12	21.82%	43	78.18%	25	45.45%	17	30.91%	1	1.82%
2016	14	27.45%	37	72.55%	23	45.10%	13	25.49%	1	1.96%
2017	20	39.22%	31	60.78%	24	47.06%	7	13.73%	0	0.00%
2018	19	39.58%	29	60.42%	18	37.50%	11	22.92%	0	0.00%
2019	20	37.74%	33	62.26%	17	32.08%	15	28.30%	0	0.00%
2020	25	46.30%	29	53.70%	11	20.37%	17	31.48%	0	0.00%
合计	137	33.25%	275	66.75%	161	39.08%	105	25.49%	7	1.70%

《农业经济问题》刊文研究方法的统计结果如表8所示。《农业经济问题》的刊文研究方法主要呈现出以下特征：①定性研究法占据主流。采用定性研究法的刊文篇数占比在总体上呈现出一定的递增趋势，由2013年的57.73%增加至2020年的74.19%，这表明定性研究法是农林经济管理领域采用的主要研究方法。②定量研究法占比则相对较低。近年来，采用定量研究法的刊文篇数占比则呈现出一定的递减趋势，由2013年的42.27%降低至2020年的25.81%，其中实证研究法和分析性研究法的刊文篇数占比均呈现下降趋势，但案例研究法的刊文篇数占比变化不大，这表明采用数学模型和经验数据分析农林经济管理问题的文章占比逐渐降低，而研究主题更侧重于农业经济理论探索和相关政策分析与评价。

表8 2013~2020年《农业经济问题》刊文研究方法统计

年份	定性研究法		定量研究法		实证研究法		案例研究法		分析性研究法	
	篇数	占比	篇数	占比	篇数	占比	篇数	占比	篇数	占比
2013	112	57.73%	82	42.27%	57	29.38%	20	10.31%	3	1.55%

年份	定性研究法		定量研究法		实证研究法		案例研究法		分析性研究法	
	篇数	占比	篇数	占比	篇数	占比	篇数	占比	篇数	占比
2014	88	50.29%	87	49.71%	48	27.43%	27	15.43%	6	3.43%
2015	81	48.80%	85	51.20%	57	34.34%	24	14.46%	2	1.20%
2016	73	50.69%	71	49.31%	58	40.28%	10	6.94%	7	4.86%
2017	65	44.52%	81	55.48%	59	40.41%	17	11.64%	8	5.48%
2018	109	62.29%	66	37.71%	40	22.86%	20	11.43%	3	1.71%
2019	120	71.43%	48	28.57%	31	18.45%	15	8.93%	2	1.19%
2020	115	74.19%	40	25.81%	18	11.61%	16	10.32%	0	0.00%
合计	763	57.67%	560	42.33%	368	27.82%	149	11.26%	31	2.34%

（三）管理学研究问题的演变逻辑

进行高质量的中国本土管理学研究，不是对西方理论或者模型简单地进行检验以提高其通用性和普适性，而是需要满足实践相关性和理论关联性（徐淑英、张志学，2011；曹祖毅等，2018），实践相关性要求在研究问题选择方面提高情境敏感度，而理论关联性则能够促进管理学理论在中国情境中的重大创新。对特定学术论文而言，关键词能够在一定程度上反映该学术论文的理论关联性与实践相关性，同时也能映射一篇学术文章的主要研究内容，通过对关键词的动态分析可揭示某一学科研究热点问题的演变趋势（车尧等，2018）。若特定关键词在一个时间段高频次出现，则表明该关键词是相关学科当时的研究热点；若特定关键词在整个学科研究阶段均高频次出现，那么该关键词则是这一学科的核心研究问题。

1. NSFC 管理科学 A 类期刊研究问题的演变逻辑

本文将 NSFC 管理科学 A 类期刊 2013 ~ 2020 年刊文观测值导入 CiteSpace 软件，选择节点类型为关键词①，时间切片长度设置为 1 年，选择每年频次排名前 50 的关键词进行分析，进而显示出重要的节点和连线（设置出现频次前 60 的关键词，并剔除"影响因素"等无具体含义的关键

---

① 在关键词分析的过程中，将含义相近的关键词进行了归并处理，如"企业创新"和"创新"统一合并进入"技术创新"。

词），最终形成了关键词共现网络。表9列示了NSFC管理科学A类期刊词频前20的关键词信息，其中年份为相应关键词在样本期间内首次出现的时间。图1为NSFC管理科学A类期刊刊文高频关键词的共现网络。

表9 2013~2020年NSFC管理科学A类期刊刊文词频前20的关键词信息

序号	关键词	词频	年份	序号	关键词	词频	年份
1	技术创新	795	2013	11	盈余管理	161	2013
2	供应链	646	2013	12	全要素生产率	158	2013
3	创新绩效	357	2013	13	货币政策	156	2013
4	经济增长	258	2013	14	公司治理	149	2013
5	演化博弈	252	2013	15	信息不对称	148	2013
6	企业绩效	184	2013	16	系统动力学	130	2013
7	定价	176	2013	17	社会资本	115	2013
8	案例研究	171	2014	18	制度环境	109	2013
9	融资约束	164	2014	19	扎根理论	103	2013
10	遗传算法	163	2013	20	博弈论	102	2013

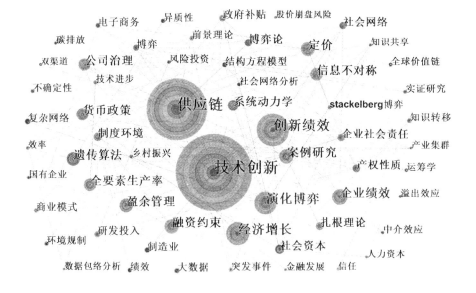

图1 NSFC管理科学A类期刊刊文高频关键词的共现网络（2013~2020年）

根据表 9 和图 1 可以看出，NSFC 管理科学 A 类期刊刊文的研究问题具有以下主要特点：①技术创新、供应链、创新绩效和经济增长四个方面是管理学领域关注的热点主题。共现网络中节点和标签的大小表示关键词出现频次的高低，分析发现"技术创新""供应链""创新绩效"和"经济增长"出现的词频分别为 795、646、357 和 258，说明技术创新、供应链、创新绩效和经济增长是近年来中国管理学领域研究的核心问题，也同当前中国国家战略以及本土管理实践是基本一致的，这也是中国"十四五"规划中的重点内容。②技术创新和创新绩效是当前中国管理学研究的焦点问题。"技术创新""创新绩效"等关键词的高频次出现说明自党的十八大明确提出实施"创新驱动发展"国家战略以来，中国管理学界围绕创新这一主题展开了大量的高质量研究。现实中，在改革开放后的一段时间内，中国经济在高速发展的同时存在着粗放增长、结构不合理等问题，这迫切需要提升中国经济发展质量，实现中国经济由高速增长向高质量发展的转变，而经济高质量发展离不开创新，与创新领域相关的研究能够为"创新驱动发展"国家战略的实施提供必要的理论支撑。③经济增长已成为中国管理学研究的重要内容。"经济增长"关键词词频排名第四，一定程度上说明现阶段经济增长是中国管理学研究的重要内容，造成这种现象的原因可能在于，改革开放以来中国始终坚持以发展为第一要务，牢牢抓住经济建设这个中心，在新时代以新发展理念引领高质量发展，经济增长仍然是高质量发展意欲实现的重要目标，从而使得现阶段管理学研究同经济增长这一现实问题之间体现出较高的契合度。④供应链逐渐成为中国管理学研究的热点话题。"供应链"关键词词频排名第二，这表明供应链正逐渐成为中国管理学研究的热点，提升产业链供应链现代化水平是当前中国加快发展现代产业体系、推动经济体系优化升级的重点任务，当前需要瞄准全球产业链供应链发展趋势，联动发展产业链、供应链与创新链，因此供应链研究在中国本土管理学理论体系中也必将占据一席之地。

为更加清晰地反映中国管理学刊文研究问题的演变逻辑，本文进一步使用 CiteSpace 软件绘制关键词的时区图，相关操作方法与图 1 一致，为使研究结果更具有可读性，仅显示了 2013~2020 年频次排名前五的关键词。图 2 为 NSFC 管理科学 A 类期刊刊文关键词时区图。NSFC 管理科学 A 类

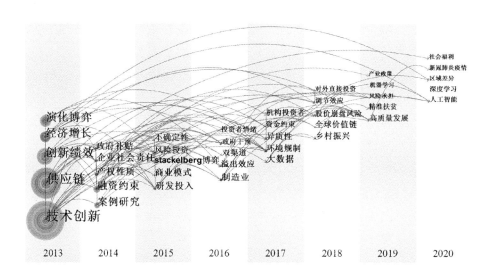

图2 NSFC管理科学A类期刊刊文关键词时区图（2013～2020年）

期刊刊文研究问题的演变逻辑主要有两点：①延续性与交叉性相结合。"技术创新""供应链""创新绩效""经济增长"等关键词自2013年开始与其他各个时区内的崭新研究主题协同共现，一方面表明这些研究主题在样本期间具有一定的研究延续性，另一方面也说明这些研究主题与其他研究主题的交叉融合、研究内容呈现出多样化特征；在这八年的时间跨度中，"商业模式""风险投资""大数据""环境规制""人工智能"等关键词的出现，也在不同程度上折射出中国本土管理学理论研究与其他学科交叉联系的密切程度；管理学交叉研究出现的原因在于管理实践内生于它所依赖的外部环境，外部环境的复杂性容易导致单一研究主题涉及多个学科，进而使得管理问题的科学解释和解决兼具灵活性和知识多元性等特征，这需要综合采用社会学、经济学、统计学以及计算科学等多学科知识对管理实践进行全方位分析，以深刻揭示本土管理实践的规律和特点。②时代性与前沿性相结合。2013年以来，"融资约束""乡村振兴""全球价值链""高质量发展""精准扶贫"等具有时代性高频关键词的出现，揭示出中国管理学期刊刊文的研究主题演变趋势同国家政策方针和现阶段管理实践中重大问题保持同步，当前中国管理学研究正与经济社会高质量发展需求有机结合起来。伴随着人工智能和大数据等新技术在管理实践中的广泛应用，管理技术革新促使管理思想和管理模式发生变革，并引发大量崭新的管理实践。中国管理学期刊刊文紧密围绕新技术所催生的管理问题，对"大数据""环境规制""机器学习""人工智能"等领域展开研究，这些关键词同样也是国际管理学研究刊文所关注的焦点。因此，中国本土化的时代性研究主题与国际管理学研究前沿领域已进行较好的融合，这有利于实现中国特色管理学理论的基础性创新，从而全面提升中国本土管理学理论研究成果的国际影响力。

尽管不同领域的管理学期刊在研究选题上存在一些共性，但各种期刊均具有各自的刊文风格与研究偏好，故本文使用 CiteSpace 软件分别绘制《管理世界》（综合类）、《南开管理评论》（工商管理类）、《管理科学学报》（管理科学与工程类）、《公共管理学报》（公共管理类）、《农业经济问题》（农林经济管理类）五本期刊 2013～2020 年刊文关键词的共现网络，以具体分析细分管理学领域刊文研究问题的异质性。同时，为更清晰地反映上述细分管理学领域刊文研究问题的演变逻辑，本文也使用 CiteSpace 软件绘制了相应关键词的时区图①。

2.《管理世界》研究问题的演变逻辑

表 10 报告了 2013～2020 年《管理世界》词频前 20 的关键词信息，图 3 则列示了 2013～2020 年《管理世界》刊文关键词的共现网络。根据表 10 和图 3 可以看出，《管理世界》刊文的研究问题具有以下两个特点：①研究问题涉及面广泛。中国企业在完善公司治理、深化国有企业改革、缓解民营企业融资约束、促进企业创新发展等方面进行不断的探索和尝试，管理实践驱动理论创新，这在一定程度上催生了"创新""公司治理""国有企业""家族企业""融资约束""盈余管理"等高频关键词的出现；此外，中国各级政府在市场制度改革和产业发展转型方面的重大举措吸引了学术界不断围绕"经济增长""全要素生产率""制度环境""全

① 具体的操作过程如下：选择节点类型为关键词，时间切片长度设置为 1 年，选择每年频次排名前 50 的关键词进行分析，同时基于满足可读性之需要，仅显示历年频次排名前 5 且词频大于等于 3 的关键词，其中由于《公共管理学报》2015 年关键词词频最高仅为 2，因此显示了历年全部关键词。

球价值链""供给侧结构性改革"等主题进行相关研究,且案例研究法受到更多的重视。上述研究发现在一定程度上表明《管理世界》刊文内容体现出多元化、本土化和综合性特点,研究面广泛,相关研究主题同时涉及微观企业重要管理实践和国家重大宏观经济问题。②更加聚焦和服务于国家宏观政策制定与国家战略布局。在新形势下,党和国家制定和实施了一系列发展战略以应对新挑战、抓住新机遇。为积极有效地服务于国家宏观政策制定与国家战略布局,《管理世界》对"创新驱动发展""供给侧结构性改革""乡村振兴""高质量发展""混合所有制改革"等涉及国家宏观战略的相关刊文有所侧重,具体体现为研究选题以创新和经济增长为聚焦点,并重视对创新绩效、制度环境及供给侧结构性改革等进行实证分析,侧重评价国家宏观经济政策的实施效果,相关研究结论必将为"十四五"时期实现中国经济社会的高质量发展提供重要的决策依据和智库支持。

表 10 2013~2020 年《管理世界》词频前 20 的关键词信息

序号	关键词	词频	年份	序号	关键词	词频	年份
1	创新	46	2013	11	供给侧结构性改革	10	2016
2	经济增长	36	2013	12	混合所有制改革	9	2017
3	案例研究	25	2013	13	创业	9	2014
4	全要素生产率	21	2014	14	信息不对称	8	2015
5	公司治理	21	2013	15	盈余管理	8	2014
6	国有企业	18	2014	16	全球价值链	8	2016
7	家族企业	15	2014	17	动态能力	7	2013
8	制度环境	15	2013	18	生产率	7	2014
9	融资约束	13	2014	19	收入分配	6	2016
10	企业绩效	10	2013	20	股价崩盘风险	6	2016

注:出现频次等于 6 的关键词包括"收入分配""股价崩盘风险""国家治理""比较优势""人力资本""代理问题"等,限于篇幅,仅列示了部分关键词,其余关键词未在表 10 中列示,并对"政策建议"等无具体含义的关键词予以剔除,表 11、表 12、表 13 和表 14 做类似处理。

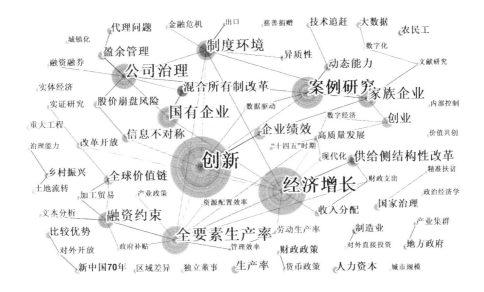

图3 《管理世界》刊文关键词的共现网络（2013～2020年）

图4列示了2013～2020年《管理世界》刊文关键词时区图。《管理世界》刊文的研究问题演变逻辑主要表现在：①研究问题更加凸显出"本土化"和"务实性"。刊文选题更多来源于中国当前经济社会与管理实践中需要解决的重大问题，刊文关键词如"国有企业""比较优势""改革开放""新中国70年"等在一定程度上体现出刊文选题的"本土化"特征，而"创新""全球价值链""供给侧结构性改革""乡村振兴""高质量发展""大数据""数据驱动"等关键词的出现则体现出刊文选题的"务实性"特点，这反映出《管理世界》刊文密切追踪不同时期中国经济社会管理实践中存在的现实问题，刊文主题聚焦于国家重大战略布局，刊文内容具有很强的政策导向意义。②研究问题兼顾延续性和前沿性。在样本期间内，2013年开始出现的"创新""经济增长""案例研究""公司治理""制度环境""家族企业"等刊文关键词均得到了不同程度的延续，说明上述研究主题仍旧在中国管理学理论研究中占据重要地位；此外，在后续年度中，崭新的刊文关键词不断涌现，如"全要素生产率""融资约束""信息不对称""全球价值链""股价崩盘风险""文本分析""国家治理"

"数字经济"等，这些关键词出现的时间点和频次反映出《管理世界》刊文同时注重紧跟时代步伐、与管理学国际研究前沿相衔接。

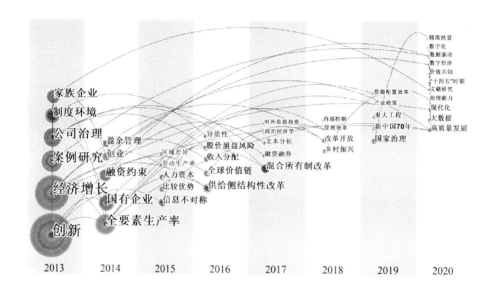

图4　《管理世界》刊文关键词时区图（2013～2020年）

3. 《南开管理评论》研究问题的演变逻辑

表11报告了2013～2020年《南开管理评论》词频前20的关键词信息，图5则列示了2013～2020年《南开管理评论》刊文关键词的共现网络。从表11和图5可以看出，《南开管理评论》刊文的研究问题具有以下两个基本特征：①倾向于研究微观企业管理问题。《南开管理评论》侧重于"盈余管理""创新绩效""公司治理""产权性质""企业绩效""融资约束""企业社会责任"等问题，并对上述研究主题的影响机理或问题路径展开深入讨论，能够为中国企业持续经营和有效决策提供一定的理论借鉴和实践指导。此外，上述研究也呈现出一定的本土化特点，"公司治理""产权性质""融资约束""企业社会责任"等问题因置身于中国情境之中而令研究主题的生动性和创新性更为凸显，这对于解决中国本土企业的管理实践问题意义重大。②研究问题注重与社会学、政治经济学等多学

表 11　2013～2020 年《南开管理评论》词频前 20 的关键词信息

序号	关键词	词频	年份	序号	关键词	词频	年份
1	盈余管理	26	2013	11	企业创新	8	2017
2	创新绩效	23	2013	12	投资效率	6	2015
3	公司治理	20	2013	13	管理层权力	6	2014
4	产权性质	14	2014	14	高管团队	5	2013
5	案例研究	12	2015	15	风险承担	5	2016
6	企业绩效	11	2013	16	金融危机	5	2013
7	政治关联	10	2013	17	中介效应	5	2013
8	融资约束	10	2015	18	信息披露	5	2015
9	企业社会责任	9	2014	19	领导—成员交换	4	2014
10	家族企业	8	2016	20	社会网络	4	2014

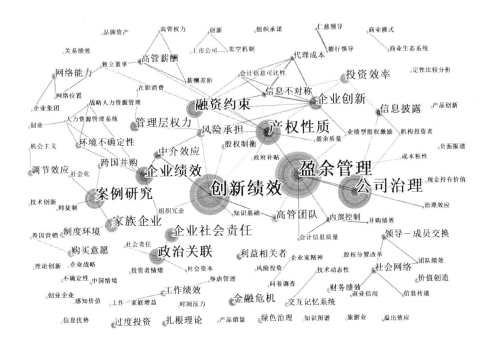

图 5　《南开管理评论》刊文关键词的共现网络（2013～2020 年）

科相融合。"社会网络""团队绩效""领导—成员交换"和"商业信用"

等关键词的共现网络则表明了《南开管理评论》刊文注重社会学与企业管理学的交叉融合，而"政治关联"与"企业社会责任""社会资本"的共现网络则体现出《南开管理评论》刊文注重政治经济学与企业决策行为相融合。上述交叉研究有助于发挥相关学科的理论优势和方法优势，更好地分析中国本土管理实践中涌现的新问题，同时也有利于从其他学科汲取营养以拓展管理学问题的研究视角，达到深刻揭示企业管理实践规律，进而实现夯实并创新管理学基础理论的根本目标。

图 6 列示了 2013～2020 年《南开管理评论》刊文关键词时区图。《南开管理评论》刊文的研究问题演变逻辑体现在如下方面：①研究问题同样具有一定的延续性。"盈余管理""创新绩效""公司治理""企业绩效"等关键词自 2013 年出现以来与之后年份出现的研究问题存在大量联系，这反映出《南开管理评论》刊文一直围绕"盈余管理""创新绩效""公司治理""企业绩效"等主题展开研究，相关的研究结论对于完善中国公司治理机制、促进企业创新、提高企业绩效意义重大，呈现出较高的延续性。"盈余管理"与"公司治理""企业绩效""创新绩效"关系密切，盈余管理作为中国证券市场信息披露质量的一个重要衡量指标，必然会受到公司治理机制影响，而盈余管理行为的一个直接体现就是对企业绩效的潜在影响，创新驱动企业绩效，高质量创新依赖于良好公司治理机制和高质量会计盈余，从而致使上述四个研究主题一直为《南开管理评论》刊文所关注。②研究问题与中国现代企业制度改革同步。2014 年新增主要关键词"产权性质""企业社会责任""管理层权力"与混合所有制改革、国企薪酬制度改革等制度安排密切相关；2015 年新增关键词"融资约束""投资效率""信息披露"等则与深化投融资体制改革密切相关；2016 年新增关键词"家族企业""风险承担""跨国并购"等与深化供给侧结构性改革背景下民营企业面临的机遇和挑战相关联；2017 年新增关键词"企业创新""绿色治理"与强化实施创新驱动发展战略、生态文明建设等国家政策密切相关。上述研究主题表明《南开管理评论》刊文一直紧密围绕中国现代企业制度改革过程中涌现的崭新管理实践展开研究，致力于剖析现代企业制度改革的实际效果，挖掘现代企业制度改革过程中存在的管理实践"真问题"，进而结合中国企业管理实践的现实状况总结先进的

管理经验、提出有针对性的政策建议。

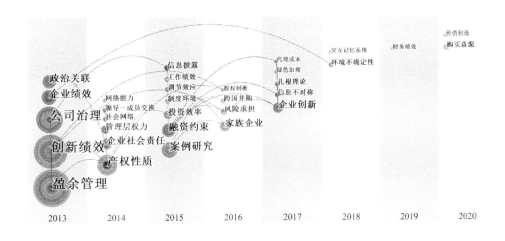

图6 《南开管理评论》刊文关键词时区图（2013～2020年）

4.《管理科学学报》研究问题的演变逻辑

表12报告了2013～2020年《管理科学学报》词频前20的关键词信息，图7则列示了2013～2020年《管理科学学报》刊文关键词的共现网络。从表12和图7可以看出，《管理科学学报》刊文的研究问题具有以下特征：①供应链是中国管理科学与工程研究的核心领域。"供应链"出现频次为26，高于其他关键词，并且"供应链"与"协调""随机需求""相关性""成本分担""演化博弈"等关键词的共现网络则表明了供应链一直是管理科学与工程研究的核心领域，而"供应链"与"随机需求""演化博弈"等高频关键词的共现网络更是支持了上述论断。造成这种状况的原因可能在于，供应链已深入至中国经济和企业发展的各个方面，对于推动中国经济高质量发展起到了关键作用。当前全球经济发展面临着较大的不确定性，有效的供应链管理是构建国内国际双循环相互促进的新发展格局、提升国民经济抗风险能力的重要保障。《管理科学学报》刊文紧密围绕供应链这一领域已展开了深入研究，这也在一定程度上体现了《管理科学学报》刊文的前瞻性和现实性。②市场参与者是管理科学与工程研

表 12　2013～2020 年《管理科学学报》词频前 20 的关键词信息

序号	关键词	词频	年份	序号	关键词	词频	年份
1	供应链	26	2013	11	网络外部性	5	2016
2	定价	13	2014	12	溢出效应	4	2018
3	投资者情绪	9	2015	13	知情交易	4	2019
4	实物期权	8	2013	14	家族企业	4	2016
5	信息不对称	8	2015	15	社交网络	3	2017
6	不确定性	7	2013	16	道德风险	3	2016
7	前景理论	6	2013	17	问题导向	3	2019
8	随机需求	5	2014	18	政府补贴	3	2017
9	演化博弈	5	2015	19	股指期货	3	2014
10	管理理论	5	2019	20	股票收益	3	2014

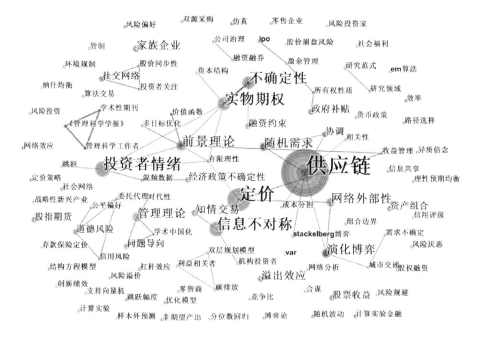

图 7　《管理科学学报》刊文关键词的共现网络（2013～2020 年）

究的主要对象。2013 年以来，"投资者情绪""实物期权""信息不对称"

"不确定性""前景理论""知情交易""社交网络"等关键词的高频次出现，揭示出《管理科学学报》刊文更加倾向于研究市场参与者的情绪、社交及风险偏好等基本特征，注重从有限理性的市场参与个体来突破相关研究瓶颈。无论是企业还是个人等有限理性的市场参与者，约束和激励是其实现既定目标的重要手段，管理科学与工程领域研究的重点之一在于探索、认知管理实践中市场参与者的个体行为偏好、心理特征对企业或个人决策行为的潜在影响。

图8列示了2013～2020年《管理科学学报》刊文关键词时区图。《管理科学学报》刊文的研究问题演变逻辑表现为：①研究问题始终面向管理科学理论前沿和管理工程实践的重大需求。《管理科学学报》刊文一方面注重研究"实物期权""前景理论""投资者情绪""信息不对称""演化博弈""社交网络""道德风险"等前沿理论主题；另一方面重点解决"供应链""政府补贴"等管理工程实践问题。《管理科学学报》刊文的选题不仅来源于管理工程实践，还超前于管理工程实践而具有前瞻性特征，从"供应链"研究的时区图中可以看出这一点；此外，该期刊更加侧重于

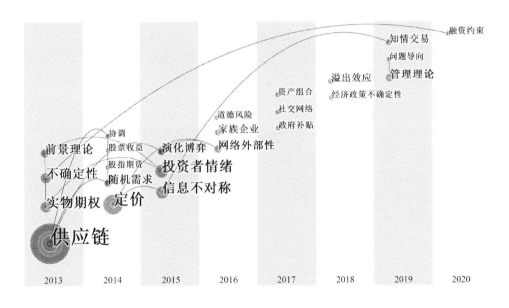

图8　《管理科学学报》刊文关键词时区图（2013～2020年）

刊发管理科学与工程基础理论创新的相关研究，从而在刊文选题方面也更加重视研究选题的前沿性和前瞻性。②研究问题演变过程中涌现了大量管理学新理论、新方法和新手段。2013年以来，"前景理论""随机需求""演化博弈""网络外部性""溢出效应""知情交易"等高频关键词出现，这些关键词往往伴随着管理科学新理论、新方法与新手段的提出，随着科学技术的飞速发展，管理环境愈发复杂，而管理科学与工程主要研究新技术在管理实践中的应用策略，以提高管理效率，从而促使大量管理学新理论、新方法和新手段在具体问题分析过程中不断被加以应用。

5. 《公共管理学报》研究问题的演变逻辑

表13报告了2013～2020年《公共管理学报》词频前20的关键词信息，图9则列示了2013～2020年《公共管理学报》刊文关键词的共现网络。从表13和图9可以看出，《公共管理学报》刊文的研究问题具有以下基本特征：①研究主题聚焦于政府治理。研究主题具体体现在"地方政府""政府绩效""城市治理""政策执行""政治信任""政府创新""政策工具"等关键词所代表的相关领域，更加突出政府治理与公共管理等相关研究内容。中国经济的平稳快速发展和高质量的社会公共服务离不开有效的政府治理，坚持和完善中国特色社会主义行政体制，构建职责明确、依法行政的政府治理体系是当前提升中国政府治理能力的重要任务，政府治理一直以来都是《公共管理学报》刊文关注的焦点。②注重研究问题与新技术相结合。"大数据"关键词的词频为6（排名第三），并且"大数据"与"城市治理""精准扶贫""养老模式""互联网"等关键词共现，表明伴随着信息技术的快速发展，公共管理手段正变得日益丰富，技术变革促使公共管理模式发生重要转变，因此，中国公共管理学研究注重分析新技术应用于公共管理领域所引发的公共管理模式变革，《公共管理学报》刊文注重评价新技术在解决公共管理问题中的使用效果，给出新技术在公共管理实践中应用的经验总结和政策建议。

图10列示了2013～2020年《公共管理学报》刊文关键词时区图。《公共管理学报》刊文的研究问题演变逻辑主要体现为：①研究问题紧密围绕党和国家的政策制度及行政管理体制改革。中国特色社会主义进入了新时代，为全面提高国家治理能力和治理水平，党中央实施了一系列自上

表 13　2013～2020 年《公共管理学报》词频前 20 的关键词信息

序号	关键词	词频	年份	序号	关键词	词频	年份
1	地方政府	12	2013	11	公共价值	3	2013
2	精准扶贫	8	2017	12	流动人口	3	2014
3	大数据	6	2017	13	定性比较分析	3	2019
4	政府绩效	5	2013	14	政府创新	2	2019
5	城市治理	5	2018	15	养老模式	2	2020
6	社会资本	5	2016	16	政策工具	2	2015
7	政策执行	4	2016	17	项目制	2	2019
8	政治信任	4	2014	18	晋升激励	2	2013
9	案例研究	4	2020	19	代际差异	2	2017
10	扎根理论	3	2020	20	公共管理	2	2020

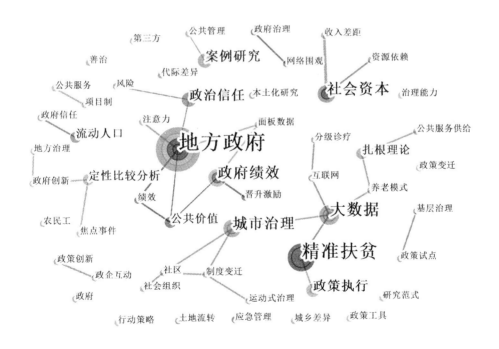

图 9　《公共管理学报》刊文关键词的共现网络（2013～2020 年）

而下的公共管理改革措施，催生了大量独具中国特色的公共管理实践，同时也产生了部分亟需解决的公共管理新问题，以上为中国特色公共管理研究提供了大量本土化素材。具体地，2013 年以来，"晋升激励""应急管理""政策变迁""善治""基层治理""运动式治理""社会组织""项目制"和"公共服务"等高频关键词的出现，在一定程度上反映出《公共管理学报》刊文紧密围绕党和国家的政策制度及行政管理体制改革内容而开展研究。②研究主题由宏观经济管理变迁至微观主体行为。2016 年以前，《公共管理学报》刊文主要围绕"地方政府""政府绩效""公共价值""政治信任""政策工具"等宏观公共管理主题展开研究，而 2016 年以来，"农民工""基层治理""社区""焦点事件""养老模式"等关键词相继涌现，这表明《公共管理学报》刊文研究问题更加关注微观个体和微观组织的运行机理和政策效果。党的十八大报告明确指出"为人民服务是党的根本宗旨，以人为本、执政为民是检验党一切执政活动的最高标准"，从而《公共管理学报》刊文在关注宏观公共管理问题的同时，也更加重视对"农民工""社区"等特定群体或微观组织等公共管理问题进行研究。

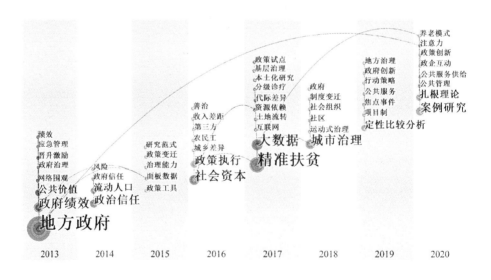

图 10 《公共管理学报》刊文关键词时区图（2013~2020 年）

6.《农业经济问题》研究问题的演变逻辑

表 14 报告了 2013～2020 年《农业经济问题》词频前 20 的关键词信息，图 11 则列示了 2013～2020 年《农业经济问题》刊文关键词的共现网络。从表 14 和图 11 可以看出，《农业经济问题》刊文的研究问题具有以下基本特征：①"三农"问题是中国农林经济管理学研究的核心领域。相关研究主题包括"农民专业合作社""乡村振兴""农民工""现代农业""农产品""农民""农业""农村金融"等关键词，从"精准扶贫"到打赢"脱贫攻坚战"，再到"全面实现乡村振兴"，"三农"问题关系到人民的切身利益以及社会的安定和发展，一直是党和国家关注的重大社会问题，《农业经济问题》的刊文主题也反映出这一点。②乡村振兴和粮食安全是近年来的研究焦点。"乡村振兴"和"粮食安全"出现的频次分别为 45 和 40，且排名第二和第三，这两个农业经济研究话题均具有很强的时代性，同时也是党和国家的重大战略布局，进而促使乡村振兴和粮食安全等研究主题成为《农业经济问题》刊文所关注的重要内容。③现代农业已引起足够重视。"现代农业"出现的频次为 36，排名第五，且"粮食安全"和"乡村振兴"均离不开发展现代农业和农村产业经营方式的变革，从"农民专业合作社""现代农业""家庭农场"与"粮食安全"或"乡村振兴"的共现网络中可以看出这一发展规律。发展现代农业是增加农民收入、提高农业生产力、实现农业机械化和信息化的基本途径，在中国发展现代农业具有深厚的制度基础和制度优势，《中共中央　国务院关于积极发展现代农业扎实推进社会主义新农村建设的若干意见（2006）》指出"积极发展现代农业，扎实推进社会主义新农村建设，是全面落实科学发展观、构建社会主义和谐社会的必然要求，是加快社会主义现代化建设的重大任务"，《中共中央　国务院关于全面推进乡村振兴加快农业农村现代化的意见（2021）》进一步指出"坚持农业农村优先发展，坚持农业现代化与农村现代化一体设计、一并推进，坚持创新驱动发展"，以上政策文件为《农业经济问题》刊文紧密围绕现代农业和农业现代化等主题展开相关研究提供了良好的制度基础。

表 14   2013～2020 年《农业经济问题》词频前 20 的关键词信息

序号	关键词	词频	年份	序号	关键词	词频	年份
1	农民专业合作社	63	2013	11	宅基地使用权	17	2017
2	乡村振兴	45	2018	12	三权分置	17	2017
3	粮食安全	40	2013	13	农民	17	2013
4	农民工	38	2013	14	农业保险	16	2013
5	现代农业	36	2013	15	农村金融	16	2013
6	农产品	31	2013	16	农业	16	2013
7	农户	29	2013	17	家庭农场	15	2013
8	城镇化	29	2013	18	美国	14	2013
9	农地流转	28	2013	19	社会资本	13	2014
10	精准扶贫	23	2016	20	乡村治理	12	2016

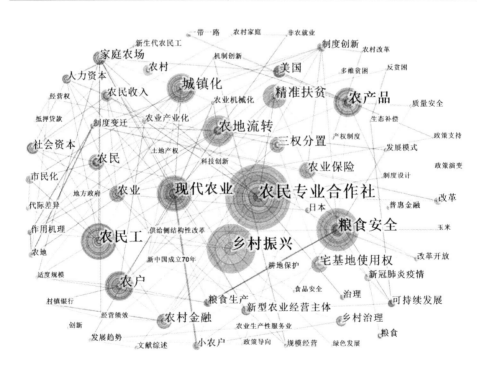

图 11   《农业经济问题》刊文关键词的共现网络（2013～2020 年）

图 12 列示了 2013～2020 年《农业经济问题》刊文关键词时区图。《农业经济问题》刊文的研究问题演变逻辑主要包括：①研究问题的演变

126

路径与中国农林经济发展战略保持同步。农林经济发展对中国经济平稳发展至关重要，为进一步推动中国农林经济高质量发展，党和国家实施了一系列农林经济发展战略，这促使了中国情境的农林经济管理实践创新不断涌现，迫切需要理论界不断创新农林经济管理理论来阐释和指导农林经济管理实践。2013 年以来，"粮食安全""三农问题（农民专业合作社、农民工、现代农业和农村家庭等）""精准扶贫""三权分置（所有权、承包权和经营权）""乡村振兴""宅基地使用权""普惠金融"等高频关键词的出现，在一定程度上反映出《农业经济问题》刊文紧密围绕国家关于农林经济发展战略实施过程中涌现的现实问题展开研究。②研究重心由"三农问题""粮食安全"逐步向"乡村振兴"演变。在 2016 年以前，"农民专业合作社""农民工""农村家庭"等关键词相继出现，而 2016 年以来，"精准扶贫""反贫困""乡村振兴""普惠金融"等关键词高频次出现，表明《农业经济问题》刊文研究问题呈现出由"三农问题"到"精准扶贫"再到"乡村振兴"的演变逻辑，这一演变逻辑的背后也反映了党和国家关于"三农问题"的重大战略调整和"乡村振兴"国家战略的全面实施。

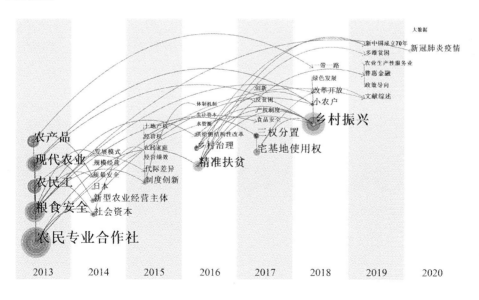

图 12 《农业经济问题》刊文关键词时区图（2013～2020 年）

（四）中国特色管理学理论体系构建过程中存在的问题分析

通过对 NSFC 管理科学 A 类期刊以及《管理世界》《南开管理评论》《管理科学学报》《公共管理学报》《农业经济问题》等代表性学术期刊的刊文篇数和篇幅、研究方法、研究问题的分析，不难看出上述学术期刊在构建中国特色管理学理论体系上进行的大胆尝试与不懈探索，运用多元化研究方法来分析中国本土化管理实践中的重大现实问题。在管理学研究中既体现中国特色又彰显学术质量历来是中国管理学术界期待解决的重大问题（席酉民、韩巍，2010；陈春花、马胜辉，2017），但是这一研究工作仍然处在积极探索和持续积累过程之中。本文认为，在构建中国特色管理学理论体系的过程中，主要存在以下三个方面的问题亟需解决。

1. 研究方法占比不均衡

由上文表 3 可知，NSFC 管理科学 A 类期刊刊文倾向于采取定量研究法，而其中实证研究法和分析性研究法占比较高，主要原因在于，伴随国际主流管理学理论和研究范式的逐步引入与普及，中国管理学理论研究倾向于采用实证研究法和分析性研究法来检验西方经典管理学理论（陆亚东，2015），而定性研究法和案例研究法在普及度方面存在不足。虽然实证研究法和分析性研究法的广泛应用在一定程度上提高了中国管理学研究的严谨性和规范化，但这两种方法也存在一定的局限性，如仅通过分析概念或变量之间的关系难以揭示复杂管理实践的规律、数据收集和变量定义方面可能存在一定的主观性以及理论构建和实证设计之间存在差距等问题。因此，中国管理学研究若过度依赖于实证研究法和分析性研究法，而对定性研究法和案例研究法缺乏足够的重视，可能使得本土管理学研究难以深入发掘管理实践中的情境元素和内在问题（谭力文等，2016），从而错失发掘中国特色管理学新理论的机遇，难以更好地实现中国特色管理学理论创新和国际化发展。

2. 管理学研究的本土情境性有待深入沉浸

由图 1 可知，NSFC 管理科学 A 类期刊的研究问题紧密结合国家政策方针和当代管理实践中的重大问题而展开，这些期刊刊文词频前 60 的关键词中出现了"制度环境""大数据""技术创新"和"技术进步"等有关中国本土化的制度情境或技术情境的关键词，这表明当前学术界对中国管理实践中的制度和技术情境的特殊性有较为深刻的认知。但是，这些词频前 60 的关键词中有关管理实践情境特征的高频关键词占比较低，甚至于未出现与管理实践文化情境相关的关键词，说明中国管理学研究缺乏对管理实践情境本身的深入分析，可能更多的是对本土管理现象的细枝末节或常识性规律进行细化研究，致使理论构建的情境化程度较低，导致研究结论浮于管理现象以及本土管理学研究的片面化和泛泛化，进而对管理实践的指导意义以及对管理理论的贡献均不足。因此，未来中国管理学研究应植入更多本土化情境因素，如传统文化、红色文化等软环境因素以及"十四五"规划中国家战略与制度变革等硬环境因素。

3. 本土化管理学理论的国际影响力有待提高

作为一门应用性学科，管理学的研究目的是指导管理实践以解决管理问题，研究成果的有效性需受到管理实践的检验（陈春花、吕力，2017）。因此，本土管理学理论能否以及如何检验、拓展和适用于一般化的管理实践活动当中是判断本土化管理学理论是否具有实践意义的关键标准（Barney and Zhang，2009；陈春花等，2014）。换言之，本土管理学理论除应用于指导本土管理实践，还应适用于解决国际范围内的管理问题，使之在国际管理学领域具有一定的理论影响力。由图 1 和图 2 可知，NSFC 管理科学 A 类期刊刊文研究问题的演变逻辑包括延续性与交叉性相结合、时代性与前沿性相结合两个基本特征，这体现出中国本土化的管理学研究理论与国际前沿管理问题进行了较好的融合，而根据表 3 关于研究方法的描述性统计，实证研究法被 NSFC 管理科学 A 类期刊刊文广泛采用，但部分研究仅采用中国样本数据来对西方管理学理论或模型进行实证检验，而这难以提升中国本土化管理学理论的国际影响力。随着全面深化改革开放政策的实施，更多的中国企业布局并实施"走出去"战略，从而会产生世界领先的管理实践创新（王永贵等，2021），这必然催生出中国特色管理学基础理论创新，在国际与国内多元化、兼容性的文化情境之下，相信中国特色管理学理论的国际影响力将进一步增强。

（五）中国特色管理学理论体系构建的实现路径

针对中国特色管理学理论体系构建过程中存在的问题，本文参考 Cheng 等（2009）、Smith 和 Hitt（2006）关于管理学理论体系的设计思想，在总结 NSFC 管理科学 A 类期刊与《管理世界》《南开管理评论》《管理科学学报》《公共管理学报》《农业经济问题》在刊文方面所呈现的研究方法、研究问题以及演变逻辑的基础上，尝试性地提出构建中国特色管理学理论体系的实现路径。图 13 展示了构建中国特色管理学理论体系实现路径的基本模型，该理论模型的基本逻辑为"实践—理论—实践"，即"理论从实践中来，再到实践中去"，并严格遵循"实践是检验真理的唯一标准"这一马克思主义实践论的基本原则。

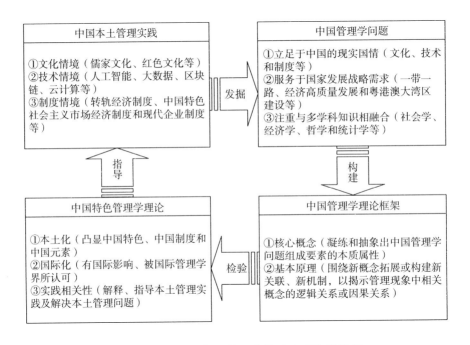

图 13　中国特色管理学理论体系实现路径模型

具体来说，构建中国特色管理学理论体系实现路径的理论模型其核心要义包括如下四个步骤。

1. 置身于中国文化、技术和制度情境中，根据本土管理实践发掘中国管理学问题

中国管理学问题的凝练应立足于中国现实国情，如文化、技术及制度特征等。在文化特征方面，习近平总书记《在庆祝中国共产党成立 100 周

年大会上的讲话》指出"坚持把马克思主义基本原理同中国具体实际相结合、同中华优秀传统文化相结合",中华优秀传统文化、红色文化等均蕴含着积极的价值观念和丰富的管理思想,这些文化规范也正在影响着本土管理实践。因此,中国特色管理学研究应从传统文化视角分析本土管理实践,并提炼出蕴含中国优秀传统文化元素的管理学问题。在技术特征方面,技术创新会导致管理思想和管理模式发生变革,进而引发新的管理实践,当前中国5G、人工智能和大数据等新技术正在社会各个领域被广泛地应用,未来的管理学研究应深入分析以上新技术所催生的新管理实践,形成具有针对性的对策性研究成果以更好地解释和解决应用过程中存在的管理学问题。在制度特征方面,中国在由计划经济向市场经济转轨的过程中,各项经济制度不断健全完善,宏观经济管理制度和微观公司治理体系都发生了重大变化,由此引发大量中国独特情境下的管理学问题,从而需要新的管理学理论对之进行解释。

2. 根据中国管理学问题构建中国管理学理论框架

中国管理学问题除了立足于本土的文化、技术和制度情境外,还应服务于诸如"一带一路"倡议、经济高质量发展战略、粤港澳大湾区战略等国家发展战略需求,同时注重多学科的交叉融合研究。围绕上述中国管理学问题构建中国管理学理论框架,需要运用案例研究法对具有代表性的管理实践进行全面的深入分析,明晰本土管理实践的文化特征与制度根源,以凝练和抽象出中国管理学问题组成要素的本质属性,并形成核心概念,从而为人们准确了解管理实践活动的情境特征提供认知单元。自改革开放以来,中国经济增长创造了人类发展史上未曾有过的奇迹,在此过程中上至国家宏观经济管理制度、下至微观企业治理均发生了重大变革,催生出大量中国本土化的管理实践创新,这为挖掘新元素、构建新概念提供了丰富的实践素材。同时,中国经济发展具有速度快、规模大、区域发展不平衡等诸多特征,这给政府层面的正式制度变迁带来了挑战,管理科学工作者应围绕这些制度变迁展开研究并提出有效的政策建议。在此基础上,以某一核心概念或多种核心概念的组合拓展或构建新关联、新机制,以更好地揭示出中国管理实践中相关概念的逻辑关系或因果关系。

3. 根据中国管理学理论框架检验中国特色管理学理论

构建中国特色管理学理论的目的在于解释西方现有管理学理论无法回

答的问题，实现中国本土化管理学理论的基础性创新。因此，一方面应在中国管理学理论框架构建的基础上，采用合适的研究方法，运用中国本土管理实践数据来检验理论框架在解释、指导本土管理实践及解决本土管理学问题方面的有效性，从而判断该理论是否切实凸显中国特色、中国制度和中国元素；另一方面应关注中西方研究情境之差异，运用西方管理实践数据来对中国管理学理论的普适性进行检验，在吸纳西方情境元素的基础上提高该理论框架的普适性，以实现中国特色管理学理论与国际管理学研究相接轨，提高国际管理学界对中国特色管理学理论的认可度，从而提升中国特色管理学理论体系的国际影响力。

4. 将中国特色管理学理论用于指导中国本土管理实践

作为一门应用性学科，管理学的研究内容是对管理实践规律及特征的总结和提炼，研究目的是指导管理实践以解决现实管理问题，管理学理论的有效性需要接受管理实践的不断检验。因此，管理学理论应具有较高的实践性，其是否科学和是否具备可接受性取决于其能否有效解决现实问题（Laudan，1978）。按照这一标准，中国特色管理学理论的有效性主要取决于其解释、指导中国本土管理实践及解决本土管理问题的实际能力，换言之，中国特色管理学理论应直面中国管理实践。通过"回归管理实践"这一重要步骤，能够明晰所构建中国特色管理学理论的适用条件以及总结出其在解释和指导本土管理实践中存在的不足之处，从而进一步对中国特色管理学理论进行修正和完善，以提高其解释管理现象和指导实践工作的有效性。

在构建中国特色管理学理论体系实现路径的四个步骤中，遵循"实践—理论—实践"的基本构建逻辑，从中国情境下的管理实践中发掘中国管理学问题是逻辑起点，根据中国管理学问题凝练和总结出核心概念和基本原理以构建中国管理学理论框架是重要基础，检验中国管理学理论框架以形成中国特色管理学理论是理论创新的关键环节，运用中国特色管理学理论指导中国本土管理实践、解决中国本土管理问题是最终目标，四个步骤相辅相成、缺一不可。在构建该理论体系的过程中，学术界也需要重视提升中国特色管理学理论在全球范围内的认可度和影响力。

五、 研究结论

通过分析 NSFC 管理科学 A 类期刊的动态变化一定程度上可以窥探中国特色管理学理论体系构建的历程和动态发展趋势，本文应用文献计量学工具来分别剖析 NSFC 管理科学 A 类期刊刊文以及《管理世界》《南开管理评论》《管理科学学报》《公共管理学报》《农业经济问题》刊文（2013~2020 年）篇数、篇幅、研究方法和研究主题。研究结果显示：①NSFC 管理科学 A 类期刊历年刊文篇数总体呈现先降后升的趋势，其中《农业经济问题》刊文篇数整体呈现波动下降趋势，《管理科学学报》和《公共管理学报》刊文篇数基本保持不变，《管理世界》和《南开管理评论》刊文篇数呈现波动增长的趋势。②刊文篇幅方面，NSFC 管理科学 A 类期刊刊文以及《管理世界》《南开管理评论》《管理科学学报》《公共管理学报》《农业经济问题》刊文单篇篇幅均有所增加。③管理学理论构建中使用的研究方法经历了动态的变迁过程，当前研究方法呈现多元化，且以定量研究范式为主，案例研究法近年来受到重视。《管理世界》刊文采用的定性研究法占比日趋增加，且对比实证研究法和分析性研究法，案例研究法的刊文占比有所提高；《南开管理评论》刊文采用的定量研究法占据主流，而定性研究法刊文篇数占比较低；《管理科学学报》刊文采用的分析性研究法占据主流、实证研究法日益受到重视，而案例研究法则较少采用；《公共管理学报》刊文采用的定量研究法和定性研究法呈现出此消彼长的态势，分析性研究法占比较低，实证研究法和案例研究法的占比则较为接近；《农业经济问题》刊文采用的定性研究法占据主流、定量研究法占比相对较低。④研究问题主要结合中国情境下的管理实践开展，技术创新、供应链、创新绩效和经济增长四个热点问题是中国管理学领域关注的核心主题，延续性与动态性相结合、时代性与前沿性相结合是当前中国管理学研究的基本特征。《管理世界》刊文研究问题涉及面较广，聚焦和服务于国家宏观政策制定与国家战略布局，注重对本土管理案例进行分析，"本土化"与"务实性"、延续性和前沿性是研究问题演变逻辑的基本特征；《南开管理评论》刊文倾向于研究微观企业管理问题，注重将管理问题与社会学、政治学等多学科知识相融合，其研究问题的演变同中国现代企业制度改革同步；《管理科学学报》刊文的研究对象主要为市场参与者，供应链是中国管理科学与工程研究的核心领域，研究问题始终面向管理科学理论前沿和管理工程实践的重大需求，演变过程中涌现了大量管理学新理论、新方法和新手段；《公共管理学报》刊文则聚焦于政府治理，注重研究问题与新技术的结合，且研究问题紧密围绕党和国家的制度政策及行政管理体制改革而展开，具有由宏观经济管理变迁至微观主体行为的演变特征；《农业经济问题》刊文的核心研究领域为"三农"问题，其中粮食安全、乡村振兴、现代农业和农业现代化是近年来研究的热点问题，且呈现出由"三农问题""粮食安全"逐步向"乡村振兴"转变，从而与国家农林经济发展战略保持同步的演变逻辑。在以上分析的基础上，本文提出构建中国特色管理学理论体系的实现路径模型，以马克思主义实践论作为方法论指导，并遵循"实践—理论—实践"的基本构建逻辑。本研究通过对 NSFC 管理科学 A 类期刊以及《管理世界》《南开管理评论》《管理科学学报》《公共管理学报》《农业经济问题》等代表性管理学期刊进行相应的描述性统计分析，一方面，从文献计量学视角增进了学术界对中国特色管理学理论体系发展现状的理解，另一方面，相关研究结论对于积极构建中国特色管理学理论体系具有一定的理论启示意义。

在借鉴、吸收和消化西方管理学研究基础之上，中国特色管理学理论研究未来可以从以下方面加以拓展：①发掘中国情境下的管理"真问题"。能否从本土管理实践中提出有趣且有意义的管理"真问题"直接关乎管理学研究质量的高低，当前在定量研究法、定性研究法等已得到基本普及的前提下，如何寻找管理学"真问题"已成为基础理论创新的制约瓶颈，不可简单地模仿复制西方最新研究成果，中国学术界必须结合本土化管理实践提炼出管理学"真问题"，这是科学构建中国特色管理学理论体系的重要环节和内容。②跟进 5G、人工智能和大数据等新技术引发的中国管理学新问题。技术创新会导致管理思想和管理模式发生变革，进而引发新的管理实践，传统的管理学理论可能不再具有适用性，此时需要新的管理学理论对之加以解释。在中国，当前 5G、人工智能及大数据等新技术正在社会各个领域被广泛地应用，未来的管理学研究应深入分析以上新技术所催生的管理实践，形成具有针对性的对策性研究成果以更好地解释和解决其中存在的管理学新问题。

限于研究主题，本文仅采用文献计量法进行分析，难免在对中国管理学理论体系构建的理解层面存在一定的片面性，未来可以考虑采用访谈、调查问卷等方式了解 NSFC 管理科学 A 类期刊作者和读者对中国特色管理学理论体系构建的建议，以进一步丰富和完善本文的研究结论。

参考文献

［1］ Banks，G. C.，Pollack，J. M.，Bochantin，J. E. Kirkman，B. L.，Whelpley，C. E. and O'Boyle，E. H.，2016，"Management's Science – Practice Gap：A Grand Challenge for All Stakeholders"，*Academy of Management Journal*，Vol. 59（6），pp. 2205～2231.

［2］ Barney，J. B. and Zhang，S.，2009，"The Future of Chinese Management Research：A Theory of Chinese Management Versus a Chinese Theory of Management"，*Management and Organization Review*，Vol. 5（1），pp. 15～28.

［3］ Chen，M. J. and Miller，D.，2010，"West Meets East：Toward an Ambicultural Approach to Management"，*Academy of ManagementPerspectives*，Vol. 24（4），pp. 17～24.

［4］ Cheng，B. S.，Wang，A. C. and Huang，M. P.，2009，"The Road More Popular Versus the Road Less Traveled：An 'Insider's' Perspective of Advancing Chinese Management Research"，*Management and Organization Review*，Vol. 5（1），pp. 91～105.

［5］ Farh，J. L.，Cannella，A. A. and Lee，C.，2006，"Approaches to Scale Development in Chinese Management Research"，*Managementand Organization Review*，Vol. 2（3），pp. 301～318.

［6］ Jia，L.，You，S. and Du，Y.，2012，"Chinese Context and Theoretical Contributions to Management and Organization Research：AThree – decade Review"，*Management and Organization Review*，Vol. 8（1），pp. 173～209.

［7］ Klag，M. and Langley，A.，2012，"Approaching the Conceptual Leap in Qualitative Research"，*International Journal of ManagementReviews*，

Vol. 15 (2), pp. 149~166.

[8] Laudan, L., 1978, *Progress and its Problems: Towards a Theory of Scientific Growth*, Oakland: University of California Press.

[9] Leung, K., 2012, "Indigenous Chinese Management Research Like it or Not, We Need it", *Management and Organization Review*, Vol. 8 (1), pp. 1~5.

[10] Li, J. and Tsui, A. S., 2002, "A Citation Analysis of Management and Organization Research in the Chinese Context: 1984 – 1999", *Asia Pacific Journal of Management*, Vol. 19 (1), pp. 87~107.

[11] Li, P. P., Leung, K., Chen, C. C. and Luo, J. D., 2012, "Indigenous Research on Chinese Management: What and How", *Management and Organization Review*, Vol. 8 (1), pp. 7~24.

[12] Pan, Y., Rowney, J. A. and Peterson, M. F., 2012, "The Structure of Chinese Cultural Traditions: An Empirical Study of BusinessEmployees in China", *Management and Organization Review*, Vol. 8 (1), pp. 77~95.

[13] Sandberg, J. and Tsoukas, H., 2011, "Grasping the Logic of Practice: Theorizing through Practical Rationality", *Academy of Management Review*, Vol. 36 (2), pp. 338~360.

[14] Scandura, T. A. and Williams, E. A., 2000, "Research Methodology in Management: Current Practices, Trends, and Implications forFuture Research", *Academy of Management Journal*, Vol. 43 (6), pp. 1248~1264.

[15] Shepherd, D. A. and Suddaby, R., 2017, "Theory Building: A Review and Integration", *Journal of Management*, Vol. 43 (1), pp. 59~86.

[16] Smith, K. G. and Hitt, M. A., 2006, *Great Minds in Management: The Process of Theory Development*, New York: Oxford University Press.

[17] Tsui, A. S., 2006, "Contextualization in Chinese Management Research", *Management and Organization Review*, Vol. 2 (1), pp. 1~13.

[18] Van, D. and Ven, A. H., 2007, *Engaged Scholarship: A Guide for Organizational and Social Research*, New York: Oxford University Press.

[19] Wei, H. G., Bilimoria, D. and Li, S. B., 2017, "How does

Culture Matter? The Xin（heart－mind）－based Social Competence of Chinese Executives"，*Management and Organization Review*，Vol. 13（2），pp. 307～344.

［20］Zhao，S. and Jiang，C.，2010，"Learning by Doing：Emerging Paths of Chinese Management Research"，*Management and Organization Review*，Vol. 5（1），pp. 107～119.

［21］白永秀、宁启：《改革开放 40 年中国非公有制经济发展经验与趋势研判》，《改革》，2018 年第 11 期。

［22］曹祖毅、谭力文、贾慧英：《脱节还是弥合？中国组织管理研究的严谨性、相关性与合法性——基于中文管理学期刊 1979～2018 年的经验证据》，《管理世界》，2018 年第 10 期。

［23］曹祖毅、谭力文、贾慧英、伊真真、赵瑞：《中国管理研究道路选择：康庄大道、羊肠小道、还是求真之道？——基于 2009～2014 年中文管理学期刊的实证研究与反思》，《管理世界》，2017 年第 3 期。

［24］车尧、宋扬、李兵：《基于题录信息分析的期刊数据研究——以〈情报学报〉为例》，《中国科技期刊研究》，2018 年第 4 期。

［25］陈春花、吕力：《管理学研究与实践的脱节及其弥合：对陈春花的访谈》，《外国经济与管理》，2017 年第 6 期。

［26］陈春花、马胜辉：《中国本土管理研究路径探索——基于实践理论的视角》，《管理世界》，2017 年第 11 期。

［27］陈春花、宋一晓、曹洲涛：《中国本土管理研究的回顾与展望》，《管理学报》，2014 年第 3 期。

［28］巩见刚、高旭艳、孙岩：《本土管理学如何赓续中国传统文化——兼对已有思路的讨论》，《管理学报》，2019 年第 10 期。

［29］古志辉：《全球化情境中的儒家伦理与代理成本》，《管理世界》，2015 年第 3 期。

［30］郭重庆：《直面中国管理实践、跻身管理科学前沿——为中国管理科学的健康发展而虑》，《管理科学学报》，2012 年第 12 期。

［31］洪剑峭、李志文：《会计学理论：信息经济学的革命性突破》，清华大学出版社，2004 年。

［32］胡国栋、王天娇：《后现代主义视域下管理学的本土化研究》，《财经问题研究》，2019 年第 4 期。

［33］黄群慧：《改革开放四十年中国企业管理学的发展——情境、历程、经验与使命》，《管理世界》，2018 年第 10 期。

［34］金占明、王克稳：《中国管理研究选题的误区及科学性判断标准》，《管理学报》，2015 年第 4 期。

［35］蓝志勇：《公共管理是关于治理的实践性极强的大学问》，《公共管理学报》，2006 年第 3 期。

［36］李宝元、董青、仇勇：《中国管理学研究：大历史跨越中的逻辑困局——相关文献的一个整合性评论》，《管理世界》，2017 年第 7 期。

［37］李平：《中国本土管理研究与中国传统哲学》，《管理学报》，2013 年第 9 期。

［38］李志军、尚增健：《亟需纠正学术研究和论文写作中的"数学化""模型化"等不良倾向》，《管理世界》，2020 年第 4 期。

［39］刘平青：《关于对华为企业创新发展的认识和思考》，《管理世界》，2018 年第 12 期。

［40］陆亚东：《中国管理学理论研究的窘境与未来》，《外国经济与管理》，2015 年第 3 期。

［41］吕力：《中国本土管理研究中的"传统文化构念"及其变迁》，《商业经济与管理》，2019 年第 5 期。

［42］马庆国：《中国管理科学研究面临的几个关键问题》，《管理世界》，2002 年第 8 期。

［43］毛基业、李亮：《管理学质性研究的回顾、反思与展望》，《南开管理评论》，2018 年第 6 期。

［44］齐善鸿、白长虹、陈春花、陈劲、程新生、韩德强、焦媛媛、李德昌、李季、李莉、李新建、林润辉、刘广灵、刘云柏、罗纪宁、罗永泰、彭贺、齐岳、申光龙、沈超红、石鉴、孙继伟、王芳、王学秀、吴晓云、武立东、武亚军、邢宝学、许晖、薛有志、严建援、杨坤、于斌、袁庆宏、张永强、周建、周建波、周晓苏：《出路与展望：直面中国管理实践》，《管理学报》，2010 年第 11 期。

［45］齐善鸿、邢宝学、周桂荣：《管理科学发展的内在逻辑与未来趋势》，《科学学与科学技术管理》，2011 年第 3 期。

［46］苏勇、段雅婧：《当西方遇见东方：东方管理理论研究综述》，《外国经济与管理》，2019 年第 12 期。

［47］谭力文、赵瑞、曹祖毅、伊真真：《21 世纪以来中国组织与管理研究方法的演进与发展趋势》，《管理学报》，2016 年第 9 期。

［48］王冰、齐海伦、李立望：《如何做高质量的质性研究——中国企业管理案例与质性研究论坛（2017）综述》，《管理世界》，2018 年第 4 期。

［49］王永贵、汪寿阳、吴照云、吴晓波、毛基业、戚聿东、张维、苏宗伟、朱旭峰、杨开峰、杨立华、席酉民、李新春、张玉利、徐向艺、刘志阳、闫妍、魏江、郜亮亮：《深入贯彻落实习近平总书记在哲学社会科学工作座谈会上的重要讲话精神加快构建中国特色管理学体系》，《管理世界》，2021 年第 6 期。

［50］吴小节、彭韵妍、汪秀琼：《中国管理本土研究的现状评估与发展建议——以基于制度理论的学术论文为例》，《管理学报》，2016 年第 10 期。

［51］席酉民、韩巍：《中国管理学界的困境和出路：本土化领导研究思考的启示》，《西安交通大学学报（社会科学版）》，2010 年第 2 期。

［52］席酉民、张晓军：《从实践者视角看管理研究的价值和范式》，《管理学报》，2017 年第 3 期。

［53］肖兴志、张伟广：《中国产业经济学发展轨迹与特征分析——基于〈中国工业经济〉期刊文献的计量分析》，《产业组织评论》，2018 年第 1 期。

［54］徐淑英、任兵、吕力：《管理理论构建的哲学与方法论文集》，北京大学出版社，2016 年。

［55］徐淑英、张志学：《管理问题与理论建立：开展中国本土管理研究的策略》，《重庆大学学报（社会科学版）》，2011 年第 4 期。

［56］徐细雄、李万利、陈西婵：《儒家文化与股价崩盘风险》，《会计研究》，2020 年第 4 期。

［57］杨婵、贺小刚：《村长权威与村落发展——基于中国千村调查的数据分析》，《管理世界》，2019 年第 4 期。

［58］韵江：《战略过程的研究进路与论争：一个回溯与检视》，《管理世界》，2011 年第 11 期。

［59］张志学：《组织心理学研究的情境化及多层次理论》，《心理学报》，2010 年第 1 期。

［60］章凯、李朋波、罗文豪、张庆红、曹仰锋：《组织—员工目标融合的策略——基于海尔自主经营体管理的案例研究》，《管理世界》，2014 年第 4 期。

［61］章凯、罗文豪：《中国管理实践研究的信念与取向——第 7 届"中国·实践·管理"论坛的回顾与思考》，《管理学报》，2017 年第 1 期。

［62］赵仁杰、何爱平：《村干部素质、基层民主与农民收入——基于 CHIPS 的实证研究》，《南开经济研究》，2016 年第 2 期。

中国学者管理学研究的世界贡献：
国际合作、前沿热点与贡献路径[*]

——基于世界千种管理学英文期刊论文
（2013~2019 年）的定量分析

华东师范大学　何佳讯　葛佳烨　张　凡

摘要： 本文在"构建中国特色哲学社会科学"战略方向下，基于 2013~2019 年 1000 种国际英文管理学期刊 483484 篇论文（含中国学者 32511 篇）的纵向文献数据，从世界贡献的角度深入分析中国学者管理学研究的整体发展概况、国际合作以及前沿热点和重要贡献。研究结果显示，在 21 世纪第二个十年中，中国管理学者在国际学术期刊发表论文数量及其份额迅猛增长，与海外合作发表的成果在稳定数量份额的基础上提高了中国学者的主导地位；中国学者引领 10 个领域共 32 个前沿热点，主要分布在工商管理、管理科学与工程、公共管理及管理交叉学科领域，对世界学界的贡献存在多元路径特征，主要通过使用中国数据、基于中国问题和中国情境，但弱于运用中国理论思想。本文的创新在于涵盖管理学学科门类所有领域，采用数据智能和专家咨询意见结合的多阶段研究方法，重在前沿热点领域挖掘而非侧重个人或机构的绩效评价。本文的结论为中国管理学者要在国际上加强中国理论思想研究和运用提供了新的证据和行动指引，也为管理学门类学科发展和科研战略规划提供了若干政策性建议。

关键词： 管理学　前沿热点　贡献路径　中国学者　LDA 主题模型

---

* 原载《管理世界》2021 年第 9 期。

一、 问题的提出

自党的十八大以来，党中央一直高度重视中国话语体系建设，中国哲学社会科学是中国话语体系的支撑基础，在提升国际话语权上有着重大担当。对此，2016 年 5 月，习近平总书记在哲学社会科学工作座谈会上的重要讲话中，强调"着力构建中国特色哲学社会科学，在指导思想、学科体系、学术体系、话语体系等方面充分体现中国特色、中国风格、中国气派"。这些重要思想，成为了中国学者把握正确思路、繁荣发展中国哲学社会科学体系的重要纲领和行动指南。学科体系是加快构建中国特色哲学社会科学的根本依托（谢伏瞻，2019），管理学作为哲学社会科学的重要组成部分，对于深入推进哲学社会科学繁荣发展具有重要意义。在当今经济全球化、文化多元化、信息网络化的时代背景下，伴随着 40 多年改革开放进程的纵深发展，中国与世界各国的经济、政治、技术、文化交流渐趋紧密，东西方学术交流也日益频繁且愈加深化，在持续互动与交融的过程中，相关专家和学者在各领域内不断探索和突破，坚持贯彻中国学术"走出去"战略，使中国管理学的知识存量与研究层次不断迈向更高水平（李宝元等，2017；黄群慧，2018；贾良定等，2015）。

然而很多年来，在学界有一种声音，认为在世界范围内中国管理学研究很少为全球管理知识贡献新的构念和理论思想，大多数研究结果并未受到广泛关注（Jia et al.，2012；Liu et al.，2015；Tsui，2009；Zhao and Liu，2020）。学者们普遍认为，中国管理研究是追随西方学术界的领导，关注西方情境的研究问题，验证西方发展出来的理论和构念，借鉴西方研究方法论发展起来的，而旨在解决中国管理实践问题的理论探索性研究却迟滞不前（Tsui，2009；贾良定等，2015）。因此，学者们也呼吁要创新中国本土特色管理理论，走理论自信、理论创新之路（黄群慧，2018；贾良定等，2015）。那么，在管理学学科门类，中国学者贡献于世界的情况究竟如何？只有形成对中国学者国际发文概况的整体解读，了解中国学者在世界范围的哪些前沿热点领域作出了贡献，以及中国管理研究对世界管理知识的具体贡献路径是什么，才能为中国管理学进一步贡献世界提供战略指引。事实上，这不仅攸关中国管理学研究创新的价值取向以及学科发展的战略方向，也对增强中国管理学成果的国际传播，提升中国管理学在国际上的学术话语权，助力中国特色学术体系的形成，都具有十分重要的建设性价值和意义。

在现阶段，国内外学者已在运筹学与管理科学（Laengle et al.，2020；Liao et al.，2019）、旅游（含酒店、休闲、体育）（Mulet - Forteza et al.，2019）、情报科学与图书馆学（Ivanović and Ho，2016）、农业经济（耿献辉等，2020；Chen et al.，2018）等多个管理学领域进行了科学、系统的分析和评价，形成了包括发文量、国家与机构贡献、合作网络等整体概况解读，并试图探讨各领域内的演进轨迹、热点聚焦、研究趋势等。经过多年的演进，这些领域又各自凝结出大量前沿热点与研究主题，充分揭示了当前管理学发展的知识结构和新兴趋势等。在这其中，不乏中国学者的力量（Laengle et al.，2020）。然而，综观现有研究，关于中国学者如何贡献于世界以及在哪些前沿热点领域做出突出贡献的研究却较为鲜见，现有研究更多地聚焦于某一具体分支领域或某一具体期刊，鲜少从管理学整个大学科层面来开展分析；多从全球视角看待世界管理学的发展（Mulet - Forteza et al.，2019；Ivanović and Ho，2016；Laengle et al.，2020），或是从中国视角审视中国管理学科的发展历程（张玉利、吴刚，2019；李宝元等，2017），较少关注中国管理学在国际学界上的具体贡献；有些研究描述了管理学领域的前沿热点及其演进探析（Zhao and Liu，2020；Liao et al.，2019），但并未对各个前沿热点展开具体阐述，所起到的指导意义较为有限。许多研究关注了中国情境要素下的管理研究和中国管理理论的道路选择问题（Tsui et al.，2004；Jia et al.，2012；Tsui，2009），为发展世界管理学做出新贡献，但鲜有研究系统梳理中国管理学对世界的具体贡献路径。

鉴于上述不足，本文基于 Web of Science（WoS）核心合集数据库1000 种英文管理学期刊的纵向文献数据（2013～2019 年），依据其学科分类方法，共采集管理学 15 个学科领域的论文数据，涵盖国内管理学所有 5 个一级学科，采用智能化方法和专家智慧相结合的多阶段方法，对中国学者在管理学学科的国际发文概况及年度变化趋势进行全局性的认知和解读，对合作概况进行系统的分析，并对中国学者引领的前沿热点开展具体的分析与评价，试图掌握并判断中国学者管理学研究对世界管理知识体系的贡献，为中国管理学研究的未来发展提供方向性启示和战略性指引。

二、 文献回顾

通过梳理发现，国内外学者对管理学展开了全方位、多领域的评估，在运筹学与管理科学（Laengle et al.，2020；Liao et al.，2019）、旅游（含酒店、休闲、体育）（Mulet - Forteza et al.，2019）、劳资关系（Casey and Mcmillan，2008）、情报科学与图书馆学（Ivanović and Ho，2016）、农业经济（耿献辉等，2020；Chen et al.，2018）、公共管理（Ni et al.，2017）等多个学科领域形成了系统的分析与评价，提供了各领域内关于高被引论文、国家与机构贡献、作者影响力、合作网络等方面的概览，在此基础上试图探讨各领域内的演进轨迹、主题变化、热点聚焦、研究趋势等。

随着学科跨度不断加大，学科间的界限越来越不明显，跨领域的交叉研究也受到了广泛关注，例如，Bansard 等（2007）运用文献计量方法探讨医学信息与生物信息两个领域间的显在联系与潜在协同，识别出两个研究领域所共享的未来发展趋势。经过多年的演进，这些领域各自凝结出了大量不同的前沿热点与研究主题，学者们聚焦于这些热点主题又衍生出了一系列子领域的评估，例如，在运筹学与管理科学领域，形成了模糊决策（Liu and Liao，2017；Blanco - Mesa et al.，2017）、机器学习（Yu et al.，2020；Dos Santos et al.，2019）等子领域的评估，充分反映出当前管理学学科发展的知识结构、发展态势、新兴趋势等，从而增进我们对管理学学科的理解，并有助于进一步识别潜在的研究机会。

有关研究表明，中国学者在管理学多个领域做出了重要贡献，在国际学界的显示度和话语权不断提升（Zhao and Liu，2020；Laengle et al.，2020）。例如，在运筹学与管理科学领域，1991～2015 年生产力最高和影响力最大的大学主要来自北美洲和亚洲，尤其是美国与中国，与此同时，美国正在失去其在该领域的主导性地位，而中国则在迅速崛起（Laengle et al.，2020）。由此看出，尽管以美国为代表的西方管理学研究得益于起步早且科学化程度高而占据主导地位（贾良定等，2015），但随着中国国力的提升，中国与世界各国的经济、政治、文化交流日趋紧密，中国管理学研究与国际前沿逐渐接轨，中国学者正在成为国际学界中的重要力量。中国学者积极追踪国际管理学前沿热点，关注西方情境的研究问题，验证西方理论和构念，并借鉴西方的研究方法论，这使得中国管理学研究的规范性得以增强，越来越多的管理学研究成果发表于世界上的英文顶级学术期刊（黄群慧，2018；贾良定等，2015）。

　　从现有研究来看，中国管理学研究对世界的贡献主要体现在两个层面：一是对中国情境的持续关注。改革开放 40 年来，中国的国家情境发生了"翻天覆地"的变化，主要体现为快速工业化进程的经济情境变化、改革开放推动的市场化和全球化进程的制度情境变化，以及全球范围内以信息化为核心的技术情境变化。中国传统文化也在不断吸收、融合外来文化元素的过程中得到了丰富与发展，构成了独特的中国社会文化情境（黄群慧，2018）。当前，中国情境日益成为探讨中国管理学、管理理论或者中国管理问题，以及借鉴、移植西方管理学理论和知识的前置条件，中国情境要素下的管理实践日益受到关注（Tsui et al.，2004；Jia et al.，2012；黄群慧，2018）。例如，基于中国特定文化情境的新问题、新现象及背后的理论逻辑持续出现并不断完善，包括基于阴阳哲学的悖论性领导行为（Zhang et al.，2015b）、基于儒家哲学思想的中国企业家亲社会动机（Li and Liang，2015）等。二是对中国理论的开发与探索。随着中国管理理论创新的不断深入，众多专家学者围绕中国管理学研究是走强调理论探索的"羊肠小道"还是重视理论开发的"康庄大道"展开了广泛探讨（曹祖毅等，2017；Tsui，2009；Jia et al.，2012；Barney and Zhang，2009）。一方面，对现有西方理论进行修正、补充和完善，通过将现有理论与本土管理实践的结合以增强其普适性，实现国际主流管理理论的区域延伸（曹祖毅等，2017）。另一方面，中国管理学界开始意识到发展本土管理理论的必要性，许多学者尝试融入中国理论思想，如面子（Chen et al.，2019；Huang and He，2019）、关系（Shou et al.，2011；Gu et al.，2008）、阴阳文化（Gao et al.，2018）等，不仅能解释本土现象，而且追求知识发现能贡献于世界（何佳讯，2016）。

尽管研究表明中国管理学在国际上的显示度和影响力不断提升，然而综观现有研究，仍存在以下几点不足：第一，国内外关于管理学评价的研究更多的是聚焦于管理学下某一具体分支领域，如农业经济（耿献辉等，2020；Chen et al.，2018）、运筹学与管理科学（Liao et al.，2019）等，或某一具体期刊（Casey and McMillan，2008；Ni et al.，2017；Zhao and Liu，2020），未有从管理学整个门类的层面来探讨中国学者对世界的贡献，研究视域存在一定的局限性。第二，现有研究的视角多从世界视角看待管理学的发展，所面向的对象是世界各国，探讨的是国际上的前沿热点（Mulet - Forteza et al.，2019；Ivanović and Ho，2016；Laengle et al.，2020），或者是从中国视角回顾国内管理学科的发展历程（张玉利、吴刚，2019；李宝元等，2017），鲜少单独关注中国管理学者在世界学界中的影响，并未重点探讨中国学者所做出的具体贡献。第三，已有的管理学学科评价研究主要考虑了被引次数、使用次数等文献计量评价指标，尽管对领域内的前沿热点有所提及（Zhao and Liu，2020；Liao et al.，2019），但并未概括总结这些前沿热点的价值贡献路径，所起到的指引未来的意义较为有限。第四，尽管已有许多研究强调关注中国情境下的管理问题（Jia et al.，2012；Whetten，2009），呼吁发展创新中国理论为世界管理学做出新贡献（颜世富、马喜芳，2018；Barney and Zhang，2009；Tsui，2009），但中国学者对世界管理知识的具体贡献路径是什么，现有研究并未给出相应的解答。

特别值得指出的是，以中文发表、立足中国范围为研究视角探讨和评价中国管理学研究和发展已有较多成果（张玉利、吴刚，2019；李宝元等，2017）。本文以英文发表、立足世界范围的视角展开研究，有关结论可以对中文发表带来观照性启发和借鉴，从而更好地建设中国特色管理学。事实上，学者们对中文发表成果存在的问题形成了若干共识。发展管理学术话语体系不等于"造新词"，如今中国学者"攒造新词"以哗众取宠的现象层出不穷（吴晓波，2021），最终难以实现真正的学术创新。究其原因，中国管理学者仍缺乏文化自信（魏江，2021；苏勇、段雅婧，2019），无论从知识系统、研究范式或是评价发表体系，仍然高度依赖西方学术体系（朱旭峰，2021）。具体而言：第一，在研究内容上，国内研究缺乏对中国现实管理情境和商业实践的足够关注和观察，理论研究与管理实践相互脱节，大多研究单纯为了本土化而本土化（王永贵，2021；王永贵、李霞，2019；张佳良、刘军，2018；李宝元等，2017；田志龙、陈丽玲，2019），而理论的发展不应该仅仅满足研究者的好奇心，更应该为真实管理问题寻找解决方法（陆亚东，2015）。第二，在研究范式方法上，受西方管理学研究范式影响，国内研究有过度追求研究规范化、推崇复杂定量研究与高深模型的倾向，过分强调定量研究而忽视了定性研究，对实际问题的研究不够深入，难以发现管理实践背后的中国逻辑和中国规律（王永贵，2021；王永贵、李霞，2019；张佳良、刘军，2017），且经验定量研究缺乏定性分析逻辑基础，甚至用虚假的经验数据掩盖歪曲了学术思想（李宝元等，2017）。第三，在评价发表体系上，服务中国管理实践的评价体系严重缺失。一方面，考评机制驱使学术研究遵循强烈的功利性驱动导向，重欧美顶尖期刊发文数量，轻学术质量和贡献。另一方面，以国际期刊等级评价研究质量的顽疾在职称评审、人才项目评审等过程中根深蒂固（魏江，2021），在一定程度上使中国学者在中国特色管理学研究上缺乏沉淀与耐心。上述这些问题促使本文在研究开展的过程中采用了相应的分析取向和方法，包括调查统计对象不局限于欧美顶级期刊，而是世界范围1000种期刊；分析取向侧重于实际贡献，而非简单文献数量。这样可以使得本文的研究结论更好地对中文发表形成相应的参考借鉴和改进启示。

综上，本文拟从以下三个方面弥补现有研究的不足。首先，相比于已有的研究聚焦于管理学下的某一分支或某一期刊，本文基于Web of Science的分类原则，涵盖管理学学科下15个领域（国内5个管理学一级学科）共1000种期刊的纵向（2013～2019年）文献数据，拓宽研究的覆盖面，在此基础上进行相关统计和分析，所得到的结论较为全面和具体。其次，本文揭示中国学者贡献于世界管理学的现状和特征，重点关注中国学者在世界范围所引领的前沿热点，而非侧重个人或机构的绩效评价。最后，本文对中国学者所引领前沿热点的价值贡献路径进行概括总结，区别于一般层面上的文献计量评价研究，特别从中国问题、中国情境、中国数据、中国理论思想这四个方面对中国学者的研究贡献于世界的具体路径进行了分析，以期为研究人员和科研管理人员提供全面的认识，有助于指引未来学术方向。

三、 数据来源与研究方法

（一）数据来源

本文基于 WoS（Web of Science）核心合集中的社会科学引文索引（SSCI）、艺术和人文引文索引（A&HCI）数据库，采集 WoS 管理学领域 1000 种英文期刊的纵向历史文献数据作为分析样本，并将时间跨度选定为 2013 年 1 月至 2019 年 8 月。原因在于，一方面，WoS 是全球最大、覆盖学科最多的综合性学术信息资源，其核心合集数据库收录了两万多种世界权威的、高影响力的学术期刊[①]，是极为严谨且高效的文献源，因而被广泛运用到文献计量分析之中。另一方面，伴随着中国经济的强劲发展，中国经济管理研究水平在过去几年里有了较大的提升，迫切需要我们在整个学科门类上开展研究，全面把握整体情况。针对这种需求，WoS 管理学领域的 1000 种期刊是较为充足的资源。

具体而言，依据 WoS 的学科分类方法，本文采集了管理学研究中农业经济与政策、商业、金融、土木工程、工业工程、人机工程、旅游（含酒店、休闲、体育）、劳资关系与劳工、情报科学与图书馆学、管理、医学信息、运筹学与管理科学、公共管理、公共环境与职业健康、区域与城市规划 15 个领域的论文数据，涵盖国内管理学门类下五大一级学科（工商管理、管理科学与工程、公共管理、图书情报与档案管理、农林经济管理）的所有领域。在所统计的 2013 年 1 月至 2019 年 8 月期间，WoS 核心合集数据库中管理学领域的总体发文量达到 483484 篇。对于中国学者发文量的筛选，本文以作者地址为筛选标准，将作者地址显示为中国的论文均计入中国管理学者的研究成果，最终得到中国学者（含港澳不含台）

---

① 2020 年，Web of Science 核心合集包含超过 21100 种全球发行的同行评议、高质量的学术期刊（包括开放存取期刊），并涵盖超过 250 个自然科学、社会科学、艺术和人文学科，同时还有会议论文集和书籍资料。

32511 篇发文量的论文数据，共涉及 1000 种管理学英文期刊，其中包含了 24 种 UTD – 24 期刊和 39 种 FT – 45 期刊①。本文基于此数据源进行相关统计和分析。

（二）研究方法

本文的研究共分三个阶段进行，采用了相应的研究方法。第一阶段，通过与课题的数据方法组和科睿唯安团队的紧密合作，采用文献计量学方法获取了 WoS 数据库中 2013 年 1 月至 2019 年 8 月中国管理学者总研究成果的数据以及年度变化趋势，并使用引文分析方法获取总被引次数、篇均被引和文献使用量等，以形成对中国管理学国际英文期刊发文的整体概况解读。被引频次反映了期刊文献的学术影响力，衡量了知识的影响程度与方向（Bergh et al. , 2006；Schulz and Nicolai, 2015），而使用次数衡量的是文献的社会影响力（刘智锋等，2020），反映了学者对文献的关注程度（郭凤娇等，2020）②。在合作情况方面，结合信息计量、社会网络分析、数据可视化三种方法对管理学领域的中外合作特征与趋势进行了概括，并运用信息计量法分析了中国学者的总体合作概况以及在分领域中的合作情况。

第一阶段研究的重点是通过智能化方法挖掘前沿热点与分布。我们首先运用 LDA（Latent Dirichlet Allocation）方法，挖掘得到了中国学者（不含港澳台）贡献的 20 个前沿热点。LDA 方法由 Blei 等（2003）所提出，

---

① 由美国得克萨斯大学达拉斯分校界定的 24 种国际商科顶级期刊，简称 UTD – 24；由英国金融时报（Financial Times）界定的 45 种管理类一流学术期刊，简称 FT – 45。本文收集的数据涵盖 FT – 45 的 39 种，下面 6 种不在其中，分别是：American Economic Review、Econometrica、Journal of Political Economy、Journal of the American Statistical Association、Quarterly Journal of Economics 和 RAND Journal of Economics，它们主要属于经济学科。

② 根据 WoS 的定义，使用次数衡量用户对于 Web of Science 平台上一个特定项目的关注程度。该计数反映了某篇论文满足用户信息需要的次数，具体表现为用户点击了指向出版商处全文的链接（通过直接链接或 Open URL），或是对论文进行了保存以便在题录管理工具中使用（通过直接导出或保存为可以之后重新导入的其他格式）。使用次数每天更新一次。本文的使用次数采用的是 "2013 年至今" 的字段。中国学者（含港澳不含台）的发文量、被引频次、使用次数、海外合作的地理特征，以及中国学者（不含港澳台）的合作概况、基于 LDA 主题模型的 20 个前沿热点、基于文献计量（高被引和高使用次数）的两个前沿热点等指标的分析，实际数据采集时间截至 2019 年 8 月 8 日。中国学者（含港澳不含台）管理学 WoS 发文趋势、基于专家建议（UT Dallas 24 种刊物）的 10 个前沿热点、30 所中国高校和科研机构（不含港澳台）900 篇高被引论文的贡献路径等指标的分析，实际数据采集时间截至 2019 年 8 月 31 日。

它是一种贝叶斯层次主题模型，可用于挖掘大规模文档集背后隐含的主题。LDA 方法假设每个文档都是主题的混合，而每个主题又由一组主题词所定义。在这种方法下，某一研究领域的文档更有可能包含该领域特有的单词。我们课题组通过与科睿唯安团队的合作，由科睿唯安的研究人员将单篇论文的标题、摘要和关键词拼接成一个文档，并将大量文档（剔除缺少标题、摘要和关键词中的任一字段的论文）组成的语料集作为 LDA 分析的数据源，在建模过程中使用蒙特卡洛方法来估计每个文档的主题。考虑到时间成本，在兼顾 LDA 模型速度和质量的考虑下，使用了基于论文引用情况和发表时间的筛选规则（只保留满足以下三个条件之一的论文：论文发表时间为 2019 年；论文发表时间为 2018 年，且至少获得一次引用；论文发表时间为 2013 年到 2017 年，且近期的引用增长超过所在学科领域的 85% 水平），筛选出最有可能代表前沿热点的论文进行主题分析，最终形成一个共包含 103 个管理学全球前沿热点的主题列表。在此基础上，根据中国学者占比的高低，最终得到了中国学者（不含港澳台）所引领的前20 个前沿热点（中国学者占比在 16.23% ~ 29.02%）。在通过 LDA 挖掘得到的每个前沿热点的代表性论文集合中，选取中国学者（不含港澳台）发表的三篇最高被引论文。例如，在供应链管理与企业绩效领域，由 Liu 等（2013a）、Zhu 等（2013）、Deng 等（2014）贡献了高被引论文。对于未出现在 LDA 主题模型挖掘出的前沿热点中，但本身被引用或被使用量较高的中国学者（不含港澳台）贡献的研究，运用文献计量法分别取被引前十和使用次数前十的文献，归纳总结出了两个主要的研究主题，作为有益的补充。在第一阶段研究的基础上，我们写成研究报告初稿。这一阶段开展的时间是在 2020 年 4 月 7 日至 2020 年 7 月 27 日。

第二阶段，我们邀请了管理学学科门类中的 33 位资深专家对研究报告初稿进行审读，时间在 2020 年 7 月 28 日至 2020 年 8 月 15 日。课题组对他们反馈的意见进行综合和提炼，有效克服了 LDA 主题模型方法存在的不足，开展第二阶段的重点工作，即增加数据来源，以补充在智能化方法中可能未能反映出来的前沿热点内容。具体而言，根据专家的意见，本文运用文献计量法专门检索了中国学者（不含港澳台）在 UT Dallas 24 种刊物上的高被引代表性成果。考虑到学科差异，将这 24 种刊物划分为会计、财务、信息系统、营销、管理科学、工商管理 6 个领域，分别检索了中国学者（不含港澳台）于 2013 年 1 月至 2019 年 8 月在上述 6 个领域中所发表的 30 篇最高被引论文，共计 180 篇。与此同时，也根据专家的意见，检索了受教育部哲学社会科学重大课题攻关项目、国家社会科学基金重大项目、国家自然科学基金重点项目、重大项目、重大研究计划、优秀青年科学基金项目、国家杰出青年科学基金等重要项目资助的项目负责人在上述期间发表在 UT Dallas 24 种刊物上的论文，共计 104 篇，归类至 6 个领域中。在此基础上，综合起来对这 6 个领域内的文献进行主题提取，共得到了 10 个被引量较高的前沿热点。例如，在领导力与团队领域，由 Zhang 等（2015b）、Peng 等（2014）、Ou 等（2014）贡献了高被引论文。第二阶段开展的总体时间是在 2020 年 7 月 28 日至 2020 年 10 月 10 日。以上阶段的代表性研究成果均剔除了文献综述类型的论文。进一步地，根据中国教育部公布的管理学一级学科目录，将研究热点划归至管理学门类的 5 个一级学科之中，分别是工商管理、管理科学与工程、公共管理、图书情报与档案管理、农林经济管理，在划分过程中与国际通行的管理学划分标准尽量保持一致。

第三阶段，为了客观揭示中国学者的研究对世界管理知识的具体贡献路径，我们以 30 所高被引影响的中国高校和科研机构为调查对象①，运用文献计量法获取每个机构于 2013 年 1 月至 2019 年 8 月在管理学领域所发表的 30 篇最高被引论文作为分析样本，共计 900 篇。其中，共有 102 篇论文涉及了机构间的合作，剔除重复论文后，本文最终获取 798 篇论文数据，并收集了每篇文献的被引频次、发表时间、期刊种类等数据。为厘清

---

① 在 2013 年 1 月至 2019 年 8 月期间，在管理学领域发表论文被引次数最高的前 30 所中国高校和科研机构（不含港澳台）依次是北京大学（14579）、中山大学（12682）、清华大学（12526）、浙江大学（11199）、上海交通大学（11133）、中国科学院（10755）、武汉大学（9967）、复旦大学（8415）、同济大学（7692）、华中科技大学（7544）、中国人民大学（7162）、南京大学（7146）、西安交通大学（6103）、中国科学技术大学（6051）、中南大学（5592）、西南财经大学（5005）、哈尔滨工业大学（4907）、东南大学（4907）、北京师范大学（4396）、北京交通大学（4302）、厦门大学（4125）、上海财经大学（4077）、四川大学（3785）、大连理工大学（3503）、中国科学院大学（3499）、南开大学（3477）、天津大学（3430）、北京理工大学（3164）、北京航空航天大学（3026）、重庆大学（2976）。上述结果仅是本研究样本的统计结果，用于本文研究的需要，不作为排名和绩效的评价依据。

每篇文献对世界管理学的贡献路径，本文借鉴了曹祖毅等（2017）的编码过程。考虑到所编码的文献样本数据量较大，由 1 名编码组长（第一作者）和六名编码成员（管理学博士生）负责对 798 篇样本论文进行编码。为了保证编码信度，数据编码过程中遵循以下步骤：第一，编码前培训。为了使编码者较为准确地了解编码原则和维度，对六名编码人员进行集中性的编码培训，由编码组长举例并阐释分析框架及编码原则和方式，确保每位编码人员充分理解并吸收。第二，尝试性编码。将六名编码成员两两配对，共配对成三组，每组的两名编码成员以双盲形式对十个相同的随机样本进行尝试性编码，由编码组长与成员共同商讨、对比编码结果，具体分析编码人员对每个维度的理解与操作依据，从而完善编码模式。第三，预编码过程，每个编码小组各随机抽取另外 30 个相同的样本进行预编码，经统计，三个编码小组的预编码结果一致率分别为 77.78%、66.85%、62.96%，对于编码结果的分歧之处，则由编码组长组织编码人员共同讨论以达成共识，每组的编码结果一致性达到 80% 以上则进入正式编码阶段。第四，正式编码阶段。将剩余的样本在三组编码小组之间进行平均分配，编码成员进行相互独立编码。编码结束后，编码组长对编码结果进行检验，三个编码小组的正式编码结果的一致率分别达 85.19%、81.48%、80.74%，对于不一致的编码，则由编码组长进行统一判定。这一阶段开展的时间是在 2021 年 3 月 3 日至 2021 年 4 月 20 日。

四、 结果分析

（一） 总体概况与影响力

总体来看，在 2013 年 1 月至 2019 年 8 月，WoS 核心合集数据库中管理学领域的总体发文量为 483484 篇。中国学者（含港澳不含台）共发表 32511 篇英文论文，被引 224071 次，篇均被引次数为 6.89 次，总被使用量达 916748 次，平均每篇论文使用 28.20 次。从具体的发文量来看，中国学者（含港澳，不含台）的发文量自 2013 年的 2897 篇增长至 2018 年的 6942 篇，总体呈上升态势，表明中国学者（含港澳，不含台）对世界管理学的贡献不断加大。在 2019 年前 8 个月，中国学者（含港澳，不含台）的发文量已达到 2018 年发文量的 73.96%。2013～2018 年，中国学者（含港澳，不含台）发文量的每年增长率均高于全球每年增长率，前者的总增长率是后者的 4.50 倍。中国学者（含港澳，不含台）发文量的比例总体上也呈上升态势，由 2013 年的 4.64% 增长至 2018 年的 8.48%。截至 2019 年 8 月 31 日，中国学者（含港澳，不含台）2019 年发文量的占比已达 8.82%，超过 2018 年的 8.48%。因此在总体上，本文认为中国管理学研究国际发文增长速度远高于世界水平。具体信息如表 1 所示。

表 1　中国学者（含港澳不含台）的管理学 WoS 发文趋势

年份	全球的情况		中国学者参与的情况		
	发文量	每年同比增长	发文量	全球占比	每年同比增长
2013	62472	—	2897	4.64%	—
2014	64745	3.64%	3344	5.16%	15.43%
2015	67616	4.43%	3990	5.90%	19.32%
2016	72967	7.91%	4600	6.30%	15.29%
2017	75611	3.62%	5604	7.14%	21.83%
2018	81861	8.27%	6942	8.48%	23.88%
2019*	58212	—	5134	8.82%	—
平均增长率	—	5.58%	—		19.15%
总增长率	31.04%	—	139.63%		—

注：* 表示 2019 年数据截至 8 月 31 日。

（二）国际合作研究概况及特征

1. 海外合作的地理特征

2013 年 1 月至 2019 年 8 月，管理学领域的中外合作主要集中在北美洲、欧洲和亚洲国家。中国与北美洲的合作程度最高，共占比 44.51%，其中，与美国的合作关系最为紧密，占比 38.80%，与加拿大也存在一定的合作关系，占比 5.38%。中国与许多欧洲国家之间的合作较为紧密，共占比 24.30%，其中中国与英国在管理学领域的合作相对较多，占比 8.66%。与此同时，中国大陆与许多亚洲国家或地区也存在合作关系，占比 17.57%，与新加坡、中国台湾的合作程度相对较高，分别为 3.08% 和 4.28%。中国与大洋洲的部分国家也存在合作关系，共占比 10.43%，其中与澳大利亚的合作程度较高,占比 9.33%。此外,中国与非洲和南美洲也存在合作关系,但合作程度不高,分别占比 2.06% 和 1.13%。值得注意的是,中国政府于 2013 年提出了"一带一路"倡议,此后多年来,中国与"一带一路"沿线国家存在着明显的合作关系,共占比 11.10%。总的来看,中国大陆与美国、英国、澳大利亚等国家合作较多,与加拿大、新加坡、中国台湾等国家或地区也存在较为紧密的合作关系。

2. 国际合作的特征趋势

2013 年 1 月至 2019 年 8 月,中国学者(含港澳不含台)在管理学领域的总体发文量为 32511 篇。其中,中国学者(不含港澳台)为通讯作者或第一作者的发文数量为 22847 篇,总体占比 70.27%。所有作者均为中国学者(不含港澳台)的发文数量为 11197 篇,占比 34.44%。中国学者(不含港澳台)与其他国家机构(不包括中国的港澳台,下同)作者的合作发文数量为 17549 篇,占比 53.98%。由此看来,中国学者(不含港澳台)通过国际合作在国际上呈现较大的影响力。具体信息如表 2 所示。

表 2　管理学领域中国学者(不含港澳台)的合作概况

年份	中国学者(不含港澳台)为通讯或第一作者发文数量(篇)	占比(%)	作者均为中国学者(不含港澳台)的发文数量(篇)	占比(%)	中国学者(不含港澳台)与其他国家机构作者合作发文数量(篇)	占比(%)	当年发文量(篇)
2013	1632	56.33	806	27.82	1576	54.40	2897
2014	2050	61.30	949	28.38	1900	56.82	3344
2015	2600	65.16	1256	31.48	2235	56.02	3990
2016	3155	68.59	1481	32.20	2566	55.78	4600
2017	4018	71.70	1978	35.30	3000	53.53	5604
2018	5350	77.07	2654	38.23	3649	52.56	6942
2019*	4042	78.73	2073	40.38	2623	51.09	5134
合计	22847	70.27	11197	34.44	17549	53.98	32511
总增长率(%)	227.82		229.28		131.54		

注:本表中未统计中国学者(不含港澳台)与港澳台作者的合作情况。* 表示截至 2019 年 8 月。

2013～2018年，中国学者（不含港澳台）与其他国家机构作者的合作发文数量不断上升，从2013年的1576篇上升到2018年的3649篇，但占比处于稳定状态，无明显上升趋势，从2013年的54.40%到2018年的52.56%。截至2019年前8个月，中国学者（不含港澳台）与其他国家机构作者合作发文数量占比51.09%，接近于2018年的52.56%。总体上表明，中国学者（不含港澳台）与其他国家机构作者的合作程度处于较稳定状态，国际合作水平处于中高水平。

进一步地，我们发现，在2013～2018年，中国学者（不含港澳台）为通讯作者或第一作者的发文数量及占比都呈逐年上升的趋势，从2013年的1632篇增长到2018年的5350篇，占比从2013年的56.33%上升到2018年的77.07%，2019年前8个月的发文量占比已达到78.73%。作者均为中国学者（不含港澳台）的发文数量及占比在2013～2018年也都呈逐年上升趋势，从2013年的806篇增长到2018年的2654篇，占比从2013年的27.82%上升到2018年的38.23%，在2019年前8个月，作者均为中国学者（不含港澳台）的发文数量占比已达到40.38%。综上可以看出，中国学者（不含港澳台）在管理学领域发挥国际影响的主导力不断提升。

从15个分领域（参见《管理世界》网络发行版附录A1附表1）来看，在2013～2018年，中国学者（不含港澳台）为通讯作者或第一作者的发文数量占比均呈现出总体上升的趋势。各领域总体处于51.74%～84.94%。

相较于其他领域，中国学者（不含港澳台）在农业经济与政策、运筹学与管理科学这两个领域发挥国际影响的主导力相对较高，中国学者（不含港澳台）为通讯作者或第一作者的发文数量占比分别为84.94%和77.93%。在农业经济与政策领域，中国学者（不含港澳台）为通讯作者或第一作者的发文数量占比呈总体上升趋势，从2013年的79.63%上升至2018年的82.61%。在运筹学与管理科学，中国学者（不含港澳台）为通讯作者或第一作者的发文数量占比呈现出明显的上升趋势，从2013年的68.49%上升至2018年的81.85%。相比之下，中国学者（不含港澳台）在旅游（含酒店、休闲、体育）这一领域内的国际主导影响力最低，为

51.74%。在该领域，中国学者（不含港澳台）为通讯作者或第一作者的发文数量占比在2013年仅为38.74%，2018年达到了55.74%，但总体上国际影响力仍然不高。

在15个分领域内（参见《管理世界》网络发行版附录A1附表1），中国学者（不含港澳台）与其他国家机构作者合作发文数量占比处于46.19%~67.98%，总体国际化水平较高。在农业经济与政策、金融这两个领域，中国学者（不含港澳台）与其他国家机构作者的合作程度相对较高，分别为67.98%、61.92%。具体到各个年份，农业经济与政策领域的合作程度略呈总体上升趋势，从2013年的61.11%上升至2018年的63.04%。金融领域的合作程度略呈下降趋势，从2013年的67.89%下降至2018年的64.17%。中国学者（不含港澳台）与其他国家机构作者在区域与城市规划、公共环境与职业健康这两个领域的合作程度相对较低，分别为46.48%和46.19%。

（三）中国学者（不含港澳台）引领的前沿热点及重要贡献

本文综合LDA主题模型（共60篇论文，20个前沿热点）、文献计量（高被引和高使用次数，共20篇论文，2个前沿热点）、专家建议（UT Dallas 24种刊物，共284篇论文，10个前沿热点），总共得到了中国学者（不含港澳台）引领的32个前沿热点及代表性成果。我们对每个前沿热点的重要贡献成果进行概括总结。按照WoS的分类原则，这32个前沿热点涉及管理、金融、商业、旅游（含酒店、休闲、体育）、运筹学与管理科学、工业工程、公共管理、医学信息、公共环境与职业健康、区域与城市规划10个领域。根据中国教育部公布的管理学门类的一级学科目录，其中6个领域25个前沿热点归属于工商管理和管理科学与工程两个一级学科。这里限于篇幅，我们对这32个前沿热点按国内的一级学科大类进行概括介绍，提炼它们的重要贡献及蕴含的引领价值。有关32个前沿热点的具体内容介绍，请参见《管理世界》网络发行版附录A1。

1. 工商管理学科

在工商管理学科中，中国学者（不含港澳台）在管理、金融、商业以及旅游（含酒店、休闲、体育）4个研究领域共计18个前沿热点中做出了重要贡献。对照 2021 年国家自然科学基金管理科学部新的代码对应的工商管理学科名称（共 15 个二级代码），这些前沿热点涵盖其 15 个代码中的 11 个，其中 3 个前沿热点属于全部新增的 3 个代码（G0210 公司金融、G0212 公司治理、G0215 旅游管理）。具体而言，管理领域共有 7 个前沿热点，包括供应链管理与企业绩效、工作融入与工作绩效、采纳与接受意向、供应链协调、文化认同与跨文化研究、领导力与团队、消费观念与价值偏好；金融领域共有 5 个前沿热点，包括公司治理结构与董事会、寿命估计与碳价预测、盈余管理、股票收益预测、股票收益异常；商业领域共有 5 个前沿热点，包括数字化创新管理、顾客终身价值、跨国公司直接投资、移动营销、信息传播与社交媒体；旅游（含酒店、休闲、体育）领域仅包含游客态度与行为研究这 1 个前沿热点。

2. 管理科学与工程学科

在管理科学与工程学科中，中国学者（不含港澳台）在运筹学与管理科学和工业工程 2 个研究领域共 7 个主题领域中做出了重要贡献。对照 2021 年国家自然科学基金管理科学部新的代码对应的管理科学学科名称（共 19 个二级代码），这些前沿热点涵盖其 19 个代码中的 7 个，其中 2 个前沿热点属于新增 4 个代码中的 2 个（G0111 数据科学与管理、G0118 智慧管理和人工智能）。具体来看，运筹学与管理科学领域共包含 6 个前沿热点，分别是大数据技术与预测建模、机器学习方法、多目标优化算法、公共交通调度、多准则决策方法、运营效率与绩效分析；工业工程领域仅包含危险作业这 1 个前沿热点。

3. 公共管理学科与管理交叉学科

在公共管理学科与管理交叉学科中，中国学者（不含港澳台）在公共管理、医学信息、公共环境与职业健康、区域与城市规划四个领域共计 7 个主题领域中做出了重要贡献。对照 2021 年国家自然科学基金管理科学部新的代码对应的公共管理学科名称（共 15 个二级代码），这些前沿热点均显示了与公共管理学科相关，但存在交叉学科的特征。具体是：前沿热点交通安全管理属于公共安全与应急管理（G0409）及其交叉；医学信息领域含两个前沿热点，分别是全球疾病负担研究和医疗保健与康复治疗，属于健康管理与政策（G0405）及其交叉；公共环境与职业健康领域共包含3个前沿热点，分别是空气污染与健康、环境污染与化学处理、气候政策与新能源，属于环境与生态管理（G0411）及其交叉；区域与城市规划领域的前沿热点是智慧城市规划与生态发展，属于区域管理与城市治理（G0413）及其交叉。

4. 不同学科贡献优势的差异

通过对上述分属于不同学科的32个前沿热点的代表性论文进行研读，我们发现，中国学者（不含港澳台）引领的这些前沿热点对于构建中国特色管理学体系存在不同的学科贡献优势差异。工商管理学科的优势主要是基于中国问题并结合中国情境引领前沿热点研究；管理科学与工程、公共管理与管理交叉学科的优势主要是基于中国数据并创新研究方法，数据和方法的结合构成独特优势引领前沿热点研究。

（1）基于中国问题并结合中国情境。

在供应链管理与企业绩效、公司治理结构与董事会、跨国公司直接投资、危险作业等前沿热点中涉及了对中国制度背景、政府政策、政治关联等基于政治情境问题的探讨。例如，基于中国独特的制度背景，Zhu等（2013）探讨了制度压力如何影响中国制造商开展绿色供应链管理实践以及相应的绩效结果，进一步加深了在中国制度背景下实施绿色供应链管理实践的见解。中国制度背景下的企业国际化活动也备受关注，部分学者探讨了母国的制度支持和东道国的制度背景如何影响中国跨国公司的外商直接投资（Lu et al.，2014）、中央和地方国有企业不同的制度特征如何促使它们采取差异化的对外直接投资策略（Li et al.，2014a）。在中国关系主导型社会结构下，中国企业的政治关联广泛存在。对此，有学者研究了董事会政治关联与公司治理有效性的关系，探究银行董事会政治关联如何影响中国银行绩效与资产质量（Liang et al.，2013）。此外，在中国建筑行业场外施工的影响因素研究中，中国政府政策与法规的阻碍作用也受到了关注（Mao et al.，2015）。

也有学者在文化认同与跨文化研究、领导力与团队等前沿热点中探讨了基于中国文化情境的管理问题，如社交关系如何构成中国背包客的旅游动机研究（Chen et al.，2014）、文化价值观如何影响跨文化背景的消费者对有机食品的购买动机（Thøgersen et al.，2015），提供了关于中国文化因素在消费者/游客动机中的作用的认识。值得关注的是，Zhang 等（2015b）基于中国文化情境构建了一个本土文化构念"悖论性领导行为"，该构念是基于中国阴阳哲学理论所开发，共包括对下属一视同仁且允许个性化、自我中心与他人中心相结合、允许自主性且保持决策控制、严格执行工作要求且允许灵活性、保持距离感和亲近感这五个维度，推动了中国特色领导力研究的发展。

（2）基于中国数据并创新研究方法。

从中国学者（不含港澳台）所引领的代表性成果来看，许多中国学者力求结合中国数据，在已有的研究方法上有所更新或实现突破。其贡献主要有两个方面：一方面，基于西方管理学研究方法，结合中国数据作出方法上的改进。例如，在大数据技术与预测建模这一前沿热点中，Yang 等（2015）针对传统网络搜索查询的不足，提出了一个系统的搜索查询选择机制，结合百度和谷歌搜索引擎数据，以更好地预测中国海南地区的游客量。Wang 等（2013）在已有方法的基础上，结合中国黄河区域的真实数据集，发展了基于集合经验模态分解（EEMD）方法的粒子群优化—支持向量机（PSO – SVM）模型，显著提高黄河流域的降雨径流预测准确度。在运营效率与绩效分析这一前沿热点中，Wang 等（2014）将两阶段 DEA 模型用于中国商业银行效率的评估和测算之中，并证实了该方法比传统的黑盒 DEA 模型具有更好的判别能力。此外，在环境污染与化学处理这一前沿热点中，Li 等（2014b）基于传统的水质指数发展了一种新的熵加权模糊水质指数，用以评估中国西北工业园区与周边地区的地下水质量，该方法不但能为参数分配适当的权重，还可以处理与水质分类相关的不确定性。

另一方面，也有部分学者结合中国数据发展出了全新的研究方法，尽管数量仍在少数，但对发展具有世界意义的中国管理学研究方法具有重要的指引与贡献。例如，在多目标优化算法这一前沿热点中，Zheng（2015）受水波理论的启发，构建了一个全新的水波优化元启发式算法应用于中国高速列车的调度问题，并证实了该方法相比于其他先进的进化算法具有很强的竞争力与解释力。在空气污染与健康这一前沿热点中，Ma 等（2016）

使用中分辨率成像光谱仪（MODIS）气溶胶光学厚度（AOD）数据、土地利用数据以及来自中国某地面监测网络的 PM2.5 浓度数据开发了一个两阶段空间统计模型，极大地提升了中国月度和季度 PM2.5 浓度预测的准确性。

（四）中国学者引领前沿热点的贡献路径

在上述基础上，为了更深入地回答中国管理学者如何"着力构建中国特色哲学社会科学"这一重大命题，需要客观揭示中国管理学研究对世界管理知识的具体贡献路径。为此，我们建立分析框架，采用新的样本，以 30 所高被引影响的中国高校和科研机构（不含港澳台）为调查对象①，获取每个机构于 2013 年 1 月至 2019 年 8 月在管理学领域所发表的 30 篇最高被引论文，共计 900 篇。去除因机构间合作而重复的 102 篇论文后，最终以 798 篇论文为分析对象。

1. 分析框架

建立分析框架是本部分研究的关键所在。我们的研究目标是要探究中国管理学研究对世界管理知识的具体贡献路径，因此，这涉及价值实现目标和科学研究要素两方面的结合。

一方面，价值实现目标的核心是根据习近平总书记讲话精神，即在"着力构建中国特色哲学社会科学，在指导思想、学科体系、学术体系、话语体系等方面充分体现中国特色、中国风格、中国气派"的要求下，建立中国管理学的发展目标，就是构建中国特色管理学。"中国特色"需要"中国元素"，即研究中的"中国性"。只有发现和解释"中国性"的独特之处才是新的知识（徐淑英、刘忠明，2004）。这与追求"中国管理理

---

① 在 2013 年 1 月至 2019 年 8 月期间，在管理学领域发表论文被引次数最高的前 30 所中国高校和科研机构（不含港澳台）依次是北京大学（14579）、中山大学（12682）、清华大学（12526）、浙江大学（11199）、上海交通大学（11133）、中国科学院（10755）、武汉大学（9967）、复旦大学（8415）、同济大学（7692）、华中科技大学（7544）、中国人民大学（7162）、南京大学（7146）、西安交通大学（6103）、中国科学技术大学（6051）、中南大学（5592）、西南财经大学（5005）、哈尔滨工业大学（4907）、东南大学（4907）、北京师范大学（4396）、北京交通大学（4302）、厦门大学（4125）、上海财经大学（4077）、四川大学（3785）、大连理工大学（3503）、中国科学院大学（3499）、南开大学（3477）、天津大学（3430）、北京理工大学（3164）、北京航空航天大学（3026）、重庆大学（2976）。上述结果仅是本研究样本的统计结果，用于本文研究的需要，不作为排名和绩效的评价依据。

论"（在中国管理情境中检验西方理论）不同，是要建立"管理的中国理论"（针对中国现象和问题提出自己的理论）（徐淑英，2011）。

另一方面，需要完整地考虑科学研究的基本构成要素。首先，从管理研究方法看，核心的方面包括科学问题、理论构建和研究方法（刘军，2008）；不管是何种研究方式，都包含着问题、数据、理论和方法等要素（马庆国，2004）。研究的问题体现研究的目标，也是反映研究成果是否提高实践水平的知识要求（徐淑英，2012）。其次，从约20年前开始国际管理研究对中国管理研究的积极影响和帮助看，主要是研究问题的选择、研究方案的设计、理论基础的整合和分析方法的应用等各个方面（徐淑英、张维迎，2005）。那么反过来，探究中国学者的管理研究如何对世界做出贡献，也应该从分析这些方面着手。最后，从建立中国的本土理论要求看，立足中国深厚的文化根基，情境化是非常重要的，未来研究要充分考虑情境因素（徐淑英，2012），这在研究中通常作为自变量或调节变量。这种"嵌入情境"的本土模型，只要是高质量的研究，就会丰富全球的管理知识（徐淑英、刘忠明，2004）。综上，管理科学研究的基本构成要素包括问题、情境、数据、理论和方法。

那么把价值实现目标的"中国性"（徐淑英、刘忠明，2004）与管理科学研究的基本构成要素结合起来，我们就形成基于中国问题、基于中国情境、使用中国数据、运用中国理论思想这四类情况的分析框架。理论上把"中国性"与管理科学研究要素的方法相结合，还有"中国研究方法"要素。但之所以没有放入分析框架，是因为"中国研究方法"要素没有出现在以往的文献分析研究中，而且研究方法重在科学普适性，不适合标上"中国性"的身份。研究方法可以从创新发展的角度进行分析，但与"中国性"的其他四个要素并不一致，因此，这里也没有把创新研究方法放入分析框架。分析框架的示意如图1所示。

2. 样本总体概况

采用上述分析框架，我们对每篇论文进行具体解读和归类。2013年1月至2019年8月，30所高被引影响的中国高校和科研机构（不含港澳台）在管理学领域共发表了798篇高被引英文论文，涉及215本管理学领域的英文期刊，平均被引频次为48.92次。从贡献路径来看，30所中国高

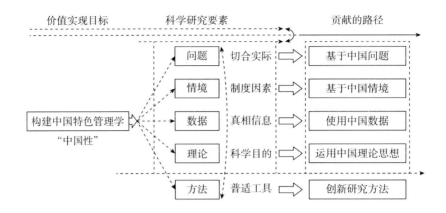

价值实现目标　　　科学研究要素　　　　　　贡献的路径

构建中国特色管理学"中国性"

问题	切合实际	基于中国问题
情境	制度因素	基于中国情境
数据	真相信息	使用中国数据
理论	科学目的	运用中国理论思想
方法	普适工具	创新研究方法

图 1　中国学者（不含港澳台）引领前沿热点贡献路径的分析框架

校和科研机构（不含港澳台）在国际上发表的基于中国问题的论文共有249篇（占比31.20%），基于中国情境的论文共有166篇（占比20.80%），基于中国数据的论文共有469篇（占比58.77%），基于中国理论思想的论文共有20篇（占比2.51%）。其中，有250篇高被引论文至少涉及两种以上的贡献路径（占比31.33%）。从学科分布来看，30所中国高校和科研机构（不含港澳台）在工商管理学科发表的论文最多（占比51.63%），其次是管理科学与工程学科（占比23.18%），接着是公共管理与管理交叉学科（占比20.30%），相比之下，在图书馆、情报与档案管理（4.39%）及农业经济与管理（0.50%）两个学科的发文量较少。总体上，中国管理学者在管理学五个一级学科大类及交叉学科中发表的高被引论文均主要基于中国数据做出了贡献，其次是基于中国问题，接着是中国情境，而基于中国理论思想的贡献较少，且都集中在工商管理学科之中。具体信息如表3所示。

表 3　样本文献的被引频次以及贡献路径分布　　　　　　单位：篇

一级学科	总篇数	基于中国问题	基于中国情境	使用中国数据	运用中国理论思想
工商管理	412 （51.63%）	122 （49.00%）	86 （51.81%）	267 （56.93%）	20 （100%）

续表

一级学科	总篇数	基于中国问题	基于中国情境	使用中国数据	运用中国理论思想
管理科学与工程	185 （23.18%）	17 （6.83%）	9 （5.42%）	50 （10.66%）	0 （0.00%）
公共管理及交叉学科	162 （20.30%）	97 （38.95%）	65 （39.16%）	123 （26.23%）	0 （0.00%）
图书馆、情报与档案管理	35 （4.39%）	9 （3.61%）	4 （2.41%）	25 （5.33%）	0 （0.00%）
农业经济与管理	4 （0.50%）	4 （1.61%）	2 （1.20%）	4 （0.85%）	0 （0.00%）
合计	798 （100%）	249 （31.20%）	166 （20.80%）	469 （58.77%）	20 （2.51%）

3. 具体贡献路径的分析

（1）基于中国问题。

2013年1月至2019年8月，共有249篇（占全部论文的31.20%）中国学者（不含港澳台）在国际上发表的高被引论文关注了中国问题。进一步地，我们按照国内一级学科大类对一些代表性的中国问题进行介绍。

共有122篇（占比49.00%）来自工商管理学科的高被引论文关注了中国问题。其中，许多研究关注了中国文化背景下不同类型的领导力，如基于中国阴阳哲学的悖论性领导行为（Zhang et al.，2015b）、植根于中国儒家哲学的道德型领导力（Liu et al.，2013b）等对员工工作结果的影响。随着中国成长为世界最大的经济体之一，中国成为了跨国公司投资的重要目的地；与此同时，中国对外直接投资总量也在持续增长，在此背景下，中国的制度背景与政治体系如何影响企业外商直接投资与对外直接投资受到了广泛关注（Lu et al.，2014；Child and Marinova，2014）。在中国的商业环境中，许多公司治理问题在很大程度上是中国所独有的。例如，许多学者探讨了宗教在减轻中国上市公司代理成本（Du，2013）、隧道效应（Du，2014）中的作用。此外，中国背包客的旅游动机（Chen et al.，2014）、中国旅游景点的游客量预测（Yang et al.，2015）等中国背景下

163

的旅游问题也得到了广泛的讨论。

有17篇（占比6.83%）来自管理科学与工程学科的高被引论文探讨了中国问题。例如，中国管理学者运用数据包络方法（DEA）在多个领域进行了运营效率评估，研究的问题包括中国商业银行系统运营效率测算（Wang et al.，2014）、中国民航安全效率测算（Cui and Li，2015）等。也有众多学者聚焦于事故安全分析，如中国地铁施工、建筑工地事故的安全管理与风险分析（Yu et al.，2014；Rowlinson and Jia，2015）等，以期提出有效的预防措施，提升施工安全水平。此外，在管理科学与工程学科中，中国城市建筑与住宅的能耗与碳排放的估算问题也受到了较多的关注（Ma et al.，2017；Lin and Liu，2015）。

有97篇（占比38.95%）来自公共管理与管理交叉学科的高被引论文做出了贡献。其中，8篇（占比3.21%）论文探讨交通安全事故引发的中国重大公共安全问题，学者们围绕交通违法行为的风险分析（Zhang et al.，2013）、交通事故伤亡分析（Zhang et al.，2016）等一系列交通安全问题展开了研究；37篇（占比14.86%）论文关注了公共环境与职业健康领域的问题，例如，空气质量对中国人民幸福感与心理健康的影响（Zhang et al.，2017）、汶川地震幸存者的心理健康与生活质量（Xu and Ou，2014）等；40篇（占比16.06%）论文关注了区域与城市规划领域的中国问题，尤其是中国城市土地扩张（Huang et al.，2015）、城乡均衡发展（Liu et al.，2013c）等。另有12篇（占比4.82%）论文关注了医学信息领域的中国问题，如中国人群高血压等疾病的生存率与发病率（Feng et al.，2014）等。

中国管理学者在图书馆、情报与档案管理、农业经济与管理这两个学科中的贡献较少。共有9篇（占比3.61%）高被引论文在图书馆、情报与档案管理学科中探讨了中国问题，如基于文献计量方法探讨中国社会科学研究的全球增长（Liu et al.，2015），信息技术在中国政府中的运用等（Zheng and Zheng，2014）。有4篇（占比1.61%）高被引论文在农业经济与管理学科中做出了贡献，主要探讨的是中国农业能源效率与生产技术异质性（Fei and Lin，2016）、中国农业机械化服务（Yang et al.，2013）等农业技术与效率问题。

（2）基于中国情境。

在分析的样本中，有166篇（占全部论文的20.80%）高被引成果是基于特定的中国情境，涉及中国政治情境、经济情境、社会文化情境、技术情境、自然情境与人口情境这六个方面。其中，有37篇（占比22.29%）高被引论文至少关注了其中的两种情境（参见《管理世界》网络发行版附录A2附表1）。

政治情境、经济情境、社会文化情境的受关注程度相对较高。30所中国高校与科研机构的学者（不含港澳台）在政治情境范畴内共发表了63篇（占比37.95%）高被引论文，主要集中在现有体制和制度、政府政策与法规以及政企关系三个范畴。例如，在政企关系范畴内，中国管理学者结合了其他情境因素（如中国社会的关系文化），分析了企业的政治关联与企业管理实践之间的相关关系（Cull et al.，2015；Gu et al.，2013）。基于中国经济情境的高被引论文共有48篇（占比28.92%）。根据编码结果可知，在经济情境范畴内的情境因素可以概括为经济转型、经济增长两个主要的范畴。为实现高质量的经济增长，中国不断寻求经济结构转型升级的新方向。在此背景下，中国的经济转型对中国城乡建设（Huang et al.，2015）、企业出口活动（Yi et al.，2013）等各方面的影响受到关注。基于中国社会文化情境的高被引论文共有40篇（占比24.10%）。由编码结果得出的社会文化情境因素可概括为关系、国家文化价值观、儒家哲学思想等范畴，尤其是关系范畴。关系是一种非正式文化，现有研究探讨了关系如何引发企业间"圈子"现象的出现，如关系网络、政企关系等（Zhou et al.，2014；Gu et al.，2013）。

技术情境、自然情境、人口情境受关注程度相对较低，基于中国技术情境的高被引论文仅有16篇（占比9.64%）。通过编码分析结果得出的技术情境因素可概括为技术发展现状、技术创新两个范畴。技术创新是现有研究中受关注程度较多的范畴，尤其是社交媒体技术创新，如新兴社交媒体技术（如微博、微信）在政府公共部门中的推广与应用（Zheng and Zheng，2014；Ma，2013）。基于中国自然情境的高被引论文共有33篇（占比19.88%）。自然情境可概括为空气污染、自然生态环境、气候变化三个范畴。例如，在自然生态环境范畴内，水生环境、地形等自然要素可能对城市景观格局（Tan et al.，2014）、区域不平等（Li and Fang，2014）等方面产生影响。另外，有19篇（占比11.45%）高被引论文关注了中国人口情境。人口环境因素可概括为人口健康、人口迁移、人口老龄化等范畴。例如，关于人口迁移的问题更多的是探讨人口从农村向城市的迁移，因此与人口迁移相关的问题大多与城市化、工业化相关（He et al.，2016）。

（3）使用中国数据。

在分析的样本中，共有469篇（占全部论文的58.77%）高被引论文运用了中国数据。其中，仅使用中国数据的高被引论文共399篇（占比85.07%），使用中外结合数据的高被引论文共70篇（占比14.93%）。使用的数据类型包括一手数据、二手数据、卫星数据、气象数据、交通系统数据以及医学数据、地理信息等等。其中，有48篇（10.23%）高被引论文同时使用了两种以上的数据来源（参见《管理世界》网络发行版附录A2附表2）。

在基于中国数据的高被引论文中，共有223篇（占比47.55%）高被引论文采集了一手数据，主要是针对中国不同地区或不同行业的企业中高级管理人员、员工，以及不同背景的消费者、网络用户、居民、游客等个体所进行的访谈、问卷调查数据。也有部分研究的调查对象是政府官员、高校学者等群体。207篇（占比44.14%）高被引论文使用了二手数据，主要来源于国家和各省区市的统计年鉴、政府机构文件、企业档案与年度报表、网站评论与交易记录、国内外商业研究数据库（Compustat、Datastream、CRSP、CSMAR、Wind等），以及一些全球或区域调查（如WTO在21个国家的母婴调查）中的中国数据（参见《管理世界》网络发行版附录A2附表2）。一手数据和二手数据所应用的学科领域均较为广泛，涉及国内五个一级学科大类及相关学科，但均在工商管理学科中应用最多。

除此之外，也有部分研究运用了其他类型的数据，并主要在管理科学与工程学科、公共管理与管理交叉学科中得到了应用。有28篇（占比5.97%）高被引论文运用到了卫星数据。通过LANDSAT、QUICKBIRD、IKONOS、SPOT、DMSP、TERRA、AQUA等卫星获取了中国城乡区域的土地利用/覆盖、绿地、森林斑块、地表温度、夜间灯光、气溶胶等卫星影像资料。13 篇（占比 2.77%）高被引论文运用了气象数据，例如，由中国气象数据共享服务系统提供的气候和地理数据（包括海拔、温度和降水），从各个城市气象监测站获取的天气数据等。运用交通系统数据的高被引论文共有 25 篇（占比 5.33%），包括各地高速公路的现场采集数据（交通量、车道变更操作次数、车道变更操作时间）、公交线路交通数据（平均到达率、下车率、乘客等待时间）、地铁系统运行数据（旅客到达率、运行时间）等等。另有 29 篇（占比 6.18%）高被引论文采集了医学（血液取样、心血管疾病临床病例）、地理信息（地面地形、POI、道路网络）、通信（呼叫记录、语音聊天记录）、土地利用（土地使用规划图）、传感器采集数据（温度、湿度、光照、电压）等不同类型的数据。

（4）运用中国理论思想。

从样本的整体情况来看，30 所中国高校与科研机构的学者（不含港澳台）目前主要是对现有的西方管理理论或模型进行检验、扩展和完善，实现国际主流管理理论的区域延伸。尽管发展中国新理论是理论自信和理论创新的必要道路，然而在 798 个数据样本中，仅有 20 篇（占比 2.51%）高被引论文提及或运用了中国理论思想，进行了实证复制与改良，或提出了新的解释逻辑。具体而言，2013 年 1 月至 2019 年 8 月，30 所中国高校与科研机构的学者（不含港澳台）在国际上发表的高被引论文仅贡献了两个中国理论：关系（Chen et al.，2014；Zhang and Huo，2013；Gu et al.，2013；Xu et al.，2013；Chen et al.，2013；Zhou et al.，2014；Han and Li，2015；Bai et al.，2016；Lin et al.，2016；Liu et al.，2016；Qu et al.，2015；Zhang et al.，2015a；Leung et al.，2014；Yao et al.，2015）和阴阳文化（Zhang et al.，2015b）。除此之外，部分研究探讨了中国儒、道、法、兵家哲学，尤其是儒家哲学思想的作用（Barkema et al.，2015；Du，2014），并在概念间关系的逻辑方面贡献了儒家思想的一些重要概念及解释，如面子（Yan et al.，2016；Leung et al.，2014）、传统（Liu et al.，2013b）、长期导向（Liang et al.，2014）、中庸之道（Zhang et al.，2015a）、和谐（Bai et al.，2016）、整体思维（Zhang et al.，2015b）、集体导向（Bai et al.，2016）等。

中国管理学者主要是基于关系理论对世界管理知识做出了贡献。关系是中国文化中的重要要素，这一文化以集体主义和人际关系主义为特征。在关系文化影响下，个体倾向于与他人发展并维持关系。在样本数据中，共有 14 篇（占比 70.00%）高被引论文运用或提及了关系理论，并主要是进行了理论开发工作，许多学者结合资源基础观、社会交换等国际主流理论，在政企关系、人际关系、组织关系等方面发展出了一系列新的解释逻辑，研究的问题包括政治关联如何影响上市公司的投资行为（Xu et al.，2013）、制造商与供应商关系如何影响知识获取（Zhou et al.，2014）等，为关系研究提供了新的视角。另有 1 篇（占比 5%）高被引论文基于中国传统阴阳哲学理论和整体思维，结合领导力理论，开发了悖论性领导行为的新构念（Zhang et al.，2015b）。悖论性领导行为是指领导者采用看似相互矛盾却又紧密相关的行为来同时满足竞争性需求，这一构念突破了权变视角下"非此即彼"的局限性，转向"兼容并蓄"，通过悖论性思维发挥协同作用，为领导力研究做出了新的突出贡献。有 2 篇（占比 10%）高被引论文探讨了儒家、道家、法家和兵家哲学，尤其是儒家哲学思想的作用（Barkema et al.，2015；Du，2014）。有 7 篇（占比 35%）高被引论文关注了长期导向、传统、面子、中庸之道、和谐、集体导向这些儒家哲学思想中的重要概念。例如，Liu 等（2013b）利用传统价值观解释道德型领导力与员工工作绩效和组织公民行为之间的关系，Yan 等（2016）调查了面子意识如何促进个人的知识共享行为等。

五、 结论和讨论

本文基于 Web of Science 核心合集数据库 1000 种管理学英文期刊 483484 篇论文（含中国学者 32511 篇）的纵向文献数据，采用数据智能和专家意见结合的方法论，深度分析了中国学者管理学研究的整体发展概况、国际合作以及前沿热点和重要贡献，形成了对中国学者在世界管理学坛的影响力、特征和趋势的综合认知与解读，把握了中国学者引领世界范围管理研究的前沿热点领域，梳理了中国管理学贡献于世界的具体路径。下面，笔者在得出主要结论的基础上展开相关讨论。

（一）主要结论

第一，我们以 2013~2019 年的数据分析表明，在 21 世纪第二个十年中，以中国学者管理学研究成果在国际英文论文发表的数量为指标，表明其世界影响力不断增大。具体是中国学者的发文总量占世界发文总量的比例持续增长（见表1）；中国学者每年发文的增长速度高于世界平均增长速度，总增长率前者是后者的 4.50 倍。这种持续增长与中国经济 GDP 占世界总量比例的持续上升存在一致的趋势。中国学者管理学研究在国际上的发展水平显著高于世界平均水平。由此我们得出推论：管理学在中国哲学社会科学提升国际话语权上已发挥了重大担当，并预计在未来发展中有更大的作为和影响。

第二，中国学者管理学研究的世界影响力通过广泛的国际合作显现成效。在过去近七年时间周期中，中国学者（不含港澳台）与其他国家机构作者合作发文的数量始终占据发文总量的 50% 以上。而且从合作作者分布的国家范围看，与"一带一路"沿线国家存在明显的合作关系。这种特征趋势恰好与中国政府于 2013 年提出的"一带一路"倡议存在一致的关系。更为重要的是，与国际合作成果数量占比每年稳定处在略过 50% 水平不同的是，中国学者（不含港澳台）为通讯或第一作者的发文数量、作者均为中国学者（不含港澳台）的发文数量，它们占发文总量的比例持续提升，发文总量增长率均接近 230% 左右。由此我们得出推论：中国大陆机构作者在保持国际合作中高水平的基础上，其国际影响的主导力在较快地不断提升。这也意味着，中国学者的总体学术水平和能力有明显上升。

第三，中国学者管理学研究对世界学界的影响存在多元贡献路径特征。从发表的国际刊物看，在中国学者（不含港澳台）引领的 32 个前沿热点中，有 10 个直接来自在 24 种世界顶级刊物上的发表论文，与此同时，有 20 个并非来自顶级刊物发表的论文；此外，还有 2 个既来自顶级期刊也来自非顶级期刊。从作者队伍看，一半以上的作者（占比 59.70%）来自双一流建设高校，其中，仅有 5.83% 的作者主持过国家重大科研或人才项目。但与此同时，也有相当多（占比 40.30%）的作者并非来自双一流建设高校，其中，极少的作者（占比 1.23%）有主持国家重大项目的经历。从学科分布看，引领前沿热点的领域主要归属于工商管理和管理科学与工程两大一级学科，但也有 7 个前沿热点来自 4 个公共管理及其交叉领域（交通公共安全、医学信息、公共环境与职业健康、区域与城市规划）；从具体贡献路径分析来看，中国学者（不含港澳台）主要是使用中国数据（占比 58.77%）贡献于世界，其次是基于中国问题（占比 31.20%），再次是基于中国情境（占比 20.80%），而运用中国理论思想（占比 2.51%）的贡献还微乎其微。与 10 年到 20 年前多项有关分析在国际顶级管理期刊发表的中国管理研究的文献相比（徐淑英，2012），运用中国理论思想非常薄弱的情况在近十年间没有改变。我们可以得出这样的推论：中国管理学研究学者队伍壮大，这使得中国管理学研究在世界学界的地位更为稳固，也更有可持续性发展优势。但在对世界管理学贡献路径的发展中，基于"四个自信"的理论创新仍然任重而道远。构建中国特色管理学理论贡献于世界，成为学术界最为迫切的使命和追求。

第四，中国管理学研究引领前沿热点存在内部学科分布不均衡的状态。具体而言，32 个前沿热点分属 10 个领域，主要分布在工商管理一级学科（4 个领域 18 个前沿热点），其次是管理科学与工程一级学科（2 个领域 7 个前沿热点），两者共有 6 个领域 25 个前沿热点，但前者明显多于后者。此外，有 4 个领域 7 个前沿热点属于公共管理一级学科及其交叉领域。对照 2021 年国家自然科学基金管理科学部新的代码对应的二级学科名称，工商管理学科引领的前沿热点涵盖其 15 个代码中的 11 个，其中 3 个前沿热点属于全部新增的 3 个代码（G0210 公司金融、G0212 公司治理、G0215 旅游管理）；管理科学与工程学科引领的前沿热点涵盖其 19 个代码中的 7 个，其中 2 个前沿热点属于新增 4 个代码中的 2 个（G0111 数据科学与管理、G0118 智慧管理和人工智能）。由此我们得出这样的推论：中国管理学研究在世界范围的引领贡献有强大的国内发展基础作为保障，与公共管理相关的交叉研究值得进一步重视和发展。

（二）研究贡献

本文在学科研究成果回顾和评价分析领域，做出了新的尝试。与管理学学科领域以往相似主题的研究相比，本文在文献数据范围和数据量、分析方法、研究价值取向方面，都有不同的选择，因而在如下这些方面做出了新的贡献。

第一，本文的研究范围涵盖管理学学科门类的所有领域，且是近七年的纵向时间窗口（2013 年 1 月 1 日至 2019 年 8 月 31 日），因而在分析比较学科内部不同学科（包括一级学科和二级学科）之间的发展状态和趋势时，能够基于同样的衡量尺度，有助于我们更全面客观地分析评价管理学学科门类下的所有分支领域。以往的研究大多聚焦于某个一级学科，例如工商管理（张玉利、吴刚，2019）、管理科学与工程（Li et al.，2000；张玲玲等，2006）、农林经济管理（耿献辉等，2020；Chen et al.，2018），它们都聚焦于一级学科内进行研究回顾与评价分析，并无这样的宏大视野和巨量数据输入。我们的研究结果表明，在对世界前沿热点贡献的统一尺度上，内部学科之间存在明显的不平衡性，主要贡献来自工商管理一级学科，其次是管理科学与工程一级学科，再次是公共管理一级学科及其交叉领域，而其他两个一级学科（农林经济管理、图书情报与档案管理）并无明显引领的前沿热点。这种不平衡与同样的一级学科地位存在很大的反差。如果我们的研究仅以一级学科为分析单位，那么并不能产生这样的结果。

第二，本文的研究并非依赖单一方法，而是采用数据智能和专家咨询意见相结合的两阶段研究方法，并建立贡献路径分析框架，避免单一方法带来的局限性。以 LDA 为核心的数据智能算法在核心内容识别（关键词）、内容聚类（主题模型）和知识结构生成方面具有客观概率上的可靠性。主题分析结果使得每篇论文都带有平均主题概率，显示该论文与对应主题的关联程度。对于每个主题，计算了该主题下所有论文的概率分布，只有平均主题概率大于或等于该概率分布的 97 百分位的论文才会被选用。同时，我们又得益于专家审读第一阶段报告的咨询意见，单独补充了世界管理学界公认的 UT Dallas 24 期刊的高被引文献，直接新增 10 个前沿热点；针对会计学的实际情况，我们听取专家意见，以会计学为单独类别计算高被引文献；LDA 方法结果发现，在研究方法方面的一些普通主题及关键词是热点领域，但它们并非是某个特定分支领域，我们在分析中予以去除；此外，综述文献往往拥有高被引量，我们在分析中对综述类论文也做去除处理。两种方法在两阶段中结合使用，使得最终的分析结果具有更大的可靠性和合理性。值得指出的是，本文在研究方法上建立了新的内容分析框架，从贡献于世界的具体路径进行分析，建立了基于中国问题、基于中国情境、使用中国数据、运用中国理论思想的分类，得到了重要结论，对今后的中国管理学研究发展方向提供了重要证据。

第三，本文的研究价值取向重在挖掘前沿热点领域，而非侧重于对个人或单位机构的成果绩效评价。这样的研究定位和目标导向对引领未来重大研究方向具有更好的指引作用，对面向学术和科研的资源投入和公共政策制定具有更大的建设性启示。采用数据智能和专家咨询这两种方法，进行两个阶段的研究，我们得到总共 364 篇论文。我们课题组对这些论文逐一进行解读，从而提炼概括出最关键、最重要的前沿热点所在，以及它们的学科贡献优势差异特征。这项工作体现了单纯文献计量方法或智能数据算法所无法做到的地方，而其成果也正是本文的重要价值所在。对于广大研究人员，从中可以把握具体的前沿研究方向，领悟未来研究的很多可能；对于科研基金和科研机构管理人员，从中可以借鉴重要选题方向，作为相关决策的支持和印证。如前所述，国家自然科学基金委管理科学部在工商管理领域全部新增的三个代码，全部反映在本研究工商管理学科引领的三个前沿热点上，这样的结果是令人欣慰的。

（三）发展路径与政策建议

本文得到的结论蕴含了对推进中国特色管理学发展的若干重要启示。在学者的层面上，需要从研究贡献路径中得到启发，从基于中国问题、情境和数据，重点转向中国理论思想的运用和发展。在政策的层面上，需要改革学术评价思维和方法、引入新论证手段开展学科发展规划和布局、大力发展"管理＋""＋管理"交叉学科、进一步加大对管理学学科门类的整体资源投入和政策支持等。下面展开阐述。

第一，从基于中国问题、情境和数据，迈向运用和发展中国理论思想的新阶段。在如何推进中国特色管理学的发展问题上，一些主流观点得到了学者们的广泛认同。比如，要通过开展"深度情境化"的研究，发展新的含有丰富情境信息的理论（徐淑英，2012），应立足国情和中国企业管理实践，注重基于实践来开拓和加强中国特色管理学的话语体系（苏宗伟，2021；李新春，2021），在研究内容上应基于中国管理实践的特定情境或视角，重点关注中国企业管理实践中的特殊元素，突出具有中国现实意义和前沿性的核心问题，探索建构中国特色管理学的概念体系（王永贵、李霞，2019；王永贵，2021）；在研究范式上，要批判性运用西方范式（徐淑英，2012），要大力发展扎根中国管理实践的质性研究，形成以问题为导向的多维度研究方法的融合（吴晓波，2021；苏宗伟，2021），使用"田野作业法"，从企业发展面临的问题中提炼研究选题（戚聿东，2021），聚焦中国情境，讲好中国故事，并坚持采纳国际通用研究范式（毛基业，2021；张玉利、吴刚，2020）。本文研究的结论呼应了上述观点。本文的分析结果显示，运用中国理论思想的文献仅占全部样本的2.51%，这表明在世界上建立和完善中国特色管理学的话语体系与学术体系仍然任重而道远。在基于中国问题、情境和数据的基础上，大力运用中国理论思想，进而在世界范围创立和发展新理论和新思想，那么显然推进中国管理学研究进入新的境界，这对中国特色哲学社会科学建设和中国话语体系建设是非常迫切和重要的战略方向。

第二，尝试学术成果贡献于世界的评价思维和方法，在"破五唯"改革方向上引入新评价维度和指标。缘于强大的现状压力及其所对应的激励机制，高校和学术界鼓励在国际性期刊（特别是顶尖期刊）发表论文（徐淑英，2011）。在新的国际形势下，我国的学术评价和相应的科研管理迫切需要改革，引入新理念和新方法。重要方向是要以"破五唯"为基础，引入注重学术贡献的内在评价方法。本研究以LDA贝叶斯层次主题模型加上专家意见结合的方法，通过纵向时间周期的数据挖掘出了32个前沿热点。根据我们方法的性质，前沿热点的得出是基于论文群的主题集合和影响力分析，因而这种贡献对学科发展和现实影响是重要的。为之做出贡献的作者和单位是值得鼓励和支持的。本文研究结论的启示呼应了学界的共识，即在评价发表体系上，要加快改革和优化学术评价体系。学术研究中理论脱离实践的现象与学术评价导向密切相关，应着力改革长期以来流弊颇多的论文评价导向制度，鼓励管理学者注重研究的题目和理论与中国企业的相关性，发表货真价实的论文，加强高水平管理科学学术团队和人才培养工作（徐淑英，2011；戚聿东，2021；王永贵，2021）。

第三，开展引领世界范围前沿热点的深度挖掘和分析，在学科发展规划和布局以及国家重大项目选题工作上引入新论证手段。在国内通常的论证工作中，资深专家和学术权威的作用是很明显和突出的。这是一种由内而外、自上而下的思路，即国内立项后开展研究再到国际上发表、高层制定政策发布选题指南后学者们开展相应的研究工作。而本研究成果提供了一个由外而内、自下而上的新思路，即从国际发表和前沿热点引领启发支撑国内科研选题方向、以海量国际发表为基础分析筛选提炼国家立项重大科研方向。这两者思路和工作方式是相互补充、相互印证的。

第四，借助世界范围"大管理"范畴研究主题深度分析，在"管理+""+管理"交叉学科发展方向上形成重大突破。在国家创新引领发展、加强国际战略科技力量的新常态下，管理学研究和应用实践在为服务国家重大战略需求，推进多学科交叉发挥重大作用。这是管理学学科性质决定的。诚然，我们要强化企业在创新中的主导地位，但管理不仅是"企业管理"，而是所有现代社会机构的管理器官（德鲁克，2019）。因此，在技术转移和工程管理、新技术驱动组织和社会发展、产业组织和经济发展、公共管理和政府治理等各个领域，都是提升绩效和产生新价值的必要路径。认识到管理学科是一门真正的"博雅技艺"（Liberal Art）（德鲁克，2019），我们要大力推进"管理+"或者"+管理"的交叉学科建设。

第五，在大力实施哲学社会科学"走出去"战略进程中，国家要进一步加大对管理学学科门类的整体资源投入和政策支持，特别要加大对贡献于世界的理论创新研究的资助力度。本文的研究发现，中国学者（不含港澳台）的管理学国际成果发表在维持较高（略过50%）的国际合作水平下，以通讯或第一作者的发文数量处于稳步逐年提高的发展趋势中，总体平均占全部发表量的70.27%（见表2）。这是一种较为理想的"走出去"战略，即既要通过国际发表路径和国际合作方式切实提升国际影响力，又要在合作中处于研究的主导地位，从而更好地把握话语权，这对构建中国特色的学术体系、学科体系和话语体系是非常必要的。然而，在中国哲学社会科学整体学科领域中，除经济学外，其他文科领域并未具有像管理学这样的国际化程度。因此，在今后的中国哲学社会科学建设工作中，要以更高的国际影响和前沿引领为目标，加大对管理学门类和学科的资源投入和改革力度。进一步地，特别要加强基于"四个自信"、运用中国理论思想的研究资助和投入，改变目前对世界管理研究贡献路径之间的不平衡性。未来中国管理学研究学者需要努力的方向正是要不断提高中国思想、中国理论对于世界知识体系的贡献程度，从而为人类文明发展做出我们应有的更大贡献。

（四）不足之处

尽管本研究是基于纵贯近七年的大数据，采用多种科学方法开展的深入研究，但仍存在一些不足之处，因此对本文结论和建议的采用还需要谨慎并注意许可条件。

首先在学科分类上，本文基于 Web of Science 的学科分类方法采集了划归至管理学的 15 个领域类别的论文数据，这一学科分类方法与中国教育部公布的管理学学科分类目录并不一致，尽管我们在以国内标准进行归类的过程中与国际划分标准尽量保持主题和内容上的一致性，但主题归属范畴的不同可能会对研究主题的地位造成一定的评价偏差，从而影响特定领域内前沿热点和相关文献影响力评价的准确性。

其次在研究方法上，作为 LDA 贝叶斯层次主题模型的补充，本文采纳专家意见，运用文献计量法获取了中国学者（不含港澳台）在 UT Dallas 24 种刊物上的高被引代表性成果，以及受国家重大项目资助的负责人在 UT Dallas 24 种刊物上所发表的论文，综合起来对它们的研究主题进行总结，尽管确实发现补充了新主题领域，但由于所采用的方法与 LDA 主题模型并不相同，全部 32 个前沿热点的来源路径并不相同，因此，它们之间的重要性评估缺少一致性标准。

参考文献

［1］Bai, Y. T., Lin, L. and Li, P. P., 2016, "How to Enable Employee Creativity in A Team Context: A Cross – level Mediating Process of Transformational Leadership", *Journal of Business Research*, Vol. 69 (9), pp. 3240 ~ 3250.

［2］Bansard, J. Y., Rebholz – Schuhmann, D., Cameron, G., Clark, D., Van Mulligen, E., Beltrame, F., Del HoyoBarbolla, E., Martin – Sanchez, F., Milanesi, L., Tollis, I., van der Lei, J. and Coatrieux,

J. L. , 2007, "Medical Informatics and Bioinformatics: A Bibliometric Study", *IEEE Transactions on Information Technology in Biomedicine*, Vol. 11 (3), pp. 237~243.

[3] Barkema, H. G. , Chen, X. P. , George, G. , Luo, Y. D. and Tsui, A. S. , 2015, "West Meets East: New Concepts and Theories", *Academy of Management Journal*, Vol. 58 (2), pp. 460~479.

[4] Barney, J. B. and Zhang, S. J. , 2009, "The Future of Chinese Management Research: A Theory of Chinese Management Versus A Chinese Theory of Management", *Management and Organization Review*, Vol. 5 (1), pp. 15~28.

[5] Bergh, D. D. , Perry, J. and Hanke, R. , 2006, "Some Predictors of SMJ Article Impact", *Strategic Management Journal*, Vol. 27 (1), pp. 81~100.

[6] Blanco – Mesa, F. , Merigó, J. M. and Gil – Lafuente, A. M. , 2017, "Fuzzy Decision Making: A Bibliometric – based Review", Journal of Intelligent & Fuzzy Systems, Vol. 32 (3), pp. 2033~2050.

[7] Blei, D. M. , Ng, A. Y. and Jordan, M. I. , 2003, "Latent Dirichlet Allocation", *The Journal of Machine Learning Research*, Vol. 3, pp. 993~1022.

[8] Casey, D. L. and McMillan, G. S. , 2008, "Identifying the 'Invisible Colleges' of the Industrial & Labor Relations Review: A Bibliometric Approach", *Industrial and Labor Relations Review*, Vol. 62 (1), pp. 126~132.

[9] Chen, C. C. , Chen, X. P. and Huang, S. S. , 2013, "Chinese Guanxi: An Integrative Review and New Directions for Future Research", *Management and Organization Review*, Vol. 9 (1), pp. 167~207.

[10] Chen, G. H. , Bao, J. G and Huang, S. S. , 2014, "Segmenting Chinese Backpackers by Travel Motivations", *International Journal of Tourism Research*, Vol. 16 (4), pp. 355~367.

[11] Chen, K. , Ren, C. R. , Gu, R. and Zhang, P. D. , 2019, "Exploring Purchase Intentions of New Energy Vehicles: From the Perspective of

Frugality and the Concept of 'Mianzi'", *Journal of Cleaner Production*, Vol. 230, pp. 700 ~ 708.

［12］Chen, Q. H., Geng, N. and Zhu, K., 2018, "Review and Bibliometric Analysis of Chinese Agricultural Economics Research: 2006 – 2015", *China Agricultural Economic Review*, Vol. 10 (1), pp. 152 ~ 172.

［13］Child, J. and Marinova, S., 2014, "The Role of Contextual Combinations in the Globalization of Chinese Firms", *Management and Organization Review*, Vol. 10 (3), pp. 347 ~ 371.

［14］Cui, Q. and Li, Y., 2015, "The Change Trend and Influencing Factors of Civil Aviation Safety Efficiency: The Case of Chinese Airline Companies", *Safety Science*, Vol. 75, pp. 56 ~ 63.

［15］Cull, R., Li, W., Sun, B. and Xu, L. C., 2015, "Government Connections and Financial Constraints: Evidence from a Large Representative Sample of Chinese Firms", *Journal of Corporate Finance*, Vol. 32, pp. 271 ~ 294.

［16］Deng, X. Y., Hu, Y., Deng, Y. and Mahadevan, S., 2014, "Supplier Selection Using AHP Methodology Extended by D Numbers", *Expert Systems with Applications*, Vol. 41 (1), pp. 156 ~ 167.

［17］Dos Santos, B. S., Steiner, M. T. A., Fenerich, A. T. and Lima, R. H. P., 2019, "Data Mining and Machine Learning Techniques Applied to Public Health Problems: A Bibliometric Analysis from 2009 to 2018", *Computers & Industrial Engineering*, Vol. 138, 106120.

［18］Du, X. Q., 2013, "Does Religion Matter to Owner – manager Agency Costs? Evidence from China", *Journal of Business Ethics*, Vol. 118 (2), pp. 319 ~ 347.

［19］Du, X. Q., 2014, "Does Religion Mitigate Tunneling? Evidence from Chinese Buddhism", *Journal of Business Ethics*, Vol. 125 (2), pp. 299 ~ 327.

［20］Fei, R. L. and Lin, B. Q., 2016, "Energy Efficiency and Production Technology Heterogeneity in China's Agricultural Sector: A Meta – frontier Approach", *Technological Forecasting and Social Change*, Vol. 109, pp. 25 ~ 34.

[21] Feng, X. L., Pang, M. F. and Beard, J., 2014, "Health System Strengthening and Hypertension Awareness, Treatment and Control: Data from the China Health and Retirement Longitudinal Study", *Bulletin of the World Health Organization*, Vol. 92, pp. 29 ~ 41.

[22] Gao, H. Z., Ren, M. and Miao, Q., 2018, "Toward A Yin – Yang Balancing Perspective of Relational (Guanxi) Gatekeeping in International Exchange Relationships in China", *Journal of International Marketing*, Vol. 26 (2), pp. 22 ~ 42.

[23] Gu, F. F., Hung, K. and Tse, D. K., 2008, "When Does Guanxi Matter? Issues of Capitalization and Its Dark Sides", *Journal of Marketing*, Vol. 72 (4), pp. 12 ~ 28.

[24] Gu, H. M., Ryan, C., Bin, L. and Wei, G., 2013, "Political Connections, Guanxi and Adoption of CSR Policies in the Chinese Hotel Industry: Is There A Link?", *Tourism Management*, Vol. 34, pp. 231 ~ 235.

[25] Han, Y. Q. and Li, D. Y., 2015, "Effects of Intellectual Capital on Innovative Performance: The Role of Knowledge – based Dynamic Capability", *Management Decision*, Vol. 53 (1), pp. 40 ~ 56.

[26] He, C. F., Chen, T. M., Mao, X. Y. and Zhou, Y., 2016, "Economic Transition, Urbanization and Population Redistribution in China", *Habitat International*, Vol. 51, pp. 39 ~ 47.

[27] Huang, H. Y. and He, J. X., 2019, "When Face Meets Globalization: How Face Drives Consumers' Attitudes toward Global Consumer Culture Positioning", *International Marketing Review*, Vol. 38 (1), pp. 184 ~ 203.

[28] Huang, Z. J., Wei, Y. D., He, C. F. and Li, H., 2015, "Urban Land Expansion under Economic Transition in China: A Multi – level Modeling Analysis", *Habitat International*, Vol. 47, pp. 69 ~ 82.

[29] Ivanović, D. and Ho, Y. S., 2016, "Highly Cited Articles in the Information Science and Library Science Category in Social Science Citation In-

dex：A Bibliometric Analysis", *Journal of Librarianship and Information Science*, Vol. 48（1）, pp. 36～46.

［30］Jia, L. D., You, S. Y. and Du, Y. Z., 2012, "Chinese Context and Theoretical Contributions to Management and Organization Research：A Three – Decade Review", *Management and Organization Review*, Vol. 8（1）, pp. 173～209.

［31］Laengle, S., Merigó, J. M., Modak, N. M. and Yang, J. B., 2020, "Bibliometrics in Operations Research and Management Science：A University Analysis", *Annals of Operations Research*, Vol. 294（1～2）, pp. 769～813.

［32］Leung, K., Chen, Z. J., Zhou, F. and Lim, K., 2014, "The Role of Relational Orientation as Measured by Face and Renqing in Innovative Behavior in China：An Indigenous Analysis", *Asia Pacific Journal of Management*, Vol. 31（1）, pp. 105～126.

［33］Li, G. D. and Fang, C. L., 2014, "Analyzing the Multi – mechanism of Regional Inequality in China", *The Annals of Regional Science*, Vol. 52（1）, pp. 155～182.

［34］Li, H. Z., Wang, S. Y. and Xu, L. D., 2000, "Management Science and Operations Research in China", *European Journal of Operational Research*, Vol. 124（2）, pp. 221～223.

［35］Li, M. H., Cui, L. and Lu, J. Y., 2014a, "Varieties in State Capitalism：Outward FDI Strategies of Central and Local State – owned Enterprises from Emerging Economy Countries", *Journal of International Business Studies*, Vol. 45, pp. 980～1004.

［36］Li, P. Y., Wu, J. H., Qian, H., Lyu, X. S. and Liu, H. W., 2014b, "Origin and Assessment of Groundwater Pollution and Associated Health Risk：A Case Study in An Industrial Park, Northwest China", *Environmental Geochemistry and Health*, Vol. 36（4）, pp. 693～712.

［37］Li, X. H. and Liang, X. Y., 2015, "A Confucian Social Model of Political Appointments among Chinese Private – firm Entrepreneurs", *Academy of Management Journal*, Vol. 58（2）, pp. 592～617.

［38］Liang, Q., Xu, P. S. and Jiraporn, P., 2013, "Board Charac-
teristics and Chinese Bank Performance", *Journal of Banking & Finance*,
Vol. 37（8）, pp. 2953~2968.

［39］Liang, X. Y., Wang, L. H. and Cui, Z. Y., 2014, "Chinese
Private Firms and Internationalization: Effects of Family Involvement in Manage-
ment and Family Ownership", *Family Business Review*, Vol. 27（2）, pp.
126~141.

［40］Liao, H. C., Tang, M., Li, Z. M. and Lev, B., 2019,
"Bibliometric Analysis for Highly Cited Papers in Operations Research and Man-
agement Science from 2008 to 2017 based on Essential Science Indicators", *O-
mega*, Vol. 88, pp. 223~236.

［41］Lin, B. Q. and Liu, H. X., 2015, "CO2 Emissions of China's
Commercial and Residential Buildings: Evidence and Reduction Policy", *Build-
ing and Environment*, Vol. 92, pp. 418~431.

［42］Lin, H. F., Su, J. Q. and Higgins, A., 2016, "How Dynamic
Capabilities Affect Adoption of Management Innovations", *Journal of Business
Research*, Vol. 69（2）, pp. 862~876.

［43］Liu, H. F., Ke, W. K., Wei, K. K. and Hua, Z. S., 2013a,
"The Impact of IT Capabilities on Firm Performance: The Mediating Roles of Ab-
sorptive Capacity and Supply Chain Agility", *Decision Support Systems*, Vol. 54
（3）, pp. 1452~1462.

［44］Liu, J., Kwan, H. K., Fu, P. P. and Mao, Y., 2013b,
"Ethical Leadership and Job Performance in China: The Roles of Workplace
Friendships and Traditionality", *Journal of Occupational and Organizational Psy-
chology*, Vol. 86（4）, pp. 564~584.

［45］Liu, W. S. and Liao, H. C., 2017, "A Bibliometric Analysis of
Fuzzy Decision Research during 1970 – 2015", *International Journal of Fuzzy
Systems*, Vol. 19（1）, pp. 1~14.

［46］Liu, W. S., Hu, G. Y., Tang, L. and Wang, Y. D., 2015,
"China's Global Growth in Social Science Research: Uncovering Evidence from

Bibliometric Analyses of SSCI Publications（1978 – 2013）", *Journal of Informetrics*, *Vol. 9（3）*, *pp. 555 ~ 569.*

［47］Liu, Y. S. , Lu, S. S. and Chen, Y. F. , 2013c, "Spatio – temporal Change of Urban – rural Equalized Development Patterns in China and Its Driving Factors", *Journal of Rural Studies*, Vol. 32, pp. 320 ~ 330.

［48］Liu, Z. L. , Min, Q. F. , Zhai, Q. G. and Smyth, R. , 2016, "Self – disclosure in Chinese Micro – blogging：A Social Exchange Theory Perspective", *Information & Management*, Vol. 53（1）, pp. 53 ~ 63.

［49］Lu, J. Y. , Liu, X. H. , Wright, M. and Filatotchev, I. , 2014, "International Experience and FDI Location Choices of Chinese Firms：The Moderating Effects of Home Country Government Support and Host Country Institutions", *Journal of International Business Studies*, Vol. 45（4）, pp. 428 ~ 449.

［50］Ma, H. T. , Du, N. , Yu, S. J. , Lu, W. Q. , Zhang, Z. Y. , Deng, N. and Li, C. , 2017, "Analysis of Typical Public Building Energy Consumption in Northern China", *Energy and Buildings*, Vol. 136, pp. 139 ~ 150.

［51］Ma, L. , 2013, "The Diffusion of Government Microblogging：Evidence from Chinese Municipal Police Bureaus", *Public Management Review*, Vol. 15（2）, pp. 288 ~ 309.

［52］Ma, Z. W. , Hu, X. F. , Sayer, A. M. , Levy, R. , Zhang, Q. , Xue, Y. G. , Tong, S. L. , Bi, J. and Liu, Y. , 2016, "Satellite – based Spatiotemporal Trends in PM2. 5 Concentrations：China, 2004 – 2013", *Environmental Health Perspectives*, Vol. 124（2）, pp. 184 ~ 192.

［53］Mao, C. , Shen, Q. P. , Pan, W. and Ye, K. H. , 2015, "Major Barriers to Off – site Construction：The Developer's Perspective in China", *Journal of Management in Engineering*, Vol. 31（3）, 04014043.

［54］Mulet – Forteza, C. , Genovart – Balaguer, J. , Mauleon – Mendez, E. and Merigó, J. M. , 2019, "A Bibliometric Research in the Tourism, Leisure and Hospitality Fields", *Journal of Business Research*, Vol. 101, pp. 819 ~ 827.

［55］Ni, C. Q., Sugimoto, C. R. and Robbin, A., 2017, "Examining the Evolution of the Field of Public Administration through A Bibliometric Analysis of Public Administration Review", *Public Administration Review*, Vol. 77 (4), pp. 496~509.

［56］Ou, A. Y., Tsui, A. S., Kinicki, A. J., Waldman, D. A., Xiao, Z. X. and Song, L. J., 2014, "Humble Chief Executive Officers' Connections to Top Management Team Integration and Middle Managers' Responses", *Administrative Science Quarterly*, Vol. 59 (1), pp. 34~72.

［57］Peng, A. C., Schaubroeck, J. M. and Li, Y. H., 2014, "Social Exchange Implications of Own and Coworkers' Experiences of Supervisory Abuse", *Academy of Management Journal*, Vol. 57 (5), pp. 1385~1405.

［58］Qu, R. J., Janssen, O. and Shi, K., 2015, "Transformational Leadership and Follower Creativity: The Mediating Role of Follower Relational Identification and the Moderating Role of Leader Creativity Expectations", *The Leadership Quarterly*, Vol. 26 (2), pp. 286~299.

［59］Rowlinson, S. and Jia, Y. A., 2015, "Construction Accident Causality: An Institutional Analysis of Heat Illness Incidents on Site", *Safety Science*, Vol. 78, pp. 179~189.

［60］Schulz, A. C. and Nicolai, A. T., 2015, "The Intellectual Link between Management Research and Popularization Media: A Bibliometric Analysis of the Harvard Business Review", *Academy of Management Learning & Education*, Vol. 14 (1), pp. 31~49.

［61］Shou, Z. G., Guo, R., Zhang, Q. Y. and Su, C. T., 2011, "The Many Faces of Trust and Guanxi Behavior: Evidence from Marketing Channels in China", *Industrial Marketing Management*, Vol. 40 (4), pp. 503~509.

［62］Tan, R. H., Liu, Y. L., Liu, Y. F., He, Q. S., Ming, L. C. and Tang, S. H., 2014, "Urban Growth and Its Determinants across the Wuhan Urban Agglomeration, Central China", *Habitat International*, Vol. 44, pp. 268~281.

［63］Thøgersen, J., de Barcellos, M. D., Perin, M. G. and Zhou,

Y. F. , 2015, "Consumer Buying Motives and Attitudes towards Organic Food in Two Emerging Markets: China and Brazil", *International Marketing Review*, Vol. 32 (3/4), pp. 389 ~ 413.

[64] Tsui, A. S. , 2009, "Editor's Introduction – Autonomy of Inquiry: Shaping the Future of Emerging Scientific Communities", *Management and Organization Review*, Vol. 5 (1), pp. 1 ~ 14.

[65] Tsui, A. S. , Schoonhoven, C. B. , Meyer, M. W. , Lau, C. M. and Milkovich, G. T. , 2004, "Organization and Management in the Midst of Societal Transformation: The People's Republic of China", *Organization Science*, Vol. 15 (2), pp. 133 ~ 144.

[66] Wang, K. , Huang, W. , Wu, J. and Liu, Y. N. , 2014, "Efficiency Measures of the Chinese Commercial Banking System using an Additive Two – stage DEA", *Omega*, Vol. 44, pp. 5 ~ 20.

[67] Wang, W. C. , Xu, D. M. , Chau, K. W. and Chen, S. , 2013, "Improved Annual Rainfall – runoff Forecasting using PSO – SVM Model Based on EEMD", *Journal of Hydroinformatics*, Vol. 15 (4), pp. 1377 ~ 1390.

[68] Whetten, D. A. , 2009, "An Examination of the Interface between Context and Theory Applied to the Study of Chinese Organizations", *Management and Organization Review*, Vol. 5 (1), pp. 29 ~ 55.

[69] Xu, J. and Ou, L. , 2014, "Resilience and Quality of Life among Wenchuan Earthquake Survivors: The Mediating Role of Social Support", *Public Health*, Vol. 128 (5), pp. 430 ~ 437.

[70] Xu, N. H. , Xu, X. Z. and Yuan, Q. B. , 2013, "Political Connections, Financing Friction, and Corporate Investment: Evidence from Chinese Listed Family Firms", *European Financial Management*, Vol. 19 (4), pp. 675 ~ 702.

[71] Yan, Z. J. , Wang, T. M. , Chen, Y. and Zhang, H. , 2016, "Knowledge Sharing in Online Health Communities: A Social Exchange Theory Perspective", *Information & Management*, Vol. 53 (5), pp. 643 ~ 653.

[72] Yang, J. , Huang, Z. H. , Zhang, X. B. and Reardon, T. ,

2013，"The Rapid Rise of Cross – regional Agricultural Mechanization Services in China"，*American Journal of Agricultural Economics*，Vol. 95 （5），pp. 1245 ~ 1251.

［73］Yang，X.，Pan，B.，Evans，J. A. and Lv，B. F.，2015，"Forecasting Chinese Tourist Volume with Search Engine Data"，*Tourism Management*，Vol. 46，pp. 386 ~ 397.

［74］Yao，T.，Zheng，Q. Y. and Fan，X. C.，2015，"The Impact of Online Social Support on Patients' Quality of Life and the Moderating Role of Social Exclusion"，*Journal of Service Research*，Vol. 18 （3），pp. 369 ~ 383.

［75］Yi，J. T.，Wang，C. Q. and Kafouros，M.，2013，"The Effects of Innovative Capabilities on Exporting：Do Institutional Forces Matter?"，*International Business Review*，Vol. 22 （2），pp. 392 ~ 406.

［76］Yu，D. J.，Xu，Z. S. and Wang，X. Z.，2020，"Bibliometric Analysis of Support Vector Machines Research Trend：A Case Study in China"，*International Journal of Machine Learning and Cybernetics*，Vol. 11 （3），pp. 715 ~ 728.

［77］Yu，Q. Z.，Ding，L. Y.，Zhou，C. and Luo，H. B.，2014，"Analysis of Factors Influencing Safety Management for Metro Construction in China"，*Accident Analysis & Prevention*，Vol. 68，pp. 131 ~ 138.

［78］Zhang，G. N.，Yau，K. K. W. and Chen，G. H.，2013，"Risk Factors Associated with Traffic Violations and Accident Severity in China"，*Accident Analysis & Prevention*，Vol. 59，pp. 18 ~ 25.

［79］Zhang，G.，Yau，K. K. W.，Zhang，X. and Li，Y. Y.，2016，"Traffic Accidents Involving Fatigue Driving and Their Extent of Casualties"，Accident Analysis & Prevention，Vol. 87，pp. 34 ~ 42.

［80］Zhang，M. and Huo，B. F.，2013，"The Impact of Dependence and Trust on Supply Chain Integration"，*International Journal of Physical Distribution & Logistics Management*，Vol. 43 （7），pp. 544 ~ 563.

［81］Zhang，S. B.，Gao，Y.，Feng，Z. and Sun，W. Z.，2015a，"PPP Application in Infrastructure Development in China：Institutional Analysis and Implications", *International Journal of Project Management*, Vol. 33（3）, pp. 497～509.

［82］Zhang, X., Zhang, X. B. and Chen, X., 2017, "Happiness in the Air: How does A Dirty Sky Affect Mental Health and Subjective Well - being?", *Journal of Environmental Economics and Management*, Vol. 85, pp. 81～94.

［83］Zhang, Y., Waldman, D. A., Han, Y. L. and Li, X. B., 2015b, "Paradoxical Leader Behaviors in People Management: Antecedents and Consequences", *Academy of Management Journal*, Vol. 58（2）, pp. 538～566.

［84］Zhao, Y. X. and Liu, Y. B., 2020, "A Bibliometrics Data Analysis of Management Science", *Journal of Data, Information and Management*, Vol. 2（3）, pp. 131～147.

［85］Zheng, L. and Zheng, T., 2014, "Innovation through Social Media in the Public Sector: Information and Interactions", *Government Information Quarterly*, Vol. 31, pp. 106～S117.

［86］Zheng, Y. J., 2015, "Water Wave Optimization: A New Nature - inspired Metaheuristic", *Computers & Operations Research*, Vol. 55, pp. 1～11.

［87］Zhou, K. Z., Zhang, Q. Y., Sheng, S. B., Xie, E. and Bao, Y. Q., 2014, "Are Relational Ties Always Good for Knowledge Acquisition? Buyer - supplier Exchanges in China", *Journal of Operations Management*, Vol. 32（3）, pp. 88～98.

［88］Zhu, Q. H., Sarkis, J. and Lai, K. H., 2013, "Institutional - Based Antecedents and Performance Outcomes of Internal and External Green Supply Chain Management Practices", *Journal of Purchasing and Supply Management*, Vol. 19（2）, pp. 106～117.

［89］彼得·德鲁克：《管理——使命、责任、实践》，陈驯译，机械工业出版社，2019年。

［90］曹祖毅、谭力文、贾慧英、伊真真、赵瑞：《中国管理研究道路选择：康庄大道，羊肠小道，还是求真之道？——基于2009～2014年中

文管理学期刊的实证研究与反思》,《管理世界》,2017 年第 3 期。

[91] 耿献辉、陈蓉蓉、严斌剑、周应恒:《中国农林经济管理研究 70 年变迁——基于文献计量学的可视化分析》,《农业经济问题》,2020 年第 2 期。

[92] 郭凤娇、赵蓉英、孙劭敏:《基于科学交流过程的学术论文影响力评价研究——以中国社会科学国际学术论文为例》,《情报学报》,2020 年第 4 期。

[93] 何佳讯:《青年学者科研论文的常见薄弱点》,载周南主编,《登山观海——146 位管理学研究者的求索之路》,北京大学出版社,2016 年。

[94] 黄群慧:《改革开放四十年中国企业管理学的发展——情境、历程、经验与使命》,《管理世界》,2018 年第 10 期。

[95] 贾良定、尤树洋、刘德鹏、郑祎、李珏兴:《构建中国管理学理论自信之路——从个体、团队到学术社区的跨层次对话过程理论》,《管理世界》,2015 年第 1 期。

[96] 李宝元、董青、仇勇:《中国管理学研究:大历史跨越中的逻辑困局——相关文献的一个整合性评论》,《管理世界》,2017 年第 7 期。

[97] 李新春:《做具有中国特色的工商管理学研究》,《管理世界》,2021 年第 6 期。

[98] 刘军:《管理研究方法:原理与应用》,中国人民大学出版社,2008 年。

[99] 刘智锋、马永强、杨金庆:《引文学科多样性与论文影响力的关系研究》,《情报杂志》,2020 年第 7 期。

[100] 陆亚东:《中国管理学理论研究的窘境与未来》,《外国经济与管理》,2015 年第 3 期。

[101] 马庆国:《管理科学研究方法与研究生学位论文的评判参考标准》,《管理世界》,2004 年第 12 期。

[102] 毛基业:《构建有国际影响的中国特色管理理论》,《管理世界》,2021 年第 6 期。

[103] 戚聿东:《立足管理实践开展管理研究》,《管理世界》,2021 年第 6 期。

[104] 苏勇、段雅婧：《当西方遇见东方：东方管理理论研究综述》，《外国经济与管理》，2019 年第 12 期。

[105] 苏宗伟：《东西方管理文化视域下的中国特色管理学体系的构建》，《管理世界》，2021 年第 6 期。

[106] 田志龙，陈丽玲：《中国管理学研究向何处去——"中国管理 50 人"论坛（2018 年秋季）会议述评》，《管理学报》，2019 年第 2 期。

[107] 王永贵：《加快构建高质量的中国特色管理学体系——使命、进展与展望》，《管理世界》，2021 年第 6 期。

[108] 王永贵、李霞：《旅游本土化研究的探索——现状、困境与展望》，《旅游学刊》，2019 年第 10 期。

[109] 魏江：《观察—洞察—涌现：从案例中发现中国管理方案》，《管理世界》，2021 年第 6 期。

[110] 吴晓波：《中国管理学体系的国际话语权》，《管理世界》，2021 年第 6 期。

[111] 谢伏瞻：《加快构建中国特色哲学社会科学学科体系、学术体系、话语体系》，《中国社会科学》，2019 年第 5 期。

[112] 徐淑英：《求真之道，求美之路：徐淑英研究历程》，北京大学出版社，2012 年。

[113] 徐淑英：《中国管理研究的现状及发展前景》，《光明日报》，2011 年 7 月 29 日，第 11 版。

[114] 徐淑英、刘忠明：《中国的企业管理研究：现状和未来》，载徐淑英、刘忠明主编：《中国企业管理的前沿研究》，北京大学出版社，2004 年。

[115] 徐淑英、张维迎：《〈管理科学季刊〉最佳论文集》，北京大学出版社，2005 年。

[116] 颜世富、马喜芳：《中国管理学如何为世界管理学做出新贡献——"第 21 届世界管理论坛暨东方管理论坛"学术思想述要》，《管理世界》，2018 年第 5 期。

[117] 张佳良、刘军：《管理学理论构建、继承与发扬之道——来自西方经典著作和论文的质性考察》，《商业与经济管理》，2017 年第 11 期。

［118］张玲玲、刘作仪、李若筠、房勇、杨涛、张超、杨晓光、汪寿阳：《我国管理科学与工程学科的发展现状与趋势——基于专家调查问卷的分析》，《公共管理学报》，2006 年第 1 期。

［119］张玉利、吴刚：《新中国 70 年工商管理学科科学化历程回顾与展望》，《管理世界》，2019 年第 11 期。

［120］朱旭峰：《以国家品牌建设为指导，提升中国特色话语体系的"内功"和"外功"》，《管理世界》，2021 年第 6 期。

复杂系统管理：一个具有中国特色的管理学新领域[*]

南京大学　盛昭瀚

中国航天系统科学与工程研究院　于景元

摘要："复杂系统管理"是基于复杂系统思维与范式，通过复杂系统与管理科学融合而形成的管理学新领域；在实践上，它主要是在解决重大现实复杂问题的需求导向下，对复杂社会经济重大工程系统中一类复杂整体性问题的管理活动和过程；体现了研究问题的物理复杂性、系统复杂性与管理复杂性的完整性与融通性，具有重要的现实意义与鲜明的中国特色；同时，复杂系统管理又是国际学术界广泛关注的重大科学议题，具有重要的学术引领性、前沿性、交叉性与厚重感。钱学森的复杂系统学术思想、科学建树与实践贡献已成为我国复杂系统管理学术体系的内核与底蕴。当今，我国正"进入新发展阶段，贯彻新发展理念，构建新发展格局，需要解决的问题越来越多样，越来越复杂"。因此，可以认为，复杂系统管理将成为我国发展新阶段、新格局下越来越重要的一类新的管理思维范式、实践范式与研究范式；进一步深化钱学森复杂系统管理学术思想研究是我国管理学发展道路重大转折对当今管理学理论时代化与本土化优秀品格的呼唤，是在新的历史阶段和历史高度创立我国自主性管理学术的新标志。任重道远，需要我国学者淡泊习静、行稳致远，做出时代性贡献。

关键词：复杂系统　复杂系统管理　中国特色　钱学森

---

* 原载《管理世界》2021 年第 6 期。

2016 年 5 月 17 日，习近平总书记主持召开哲学社会科学工作座谈会并发表重要讲话，提出"着力构建中国特色哲学社会科学，在指导思想、学科体系、学术体系、话语体系等方面充分体现中国特色、中国风格、中国气派"①，至今已经整整五周年。今天，我们在新的历史背景下，分析和思考我国管理学的发展道路，更加感受到讲话精神的深刻内涵与意义。

当前，管理理论的时代化和中国化是管理学在中国实践与发展的两种基本形式，时代化是普遍原理，中国化是时代化在中国的具体形态，是管理理论在中国发展的现实道路。时代化通过中国化走向中国管理实践；中国管理实践与理论的发展又促进和推动了理论的时代化，并以此融入人类先进的管理理论文明之中，这既是中国管理的基本现实，又是中国管理理论的发展道路。

本文通过对复杂系统管理这一管理学新领域的形成背景、科学内涵、现实意义与学术价值的分析，诠释了该领域的学理逻辑、中国特色与钱学森系统思想内核及底蕴，进一步激励我们根据时代特征、历史条件、具体国情和实际情况，在创造性地学习、运用人类共同的管理文明的过程中，探索和丰富我们中国自己的管理理论发展与实践进步的现实道路。

一、 管理： 从系统性到复杂性

（一） 管理的系统属性

自古以来，在人类生产、造物等实践活动中，通常都有一类组织、协调、配置资源和协调各类关系从而使生产、造物实践有序或有效的活动，一般称这类活动为管理活动，简称为管理。

从总体上讲，任何生产、造物活动都有特定的整体目的、整体结构并且表现为一个完整的过程，因此，任何管理也必然具有自身的整体性和过程的完整性。例如，任何管理都有一定的管理环境、特定的管理目标、明确的管理主体、管理对象、管理组织、管理资源、管理问题及相应的管理流程和方法，等等。

---

① 参见新华网：《习近平主持召开哲学社会科学工作座谈会》，http://www.xinhuanet.com/politics/2016 - 05/17/c_ 1118882832. htm。

所有这些构成了管理活动的组成要素，管理要素相互关联，管理活动完整有序并释放出使生产、造物等实践活动有序或有效的功能，由此可见，整体性与功能性是管理活动两个最基本的属性。

20世纪初起，随着科学的发展，人们开始思考和探索关于各个领域与各种类型的整体性与功能性的共性科学问题。从辩证唯物主义观点看，客观世界的事物是普遍联系的，能够反映和概括客观事物普遍联系并形成一个整体和具有某种功能的最基本的概念就是系统（盛昭瀚，2019a）。

钱学森先生对系统给出了一个直白的定义：系统是"由相互作用和相互依赖的若干组成部分结合成的具有特定功能的有机整体（于景元，2014）"。这表明，"系统"的基本属性即为功能性和整体性，这样，管理的属性与系统的属性是同一的。

对于系统科学的诞生，钱学森指出：系统科学的出现是一场科学革命，是人类认识客观世界的飞跃。钱学森还认为，系统科学是一个独立于自然科学、社会科学等科学的独立门类（钱学森，2001）。如果自然科学、社会科学等按照研究对象领域的纵向性来划分，系统科学则不论它们所研究具体领域和具体问题的特质性，仅把它们当作抽象的"系统"来看待和研究。这一特点决定了系统科学的横断科学的属性，即它是一门运用系统的思想和视角来研究各纵向科学所涉及领域的各门类问题，并在系统意义上形成这些问题共同的本质属性和规律、建立相应的理论与技术体系（钱学森，1979）。

因此，可以认为，在现代人类科学技术体系中，系统科学体系中的许多思想、概念、原理等都对各纵向学科，当然也包括对管理学科有着更高层次和更深刻的概括与解释性。例如，管理的系统属性就为我们运用系统的思想和视角来研究管理提供了学理逻辑。

例如，管理既然是一个具有某种功能的完整整体与完整过程，因此，依据系统概念，任何管理都是一类人造系统。

另外，从认知规律看，人们首先是从直观上感受管理活动的现实物理性，即管理活动中各类物质性资源要素及其相关关系与结构，接着，人们在思维上将管理现实物质性进行系统意义上的抽象，并运用系统范式提炼出管理活动的系统属性。这样，依据钱学森系统科学思想，任何管理实践既是系统的实践，又是实践的系统，一切管理的基本属性就是系统的"系统性"，即系统的整体性与功能性。

以系统性凝练管理的基本属性，有助于我们理解如何通过系统的要素分析、关联分析、功能分析和组织行为分析，从整体上规划、设计、组织管理活动；并在具体技术层面上采用明确目标、严格分析、注重定量化和程序化执行管理活动流程，以实现管理的整体目标与综合效果。概括地说，这就帮助了我们坚持和保证管理活动和过程的整体性、关联性、动态性的统一。

因此，系统性不仅把原本对管理混杂、破碎的认知梳理出一条有条理的逻辑路径来，而且成为人们设计、构造、实施和执行管理活动的一种范式，这一基于系统性的管理思维原则称为系统性管理。

这一思维原则十分重要，它告诉我们，因为系统科学与管理科学之间有着基本属性的同一性，因此，它们之间就存在相互融通的学理性，并且随着系统科学、管理科学自身复杂程度的提高而可能拓展出新的学科领域，本文介绍的复杂系统管理就是这样的一个示例。

（二）复杂的管理

随着人类生产、造物实践活动范围与规模越来越大、涉及的要素越来越多、活动内部的关联形态越来越多元化，人们有了"简单的生产造物"与"复杂的生产造物"的直接感知，进而就有了相应的"简单的管理"与"复杂的管理"的直观体验。

需要指出的是，我们很难用精密的语言给"复杂的管理"中"复杂的"下一个定义，因为从人的认识基本规律来看，对"复杂的管理"的认识必须经过以下两个阶段：先运用感官认识"复杂的管理"的外部联系和表面特征，具有直接性、形象性特点，这是认识的"生动的直观"第一阶段；接着是人们运用抽象思维认识"复杂的管理"的内部联系和本质规律，具有间接性、抽象性特点，这是认识的"抽象的思维"第二阶段，这一阶段需要通过概念、判断和推理等思维形式完成（盛昭瀚，2019b）。

在复杂的管理认识的第一阶段，直接性、形象性感知如管理的环境开放性和动态性变强了，管理主体行为目的、方式、价值出现了多元异质性，管理目标之间产生了冲突等，这使我们直觉体验到"复杂的管理"的一系列新的复杂形态与特征。

"复杂的管理"中最基本的是出现了"复杂的问题"。当然，复杂的管理中不是所有的问题都是"复杂的"，关于这一点，我们可以依据管理复杂程度与管理环境复杂程度这两个维度对复杂的问题进行简略分类（见图1）。

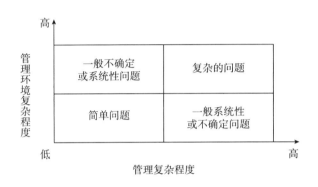

图1　复杂的管理中的问题分类

首先，只要不是管理复杂程度与管理环境复杂程度都高的情况，其相应的管理问题属于以下三类：简单问题、一般系统性或一般不确定问题，对这三类管理问题，可以运用管理中的常规管理或者系统性管理方法来解决。

但是，对于一类管理活动与管理环境复杂程度都高的问题，如异质主体管理组织平台设计、深度不确定管理决策与决策方案的"迭代式"生成方法、复杂性引起的风险分析与防范、管理现场多主体协调与多目标综合控制等，一般不能够仅仅采用上述相对简单方法来解决，而需要根据新的思维原则才能有效地解决它们，我们称这类问题为复杂的管理中的复杂的问题。

这里，我们首先是对"复杂的问题"的外部联系和表面特征进行"生动的直观"认识，总体上，这类问题常常让人们感到难以表述清楚、分析透彻、预测准确、找出原因、做出决策、拿不出好办法、提不出好方案，故而产生了这类问题是"复杂的"直观感知。

再进一步究其原因，例如：管理中的这类问题的边界往往是模糊和不清晰的，问题内部要素之间除了有确定的输入/输出关系，还有不完全确定甚至非常不确定的关联关系；问题要素之间除了有显性的可确知的关联关系，还有隐性的难以确知的关联关系，而且有一些被我们认定的关联要素或关联方式，在实际过程中还可能受其他因素影响而变异，所有这些都会导致人们对这类问题的认知往往是模糊、不确定甚至是盲知的。

其次，这类问题一般都很难完全用一种比较明晰的结构化方法（模型）来描述。事实上，复杂的管理问题往往同时包含着工程技术、社会经济与人的心理行为及文化价值观等要素。其中，工程技术要素基本上受自然科学与技术原理支配，一般可以用结构化方式来描述；社会经济领域要素主要受社会或经济规律支配，可以用半结构化方式来描述；而人的心理行为和文化价值要素往往只能用非结构化方式来描述，因此，这一类问题整体上就必须同时用结构化、半结构化甚至非结构化方式才能完整地描述，这不仅大大增加了问题的描述难度，而且还增添了不同描述方式之间相互集成融合的难度。

最后，这类问题还会涉及多个学科和领域的交叉，需要运用多学科、多领域的知识才能解决。而根据人的认识规律，管理主体对这类问题的认识必然是一个由不知到知、由知之不多到知之较多、由知之片面到知之全面、由知之肤浅到知之深刻的过程，因此，解决这类问题方案的产生将主要表现为主体的一个不断探索的"试错"过程。在这一过程中，管理方案通常不是通过一次"优化"形成的，而是根据对问题认识的深度和准确度，通过对备选管理方案的多次比对、修正与完善来确定的。从总体上讲，这是一个由阶段性中间方案沿着一条从比较模糊到比较清晰、从比较片面到比较全面、从品质较低到品质较高的有序路径，不断迭代、逼近，直至收敛到最终方案的过程。

根据以上分析，复杂的管理中将产生一类复杂的管理问题，而对这类问题的分析与解决需要确立新的思维、模式、流程与方案形成路径，为此，需要我们提出新的科学概念，研究新的科学原理。

（三）复杂性管理问题

在管理现实中，人们认定一个问题是复杂的问题，除了问题自身存在的各种客观复杂因素外，还往往受制于人们自身对问题的认知、分析或者解决问题的能力的缺失或不足，因此，在传统的管理活动中，分析和解决管理问题的经典路径是把这类问题分解成若干部分，把各部分都研究清楚了，整体也就清楚了；如果对部分的研究还不清楚，可以再继续往下分解进行研究，直到每个部分都弄清楚为止，再由最底层的各部分逐一汇总和逐层向上直至把问题整体分析清楚或者解决。

这种解决问题的方法论在系统科学中称为还原论。还原论方法主要是由问题的整体往下分解，研究得越来越细，这在处理关联或结构比较简单的问题时有其优势，但对复杂的管理问题，如下原因使得还原论往往行不通。

（1）复杂的问题一般与管理环境之间都有着非常紧密的关联关系，环境的各种变化会对问题产生深刻的影响，即使影响仅仅作用于问题的某个局部，但由于问题自身相互关联的紧密性，局部的作用也会产生对问题的整体性影响，因此，如果我们把问题局部孤立开，那就无法完整地认识和分析整个问题了。

（2）复杂的问题源于管理原生态的管理活动与过程之中，而任何具体的管理活动与过程都是一个有人、有物、有事、有关联、有因果、有变化并依时空顺序展开的相对独立又有连贯性与整体性的情景及情景流。越是复杂的问题，它的情景与情景流越复杂，并且越和情景与情景流有着紧密的关联，这就要求我们在情景整体性、过程性与演化性中，通过对情景自上而下和自下而上地分析和汇总才能看清、看准和解决问题，并且在这一过程中不能肢解情景与情景流，使情景与情景流支离破碎，或者让问题与情景分离，这都反映了还原论方法论对分析和解决这类复杂的问题的实际功效的缺失。

（3）复杂的问题的性状一般会表现出多种复杂动态性，如突变、涌现、隐没、演化等，这些变化的机理非常复杂，究其原因，许多时候都是问题要素之间存在紧密、复杂的显性或隐性关联，各类关联的机理在时间维度上会发生变化并传导至其他要素，而问题的复杂形态正是这类复杂关联作用及传导机理造成的。因此，无论在物理层面、系统层面，还是管理层面上如果因还原论切断或者改变这些关联，问题的整体性形态就可能会受到极大的损伤或无法搞清楚复杂形态背后的机理。

（4）分析和解决复杂的问题一般都需要跨领域、跨学科、跨专业的技术、手段和方法，因此，需要管理主体构建一个知识齐备、工作机制良好的整体性平台，而还原论缺乏这类组织模式设计与运行的能力。

综上所述，如果我们对这一类构成要素众多、关联和结构复杂、与环境之间有着各种紧密相互作用的复杂的管理问题，在研究和解决问题过程中还仅仅运用还原论把整体问题分解细化为各个相互独立的部分，一个个单独研究各个部分再简单汇总叠加，这势必就把问题各部分之间的复杂关联与结构切断、损伤了，原有的整体性机理也被破坏了，这样，即使把每个部分都研究清楚了，还原论也解决不了整体性问题。

这告诉我们，对管理中的这类复杂的问题，如果我们仅仅采用自上而下的还原论方法，在许多情况下解决不了它的问题整体性，即复杂的问题在方法论意义上具有一种还原论不可逆属性，或者说，还原论不可逆属性导致了一类问题的复杂性，这是认识"复杂的管理"抽象的思维第二阶段的关键一步。

在管理学术研究领域，还原论不可逆问题是一个具有重大挑战意义的问题。因为长期以来，人们基本上都是遵循着还原论路径思考和解决问题，现在一旦面对"还原论不可逆"问题，问题就复杂了，要么不知所措，要么方法缺失。在 20 世纪初，人们在初创系统概念时，就已经感悟到系统整体性中蕴含着这样的复杂的特性，但一直没有能够再深入下去找到破解这一难题的"切入点"。

到了大约 20 世纪 70 年代，随着科学技术的发展，国外科学家在无生命的物理世界里发现了如"自组织""从无序自行产生有序"等"复杂的"现象，科学家把这类现象统称为复杂性并创立了许多"复杂性词汇"来描述或者揭示各种"复杂性"，如信息熵、分数维、随机复杂性、复杂适应系统、混沌边缘等，林林总总多达好几十种，这些概念在研究方法上确实有许多创新之处，如提出的遗传算法、演化算法、开发的 Swarm 软件平台、基于 Agent 的系统建模、用 Agent 描述的人工生命、人工社会等等，极大地深化了对这类复杂性现象的探索（于景元，2016）。

但是，在研究思路上，这类研究基本上都是沿袭了定量化、形式化范式，用某种定义来刻画复杂性，试图从方法层次入手探索复杂性，但复杂性本身是个综合性的难以精准认知的概念，仅仅从某个具体方法入手难以撬动它的厚重内涵，因此，需要通过方法论变革，从方法论入手寻求新的认知路径。

在我国，钱学森首先把这类具有还原论不可逆属性的"复杂的问题"称为"复杂性问题"，因为正是"还原论不可逆"才使得这类问题表现出许多复杂性形态；其次，这类"复杂性问题"广泛存在于社会经济系统之中，这对我国社会经济建设具有重要的现实意义。

钱学森说：复杂性问题，现在要特别重视，因为我们国家的建设、社会的建设，都是复杂性问题，解决这一问题，科学技术就会有一个很大的发展。我们要跳出从几个世纪以前开始的一些科学研究方法的局限性；钱学森进一步从系统方法论出发明确指出：凡不能用还原论方法处理的，或不宜用还原论方法处理的问题，要用或宜用新的科学方法处理的问题，都是复杂性问题。

这样，复杂的管理活动中的"复杂的问题"就其本质属性与钱学森先生提出的复杂性问题相一致。这是在管理系统性基础上，进一步揭示了复杂的管理问题的复杂性属性这一新的论断有着深刻的内涵（盛昭瀚，2019b）。

（1）管理中的复杂的问题不仅具有"复杂的"具象，而且还具有"复杂性"的抽象，这一抽象即为管理复杂性；依据管理复杂性思维的管理活动称为复杂性管理。

（2）运用钱学森系统方法论原则来辨识管理中的复杂的问题，可以精准锁定这类问题中的复杂整体性与涌现性等特质。

（3）钱学森关于"复杂性问题"定义中的"复杂性"是对事物属性的凝练，具体到管理，是对复杂的管理中蕴含的复杂性属性的抽象，即复杂的管理引发、催生了管理复杂性。

（4）随着管理活动的发展，管理复杂性在所有的管理活动类型中数量越来越多、比重越来越大、形态越来越丰富、内涵越来越深刻，整体上出现了管理：从系统性到复杂性的演变趋势。

综上所述，本文认为，在当今管理学领域，特别是在研究当前我国复杂社会经济重大工程系统中的复杂管理现实问题时，或者论及管理复杂性、复杂性管理等基本概念时，主要是依据钱学森先生提出的广泛存在于社会经济重大工程系统之中、不能用还原论方法处理，或不宜用还原论方法处理的复杂性问题，而要用或宜用新的科学方法处理的问题，这与依据国外"复杂性词汇"所描述或者揭示的各种"复杂性"现象与问题的认知路径有着原则上的不同。

二、 复杂系统管理概论

（一）复杂系统概述

前面的论述凸显了一个科学现象：就是从 20 世纪 70 年代开始，许多自然科学领域都出现了一个新概念：复杂性。紧接着，这一概念被系统科学高度关注和在系统方法论层面上给予诠释，体现了多层次、跨学科的大科学思想对当代科学的整体性进步的积极意义。

随着复杂性研究的深入，人们认识到许多复杂性形态都存在"整体上有，局部没有"的涌现性，这与一般系统概念中的整体性特征非常相近，于是就将复杂性隐喻为某一类系统特有的系统形态，如具有层次性结构、要素存在复杂关联的系统就会出现"整体上有，局部没有"的复杂性系统形态，并将这类系统起名为"复杂系统"。"复杂系统"就是在这样的背景下，为了应对复杂性研究而提出的一个新概念，在一定意义上，复杂系统是复杂性的隐喻。

正因如此，国外学者更聚焦于一般复杂性研究，认为"复杂系统"概念是用来诠释"复杂性"的，而"专一的复杂系统理论并不存在"，甚至干脆认为，复杂系统就是复杂性的"别称"（Rotmans and Loorbach，2009）。

钱学森在 20 世纪 80 年代中，以"系统学讨论班"的方式，开始了创建系统学的工作。在讨论班上，钱学森根据系统结构的复杂性，提出了系统新的分类，并在自主创建的系统科学体系中，将系统分为简单系统、简单巨系统、复杂系统、复杂巨系统和特殊复杂巨系统。如生物体系统、人体系统、人脑系统、社会系统、地理系统、星系系统等都是复杂巨系统，其中社会系统是最复杂的系统了，又称作特殊复杂巨系统（于景元，

2016，2017）。

这里，钱学森不把复杂系统看作是复杂性的隐喻，而是系统科学体系中一个实实在在的层级，这样，复杂系统就是系统体系内一类有着自身独特属性的系统类型。根据钱学森的思想，复杂系统的属性就是一类还原论不可逆，或者非可加的复杂整体性，亦简称为复杂系统的复杂性。

至于复杂系统与复杂性问题的关系，钱学森认为，复杂巨系统中就有复杂性问题。系统整体性，特别是复杂系统和复杂巨系统（包括社会系统）的整体性问题，就是复杂性问题；探讨复杂性，宜从研究各类具体的复杂系统入手，寻找解决具体复杂系统复杂性的机理问题，在不断积累的基础上，建立新的理论体系（于景元，2011）。

这样，钱学森通过复杂系统这一平台，不仅用复杂性问题，而且用复杂系统的复杂整体性来刻画复杂管理活动中一类现实的复杂的管理问题的抽象属性，从而构建了复杂系统与管理科学之间的学理融通性，这一点正是本文介绍的复杂系统管理的学术思想精髓。

（二）复杂系统管理的学理逻辑

有了上述复杂系统以及复杂管理活动中一类现实的复杂的管理问题的复杂整体性属性抽象，就可以明确构建复杂系统管理的科学概念。

本文所谓复杂系统管理是基于钱学森复杂系统思维与范式，即在对复杂系统的认知范式、方法论及核心知识架构基础上，通过复杂系统与管理科学融合而形成的对复杂社会经济重大工程系统中一类"复杂整体性"问题的管理实践活动；在学术上，它是关于复杂整体性问题管理知识逻辑化与系统化的科学体系。

当今，中国正经历着历史上最全面、深刻、复杂的社会变革，具有复杂系统管理实践最广阔的实践土壤，这也是开展和深化复杂系统管理研究的原动力和新动能，并为中国学者提供了开展具有中国特色的复杂系统管理"知识变革"和"话语体系"的丰富源泉。

一方面，现实深刻反映了在复杂系统管理领域，人们的实践思维与理论思维之间的辩证关系与客观规律起着越来越重要的指导作用，特别是当复杂系统管理的实践已经发展到今天这样一个新的阶段，实践发展催生学术与理论的升华已经达到一个"临界"状况，虽然该学术与理论体系形成的道路和重要的里程碑事件可能有这样或那样的偶然性，但这一总体趋势是必然的、客观的和历史性的。

另一方面，在对待像构建复杂系统管理新的学术主张这样重要的科学议题面前，我们更应该从人类思维范式这样的高度来认识它。事实上，如果我们把复杂系统管理理论体系当作管理学领域的一棵新生大树，那首先要弄清楚这棵大树是长在什么样的实践土壤上的、其生长的自身基因与机理是什么、必须具备什么样的生态环境与条件，这就需要我们跳出传统管理单一狭小范围，在更高的学术层面与更广阔的学术空间中思考这一问题。首要的就是应该探讨清楚以下基本学理问题。

第一，复杂系统管理领域的基础性理论体系是复杂系统管理整个科学体系的"根"，形成该基础性理论体系的基本条件与环境是什么？像复杂系统管理这样具有重大原创性、宏大性的新的科学领域，没有深深植入现实土壤中的基础性理论体系为"根"，没有必要的思维范式与基础理论为指导，复杂系统管理要在管理学领域真正长成有序的新生大树，并具有优良的学术品格和在实践中发挥指引作用是困难的。

第二，复杂系统管理基础性理论体系的科学内涵是什么？它的标志性理论元素与结构是什么？应该如何保证它的形成过程的规范性？复杂系统管理基础性理论是个完整的体系，如何在构建这一理论体系的过程中，从不同层面、不同视角开放式地进行结构设计、功能设计和逻辑设计，并在广泛的探索中积累经验，所有这些基础性科学问题都必须保持思维方式的科学性和理论形成路径的规范性。如果这些基础性问题不解决，那对复杂系统管理的认知极有可能只停留在"生动的直观"第一阶段，而未达到"抽象的思维"第二阶段，这就难免不出现各种歧义认知并存的现象，并使对复杂系统管理基本认知模糊和混杂不清。

这样，我们首先要确定构建复杂系统管理学术体系的"原点"，并从这一"原点"出发探索复杂系统管理学术体系的形成路径以及该学术体系的逻辑框架。显然，这些必须坚持学理逻辑的适用性与规范性，以保证我们了解和认识复杂系统管理具体的现实情景，并以正确的思维原则揭示复杂系统管理学术形成的一般规律与基本范式。

（三）复杂系统管理思维原则

复杂系统管理的思维原则，就是关于复杂系统管理本质属性的认识论。因为复杂系统管理学术研究是理论思维范畴内的事，只有经过理论思维，才能实现对研究对象本质属性的把握，达到人们认识的高级阶段，即理性认识阶段。这样，就要明确回答复杂系统管理的本质属性是什么。

复杂系统管理实践、现象与问题是复杂系统管理领域学术之源，虽然现实中的复杂系统管理活动与管理问题特征与形态各种各样，而理论主要是探索和寻找该领域基本科学问题的同一性、普遍性与规律性。因此，理论必须对那些具体的多样化的现象与问题进行抽象，只有通过抽象，复杂系统管理理论体系才能体现自身的品质、功能与价值。而要做到对问题抽象，就必然要在一定程度上损失问题的细节、个性以及独特之处，因此，理论研究总是在一定的理想化状态下进行的。需要注意的是，理想化一定要有根据，以复杂系统管理活动来说，它是一类组织协调构建、重构复杂人造系统的实践类型，凡一种稳定的实践类型，实际上就是一种规则或规定性，也就形成了一种区别于其他类型的认知准则。理论研究只有依据这一准则才能对具体现象与问题进行理想化的抽象，才能形成基本的理论元素与理论逻辑。

前文指出，钱学森的复杂系统思想以及由此形成的复杂整体性问题本体的物理复杂性、在复杂系统空间中的系统复杂性以及在管理科学范畴内的管理复杂性三者融通性，从而在更高层次、更大尺度、更多维度的哲学思维层面上为我们提供了对复杂系统管理问题本质属性的认知，明晰了复杂系统管理的思维原则与学术研究范式；反之，如果仅仅依靠多源头"复杂性词汇"开展复杂系统管理的研究，不仅很难在管理学领域构造一个基于复杂系统与管理科学紧密融合的学理同一性的平台，而且还因为复杂性词汇本身缺乏管理内涵的深刻性，从而导致在诠释复杂系统管理现象、挖掘潜在的管理机理时，难有彻底和可持续的功效。

明确了复杂整体性是复杂系统管理理论的思维原则，就确立了对复杂系统管理的认识论。也就是说，不论复杂系统管理理论研究问题的具体形态怎样，问题的本质属性都被规定在复杂系统属性范畴内。这样，复杂系统科学的逻辑体系与话语体系为我们确立理论研究思路、保证研究的规范性提供了极大的支持，管理科学也因此被复杂系统科学注入了强大的学术营养。

（四）复杂系统管理实践思维

上述理论思维原则告诉我们，在一般意义上，研究复杂系统管理问题应该首先和主要研究它们的复杂整体性这一内核，并从内核上揭示问题的规律。但是，我们还要注意到，任何一个具体的复杂系统管理问题，都是个别的、实在的、独特的，甚至是独一无二的，最终都要形成一个完整、唯一、具体的人造复杂系统"完形"。这样，就一个具体的管理问题而言，它既需要思维原则提供一般性道理作指导，还需要通过人的直观、直觉和各种非逻辑思维获得对该管理问题独特性、实在性的认识，并且在此基础上形成把一般性道理变成独特管理实体的意图、计划和方法。即要有从"虚体管理"的蓝图到完整的"实体管理"的筹划，包括具体的计划、流程、方法和技能等，只有在操作层次上把"筹划"一一落实了，复杂系统管理活动才有最终的实际意义。复杂系统管理中的这种以"筹划"为主要任务、旨在将"虚体管理"变成"实体管理"的思维方式称为"实践思维"，这是复杂系统管理活动中区别于理论思维原则之外的另一种重要的思维方式。

复杂系统管理的实践思维主要内涵是：管理主体首先是对管理活动中直觉感受到的一类"复杂的"问题进行梳理和分析；并主要从管理多主体在利益、偏好、价值观等方面的异质性，管理主体的适应性与自组织行为，管理活动要素之间的各类复杂关联，管理环境的深度不确定性、突变与演化等动态性，管理活动架构的多层次、层次之间的涌现或者隐没，管理过程中的信息不对称和不完全、不确知等方面进行分析、归纳，形成不仅仅运用还原论来完整认识管理问题的认知路径，此即为管理复杂性的认知的综合集成。

进一步地，主体在复杂管理活动虚体"可变性"思维基础上，通过多种适应性行为来"降解"问题的复杂性，并且在管理活动中将复杂性整合与"复原"，实现问题原来复杂性的真实和完整。

以上实践思维简称复杂性思维，运用复杂性思维范式应对复杂整体性问题的管理活动称为复杂性管理，复杂系统管理就是一类复杂性管理。复杂性管理是一类新的管理思维范式与形态，是传统管理思维融合了复杂系统思维范式，应对当今管理复杂整体性而与时俱进出现的适应性和时代化产物。

由此可见，在实践中，复杂系统管理不是仅仅考虑到问题与外部环境的相互作用与影响、问题内部要素之间的关联性、结构的完整性、功能的多目标等等，这些主要是问题的一般系统性的反映；而复杂系统管理更关注和破解问题的复杂整体性，复杂整体性既有各种形态的复杂性，又有复杂性基础上的"非可加"整体性，还有整体性引发的复杂性以及复杂性与整体性相互之间的纠缠与耦合，如问题的深度不确定性、整体层面上的还原论不可逆性等。因此，对人们而言，复杂整体性问题中出现的目标多元甚至冲突、问题前景难以预测、需要多次"试错"才能形成解决问题的方案、目标常常做不到"最优"，有时只能够得到次优或者比较满意的方案，甚至只能从底线思维出发，考虑如何不致问题出现最坏的情况等等，所有这些，都是问题复杂整体性带给我们的挑战。

（五）复杂系统管理基本范式

人的认识总是从具体到抽象、从感性到理性的，因此，在复杂系统管理过程中，人们首先是从直观上感受到复杂系统中复杂整体性问题的物理复杂性，这往往是人们在复杂整体性问题物质性资源组成的硬系统层面上对系统物理形态的感性、直观认知；接着，人们将复杂整体性问题的物理复杂性在系统科学思维层次上进行抽象，并运用系统科学话语体系进行表述，提炼出如复杂整体性问题环境高度开放性、工程主体多元异质性、问题要素之间强关联、多约束、问题状态或者主体行为和功能具有演化和自组织等系统复杂性属性，复杂整体性问题的系统复杂性是其物理复杂性在复杂系统范畴内的凝练与抽象，也是复杂整体性问题物理复杂性在复杂系统空间中的"映像"。进一步地，人们再在管理科学范畴内，结合前述系统复杂性，并依据管理思维原则、基本原理、方法论等，对复杂整体性问题管理的理论逻辑与话语体系进行转换，运用复杂性思维来认知、分析和解决问题。这就构成了复杂系统管理在管理过程中基本的物理复杂性—系统复杂性—管理复杂性学理链的完整性与融通性，可以把这一路线理解为复杂系统管理的基本范式或者基本模式。这符合钱学森提倡的"宜从研究各类具体的复杂系统入手，寻找解决具体复杂系统复杂性的机理问题，在不断积累的基础上，建立新的理论体系"的思想。

（六） 复杂系统管理学术内涵

学术，粗略地可以理解为学问，理论无疑是学问中最核心的部分，理论研究也就在所有学术活动中占据最重要的地位，因此，理论的创新价值一般就是学术发展的标志。

根据理论的一般性定义，复杂系统管理理论就是相关管理知识系统化与逻辑化的体系。

从前文我们知道，复杂的管理问题由简单问题、系统性与不确定性问题以及复杂性问题三个层次组成，每个层次的问题都有相应的管理知识，因此，复杂系统管理的知识自然主要是指关于复杂性问题的管理知识。

总体来说，复杂系统管理知识不仅需要将多个学科的知识进行汇总，而且在许多情况下，更需要我们把多领域、多学科知识相互渗透、形成新的知识与方法，例如，对于复杂整体性问题的决策，需要我们把科学理论、人的经验、知识、智慧与计算机技术、数据科学融合在一起，形成新的分析力与判断力。这说明，复杂系统管理的知识既包括知识单元之间的集成，又包括知识单元之间的综合，体现了复杂系统管理知识的系统化。

另外，复杂系统管理的知识元素之间要通过彼此的隶属关系、包含关系、并列关系、联结关系、反馈关系等各类逻辑关系，通过推导、判断和推理帮助我们认识复杂系统现象、分析复杂整体性管理问题，还要能够由系统化的知识群与知识链生成、拓展出新的知识。这样，知识的逻辑化才能保证和支撑复杂系统管理知识体系成为"活的"、自生成、自发展、鲜活有生命力的"演化型"知识体系。

例如，复杂整体性是复杂系统管理的本质属性，具体而言，这是通过管理本体复杂性、管理主体行为复杂性与管理环境复杂性及彼此之间的逻辑关联形成的复杂系统管理这一人造复合系统的综合复杂性，因此，需要通过对各方面复杂性知识的逻辑化来形成描述和分析这一人造复合系统综合复杂性的整体知识，并以此为核心开展一系列复杂整体性管理问题的研究。

这样，经知识系统化与逻辑化形成的复杂系统管理理论才能够指导我们在认识复杂系统管理本质特征的基础上，通过规范的思维方式和逻辑推导研究该领域反映复杂系统管理本质属性的那一类复杂整体性问题。

综上所述，复杂系统管理理论是人们在复杂系统管理实践活动与思维活动中建立起来的以知识为基本要素的系统化与逻辑化体系。在这一体系的支撑下，人们更有条理地描述和理解复杂系统管理实践活动中的各种现象，也更深刻揭示管理问题与活动的本质特征与一般规律，因为该体系已经被赋予了系统化与逻辑化研究对象本质属性的品质。

（七）复杂系统管理方法论

钱学森于 20 世纪 70 年代首先在方法论层次上，创新性地将整体论与还原论统一在一起，提出了认识、分析和解决复杂系统组织管理的方法论。20 世纪 80 年代初，钱学森又在系统论的基础上明确提出了系统论方法。系统论方法的基本路线是从系统整体出发将系统进行分解，再综合集成到系统整体，最终从整体上研究和解决问题。

由此可见，系统论方法不仅吸收了还原论方法和整体论方法各自的长处，同时弥补了各自的局限性，这对研究和解决复杂系统管理中的复杂整体性问题具有重要的指导意义。钱学森把这种解决复杂整体性问题的整体论与还原论统一在一起的方法论称为综合集成。

在复杂系统管理实践中，需要建立一个由管理主体群体组成的管理组织来操作、运用系统论方法。该管理组织将把管理活动的各个部分和各个问题作为整体性系统的管理活动的一个部分进行研究和解决，各个部分的目标和解决方案都要从实现整体管理系统来考虑；同时，该组织又要把复杂系统管理活动作为各个部分构成的整体来设计和看待，而每个部分的目标都要从整体管理目标实现的角度来考虑，管理组织对管理过程中的各个部分和问题之间的冲突，也都要在遵循整体性目标的原则下解决。

运用系统论方法，对复杂系统管理活动进行组成要素选择、关联与结构设计、总体功能分析、活动与环境及其他系统之间的协调等，需要运用跨领域、多学科的手段与方法，包括自然科学、社会科学与人文科学的各种工具和方法，要对各类管理问题进行定性定量分析、系统建模、仿真、实验，在一定的科学程序下得到总体解决方案，并把这样的方案作为决策的依据或参考。

（八）复杂系统管理方法体系

到了 20 世纪 80 年代，钱学森的系统论思想更加清晰。他认为，在分析、解决复杂系统管理问题时，需要从整体层面上研究和解决问题，为此需要运用多领域、多专业的知识；需要采用人与计算机相结合但以人为主的方法；需要多领域专家的合作和智慧；还需要运用定性、定量及科学实验等方法。并在此基础上发展成为综合集成思想，提出了将还原论方法与整体论方法辩证统一起来的综合集成方法体系（钱学森，1981，1982，1991）。

综合集成方法体系是钱学森长期以复杂系统管理为背景，融合多学科、多领域的技术和方法提出的一种用来认识、分析和解决复杂系统的复杂性管理问题的整体性方法（钱学森等，1990）。本质上，这类问题的复杂性主要来源于主体认知能力不足、客体本身及环境的深度不确定性等，而运用综合集成方法体系来处理这类问题时，具有以下优势。

（1）管理主体可以通过集成各类管理资源和各种方法，来提高对复杂性管理问题的认知、分析与驾驭能力。

（2）管理主体可以在实践中形成一个对复杂性管理问题认知与分析的过程。在这一过程中，将形成一个对问题相对无序、相对模糊、相对不准确，但不断完善的方案序列来逐步逼近最终解决复杂性管理问题的方案。

由此可见，综合集成方法体系与复杂系统管理复杂整体性问题的特点以及解决原则与路径是匹配的，与复杂系统管理思维原则也是一致的。

在指导复杂系统管理实际活动中，综合集成方法体系形成了一个具有分析、判断和解决复杂整体性管理问题功能的管理系统，这一系统包括以下部分：①对复杂系统管理的复杂整体性管理问题开展分析的认识系统；②对复杂系统管理活动进行运作的协调系统；③对复杂系统管理进行现场综合协调的执行系统。这也是复杂系统管理体系的三大实际功能。

综上所述，综合集成方法体系是在系统论指导下对解决复杂系统管理复杂整体性问题方法体系的整体设计，并非针对某一个具体的复杂性管理问题所使用的具体方法的选择。但是，确立了上述综合集成方法体系的理念，既能够保证我们在系统论指导下确立方法论，保证方法论的科学性，又能够保证我们比一般方法论更结合管理问题的实际而选择恰当的方法，使系统论在复杂系统管理实践中发挥实在的可操作的作用（盛昭瀚等，2019）。

当前重要的是要在复杂系统管理学术研究中，大力将综合集成方法体系转换成实际管理现场各种管理方法并形成方法体系，切忌简单地把"综合集成"当作概念化的"标签"。

三、 复杂系统管理的中国特色

任何管理学术形态都属于主观的存在，它来自于人们的思维对于现象世界原因解释的主观构造。凡构造物都有品格，即品性与格调，品格可以理解为是一种质量属性，所以，管理学术是有品格的。管理学术的品格有着多个维度，其中，"时代化的本土化"是其基本品格之一。

管理学术的"时代化"是指学术在与时代相互作用中与时俱进；而管理学术的"本土化"则是指学术要关注管理实践的空间位置。这样一来，管理学术的时代化不仅会充满着时代气息，同时还会充满着浓厚的"乡土"气息。

复杂系统管理主要是对我国社会经济重大工程人造复杂系统中一类复杂整体性问题的关切与回应，因此，要充分认识到复杂系统管理学术的时代化总是与管理实践中国化紧密联系在一起。特别在今天，时代化是普遍原理，中国化是时代化在中国的具体形态；时代化通过中国化走向中国管理实践，中国化又通过中国管理实践与理论发展促进和推动学术的时代化。这就是复杂系统管理中国特色属性的渊源与品格的现实意义。

当今，复杂系统管理中国特色的主要形态与意义在于以下几个方面：

（一） 我国传统文化的滋润

复杂系统管理最初的渊源是复杂性概念。西方科学哲学强调实证主义，以现象论观点为出发点，认为一切科学知识都是建立在来自观察和实验的经验事实基础上，认为通过现象能够把握感觉材料，归纳得到科学定律。因此，在 20 世纪七八十年代，西方科学家在物理实验基础上感知到本体的"复杂性"现象，并试图设计各种基于现象的定义得到复杂性的科学定律。

中国文化中的本体却更具理学精神，如儒家的"仁"、道家的"道"、佛家的"性"等都表达了人的思维精神与观念本体。在这里，本体已经不只是物理、物质性，而更有物理、物质性之外、之上的人的理性。正是从中华传统文化这一本体内核出发，钱学森既看到物理、物质性本体，又看到人的"内为心性"的观念本体，在物理、物质、社会的一类"复杂系统"本体的认知基础上，凝练出表达人的思维与观念的"复杂性"，作为复杂系统本质属性，这一理念突破了还原论对复杂性思想的桎梏，并以一种理性思维的方法论来辨识复杂性，从而确立了一条自主性的认识复杂系统的路线，充分体现了复杂系统管理内涵中的中华民族文化精髓。

另外，近几十年来"陆续出土的战国缣帛简印证了战国时期的儒、道、法、墨等诸子各家不同流派'诸家杂糅'的相融相合的现实，认同'万物虽多，其治一也'。这是两千多年前经过几百年文武两条战线我国思想熔炉锤炼而成的治理思想'集大成者'，它是我国传统文化体系特别是我国治理思维逻辑体系的源流"（潘越，2020）。

钱学森继承我国传统文化中这一"集大成"文化精髓，即把一个非常复杂的事物的各个方面综合集成起来，达到对整体的认识，以集大成得智慧，所以，钱学森把关于复杂系统管理的这套综合集成方法称为"大成智慧工程"，再将大成智慧工程进一步发展，在理论上提炼成一门学问，就是"大成智慧学"。所有这些，不仅说明了中国传统文化对两千多年中国历史长久发展的有力推动，也成为今天构建复杂系统管理思想体系的强大基因。

（二）钱学森系统思想的内核

钱学森是以复杂系统复杂整体性来界定和辨识复杂系统管理中"复杂性"的，这让我们确立了实践中的复杂的问题、系统空间中的复杂性问题以及管理空间中复杂整体性问题之间的学理同一性。没有这一学理同一性，就没有复杂系统管理的整体化内涵，也难有研究复杂系统管理的共同平台、逻辑起点与思维原则；复杂系统管理研究极可能缺乏自主性，如陷入国外"复杂性词汇"的学术话语依傍。

另外，钱学森还自主性提出了如下的关于复杂系统管理认知范式。

第一，复杂系统管理活动由管理决策主体与组织、总体决策支持体系与总体执行体系三个部分构成，各个部分分别有不同主体并有各自的组织运行方式及基本功能，部分之间相互关联、耦合构成了一个更为复杂的递阶分布式管理组织系统，它是以复杂系统为子系统的复杂系统。

第二，通过决策主体部分与总体决策支持体系之间的相互作用，主要开展复杂系统全局性与战略性的决策工作，最终形成一整套关于复杂整体性问题的整体决策方案。

第三，总体执行体系部分主要将复杂人造系统造物与管理的一系列方案付诸实施。其中，管理主体的主要职能是通过对人造物硬系统与管理软系统进行整体协调、统筹与资源优化配置，从而保证有序和有效地实现管理总体目标。

第四，复杂系统管理活动中的各个部分、管理系统以及管理对象之间共同形成了递阶式的复杂系统而复杂系统管理表现出的综合功能，如自适应、自调整功能不仅体现在该系统内部和整体功能上，而且体现在对外部自然、政治、社会、经济环境变动与演化的适应性和鲁棒性上。

钱学森上述关于复杂系统管理的思想已经成为复杂系统管理学术的内核，促进了复杂系统管理从系统科学到管理科学的转换与"落地"。

（三）我国航天工程的积淀

复杂系统管理在我国有着极其丰富的实践基础并源源不断地成为复杂系统管理思想、经验与理论的源泉。最能体现我国复杂系统管理实践与学术思想紧密结合的就是我国几十年来航天工程与"两弹一星"的复杂系统管理实践，其中，既包括复杂系统管理思想与理论等方面的原创性成果，也包括驾驭复杂系统管理实践方面的系统性贡献。所取得的巨大成就在全世界都属首屈一指，充分彰显了复杂系统管理在我国的强大力量。

钱学森以他从事数十年重大航天工程实践为基础，于20世纪70年代在方法论层次上，创新性地将整体论与还原论统一在一起，提出了认识、分析和解决复杂系统管理问题的方法论。

20世纪80年代初，钱学森在系统论的基础上进一步明确提出了系统论方法，复杂系统管理在方法论上属于系统论管理。系统论管理首要的是从整体上去研究和解决问题，通过系统论的优势既要把管理对象的复杂整体性显现出来，还要把管理对象的复杂性驾驭住，进一步地，钱学森在此基础上提出了关于我国航天工程复杂系统管理的综合集成方法体系。

（四）我国丰富的重大现实需求

当今，复杂系统管理在我国已经是社会经济重大工程等各个领域普遍的重要实践形态。

习近平总书记指出："进入新发展阶段，贯彻新发展理念，构建新发展格局，需要解决的问题会越来越多样，越来越复杂。"并进一步指出"我国全面深化改革是一项复杂的系统工程"。系统工程是组织管理的技术，所以，总书记的这句话表明，我国全面深化改革实践既是实践的复杂系统，也是复杂系统管理的实践，给我国全面深化改革指明了复杂系统管理的思维原则。

习近平总书记还指出："创新是一项复杂社会系统工程。实施好关键核心技术攻关工程，尽快解决一批'卡脖子'问题。"一般来说，破解"卡脖子"技术的研发过程与最终复杂技术人造物的实现必然涉及社会、经济、科学技术、管理和文化等多个领域，需要把自然科学、技术科学、工程科学、社会科学与人文科学相结合、政府职能与市场职能相结合、专家经验与科学理论相结合、多种学科知识相结合并使这些结合相互渗透融为一体；需要科学分析各种要素与资源的系统性与复杂性，以及如何"涌现"和驾驭复杂技术人造物形成的新动能，因此，破解"卡脖子"关键技术问题是一类典型的复杂系统管理活动。

再如，太湖是我国第三大淡水湖、重要水源地。长期以来，太湖水环境对我国长三角地区社会经济发展起了巨大的保障支撑作用，同时，太湖水环境问题也非常突出和敏感。目前，太湖流域水环境问题虽然得到了较大缓解与改善，但是，总体上太湖治理效果的脆弱性、反复性、不稳定、不均衡等顽症一直存在。这些严峻的现实告诉我们：因为受制于边际效应递减规律，太湖治理已经进入爬坡过坎攻坚阶段。特别是，当前太湖水环境治理面临着"生态文明建设新时期""经济增长转型升级期""治理攻坚克难期"三期叠加带来的复杂性巨大挑战，治理要求更高、工作难度更大、治理投资的持续增加出现困难，很多体制机制类水环境治理弱点以及治理机理性动能不足和不均衡现象逐渐凸显。事实表明，太湖水环境问题及关于太湖水环境治理变革需要以现有治理体系理念、认知、模式与技术存在的问题为导向，以补齐系统性治理短板、深化对治理复杂性认知、提升治理绩效与鲁棒性为目标，通过水环境治理模式与技术的变革性重构，对太湖水流域自然关系、社会关系、经济关系、技术关系进行综合性改进、完善与优化，形成新的治理动能，推动太湖流域"人与水环境生命共同体"的实现，所有这些综合在一起，就形成了我国太湖流域水环境治理变革这一重大复杂系统管理问题。

综上，清晰地看到复杂系统管理领域中中国特色多个方面的体现和反映。

四、 复杂系统管理： 管理学的一个新领域

（一）复杂系统管理是管理学的新领域

管理学是人类管理实践在科学层面上形成的理论、方法与应用体系，管理学体系内部，又因为管理思想、范式、主题、内涵、方法论不同而形成一个个相对稳定、特征鲜明的门类，即领域，每个领域都具有自身标志性的、能够区别其他领域的独特属性和特征。

在这个意义上，复杂系统管理因为已经具有自身的学理逻辑、思维原则、实践思维、基本范式、基本内涵、方法论与方法体系，而具备了一个学科领域自我成长的逻辑起点、生态环境与内生动能，因此，复杂系统管理已经形成了管理学一个新的领域的基本雏形。特别是，复杂系统管理还因为以下特征表现出自身生命力的强壮性与鲜活度。

（1）复杂系统管理不是用复杂系统科学取代管理科学，也不是管理科学完全照搬和套用复杂系统科学，而是管理科学在充分汲取复杂系统学术营养的基础上，通过揭示人与复杂社会经济重大工程系统中人对复杂整体性问题的管理行为与规律，增强自身应对复杂整体性管理问题的能力与活力。

（2）复杂系统管理是基于复杂系统思维与范式，通过复杂系统与管理科学融合而形成了新的自身学术理念、模式与内涵。在实践上，它主要是对复杂社会经济重大工程系统中一类"复杂整体性"问题的管理活动和过程；体现了研究问题的物理复杂性、系统复杂性与管理复杂性的完整性与融通性。

（3）复杂系统管理主要源于我国管理实践，有着长期的实践积淀与当今重大现实需求，充分体现着中华传统文化的滋润，因此具有鲜明的中国

特色。

（4）一般情况下，复杂系统作为人们对客观事物属性认识凝练的话语表述，是一个相对独立和具有特定背景的语义。复杂系统管理中的关于复杂系统认知源于钱学森构建的系统科学体系，这样，钱学森就在原创性的系统科学体系与管理活动类型之间以系统方法论为纽带，把原本混杂、无序的复杂的管理认知条理化和逻辑化了，使复杂系统管理在学理上具有合理性、适用性与规范性。

（5）复杂系统管理是个高度开放系统，具有不同的学术流派和方向，但是，钱学森的系统科学体系与方法论已成为复杂系统管理最基本的学理逻辑链的内核与底蕴。

因此，根据恩格斯关于"科学是一种特殊的社会建制"和"生产的目的与科技发展水平之间的矛盾是推动科技进步的基本动力"的重要论断，复杂系统管理已经形成了我国管理学体系中一个具有中国特色、自身学理逻辑、方法论特征和实际应用优势的新领域的基本雏形。

（二）复杂系统管理新领域的发展要旨

虽然复杂系统管理在多方面已经具备了一个领域的基本雏形，但是，如何深化与完备领域的学科体系、学术体系与话语体系建设；如何把"三个体系"融合成一个相互关联、相互促进的整体，如何实现复杂系统科学与管理科学融合，保证在管理学意义下复杂系统范式的适用性，从而使复杂系统管理跨学科研究范式转移具有必要的逻辑前提，特别是，如何根据当前现实情况，在领域"三个体系"整体层面上，做好将"复杂系统管理系统工程"向"复杂系统管理"转化，并让复杂系统管理植根于管理学学术生态中，都需要逐步完善和完备，因此，不能认为复杂系统管理在管理学范畴内已经是一个成熟的领域，相反，它强烈表现出作为管理学一个新的领域的变革性内涵与发展要旨，需要做大量的原创性体系性知识创新与变革。

总体上，复杂系统管理可在整体性框架下，开展如下的系统性研究：①复杂系统管理逻辑前提与基础理论体系；②复杂系统管理组织管理系统工程体系；③复杂系统管理知识形成范式转移与路径变革；④复杂系统管理综合集成方法论体系；⑤复杂系统管理综合集成方法论下的方法体系；

⑥复杂系统管理典型重大应用。

另外，以下一些科学问题对于当前复杂系统管理研究具有重要的学术意义：①社会经济重大工程领域复杂系统与复杂整体性问题基本属性与特征；②复杂系统与管理科学融合的适应性与范式；③复杂系统管理活动中主体的基本思维原则；④复杂系统管理组织治理模式变革与关键技术；⑤复杂系统管理复杂整体性模型化与综合符号系统；⑥复杂系统管理交叉学科研究范式与新机制；⑦社会经济重大工程领域复杂系统管理若干重大科学问题研究；⑧基于现代技术环境下复杂系统管理方法新的拓展与突破。

哲学的基本原理告诉我们，不仅理论的"真"源于实践的"实"，而且理论的丰富、发展及方法论与方法体系的构建，也要依靠实践。因此，复杂系统管理理论体系研究必须扎根于现实的复杂系统管理活动实践之中，才不致使理论成为无源之水、无本之木，特别是要源于我国丰富的社会经济重大工程复杂系统管理实践，由对实践认知的"生动的感觉"逐渐升华为"理性的抽象"，在理论层面上形成共性知识和原理。例如，中国特色社会主义制度和国家治理体系对于"集中力量办大事"破解大规模、全局性复杂系统管理难题具有巨大的推动力，因此要深入开展复杂系统管理中如何完善和发展国家治理体系和治理能力现代化的理论研究等。

在实践中，复杂系统管理理论思考与学术创新始终表现为一个继承过程，是对前人思想、学说的借鉴与学习过程，更是一个宏大的知识创新系统工程，要把创新放在第一位才可能取得发展与进步。因此，我们决不能仅仅重复钱学森近40年前提出的那些思想和"金句"，而要充分以我国当前重大战略性新需求为导向，充分保持学术韧性和想象力，实现系统科学思维在管理科学领域"落地"并形成管理科学应对复杂整体性问题的新的动能。

（三）复杂系统管理发展正在路上

现实和学理分析表明，复杂系统管理一方面已具领域的基本雏形，另一方面又有着巨大的发展、完善空间，因此，特别要注意研究过程中学理的规范性和范式的适用性。

虽然学术思维的高度开放性有利于鼓励复杂系统管理在很多方面可以

从其他学术领域学习到很多东西，但作为复杂系统管理基础性的认知范式与逻辑起点，应在统一的思维原则下，鼓励多学科交叉与融合，而不是、不宜、更不能以另外某一个领域的学术体系为基准，把复杂系统管理学术体系"投影"到该基准上，然后用该领域的学术思想、概念与话语来"翻译"复杂系统管理学术。这样的"寄生型"做法不是也不可能成为复杂系统管理理论研究的规范化路径。另外，也不能在没有统一的思维原则情况下，仅仅以某个或多个其他领域的现成结论和方法为基础，再将它们"拼装"起来成为复杂系统管理学术体系。

以上这种模式因为都不能深刻反映复杂系统管理自身活动与科学问题在实践层面和认知层面上的本质属性，所以，无法保证获得知识的系统化与逻辑化、完整性与深刻性；至于用一些新科学领域的概念与名词来诠释复杂系统管理问题，可能具有小范围或孤立的意义，但同样因为缺乏哲学思维同一性与实质性内涵而导致科学研究的内卷化。凡此种种都在提醒我们，开展复杂系统管理研究必须遵循学术发展的基本规律与范式。

当前，在复杂系统管理研究中，要特别注意防范以下几种可能的倾向。

（1）忽视基础性理论研究。复杂系统管理研究具有学术上的突破性，需要原创性基础理论的支撑，但是，基础性理论的构建是困难的。因此，研究者不能为了快速取得研究成果而忽视和避开理论研究，而仅仅沿袭某一现成的技术方法体系开展研究，这样不仅会使得复杂系统管理自身难以实现真正的学术突破，而且对复杂系统管理技术方法的研究也难以取得与基础性理论学理一致的方法体系创新成果。

（2）研究问题逻辑模糊。复杂系统与复杂系统管理都是宽泛而模糊的概念，这给复杂系统管理研究带来了实际上的困难。从基本逻辑讲，复杂系统管理主要研究对象是社会经济重大工程复杂系统中一类复杂整体性问题，因此，那些完全遵循自然规律而不具有社会性规律的复杂系统问题不宜纳入复杂系统管理问题范围之中，进一步地，对复杂系统管理中的人的行为准则与现象的复杂性研究，相当大的程度上不宜采用传统意义上的"管理""管控"思维与手段，而需要采用共享、融通、共治、多中心等现代治理思维与新的研究范式转移，这里要特别注意的是不能以事实上的简单系统还原论思维研究复杂系统管理。

（3）数学工具化倾向。管理问题数学化在管理科学研究中发挥了并将继续发挥重要作用，同时，我们也要充分注意到，复杂系统管理中的复杂整体性以及综合集成方法体系的内涵告诉我们，数学不仅不具备对复杂性问题的全部描述与分析的功能，而且往往由于数学面对现实复杂性不得不"大力度"地降低复杂性来"适应"数学化范式的制约，这必然会"损伤"复杂系统管理的真实世界情景与人的行为的复杂性。这样，即使数学模型再新颖、技术技巧再"漂亮"，也仅仅是用一个严重"失真"的复杂的问题来替换原本实实在在的复杂整体性问题，这样的脱离实际核心情景的数学化谈不上真正科学价值。

任何理论体系，它发现的道理、揭示的规律都是相对的真理，即它们都是相对正确、相对深刻和相对全面的。因此，理论只有相对的真理性，不能指望依赖一个理论体系解决复杂系统管理的全部实际问题。特别是在复杂系统管理实践活动中，除了逻辑思维，还有非逻辑思维与其他种种思维。因此，在复杂系统管理实践活动中，没有理论是不能的，但也不能存在"理论是万能"的想法。

另外，复杂系统管理模式不应理解为是唯一的，如同管理学领域内众多其他管理思想一样，在构建和发展复杂系统管理的态度上应该是开放的、包容的，要形成"百花齐放，百家争鸣"的态势，才有利于复杂系统管理学术的发展与进步。

构建复杂系统管理理论不是一件容易的事情，将其修正、完善、拓展和提升更需要长期艰苦的探索。考虑到复杂系统管理是一个含义广泛、深远的概念，它与时空、地域、实践类型、环境、文化、制度、历史、政策等紧密关联，并且又受到主体观察问题的视角、思考问题的方式与水平等影响，因此，复杂系统管理的学术发展必然是一个要经过长时期努力才能一步步完成的任务，甚至永远没有彻底完成之日。

综上所述，当前，复杂系统管理现实对管理理论的构建提出越来越强烈的需求。同时，不断丰富的复杂系统管理实践、越来越壮大的研究队伍以及不断积累的研究成果也都为构建复杂系统管理学术体系准备和提供了许多基础性条件。在这个意义上，我国复杂系统管理实践与理论的发展正在前行的路上。

五、 深化钱学森复杂系统管理学术思想的基本思考

综上所述，钱学森的系统科学思想、理论与他作为领军人物的我国航天工程与"两弹一星"的复杂系统管理实践，让我们强烈、明晰而深刻地感受到：几十年来钱学森对我国复杂系统管理领域的学术内核与底蕴的形成做出了重大的奠基性贡献。

与此同时，时代的发展也需要我们在钱学森复杂系统管理领域的学术内核与底蕴基础上，根据新时代对我国管理学学术品格、贡献与特色等维度上的新要求，进一步凝练钱学森学术思想的时代内涵、深化管理论域、彰显文化精神、强化在国际学术舞台上的话语影响力。

钱学森关于复杂系统管理的核心内涵自 20 世纪 80 年代开始形成，至今已有近 40 年了。在近 40 年中，无论复杂系统管理基本形态、现实需求、问题内涵，还是相关哲学思想、理论与方法的探索都发生了重大变化与进步，也面临许多新的挑战。另外，复杂系统管理作为管理学领域的科学建制，需要进一步把钱学森的系统科学思想及其话语体系按照管理学的思维与话语体系进一步系统化与逻辑化。在这个意义上，深化对钱学森系统科学学术思想管理内涵的认识与拓展、发扬钱学森学术精髓的韧性，是我们深化钱学森复杂系统管理思想时代性使命的基本背景与学理。

深化钱学森复杂系统管理思想的基本内涵是：在当今全球进入复杂的系统性大变革形势下，以钱学森复杂系统管理的内核和底蕴为基础和逻辑起点，努力继承、创新和发展钱学森学术思想，同时融合当代世界多元知识文明与现代科学技术，加快对钱学森复杂系统科学与系统工程学术的管理学内涵、范式、话语体系的深度挖掘与体系化是我们管理学界的一项有着深刻现实和前瞻性意义的工作。这一工作需要我国管理学界的广大学者进一步在复杂系统思维范式与逻辑前提下，进一步注入管理科学领域新的思想、新的学理、新的论域、新的格局、新的话语与新的时代元素，使钱学森复杂系统科学与系统工程学术思想更深刻、更鲜活彰显对当今复杂系统时代的管理活动特质、形态、行为和规律的洞见与驾驭，并作为一个具

有中国特色的复杂系统管理"知识变革"与"学术主张"新体系在世界学术舞台上发出"中国声音"。

深化钱学森复杂系统管理学术思想不仅包括许多高端的学术提升和创新工作，也包括许多基础性的学术探索和铺垫工作，任重道远，总体上是一条漫长而艰辛的前进道路，需要若干年我国学者们默默无闻、坚持不懈；但这又是当今我国管理学发展道路重大转折对管理学理论时代化与本土化品格的呼唤，是对我国管理学界直面时代性管理真学问与大学问的检验，我们应该为此做出时代性的贡献。

六、 结语

当今，人类已经进入复杂系统时代，复杂系统管理实践不仅对落实中央重大战略方针、加强国家治理顶层设计与整体谋划具有重要现实意义，并且复杂系统管理学术研究在当今全球管理学研究领域中具有重大引领性、前沿性和厚重感，同时是在新的历史阶段和历史高度创立我国自主性管理学术的新标志。

钱学森复杂系统思想、学术成就与实践贡献已经成为我国复杂系统管理的内核与底蕴；在当前新的形势下，深化钱学森复杂系统管理学术思想是当今我国管理学界一项时代性使命。

参考文献

［1］Rotmans，J. and Loorbach，D.，2009，"Complexity and Transition Management"，*Journal of Industrial Ecology*，Vol. 13（2），pp. 184～96.

［2］Sheng，Z.，2018，*Fundamental Theories of Mega Infrastructure Construction Management*，New York：Springer.

［3］钱学森、许国志、王寿云：《组织管理的技术——系统工程》，《文汇报》，1978 年 9 月 27 日。

［4］梁茹、盛昭瀚：《基于综合集成的重大工程复杂问题决策模式》，《中国软科学》，2015 年第 4 期。

［5］潘岳：《被误读的"百家争鸣"》，《文化纵横》，2020 年 9 月

15 日。

［6］钱学森、于景元、戴汝为：《一个科学新领域——开放的复杂巨系统及其方法论》，《自然杂志》，1990 年第 6 期。

［7］钱学森：《创建系统学》，山西科技出版社，2001 年。

［8］钱学森：《大力发展系统工程，尽早建立系统科学的体系》，《光明日报》，1979 年 11 月 10 日。

［9］钱学森：《论系统工程》，湖南科学技术出版社，1982 年。

［10］钱学森：《再谈开放的复杂巨系统》，《模式识别与人工智能》，1991 年第 4 期。

［11］钱学森：《再谈系统科学的体系》，《系统工程理论与实践》，1981 年第 2 期。

［12］盛昭瀚、薛小龙、安实：《构建中国特色重大工程管理理论体系与话语体系》，《管理世界》，2019 年第 4 期。

［13］盛昭瀚、游庆仲：《综合集成管理：方法论与范式——苏通大桥工程管理理论的探索》，《复杂系统与复杂性科学》，2007 年第 1 期。

［14］盛昭瀚：《大型工程综合集成管理》，科学出版社，2009 年。

［15］盛昭瀚：《管理：从系统性到复杂性》，《管理科学学报》，2019 年 a 第 3 期。

［16］盛昭瀚：《管理理论：品格的时代性与时代化》，《管理科学学报》，2019 年 b 第 4 期。

［17］于景元：《创建系统学——开创复杂巨系统的科学与技术》，《上海理工大学学报》，2011 年第 6 期。

［18］于景元：《从系统思想到系统实践的创新——钱学森系统研究的成就和贡献》，《系统工程理论与实践》，2016 年第 12 期。

［19］于景元：《钱学森系统科学思想和系统科学体系》，《科学决策》，2014 年第 12 期。

［20］于景元：《系统科学和系统工程的发展与应用》，《科学决策》，2017 年第 12 期。

新中国70年工商管理学科科学化
历程回顾与展望[*]

南开大学　张玉利

国家自然科学基金委员会　吴　刚

摘要：针对工商管理学科实践性、应用性强的特点，本文侧重于学科建设的学术研究领域，选择科学化角度总结新中国成立以来工商管理学科的科学化进展，分析中国计划经济时期企业管理科学化实践，从计划经济向市场经济体制转型过程中工商管理学科的形成与发展，以及20世纪中后期以来工商管理学科在学术队伍建设、中国情境的理论研究和国际化等多方面的快速进步，重点剖析了国家自然科学基金对工商管理学科科学化的促进与引领作用。可以清晰地发现，科学化是新中国70年工商管理学科快速发展的主要路径。面向未来，中国工商管理学科所面临的内外部环境发生了很大变化，工商管理学科的重要性越来越突出，工商管理学科要在理论与实践相互促进的过程中发展，要在继续重视微观研究的基础上关注宏观问题，更好地服务国家战略需求和企业发展需要，不断提升工商管理学科的科学性，让工商管理成为负责任的科学，依据科学的力量服务社会。

关键词：新中国70年　工商管理学科　科学化　研究范式

中国管理学思想启蒙较早，先秦诸子的学说着眼于解决如何治国平天下的问题，呈现了"国家管理学"百家争鸣的局面。《孙子兵法》因探索

---

[*]　原载《管理世界》2019年第11期。

战争的一般规律被认为是最早的战略管理学著作。在长期的农业社会中，商业被列为各行之末，并未得到很好的发展。20 世纪初，随着现代大学的兴起，我国开始向西方学习管理学，泰勒等西方管理学家的经典理论陆续引入中国。以南开大学为例，1919 年大学成立时就设立了商科，商学组设国内外贸易、银行财政、商业组织三个学门，1923 年商科专修课程系列化，有今天工商管理的主流课程，如经济学原理、会计学、货币及银行学、财政学、国际贸易、公司理财、商法、商业组织及管理和商业历史等，还有一些专题性课题，如托拉斯问题、广告学原则、劳工问题、交易所、中央银行制等，基本涵盖了商科的主要领域。新中国成立后，我国一方面学习和引进苏联的管理模式和管理学知识，另一方面我国企业也探索出许多有中国特色的企业管理经验和模式，管理学科呈现出计划经济条件下生产导向型管理的基本特征。1978 年党的十一届三中全会及随后的改革开放后，企业管理模式开始从计划经济下的生产型转向市场经济下的生产经营型。1993 年党的十四届三中全会以后，中国开始建立和完善社会主义市场经济体制，这也开启了中国管理学"完善提高"发展的新阶段；2013 年党的十八届三中全会以后进入"全面创新"阶段（黄群慧，2018）。

和大学一样，学科建设也包括科学研究、人才培养、服务社会的功能，学科发展需要很多条件，如研究教学队伍、学会、期刊、评价体系等。本文仅就学科建设中的学术研究，以国家自然科学基金委员会的资料为主，从学科科学化的视角，回顾新中国 70 年来工商管理学科的发展，结合"工商管理学科发展战略及十四五发展规划研究"项目的调查研究，展望中国新商科的未来发展。

一、从科学化角度总结和展望工商管理学科发展的理由

（一）中国工商管理学科的界定

工商管理学科是一门研究社会经济微观组织管理活动规律及技术的科学（陈国青等，2016）。国家自然科学基金委管理科学部针对工商管理学

科，主要资助以微观组织（包括各行业、各类企事业单位）为研究对象的管理理论和管理新技术以及新方法的基础研究和应用基础研究。资助领域包括战略管理、组织理论与组织行为、企业技术管理与创新管理、人力资源管理、财务管理、会计与审计、市场营销、生产与质量管理、企业信息管理、电子商务、运营管理、项目管理、创业管理、国际商务与跨文化管理 14 个分支学科。尽管强调微观组织和基础研究，实践界与学术界还是更多地关注工商管理学科的实践性、创新性，相对于以物理世界为研究对象的学科，工商管理研究成果的普适性受到很大程度的限制，在易变性、不确定性、复杂性、模糊性（VUCA）的时代①的今天更是如此。同样是在管理学门类，和管理科学与工程学科相比，工商管理学科的科学性更容易受到质疑。这并不是说工商管理学科发展要放弃对其科学性的追求，或者说工商管理学科不是科学，而是更应该从工商管理实践的管理创新中挖掘其科学性的成分，这是工商管理学科学术研究的核心任务，也是学科建设与发展的根本路径。

（二）中国管理科学化的曲折发展历程

　　管理科学化一直是理论界与实践界努力的方向。总体来说，科学化就是用科学代替经验，透过个性化找共同规律，决策科学化是管理追求科学化的重要内容。新中国成立之后，积极探索适合我国国情的社会主义工业企业管理，将社会主义制度理论体系投射到工厂管理中，实行党委领导下的厂长负责制和党委领导下的职工代表大会制度，强调职工的主人翁地位，实行"两参一改三结合"②的制度，推行合理化建议。"大跃进"之后，制定了新中国第一个工业企业管理试行条例《国营工业企业工作条例》，即"工业七十条"，努力把计划经济体制落实到企业层面，努力保证国营工业企业作为独立生产经营单位的性质，加强制度建设。"文化大革命"后，又立即出台《关于加快工业发展的若干问题的决定（草案）》，即"工业三十条"，努力提高企业管理和工业管理水平，加快工业的发展

---

　　① VUCA 时代指的是变幻莫测的时代，VUCA 是易变性（Volatility）、不确定性（Uncertainty）、复杂性（Complexity）、模糊性（Ambiguity）的缩写。
　　② "两参一改三结合"制度是指：干部参加劳动、个人参加管理、改革不合理的规章制度以及技术人员、工人、干部"三结合"。

速度。鼓励调查研究，总结并推广典型经验，使得工人在缺乏管理理论与实践经验的情况下参与管理有了具体的抓手。当然，推广典型经验没有强调实事求是和因地制宜，也造成大量的浪费，产生了很多问题，这种生硬的推广经验办法持续到 20 世纪 90 年代初才得到改善。

1952 年院系调整，高校的工商管理教育基本停止，但研究并没有完全停止。1956 年中国科学院成立了运筹学研究小组，许国志、刘源张编著了中国最早的《运筹学》，华罗庚编著了《统筹法》，向全国推广数量管理，取得了较好的效果和经济效益。在企业经济学方面，从 20 世纪 50 年代到 60 年代，中国经济学界出现了孙冶方、顾准、卓炯等大胆探索商品经济（市场经济）的少数理论先驱，他们强调价值规律的作用，为企业内部进行经济核算提供了理论基础。"文化大革命"结束后，管理研究很快得到重视。1978 年 11 月中国管理现代化研究会成立；1979 年 3 月中国企业管理协会在北京成立；1980 年中国管理科学研究会、中国数学会运筹学会、中国系统工程学会相继成立；1981 年中国工业企业管理教育研究会成立（现为中国企业管理研究会）；1979 年 1 月由中国社科院主管的我国第一本管理学学术刊物《经济管理》创刊（陈佳贵、黄群慧，2009）。1986 年 2 月，国家自然科学基金委员会成立，并设置管理科学组。1996 年，管理科学组升格为管理科学部，时任国务院副总理朱镕基出席管理科学学科发展座谈会，发表了著名的讲话"管理科学兴国之道"，他说道，"今天到了要大力提倡改善中国的管理和发展中国的管理科学的时候了。党中央提出了'科教兴国'的方针，这个科学包括自然科学和社会科学两个方面，当然也包括了管理科学。现在，确实需要强调管理科学和管理教育也是兴国之道。我建议，要掀起一股学习管理、加强管理、发展管理科学、加强管理培训的热潮，我愿意跟同志们一起为振兴中国的管理科学而奋斗"（朱镕基，1996），讲话在《人民日报》《经济日报》《光明日报》发表，被报纸杂志大量转载，对管理科学化研究起到了巨大的推动作用。

（三）改革春风唤醒了中国沉睡的商科

改革开放之后，管理教育得到恢复，理工科特色明显的大学率先成立管理学院。1984 年，清华大学、天津大学等高校教育部（原国家教育委员会）批准成立管理学院。综合性大学也纷纷恢复商科教育，如南开大学1980年恢复重建管理学系，1981年开始招收本科生，1983年开始招收研究生。伴随着计划经济向有计划的商品经济、双轨制转型，并快速地向社会主义市场经济建设转型，工商管理教育迅速摆脱单一地向苏联学习的格局，综合地向欧美日等发达经济体学习管理理论和经验，并很快形成主要向美国学习的局面，全面引进教材，大量派访学者赴美国学习交流。MBA教育的兴起、大量的外资引入、合资独资企业大量落户中国，使得管理教育需求增长强劲，"大经济、小管理"的局面被打破。1998年管理学开始独立授学位，不再继续授经济学学位，管理学特别是工商管理学科在逐步提升其学术合法性地位。

（四）实证研究的兴起助推工商管理的科学化进程

美国强调证据的行为在方方面面都能体现出来。以目前在中国大陆仍然非常热的国际认证为例，AACSB由美国商学院发起，EQUIS由欧洲商学院主导，尽管都是国际认证，AACSB明显要求有充分的证据，连学生学习某门课程要提升哪种能力都需要有实际的证据证明是否真能提升，EQUIS却不是这样。以实证为核心的研究范式成为美国管理学界的主流，质性案例研究的多数研究方法，如扎根理论，本质上也是同样的研究范式。这样的研究范式得到中国工商管理学科学术队伍的普遍接受，实证研究方法的学习和培训到处都是，在国外旗舰杂志上发表英文论文成为国内工商管理学科学术队伍的努力目标，也是各种奖励评审的主要依据，20世纪90年代中期一个重要的争论话题——国际化还是本土化，今天早已不是争论的话题，被全球化取代了。

实证研究范式总体上促进了工商管理学科的发展，也贡献了大量的理论知识，尽管还是以验证性、碎片化的知识为主，原创性的理论贡献仍不足。同时其在国际影响力方面进步也很大，工商管理学科的一些领域实现了从跟跑到并跑、在某些点上甚至领跑的飞跃。发展和进步促进了学术界对未来发展的冷静思考，也发现了不少发展中出现的问题，如大量没有意义的"练习题式"的实证研究、为了发表而发表、理论与实践脱节等，国际化与本土化又被关注，能否用适用于自然科学的研究范式研究社会科学特别是应用性强、情境依赖程度大的管理问题？怎么让管理领域的实证研究可以重复？这些更加有挑战性的问题都被提出。激烈的争论涉及很多方面，工商管理学科的科学化是其中最核心的问题，尽管争论的焦点并不直接说是科学化问题。这也是本文以科学化为主题梳理工商管理学科发展的主要原因。

二、 工商管理学科科学化发展

（一） 新中国企业管理实践的科学化探索

1911 年出版的《科学管理原理》一书被视为管理学产生的里程碑，用科学代替经验是科学管理的精髓。之后，管理学一直不断地探索管理实践的科学成分。新中国成立之初，工商管理教育从引进学习西方商业知识转向借鉴学习苏联计划经济体制下的工厂管理经验，没有实质意义上的工商管理学科，但企业层面的科学化管理探索还是积极地展开。首先就是合理化建议，在新成立的社会主义中国，人民当家作主，职工是企业的主人，发动职工群众开动脑筋，提出使生产更合理化的各种建议，全面完成和超额完成国家计划。事实证明，通过合理化建议运动调动职工的积极性，就是企业以及工商管理的核心内容和任务，也是企业科学管理的体现。由于广泛地调动职工的积极性，很自然地涌现了各行各业的典型，如马恒昌小组、刘长福小组、黄润萍仓库管理法等以个人命名的先进经验和方法，进一步推动了技术革新、机械自动化等组织层面的运动，并很快出现鞍钢宪法、大庆经验等企业典型。典型经验的提炼和推广积累了更多的经验，在国家层面形成了"两参一改三结合""工业七十条""工业三十条"等管理制度。这种自上而下和自下而上互动的机制一直传承下来，改革开放后也是如此。这其实是科学化管理实践的有效路径。不同的是，改革开放之后也注重典型经验的总结推广，但推广过程中允许甚至鼓励因地制宜、实事求是，这更加有助于发挥基层的主动性和创造性。

（二） 工商管理学术研究的科学化探索

与企业管理实践中的科学化探索同时进行的是知识分子和科学家的学术研究。20 世纪 50 年代，一批从西方国家回国的具有系统工程、数学、运筹学等自然科学、工程科学背景的科学家（如钱学森、华罗庚、刘源张等），认识到管理科学对国家发展的重要性，积极开展我国管理科学的理论研究和实践活动，在运筹、优化、质量管理等企业内部微观层面的管理科学方法方面做出了巨大的贡献，这些是计划经济体制下企业管理最为核心的问题。在生产什么、生产多少、给谁生产基本由国家统筹计划的情况下，企业管理的核心自然是内部管理，质量、效率、成本是核心问题，即使是在市场经济环境下，如果是代工生产（OEM），管理的核心也是这些。微观层面的运筹优化等研究即使在"文化大革命"期间也没有停止，为 20 世纪 70 年代末 80 年代初管理科学和工商管理学科的恢复重建奠定了基础。

工商管理学科的真正发展还是在改革开放之后，核心的原因是市场经济的建设。刘源张（1995）曾发表文章《关于管理科学的几点思考》，他写道："英语 Management 译成汉语有经营和管理的两种译法，有什么区别？我的回答是：如果你考虑的主要是与市场有关的事情，这就是经营；如果你考虑的主要是与现场有关的事情，这就是管理。如果我们把一个企业看作是一个有投入和产出并且还有把投入变成产出的转变机构的系统，那么投入的来向和产出的去向就是市场，中间的转变结构便是现场。"这个通俗的解释形象地说明了计划经济和市场经济下管理的重点转变以及与之相适应的科学化努力方向。在市场经济环境下，企业管理的重点由内部到内外部兼顾甚至更加重视外部的环境。在市场经济发达的西方国家，管理领域因特别关注外部环境而形成的开放系统理论、竞争战略理论等要比中国企业重视动态复杂环境下的管理问题早将近 30 年。市场经济建设使得影响企业绩效的因素越来越多，面向工商企业开展的微观工商管理研究也日趋复杂，重要性也更加凸显，"三分技术、七分管理"成为口号，管理科学成为分类，工商管理也成为独立的一级学科。

工商管理乃至管理学科的实践性特征决定了学科发展会更多地受环境因素影响甚至制约，也在很大程度上滞后于实践。改革开放给工商管理学科的发展带来了机遇，一些高校也在积极恢复工商管理教育和研究工作，但在 20 世纪 80 年代，管理的主流是基于系统、工程等管理科学与工程学科，其教学科研力量大大超过工商管理学科，工商管理学科以引进消化吸收为主，博采众长，苏联、德国、美国、日本的管理都能在教学科研工作中得到体现。这与我国从计划经济向社会主义市场经济转变的进程高度相关。

（三）中国企业的快速发展为工商管理学科搭建了走向世界的桥梁

工商管理学科真正得到快速发展受益于国际化，外资的大量涌入，合资企业、独资企业在各地的开发区快速发展，带来管理思想、管理范式以及管理方法的转变，加强与世界接轨的管理成为企业的重大需求，也极大地推动了MBA（工商管理硕士）教育项目的发展，推动了高校开放。Mao（2018）认为，改革开放以来，中国的工商管理研究可分为三个阶段：意识阶段（1978～1986年）、形成阶段（1987～1996年）和快速发展阶段（1997年后）。其中，在意识阶段，工商管理研究的重要性逐渐被国家、企业和学术界所认识。然而，由于计划经济下企业需执行国家的行政指令，此阶段除了针对提高生产力进行的孤立探索外，没有研究针对面向市场的现代组织。在形成阶段，工商管理研究得到了国家自然科学基金委员会、教育部、高校及教师等主要利益相关者的正式认可，并被制度化。1992年春天，邓小平在中国南方呼吁加大改革开放力度。这是中国现代史上具有里程碑意义的事件，推动了当时停滞不前的改革，加快了包括科技发展在内的各领域的改革步伐。最后，自1997年以来，工商管理作为一门学科进入了快速发展的阶段。有两件事特别显著地影响了工商管理研究后来的发展：第一，通过新成立的管理科学部，国家自然科学基金委员会成为工商管理研究人员的主要资金来源，并在竞争的基础上向学者提供了平均最高的研究资助。第二，也是在这一阶段，徐淑英教授于1999～2002年在香港科技大学举办了一系列管理实证研究方法的工作坊。这些研讨会针对的是中国大学工商管理的初级教师，每个研讨会都培养了数十名初级研究人员，这些人后来成为各自研究所和研究领域的学术带头人。进入21世纪以来，实证研究成为工商管理学科的主要研究范式，实证研究很大程度上改变了以往习惯于思辨性、思想性甚至属于"前无古人后无来者"的论文写作范式。实证研究范式尽管有些僵化，但有助于在别人的基础上继续研究，有助于探索和拓展研究结论的普适性，有助于研究能力的训练和培养，也有助于高校的教学科研与企业管理咨询相对分离，这些客观上促进了工商管理学科的发展，问题导向、从管理问题中识别科学问题、运用科学的调查研究方法开展研究工作、注重创新等成为工商管理学科的主要研究范式。有人把这种研究称为工商管理研究的"MM 阶段"（MM 指调节效应与中介效应的英文首字母）（周轩、章小童，2018）。工商管理学科的国际化发展，提升了中国管理研究与教育工作在国际上的影响力，学术论文的国际发表、MBA/EMBA 国际排名不断跃升都是实际的证明。在工商管理学科快速发展阶段，国家自然科学基金委员会功不可没。

《哈佛商业评论》2014 年 1~2 月刊上发表的一篇短文《VUCA 对你真正意味着什么?》（Bennett and Lemoine，2014）很快被广泛引用，影响范围之广估计作者也没有料到，VUCA 时代成为学术界和实践界的口头禅。后续出现的"灰犀牛""黑天鹅"更加强化了未来无法预测的现实。基于预测和精确性的管理理论方法受到挑战，组织、战略、人力资源等工商管理的所有职能领域都在发生巨大的变化，新的研究课题不断涌现。另外，经过 40 年的改革开放，中国经济总量超过日本，中国的崛起引起国际高度重视，"走出去"的中国企业越来越多，中国企业已经不是管理落后的代名词。哈佛案例资源平台中来源于哈佛商学院的案例数据显示，1996年开始有中国大陆企业入选哈佛案例库，截至 2019 年 8 月，入选哈佛大学商学院案例库的大陆企业①案例共有 147 个，涉及 110 家企业。入选次数最多的 3 家大陆企业分别为：海尔集团（入选 7 次）、阿里巴巴网络技术有限公司（入选 5 次）、国美电器控股有限公司（入选 4 次）。所属学科共有 13 个（所属学科为哈佛网站给出的学科）。其中，涉及案例个数最多的学科分别为综合管理（General Management），涉及 30 个案例，占比为 20.4%；战略（Strategy），涉及 26 个案例，占比为 17.7%；金融（Finance），涉及 22 个案例，占比为 15.0%。2019 年，中国进入《财富》500 强排名的企业数量超过美国，面对美国无理打压，华为仍然能够稳健经营，成为英雄企业。世界处于百年不遇的大变局，对中国文化的重视、立足于中国国情的企业管理、有助于应对 VUCA 环境的中国管理哲学思想（如文化双元、水理论、合理论等）成为工商管理学科的重要研究内容，

---

① 大陆企业指主体在中国大陆经营并由中国大陆或者华人经营的企业。

工商管理学科的重要性更加突出，原来强于管理科学与工程学科的管理学院也纷纷强化工商管理学科建设，更多的人、财、物力投入新时代工商管理学科的科学研究工作中。

三、国家自然科学基金对工商管理学科科学化的促进和引领

（一）国家自然科学基金资助工商管理项目情况分析

在工商管理学术研究方面，国家自然科学基金起到了非常重要的引领和推动作用。1986 年 2 月，国家自然科学基金委员会成立，并设置管理科学组。当年资助管理科学面上项目 26 项（工商管理 8 项），资助金额48.8 万元，项目平均资助强度为 1.88 万元/项，资助了 16 个依托单位的研究项目，参与项目研究的人数为 243 人。1987 年开始资助青年科学基金项目，1989 年开始资助地区基金项目（陈晓田，2008）。1996 年，国家自然科学基金委员会管理科学部成立，开启了"管理科学，兴国之道"在中国学界与业界求索的新纪元。1996 年，面上项目的资助经费就增长到717.1 万元，比 1995 年的 556.3 万元增长了 12%，资助项目 140 项，是1986 年的 5.4 倍，国家自然科学基金对管理科学基础研究的投入和资助项目数量均逐年增长。2000 年，管理科学部三个学科建制的确立为我国管理科学基础研究水平的大幅提升和学科发展提供了资助渠道方面的保障。随着科学基金的不断发展壮大，对工商管理学科的资助也逐步增加，从资助项目数量来看，大致可以分为三个阶段。

第一阶段（1986 ~ 1999 年），每年资助的项目数呈缓慢波动上升趋势，由 1986 年的 8 项增加到 1999 年的 49 项（见图 1），而且项目类型非常单一，主要集中在面上项目，约占同期资助项目总数的 71.9%，有少量的青年基金项目和极少量的地区基金项目，分别约占 17.8% 和 3.3%，1996 年管理科学部成立之后，资助了一些支持学科发展的专项基金项目约占同期资助项目总数的 7.0%。

第二阶段（2000 ~ 2010 年），每年资助的项目数呈快速增长趋势，每年资助的项目数由 1999 年的 49 项快速增长到 2010 年的 331 项（见图

1），十年间每年资助的项目数增长了约 5.7 倍，而且项目类型逐渐增多，除了面上项目、青年基金和地区基金（简称"面青地"）之外，还有国家杰出青年科学基金项目、重点项目、国际合作项目、创新研究群体等项目。因此，面青地三类项目占同期资助项目总数的比例也从第一阶段的 93.0% 下降到 83.1%，随着一个个重点项目、杰青、创新群体等项目获得资助，一批优秀的工商管理研究团队逐步形成，中国学者在国际上的声音也越来越多，不过这一时期中国大陆的工商管理学者在国际学术期刊 SCI 和 SSCI 发表论文总数仍排在十名之后。

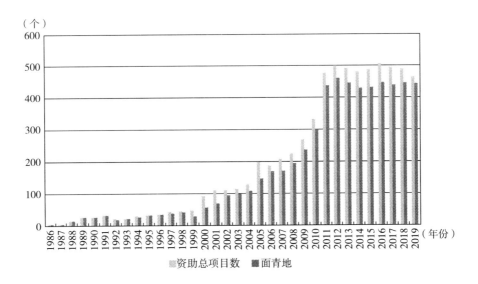

图 1　1986～2019 年国家自然科学基金工商管理学科资助项目数

第三阶段（2011～2019 年），每年资助的项目数从 2010 年以前的不到 300 项跃升至 2011 年的 476 项（见图 1），平均每年资助 486 项，主要是得益于"十二五"和"十三五"期间国家对基础研究投入的持续大幅增加，从 2010 年的 96 亿元增加到 2019 年的 300 多亿元，工商管理学科的平均资助率由 2000～2010 年的 13% 左右迅速增长到 2011～2019 年的 18% 左右，最高的年份甚至超过 20%。另外，随着我国工商管理学科的快速发展，自然科学基金项目申请量也迅速增长，2010 年工商管理学科处受理各类项目 1819 项，2019 年增长到 2853 项，而且项目类型呈多元化趋势，涉及人才项目和研究项目等十余类项目类型（见图2）。

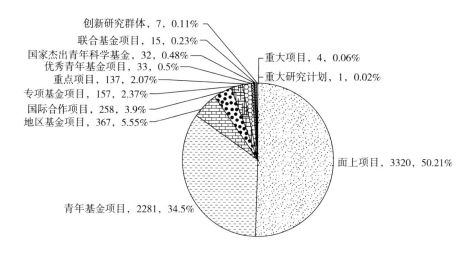

创新研究群体，7，0.11%
联合基金项目，15，0.23%
国家杰出青年科学基金，32，0.48%
优秀青年基金项目，33，0.5%
重点项目，137，2.07%
专项基金项目，157，2.37%
国际合作项目，258，3.9%
地区基金项目，367，5.55%
重大项目，4，0.06%
重大研究计划，1，0.02%
面上项目，3320，50.21%
青年基金项目，2281，34.5%

图2 1986～2019年国家自然科学基金工商管理学科资助项目类型分布

自2006年独立学科处以来，工商管理学科迎来了大发展，先后资助了管理科学部第一项重大项目"新兴电子商务重大基础问题与关键技术研究"、第一项重点项目群"基于中国管理实践的理论创新研究"以及第二项重大研究计划"大数据驱动的管理与决策研究"。截至2019年，工商管理学科共资助各类项目合计6612项，其中，"杰青"32项、"优青"33项、重点项目137项、面上项目3320项、青年基金2281项、地区基金367项（见图2），在这些基金项目的支持下，我国工商管理学科的研究水平、创新能力和国际影响有了大幅提升，一支高水平的基础研究队伍基本形成，越来越多的中国工商管理学者担任国际重要学术期刊的编委。尤为重要的是，经过科学基金资助政策的不断调整完善，工商管理学科逐步实现了均衡发展（见图3）。

（二）不同时期管理科学部发展战略对工商管理学科发展的引领

科学发展离不开基础研究，工商管理学科也不例外。国家自然科学基金委员会成立初期制定了"面向经济建设的战略方针"，管理科学组1988年第一次组织开展学科发展战略研究，历时七年，于1995年12月完成了《自然学科发展战略调研报告——管理科学》，提出了管理科学发展战略的

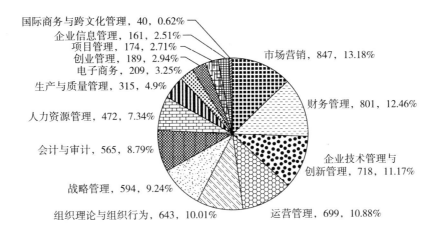

**图 3　1986~2019 年国家自然科学基金工商管理
学科各分支领域资助项目分布**

总目标："全面促进中国经济腾飞，提高社会经济效益，消化吸收先进的
国外管理理论，大幅提高我国管理实践及研究的水平"（陈晓田，2009）。
因此，2005 年以前，管理科学部特别是工商管理学科资助的项目主要集
中在企业理论、企业竞争力、组织理论、企业财务管理等与企业经济发展
相关度较高的领域方向。

　　管理科学部"十一五"战略的指导思想是"发挥前瞻引领作用，突出
中国实践特色，推动实现自主创新"。明确要在未来 10~20 年逐步建立管
理科学中国学派的学科基础，因此，2006 年管理科学部设立三个学科处
（管理科学与工程、工商管理、宏观管理与政策）。"十一五"时期最大的
特点是发挥前瞻引领作用，增加了"杰青"和重点项目的资助，管理科学
部每年资助的"杰青"从最初 1994 年的 1 项增加到 2000 年的 5 项，2008
年进一步增加到 7 项，一直到 2019 年才增加到 10 项；工商学科的重点项
目也由 2005 年以前的每年 1~2 项增加到每年 5~6 项。因此，"杰青"、
重点项目的大幅增加很好地发挥了学科的前瞻引领作用。

　　管理科学部"十二五"发展战略中，为了贯彻落实国家自然科学基金
委员会"更加侧重基础、更加侧重前沿、更加侧重人才（三个更加侧
重）"的资助工作新思路，管理科学部提出了"顶天立地"的指导思想，
努力从中国的管理实践中提炼更加基础的科学问题，要瞄准并在一些领域

引领国际研究的前沿方向，要从研究领域、研究方法、研究文化等多个方面体现科学基金的战略导向和引领作用（国家自然科学基金委员会管理科学部，2011）。"十二五"时期最大的特点是更加侧重人才，工商学科青年基金项目资助数快速增长，2014 年资助青年基金 200 项，首次超过面上项目 192 项。另外，2012 年开始资助"优秀青年基金项目"，"十二五"期间，工商管理学科共资助"青年基金"945 项、"优青"17 项、"杰青"10 项。一大批工商管理的优秀青年才俊获得国家自然科学基金的资助，2013 年中国内地管理学者发表的 SCI 和 SSCI 论文总数在世界排名第三位，仅次于美国和英国，而且超过 47% 的论文受到国家自然科学基金的资助。

管理科学部"十三五"发展战略中提出了"遵循学科规律，突出三个侧重，坚持顶天立地"的指导思想，提高管理科学基金资助成效，支撑国家重大需求。新时代科学基金提出了"鼓励探索，突出原创；聚焦前沿，独辟蹊径；需求牵引，突破瓶颈；共性导向，交叉融通"的资助导向。"十三五"时期，工商管理学科取得了长足发展，2015 年启动了一项关于"大数据"的重大研究计划项目，2015~2019 年已资助 4 项重大项目（重点项目群），而且资助的青年基金项目数已连续三年超过面上项目数，越来越多项目负责人的研究成果发表在 UTD24 和 FT50 等国际顶尖学术期刊上，一大批年轻学者担任国际重要学术期刊的编委和委员，中国工商管理学者的国际学术影响初见端倪。2018 年中国内地管理学者发表的 SCI 和 SSCI 论文总数在世界排名上升到第二位，仅次于美国，而且超过 65% 的论文受到国家自然科学基金的资助。

为什么中国工商管理学科的科学化发展主要得益于国家自然科学基金的资助？首先在于国家自然科学基金引导和鼓励学者做基础研究，而不是纯应用研究，更不是直接的政策建议研究。国家自然科学基金引导和鼓励开展科学研究，学者依据科学研究和独立判断为政府、为社会提供智慧。其次在于国家自然科学基金申请书的论证体系特别强调论证逻辑的严谨性，靠这个体系来保证基本的质量。总体来说，自然科学基金的引领和推动作用至少体现在：

第一，自下而上的自由探索。国家自然科学基金管理科学部每年发布项目指南，除了重点、重大、专项基金等明确指明的研究问题外，面上项目、青年基金、地区基金项目以及人才基金项目等都没有明确的指向，鼓励自由探索，即使有明确指南的重点项目还是要求和鼓励申请团队进一步凝练科学问题，甚至可以改变题目。这种自下而上的自由探索加上时间和资金保障，是基础科学研究的重要保证，极大地促进了工商管理学科科学化的进展。

第二，资助导向的引领作用。基金委在成立之初设立了管理科学组，这表明自然科学家认同管理学科是科学。但即使到今天，仍有一些人包括管理学科内部的学者依然不认为工商管理是科学，至少其科学成分远不如其他学科成分多。成立管理学部后，朱镕基总理的"管理科学，兴国之道"的讲话成为大家的共识，"支持基础研究、坚持自由探索、引领科学未来；更加侧重基础、更加侧重人才"成为基本的定位，后来"发现规律，解释现象，指导实践"这 12 个字所表述的任务是中国管理学界的历史使命（郭重庆，2011）。如今，"鼓励探索、突出原创；聚焦前沿、独辟蹊径；需求牵引、突破瓶颈；共性导向、交叉融通"是国家自然科学基金委所倡导的新资助导向，并于 2019 年开始了试点分类申请与评审。凝练科学问题、理论基础清晰、采用科学方法、明确技术路线、追求创新、取得高水平研究成果、做出理论贡献、培养年轻科研力量，是每位申请人论证基金课题申请书时必须研究的问题，这些问题关联起来就是典型的研究范式。基金课题申请和评审所产生的影响远比科研经费发挥的作用大得多，更是推动工商管理学科科学化的保障。

第三，学术生态建设。学科建设与发展需要良好的学术生态。围绕自然科学基金的定位和使命，除了项目外，基金委始终坚持科学和民主精神，广泛听取意见，不断推出有助于学科发展的措施，例如支持数据库建设、支持学术会议、鼓励分享和开放、鼓励合作、探索科学的评审机制等等，国家自然科学基金在有利于科学研究的学科生态建设方面做出了不可替代的贡献。

四、 理论与实践相互促进工商管理学科发展

强调扎根企业管理实践，一直是工商管理学科主要直面的问题，也是

由工商管理学科的学科属性决定的。2005 年，为了开展"十一五"学科发展战略和规划研究，天津大学张维教授带领团队开展了相关问卷调查，就工商管理学科面临的一些问题听取专家的意见。调查结果显示，不论是问题还是建议，"立地"都是主要关注点。在问题方面，认为"立地"是工商管理学科发展主要障碍的占到了 31%。在建议方面，强调"立地，与中国企业的结合，注重成果的推广与应用"占到 19%，也是最多。大家认为，工商管理学科是基于实践的学科，工商管理学科发展应关注我国管理的实践，工商管理研究应强调解决实践中的管理问题（张维等，2005）。2018 年 12 月 13 日，在改革开放四十周年工商管理学科建设与发展研讨会上，专家们提出应"打造理论高度的'顶天'和应用价值的'立地'相互促进的工商管理学科"①。

　　管理理论到底与管理实践脱节了吗？这不是一个容易回答的问题，而且学术共同体经过数十年、跨越两个世纪的探讨，现今依旧存在较大分歧。北京大学的陈春花教授和苏黎世大学的马胜辉研究员（2017）认为，关注本土管理实践、构建本土管理理论已经受到中国学术界的重视，但学者们未在路径上取得一致观点使得目前仍然缺乏实际研究，具体包括三个方面的原因：没有明确定义"管理实践"及其构成要素；还未确定本土实践研究如何产生管理理论；未充分考虑中国管理实践的特殊性。武汉大学的曹祖毅等（2018）基于改革开放 40 年以来中文管理期刊的历史经验数据，系统与科学地考察了两者之间的弥合与鸿沟关系及其动态演变规律以及两者在提升管理知识合法性方面存在的效果与调节效用，发现两者并没有完全脱节，又没有完全弥合，而是一直处于动态的差序平衡状态中。中国人民大学张佳良和刘军（2018）以 2008 年第 2 期至 2018 年第 2 期共计438 篇发表于《管理学报》"管理学在中国"和"争鸣与反思"两个栏目的论文为数据来源，通过文本分析发现，十年来，学界对学术研究的实践导向的重视程度、涉及广度、参与深度和身体力行程度等，并未出现较大幅度提升。

---

① 改革开放四十周年工商管理学科建设与发展研讨会上的专家观点，请见对外经济贸易大学新闻网，新闻标题"我校召开改革开放四十周年工商管理学科建设与发展研讨会"，http://news. uibe. cn/info/1381/37352. htm。

　　对于如何更好地发展管理学科，有很多观点，具体问题也很多，其中理论与实践脱节是核心问题，在这方面，工商管理学科尤甚。依据主要有：企业实践远远走到理论的前面，今年入选世界 500 强企业的数量中国都超过了美国，中国经济总量达到世界第二，还涌现了华为这样的优秀企业，但却基本没有具有世界影响力的原创管理理论，本土管理理论在世界范围的影响力远不及企业；发表了大量的论文著作，却对企业界没有什么大的影响，不能解决实践界的实际问题，企业家不读学者发表的论文。毛基业教授也呼吁学术成果的应用，中国企业不仅在规模上，而且在质量和创新方面都取得了成功，但目前仍然没有一个著名的管理工具、方法、概念或理论是从中国公司的管理实践中产生的；研究论文在方法上越来越严谨，但与实践的相关性越来越小，以至于研究论文既没有针对实践者，也没有用于课堂教学（Mao，2018）。透过这些具有表面特征的问题，我们还需进一步挖根源，质疑研究范式。工商管理学科属于实践性很强的学科，具有自然科学、社会科学等交叉学科属性。在环境日趋动荡、"灰犀牛""黑天鹅"几乎成为常态的情况下，工商管理学科的社会科学属性更加凸显，此时使用自然科学的实证研究范式研究工商管理问题并不完全合适，我们需要转变研究范式，改变科研考核体系。在这样的情况下，学者需要深入企业，植根于中国传统文化以进行强化本土的情境化理论研究，需要提升中国的管理自信。

　　估计不久的将来，为了实证而实证、简单地重复已有研究的状况会被改变。陆亚东教授把管理学者分成科学家（Scientist）、思想者（Thinker）、观察者（Observer）和写者（Writer），他提醒说，中国管理学者在实证论文写作发表方面追赶得很快，被西方人认为是"技工"，能够在 UTD24 期刊上发表论文的是技匠，缺学者、缺"大家"①。中国管理研究国际学会创会主席、美国管理学会前任会长徐淑英教授在 2018 首届中国管理模式全球论坛上提出，管理学研究应创造有用且可靠的知识，担负起两方面的责任：一是对科学的责任，研究发现应当可靠且可重复，应用方可以放心使用这些知识；二是对社会的责任，"做研究不是自娱自乐，我们对社会

---

　　① 陆亚东教授 2019 年 6 月 6 日在天津大学管理与经济学部所做的学术报告，报告题目是"学术贡献理论化"（Theorizing your contribution）。

要有责任感，研究资源应投入到重要问题中，有用的知识可以帮助商业健康发展和使得人民生活更加美好"。国家自然科学基金委明确提出"原创、前沿、需求、交叉"的资助导向，2019 年开始探索分类申请与评审。中国经济在经历了量的发展阶段后开始重视质，工商管理学术界也会走这样的路径。

同时，对实践的理解和把握也需要科学的态度。事实上，洞察实践比研究文献难得多。关注实际问题，首先要知道关注哪类企业的实际问题，是关注企业的眼前问题还是前瞻性的问题，如何判断企业面临的前瞻性问题，中国企业哪些问题是其独特的问题，学者是关注具体企业的问题还是行业、区域内企业的具体问题还是企业所面临的共性问题等，这些都需要在理论和实践相互促进的过程中不断摸索。无论如何，研究不能停留于解决一个企业的具体问题，要能解决一类企业的具体问题，解决一个行业的具体问题，突出基于科学规律的现实影响，关注科学性和实践性的结合。国家自然科学基金委员会的成立是中国管理科学特别是工商管理学科发展的黄金 30 年，是突飞猛进的 30 年，新时代中国工商管理学科要实现从对泰勒、德鲁克等提出的经典理论"照着讲"的阶段，向"接着中国情境讲"的阶段的转变。因此，工商管理研究要扎根于中国改革开放 40 年本土企业快速成长的实践，研究总结凝练中国特色的企业管理理论与方法。

五、 未来工商管理学科科学化发展的主要方向

新中国 70 年的建设成就卓著，其中工商业功不可没，财富支撑了强大的国力；中国必将承担更大的责任，为人类命运共同体做出担当和贡献。改革开放需要发展工商管理学科，以此提高企业效率，形成"三分技术、七分管理"的局面。如今，世界迎来百年不遇的大变局，来源于工业时代的管理理论与信息数字经济时代的管理实践不相匹配，对信息数字经济时代的管理模式研究还处于支离破碎的拼凑阶段，学术界急于做出贡献，急于贡献能够指导管理实践的管理理论，当然是好事情，是有责任的担当。在这样的背景下，强调管理的实践性呼声高，这也正常。但是，淡化管理的科学性就不正常。工商管理学科建设包括人才培养和社会服务，

两者都需要科学研究支撑，需要从管理实践的艺术性中挖掘科学性，而且，在影响和造成管理实践绩效差异的因素越来越多、越来越复杂的情况下，更需要科学化。企业文化重要，但当遇到难以解释的现象或问题，就说是文化的原因，文化成为一个什么都能装的"筐"，文化也就没有用了。工商管理学科整体也是如此，放弃或弱化科学化努力，中国的工商管理学科将在百年不遇的大变局中丧失跃升的机会。

面向未来，工商管理学科会有很多的变化。我们结合国家自然科学基金委专项项目"工商管理学科发展战略及十四五发展规划研究"，开展了多轮次的专家座谈会。对于工商管理学科的建设，专家们总体认为：工商管理学科总体研究微观但同样有宏观问题，要从科学技术发展趋势、国家需求与全球挑战、科学研究范式变革、学科交叉融合等背景和趋势梳理提炼相关问题。一些建议聚焦于新时期如何科学地开展工商管理的研究工作，对工商管理学科建设具有指导意义，主要有以下几点。

第一，处理好工商管理理论与实践、与技术的集合与关系问题，也是要明确新时期工商管理学科的学科属性和边界问题。例如人工智能（AI），哪些是技术，哪些是工程，哪些是管理，需要区分开。对于那些影响管理学发展的世界性问题，如全球气候变化、全球供应链/价值链等，也需要明确哪些是管理特别是工商管理领域学者可以做的工作。目前，中国企业取得了快速发展，2019 年入选世界 500 强的中国企业数量已经超过美国，涌现出了很多新兴的管理方法与组织形式等管理实践，这为中国工商管理学科的发展提供了源源不断的活力及相应的理论来源，越来越多的中国工商管理研究学者希望基于中国管理实践实现管理理论的创新。从这些宏大的问题中准确找到学术贡献的位置，又不陷于具体的实践中，应该是需求导向的科学研究之路。

第二，处理好国际标准与中国特色之间的关系问题。国家自然科学基金委员会倡导高质量的研究。什么叫高质量的研究，就是科学性，现在我们恰恰是科学性不够，尤其是管理科学。我们要真正地去研究中国原创性的、基础性的理论，一定是要站在全球的视野，同世界主流文献和管理研究前沿对话，不要觉得中国的很多东西有多特殊，站在全球的视野可能不一定这么特殊，或者把特殊的东西用全球能够理解的方式把它讲清楚。环境保护与绿色发展，中国强调，世界也强调。

第三，认真研究工商管理学科建设如何服务于企业的发展问题。要完善成果应用贯通机制，帮助中国企业做强。没有优质企业，就没有先进的理论。工商管理学科发展不能坐享企业发展的红利，要通过贡献获得发展，这是工商管理学科的责任，也是发展路径。党的十九大报告明确指出：要深化国有企业改革，发展混合所有制经济，培育具有全球竞争力的世界一流企业。世界一流企业是能够在世界范围内成为其他企业的标准和标杆的企业，是举旗帜的企业，是立标准的企业，是领袖企业，不能单纯地用盈利、创新、社会责任等指标衡量。有很多财务绩效之外的问题值得研究，工商管理教学科研更加强调社会责任和商业伦理，显然在世界一流企业建设中可以发挥更好的研究支撑作用。

第四，从服务国家发展战略的高度，加强立足中国企业管理实践的研究。改革开放 40 年，使得工商管理研究有了新的更好的平台，多年积累的经验也为一些中国独特情境的问题研究创造了良好的条件，机会难得。例如：中国企业发展与制度之间的关系问题。政治关联的研究也是中国管理研究超前的地方，企业发展离不开制度，各地区的制度又存在差异，市场高度融通，但区域制度、政企关系、商业环境却差异巨大。再比如，如何讲清、讲透中国企业的商业逻辑？前提是研究透，要用普适、能够理解的科学范式和逻辑研究清楚。研究不能停留于解决一个公司的具体问题，要能解决一类企业的具体问题，解决一个行业的具体问题，突出基于科学规律的现实影响，关注科学性和实践性的结合。一个更大的理论问题是中国特色社会主义企业理论。世界上的国有企业更多是作为市场失灵的补充，中国的国有企业不是这样的，中国国有企业我们过去讲叫重要的经济基础或者叫物质基础，习近平总书记加上一个重要的政治基础。构建国有企业的基础理论，跟西方不一样。习近平总书记说要理直气壮地做优做强做大国有企业、国有资本，但是"理直"才能"气壮"，"理"不直的时候也不可能"气"壮，重大需求就是需要我们去把这个"理"给夯实，把这个理给它捋顺，要做到不仅我们自己坚信，国际社会也认可①。

---

① 董大海 2019 年 9 月 20 日在兰州大学"工商管理十四五规划"座谈会（资深专家专场）上的发言。

第五，学科研究甚至是发展范式的转变问题及工商管理研究方法的多样性发展，不是要彻底抛弃实证研究范式，而是要追求适合工商管理研究的科学方法创新。例如，学术界已经开始尝试如何提高工商管理领域研究发现的可靠性和可重复性问题，继强调数据质量后又进一步强调内生性、稳健性检验，并不断地探索一些新的研究方法等。

不仅是研究，商科教育也在探索转型，一些国外的著作被翻译引进中国，如《造福世界的管理教育——商学院变革的愿景》（北京大学出版社 2014 年）、《MBA 教育再思考——十字路口的工商管理教育》（中国人民大学出版社 2011 年）。前些年，世界范围内的一些管理学院负责人筹划发起一个声明，2017 年 11 月推出了立场宣言——"负责任的商业与管理研究：愿景 2030"①。核心观点是让管理成为负责任的科学，科学服务社会。宣言呼吁大家积极行动起来，改革目前的商业与管理研究，以实现人类创造更美好世界的最高理想，使得全球商学院将因其对社会福祉的卓越贡献而广受尊重。我们坚信中国未来的工商管理学科一定会越来越好，服务中国企业快速发展的同时，也为世界工商管理理论的创新与发展贡献中国学者的智慧。

参考文献

［1］Bennett, N. and Lemoine, G. J., 2014, "What VUCA Really Means for You?" *Harvard Business Review*, Vol. 92 （1/2）, p. 27.

［2］Mao, J. Y., 2018, "Forty Years of Business Research in China: A Critical Reflection And Projection", *Frontiers of Business Research in China*, Vol. 12 （1）, pp. 323～330.

［3］陈春花、马胜辉：《中国本土管理研究路径探索——基于实践理论的视角》，《管理世界》，2017 年第 11 期。

［4］陈晓田：《科学基金促进我国管理科学的发展》，《光明日报》，2008 年 12 月 23 日。

［5］陈晓田：《国家自然科学基金与我国管理科学》，科学出版社，

---

① "负责任的商业与管理研究：愿景 2030"宣言联署人名单与附属机构详见网站 RRBM. network 上相关网页（"Supporters"）。

2009 年。

　　[6] 陈国青、冯芷艳、路江涌、刘军等著：《工商管理学科"十三五"发展战略与优先资助领域研究报告》，科学出版社，2016 年。

　　[7] 陈佳贵、黄群慧：《新中国管理学 60 年的探索与发展》，《光明日报》，2009 年 11 月 3 日。

　　[8] 曹祖毅、谭力文、贾慧英：《脱节还是弥合？中国组织管理研究的严谨性、相关性与合法性——基于中文管理学期刊 1979～2018 年的经验证据》，《管理世界》，2018 年第 10 期。

　　[9] 国家自然科学基金委员会管理科学部：《管理科学发展战略——暨管理科学"十二五"优先资助领域》，科学出版社，2011 年。

　　[10] 郭重庆：《中国管理学者该登场了》，《管理学报》，2011 年第 12 期。

　　[11] 黄群慧：《改革开放四十年中国企业管理学的发展——情境、历程、经验与使命》，《管理世界》，2018 年第 10 期。

　　[12] 刘源张：《关于管理科学的几点思考》，《决策借鉴》，1995 年第 5 期。

　　[13] 朱镕基：《管理科学兴国之道》，《中国科学基金》，1996 年第 4 期。

　　[14] 周轩、章小童：《中国工商管理研究的贡献、创新及愿景评价——基于〈南开管理评论〉刊文/投稿的文献计量与专业聚焦分析》，《南开管理评论》，2018 年第 6 期。

　　[15] 张维、李帅、熊熊：《我国工商管理学科发展战略与优先领域遴选的专家问卷调查研究》，《南开管理评论》，2005 年第 6 期。

　　[16] 张佳良、刘军：《本土管理理论探索 10 年征程评述——来自〈管理学报〉2008～2018 年 438 篇论文的文本分析》，《管理学报》，2018 年第 12 期。

改革开放四十年中国企业管理学的发展[*]

——情境、历程、经验与使命

中国社会科学院　黄群慧

摘要： 本文将快速工业化、渐进市场化和全球信息化作为中国企业管理学发展的主要国家情境因素，以此为基础系统回顾了改革开放40年中国企业管理学的发展历程，将发展历程划分为"恢复转型""完善提高""全面创新"三个阶段，总结了中国企业管理学发展的基本经验：坚持马克思主义在发展中国企业管理学中的指导地位，重视企业改革、管理与发展的系统性，坚持跟踪国际学术前沿问题与解决中国具体管理问题相结合，坚持自主创新思维与科学研究规范相结合，坚持企业管理理论与企业管理实践相结合。本文最后指出，中国正在努力培育具有国际竞争力的世界一流企业，未来中国管理学者的使命是全面创新、加快构建中国特色企业管理学，形成具有中国特色、中国风格、中国气派的管理理论和学科体系，促进中国情境下的企业管理方式走向世界。

关键词： 改革开放40年　管理学发展　中国情境

改革开放40年中国经济的高速增长，是以大量的中国企业诞生、成长与衰败为微观基础的。据统计，截至2017年底，中国共有工业企业法人单位364.9万家，而据国家市场监督管理总局网站报道，到2018年3月16日，中国市场主体达到1亿户。庞大数量的企业组织和个体工商户，在瞬息万变、激烈竞争的市场环境下所面临的组织管理问题以及所进行的

---

　*　原载《管理世界》2018年第10期。

管理实践活动，为中国管理学发展提供了肥沃的土壤。虽然近些年管理学者一直为缺少世界普遍接受的中国本土管理理论而苦恼，但企业管理学是一门实践导向很强的学科①，肥沃的实践土壤极大地促进了中国企业管理学这个树苗的茁壮成长。中国企业管理学已经取得了巨大发展成就，无论是中国情境下管理知识创新、传播和应用，还是中国的管理学研究方法、学科体系、教育培训，中国企业管理学的各个"枝叶"都呈现出勃勃生机。改革开放 40 年之际，回顾中国企业管理学发展历程、总结其发展经验，无疑对未来中国企业管理学成长为世界学科丛林中的参天大树具有重要意义。

一、 国家情境因素

近年来，"情境"（context）成为管理学研究的热词，进行跨文化的管理理论或者管理问题研究，都要首先研究情境差异。研究中国管理学、管理理论或者中国管理问题，以及在借鉴、移植西方管理学理论或者知识过程中，严谨的学者一般都会将"中国情境"作为一个前置条件。管理学是一门科学，也是一门艺术，管理学实践性的学科属性决定了"情境"因素对管理学知识的产生、传播和应用具有重要的影响，中国企业管理学的发展无疑就是"中国情境"下的产物。虽然接下来分析"中国情境"构成仍然会从经济、文化、技术、制度等与"环境"大致相同的分类视角来研究，但考虑的"情境"与"环境""背景"等用词相比，更加强调主客观因素的互动，更加强调环境、组织与人的交互影响及其这种影响随时间变化的历史动态性，因此，这里选择用"情境"而非用"环境"。因为是从

---

① 本文所指企业管理学是指针对企业这类组织的管理学，是广义的企业管理学，与教育部学科分类、MBA 教育使用的企业管理学科并不同，大体主要对应工商管理学科，但比工商管理学科还要广泛，可以理解为以企业组织为对象的整个管理学。改革开放 40 年的绝大多数时间以及在企业实际工作中，企业管理学要比工商管理学更具有普遍适用性。实际上，这里对企业管理学发展的分析，整体上是适用于整个管理学发展的，或者至少构成了整体管理学发展的主体内涵。如果按照组织分类，管理学可以分为企业管理、政府管理和非营利组织管理，3 类组织管理既有区别，但也有很多相同之处，其中企业管理是整个管理学知识大厦的主体部分，这具体可参阅黄群慧、张蒽（2014）的专门论述。

整体描述中国企业管理学的发展，而不是具体某个企业，这里需要分析的是中国国家情境，而不是一般案例分析的企业情境或者组织情境。早在1964年，Weber提出国家情境的概念；Child（2000）进一步将国家情境划分为由经济因素和技术因素组成的物质体系、由文化宗教等各类价值观组成的理念体系，以及由政府和各种规则标准组成的制度体系。改革开放以来，中国的国家情境因素发生了"翻天覆地"的变化，这里将其归结为：以体现为快速工业化进程的经济情境因素变化、体现为改革开放推进的市场化和全球化进程的制度情境因素变化、体现为全球范围内以信息化为核心的技术情境变化。

（一）经济情境因素——快速工业化进程

描述一个国家经济发展，经济学提供的最好研究范式是工业化理论。工业化是发展经济学的核心概念之一，被认为是一个国家或地区由工业驱动的产业升级以及人均收入持续提高的过程。张培刚（1984）认为，工业化是国民经济中一系列基要的生产函数（或生产要素组合方式）连续发生由低级到高级的突破性变化（或变革）的过程。一般工业化进程可以被划分为前工业化、工业化初期、工业化中期和工业化后期以及后工业化五个阶段。改革开放以后，中国快速地推进了自己的工业化进程。从产业发展看，中国的基本经济国情已经从一个落后的农业大国转变为一个工业大国。如果把中国的工业化进程放到世界工业化史中去看，中国的工业化进程是人类历史上前所未有的伟大的现代化进程。具体而言，中国工业化进程有以下几方面突出的特征。第一，中国的工业化是一个具有十几亿人口的大国工业化，中国的人口超过了所有工业化国家和地区人口的总和。从工业化史看，经过200多年的发展，世界上也只有约10亿人实现了工业化，而中国的工业化则是一个具有13亿人口大国的工业化，随着工业化水平提高，人均GDP不断增长，中国将成为世界最大的消费市场。第二，中国的工业化是一个长期、快速推进的工业化。利用人均GDP、三次产业产值比例、制造业增加值占总商品增加值比例、人口城市化率、第一产业就业占总体就业比重五个指标衡量，改革开放40年中国总体的工业化进程从初期阶段快速地发展到工业化后期阶段，按照党的十八大报告，到2020年中国将基本实现工业化，预计到2035年中国能全面实现工业化

（黄群慧，2017）。第三，中国的工业化是一个区域发展极不平衡的工业化，中国各地区工业化进程差异之大在工业化史上实属罕见。由于梯度发展战略，以及各个区域资源禀赋、工业发展基础差异等原因，中国的工业化进程在不同地区发展极不平衡，形成了东部、中部和西部逐步降低的梯度差距。第四，中国工业化是一个外向性工业化，不仅得益于上一轮全球化背景，在"一带一路"倡议的号召下，中国工业化进程也会对未来全球化的影响日益深远。改革开放以来，在上一轮全球化背景下，中国成功推进了低成本的出口导向的工业化战略，在世界的每个角落都能找到价廉物美的中国制造产品。从工业化视角看，"一带一路"倡议推出，表明一个和平崛起的大国的工业化进程正在产生更大的"外溢"效应，在"一带一路"合作框架下，中国也将给全球化带来合作方所需要的一体化的服务方案。第五，中国实现的工业化是中国特色的新型工业化，是与信息化深度融合的工业化。中国所实现的工业化，并不是传统意义的工业化，而是信息化时代以信息化引导工业化、信息化与工业化深度融合的新型工业化道路下的工业化。具备上述特征的中国工业化进程的推进，是中国最大的经济情境变化。从企业发展角度看，企业必须认识和把握这个经济情境变化来进行战略选择和组织管理，中国企业的管理实践都是在这个大的国家经济情境下开展的，中国企业管理学的发展也离不开中国工业化进程这个国家经济情境。

（二）制度情境因素——渐进市场化进程

中国最大的制度情境变化来自于1978年开启的市场化取向的对内改革、对外开放的改革开放进程。这是一个"摸着石头过河"的渐近过程，中国逐步从传统的计划经济体制转向社会主义市场经济体制。具体而言，40年的市场化改革过程可以划分为三个大的阶段：第一阶段是1978～1993年，这是一个社会主义市场经济方向探寻阶段。这个阶段以1984年为界，整个经济体制改革经历了从农村到城市、从农业到工业的重点转变过程。1978年党的十一届三中全会决定，全党的工作着重点转移到社会主义现代化建设上来，通过了《中共中央关于加快农业发展若干问题的决定（草案）》和《农村人民公社工作条例（试行草案）》，揭开了围绕农村经济体制、积极推进农村家庭联产承包责任制的改革。1984年党的十二届三中全会通过《中共中央关于经济体制改革的决定》，提出进一步对内搞活经济、对外实现开放的方针，要求加快以城市为重点、以增强企业活力为中心环节的整个经济体制改革。这个阶段国有企业主要改革任务是对企业放权让利，经历了扩大企业自主权、推进经营承包制、转换企业经营机制等具体改革阶段，探索企业所有权和经营权的两权分离，使企业逐步适应商品化的经营环境。第二阶段是 1993～2013 年，这是一个社会主义市场经济构建完善阶段，1993 年党的十四届三中全会通过了《关于建立社会主义市场经济体制若干问题的决定》，提出建立市场在国家宏观调控下对资源配置起基础性作用的社会主义市场经济体制，坚持以公有制为主体、多种经济成分共同发展的方针，并提出将金融市场、劳动力市场、房地产市场、技术市场和信息市场作为市场体系培育重点，从此开始全面建设和不断完善社会主义市场经济。这个阶段有一个重大的制度变革，就是2001 年 12 月 11 日中国加入了世界贸易组织，开始全面融入世界经济全球化的进程中。这个阶段以公有制为主体、多种所有制共同发展的所有制格局基本形成，构成了中国经济快速增长的多元混合动力。从国有企业看，这个阶段推进了建立现代企业制度、推进国有经济战略性调整、组建管人管事管资产相统一的新国有资产管理体制为主要内容的一系列改革，国有企业总体数量逐步减少、国有经济布局持续优化、国有资本总量不断增大、公司治理结构日益规范；从非公经济发展看，这个时期非公有制经济大发展，在"两个毫不动摇"方针指导下，非公有制经济在稳定增长、促进创新、增加就业、改善民生等各方面都发挥了十分重要的作用。第三阶段是 2013 年之后，这是全面深化改革的社会主义市场经济建设新时代。党的十八大以后，尤其是 2013 年党的十八届三中全会通过了《中共中央关于全面深化改革若干重大问题的决定》，强调经济体制改革是全面深化改革的重点，核心是处理好政府与市场的关系，使市场在资源配置中起决定性作用和更好地发挥政府作用，要求必须坚持和完善社会主义基本经济制度，坚持"两个毫不动摇"。党的十九大报告指出，中国特色社会主义进入新时代，要坚定不移贯彻创新、协调、绿色、开放、共享的发展理念。这些都构成了中国制度情境的核心内容。在制度情境的大变革情况下，中国企业管理经历了从计划经济体制下的单纯的生产管理模式，转变为适应市场经济体制的经营管理模式，绝大多数企业原有管理知识都被重构，而适应市场经济体制的新管理知识又不断被创新。

（三）技术情境因素——全球信息化进程

改革开放 40 年中国经济社会发展历程与以信息化为核心的新一轮全球科技革命和产业变革的周期重叠在一起。信息化是指充分利用信息技术、开发利用信息资源、促进信息交流和知识共享，使人类社会向数字化、网络化、智能化方向逐步转型发展的过程。全球信息化的历程大致可以划分为三个浪潮：一是 20 世纪 70 年代开始的以个人计算机普及为标志的信息化第一次浪潮，随着超大规模集成电路的发明和使用，电子计算机向着小型化、微型化、智能化、系统化发展，个人计算机开始逐步普及；二是 20 世纪 90 年代以互联网革命为核心特征的第二次信息化浪潮，这极大地加快了信息的传播交流，促进了科技革命和产业变革；三是 21 世纪前 10 年以物联网、云计算、大数据、人工智能、区块链等新一轮信息技术为标志的信息化浪潮，这个浪潮方兴未艾，正在推进人类社会向智能化方向快速发展。由于信息技术具有很强的全方位渗透性，信息技术能够广泛地融合到人类社会经济各个方面，因此信息技术对企业管理变革的影响也是全方位的、颠覆性的。尤其是在 2008 年以后，伴随着新工业革命逐步拓展应用，数字化、智能化技术给企业管理理论和实践带来了颠覆性的变化，生产管理从大规模流水生产范式向个性化智能制造范式转变，人力资源管理从针对"传统简单劳动者"的科学管理向针对"现代知识型员工"的人本管理转变，营销管理从以生产者为中心的专业分工模式转向以消费者为中心的一体化模式，战略管理从核心能力战略主导向平台战略主导转变，组织管理从针对金字塔层级结构的机械管理模式向针对网络组织结构的有机管理模式转变。实际上，20 世纪八九十年代以来，世界范围内企业管理的思想、理论和实践都始终处于不断的创新变化中，战略管理、生产管理、组织管理、人力资源管理、财务管理、营销管理等各个分支领域都因信息化浪潮而处于管理创新的高潮中，产生了大量的新的管理知识，信息化已经成为世界企业管理实践变革和学术研究创新的主线。而这个过程又与改革开放背景下中国学习借鉴西方现代企业管理知识融合在一起，这样的技术情境因素和制度情境因素在一定程度上使得中国企业管理学发展的起点相对高，具有"弯道赶超"的"后发优势"。

快速工业化、渐进市场化和全球信息化的情景因素，构成了中国企业管理学发展的主要国家情境因素，但是并不全面，对管理学的发展具有较大影响的文化情境因素也在发生巨大变化，尤其是伴随着全球化的进展，中国传统文化也在不断吸收融合外来文化元素而逐步变化，只是这种变化相对缓慢。但是如果在 40 年的时间段中来考察，这种文化变革是可以整体被感知的，只是学术界还少有文献从霍夫斯泰德（Hofstede，2008）权力距离、个人主义与集体主义、男性度与女性度、不确定避免、长期取向与短期取向、个体放纵与约束等文化维度对文化变革进行具体严谨的实证分析。另外，市场化、工业化和信息化的进程也会对文化情境的变化产生相应的影响。归结起来，改革开放 40 年，中国正处于以快速工业化、渐进市场化、全球信息化等为突出特征的现代化进程中，这个进程改变了中国的经济社会文化环境，这种变化的环境在与企业组织及相关社会成员的交互作用中，促进了中国企业管理实践和中国企业管理学的发展。

二、 基本发展历程

新中国成立以后，中国开始探索与建立自己的社会主义企业管理模式，出现了"鞍钢宪法"及"工业七十条"等有代表性的成果。1961 年在马洪同志主持下，中国科学院经济研究所和有关大专院校的同志编写了《中国社会主义国营工业企业管理》，该书有 60 万字，被学者认为是中国社会主义企业管理学的奠基之作。从 1949 年新中国成立到 1978 年党的十一届三中全会之前，中国企业管理学呈现出计划经济条件下生产导向型管理的基本特征，为中国特色社会主义企业管理学从无到有的逐步建立起到了探索奠基作用。1978 年以后，伴随着改革开放中国企业管理学迎来了发展的春天，尤其 20 世纪 90 年代以后，随着市场化、工业化、国际化和信息化进程的加快，无论是管理创新实践，还是以探索市场经济条件下管理活动规律为己任的管理学术研究，以及以培养管理人才为目标的管理学教育，都取得了很大发展。如果以制度情境为划分维度，改革开放以来中国企业管理学发展基本历程可以分为三个阶段：1978 ～ 1993 年的"恢复转型"阶段、1993～2013 年的"完善提高"阶段、2013 年以后的"全面创新"阶段（陈佳贵、黄群慧，2009）。

（一）1978～1993 年："恢复转型"阶段

由于在"文化大革命"期间，中国的经济和管理处于严重混乱状态，财经院校的管理学教育被迫取消，导致在"文化大革命"结束后两年里，遗留下来的政治、思想、组织和经济上的混乱还很严重，中国管理学的发展仍处于停滞阶段。

进入 1978 年，各项工作逐步恢复，企业管理和管理学的发展也逐步得到重视。1978 年 3 月，全国科学大会审议通过的《1978～1985 年全国科学技术发展规划纲要（草案）》为中国管理学的发展破除了坚冰，该纲要将"技术经济和生产管理现代化的理论和方法的研究"列为第 107 项，新中国第一次在操作层面正式提出要推进管理学研究工作。从 1979 年至 1992 年，中国企业管理模式开始从计划经济下的生产管理型转向市场经济下的经营管理型，学习国外管理学知识的重点从苏联转向美、日、欧等发达国家，管理学在学科建设、学术研究、教育培训等方面都有很大发展，中国管理学进入全面"恢复转型"阶段。

这一阶段管理学的发展始于对西方管理学知识的引进吸收。1978 年政府开始推动大规模的企业管理人员学习现代化管理知识的培训活动。机械工业部 1978 年举办了第一个"质量月"活动，将全面质量管理（TQM）从美国、日本引入中国；1979 年 3 月，国家经委举办国家层面的企业管理培训干部研究班。1979 年 5 月 8 日，在邓小平同志推动下中美两国政府签订了《中华人民共和国国家科学技术委员会和美利坚合众国商务部科技管理和科技情报合作议定书》，按照这个议定书，成立了中国工业科技管理大连培训中心（现在的中国大连高级经理学院），这是改革开放后首个引进国外现代管理教育的办学机构。1980 年 8 月，中美两国政府关于大连培训中心的第一个五年合作计划开始实施，主要培训对象为国家大中型企业的厂长经理，培训方式主要是半年到十个月的"精缩 MBA"项目和三个月左右的"专题研讨班"。此后，该中心持续开展培训工作，为中国培养了一大批企业管理实践和研究人才。

这个时期一批管理学研究机构、期刊相继成立，一些重要文献陆续涌现，对管理学发展起到了重要的推动作用。从研究机构看，1978 年 11 月中国管理现代化研究会成立，1979 年 3 月中国企业管理协会在北京成立，1980 年中国管理科学研究会、中国数学会运筹学会、中国系统工程学会相继成立，1981 年中国工业企业管理教育研究会成立（现为中国企业管理研究会）。从学术期刊看，1979 年 1 月由中国社科院主管、中国社会科学院工业经济研究所主办的中国第一本管理学学术刊物《经济管理》创刊，这本刊物影响巨大，最高发行量曾达到 30 多万份；1985 年国务院发展研究中心主管、主办的《管理世界》创刊，为中国管理科学的发展提供了国家级重要的学术交流和知识传播平台。从重要文献看，1979 年蒋一苇《企业本位论》发表，提出了企业是国民经济的基础，是整个国民经济这个机体的细胞，企业这个细胞有活力，国民经济这个机体才能充满活力，经济体制改革应以企业为本位、为基点，这为面向市场经济的中国企业和中国企业管理学奠定了基础（蒋一苇，2013）；1980 年 9 月，由马洪主编、中国社会科学出版社出版的《国外经济管理名著丛书》开始陆续出版，这是国内最早系统介绍国外管理科学名著的系列著作，这套丛书选题范围广泛，既包括美、法、德、日等国家的著作，也包括苏联、东欧等国的著作，时间跨度涉及从 20 世纪初到 20 世纪 80 年代，内容既有宏观经济管理，也有微观企业管理，共有 37 本管理学名著，影响了一大批乃至整整一代管理学者[*]；1983 年，袁宝华提出中国企业管理理论发展的 16 字方针："以我为主，博采众长，融合提炼，自成一家"，为建立有中国特色的管理理论和管理模式指明了方向；1983 年 12 月朱镕基主编的《管理现代化》正式出版，从管理思想、组织、方法和手段四个方面介绍了管理现代化知识，1985 年 1 月进行了再版。

这个时期也是中国管理学教育全面恢复和发展的时期，在这一阶段管理学教育从"恢复元气"走向"生机勃勃"。1979 年始，一些大学和研究机构相继恢复管理学教育，开始了管理学专业的本科和研究生教育；从 20 世纪 80 年代开始，中国人民大学陆续出版了《中国工业企业管理学》系列教材，开始探索具有中国特色的社会主义工业企业管理学；1984 年 4 月以后，教育部陆续批准清华大学、武汉大学等成立或恢复（经济）管理学院；1986 年 2 月，国家自然科学基金委员会成立，并设置管理科学组；

1990 年，MBA 教育获得国务院学位委员会批准，中国九所大学开始试办
MBA；1992 年 11 月，中国技术监督局颁布国家标准的《学科分类与代
码》（GB/T1374592），管理学被列为一级学科。

与管理学研究和管理学教育发展相适应，这个时期企业也在不断尝试
管理创新实践，尤其是应用现代化管理方法。1984 年初，国家经委推广
18 种在实践中应用效果较好、具有普遍推广价值的现代化管理方法，又称
为现代化管理"18 法"，并确定了 20 家企业为全国第一批管理现代化试
点企业，这对提高中国企业管理现代化水平具有重要意义。

（二）1993～2013 年："完善提高"阶段

1993 年党的十四届三中全会以后，中国开始建立和完善社会主义市场
经济体制，这也开启了中国管理学"完善提高"发展的新阶段。这一时
期，企业呼唤企业管理学对如何在市场化环境中改善生产经营、提升竞争
力提供指导；国有企业改革的推进要求企业管理学积极总结改革经验教
训、探讨改革难题、研究改革方向；随着中国日益融入全球化发展浪潮，
企业管理实践者和研究者能够接触到更多国外先进企业管理实践和管理学
研究前沿，从而提升了中国企业管理学的水平，也推动其在学习、吸收的
基础上结合中国实际不断创新；文化教育事业的繁荣为企业管理学教育的
发展、管理人才的培养和管理知识的传播做出了积极贡献。总体上这是一
个管理学学科体系不断完善、研究水平不断提高的阶段。

在管理学学科建设方面，1997 年管理学科被升格为一个大的门类；
1999 年，公共管理专业硕士学位（MPA）被批准设立；2000 年 9 月，中
国工程院正式成立了由 32 位首批院士组成的工程管理学部，诞生了中国
首批工程管理院士；2002 年 8 月，国务院学位委员会批准 30 所高等院校
开展 EMBA 教育；2003 年，管理科学与工程领域的新学位——项目管理工
程硕士学位（MPM）设立。2010 年国家社会科学基金将管理学单独列为
一个学科进行项目评审，短短几年就发展成为申报量最大的学科。

这一阶段涌现出大量管理学学术性期刊，中国管理学学术期刊呈现欣
欣向荣、蓬勃发展之势。一批高质量的管理学学术期刊发展起来，国家自
然科学基金委员会管理科学部认定的管理类 A 级重要期刊就达 22 种，《管
理世界》《中国工业经济》《中国管理科学》《南开管理评论》《科学学研

究》《管理评论》《中国软科学》《科研管理》《公共管理学报》《管理学报》等期刊在管理学界影响较大，具有高影响因子。从内容和研究方法看，这些学术性期刊均呈现出多元化发展的特征，学术期刊的研究领域分布日益广泛，几乎覆盖了所有的管理学分支。单本期刊的容量也日益扩大，很多期刊从创刊时的季刊逐步发展到双月刊、月刊，发表文献的数量迅速增加。根据尤树阳等（2011）的文献计量研究，1981～2010年发表在影响因子最高的十本学术期刊上关于战略管理、国际企业管理、人力资源管理和组织行为四个领域的论文超过5647篇，其中绝大多数是在20世纪90年代以后发表的，2001～2010年年均418.1篇，占到30年总量的74%。这些期刊的建设和发展，成为中国管理学研究成果发表的主要载体和管理学学术共同体的研究交流平台，对管理学发展起到极大的促进作用。

在管理学研究方面，本阶段从学习引进西方成熟管理学知识为主转向研究追踪管理学前沿和针对中国本土管理问题深入研究为主，中国管理学研究能力大幅提高。一方面，中国学者开始追踪国外管理学研究前沿，国际管理学权威期刊逐渐为国内学者所熟悉，随着互联网的快速发展，追踪最新研究动态的时滞性问题在技术上得以解决；大批中国管理学研究者前往国外著名大学交流、深造，参加国际学术交流会，一些国内组织开始组织国际学术交流活动；中国管理学研究的规范性得以增强，实证研究方法受到重视，越来越多的管理学研究成果发表于国外顶级学术期刊。另一方面，随着中国经济发展，中国情境下的管理问题越来越受到国内外学者的关注，国际学术期刊发表的关于中国管理问题的学术论文也越来越多。根据贾根良等（2015）的文献计量研究，在1981～2010年的30年里，发表于七本顶级管理学国际期刊 *Administrative Science Quarterly*, *Academy of Management Review*, *Academy of Management Journal*, *Strategic Management Journal*, *Journal of Applied Psychology*, *Organization Science* 和 *Journal of International Business Studies*，有关中国情境的管理与组织研究的学术论文共270篇，1981～1990年年均发表0.6篇（占总数0.21%），1991～2000年年均发表5.5篇（占总数1.67%），2001～2010年年均发表论文数上升为20.9篇（占总数5.28%）。从中可以看出，进入到20世纪90年代以后，中国管理学研究文献呈现"井喷"状增长。总体而言，中国管理学学科正在逐步走向成熟，研究队伍日趋专业化，管理研究方法日趋规范——实证类文献逐步占据主导地位、由基于现象的讨论转变为理论导向的科学研究范式，研究领域和问题更趋于多元化。

这一阶段中国企业管理实践不断发展、取得了巨大成就，出现了大量的管理实践创新，中国企业结合自身情况创新出很多成功的管理实践经验。1990 年由原国务院企业管理指导委员会、生产委员会批准同意开展全国企业管理现代化创新成果审定和推广活动，在全国企业管理现代化创新成果审定委员会的领导推动下，到 2017 年该委员会已审定发布了 24 届共 3051 项国家级企业管理创新成果，形成了国家级、地区和行业级、企业级的成果审定推广体系，对推动中国各类企业不断深化改革、加强管理、促进创新发展起到了积极作用。其中，海尔集团公司的《以"市场链"为纽带的业务流程再造》、邯郸钢铁有限责任公司的《模拟市场、成本否决为核心的集约经营》等创新成果都有很大的影响。

（三）2013 年以后："全面创新"阶段

党的十八届三中全会以后，中国步入全面深化改革的新时代，社会主义市场经济体制不断完善。从 2013 年开始，中国的经济运行已经呈现出增速趋缓、结构趋优、动力转换的"经济新常态"特征，中国步入工业化后期，中国经济成长的重点从追求快速成长到追求质量提升，要实现从数量驱动、要素驱动为主转向效率驱动、创新驱动为主的动力变革，这要求完成推进供给侧结构性改革提高实体经济供给质量、积极顺应新一轮科技革命和产业变化趋势、大力培育新兴产业和利用新技术改造传统产业等各个方面重大任务，未来中国经济增长将面临产业升级路径、技术进步路径、消费升级等众多不确定性。应该说，2013 年以后中国宏观环境发生了巨大变化，国家制度情境日趋复杂，国家经济情境从宽松转向紧缩，国家技术情境不确定性增大，中国企业只能通过全面创新来实现进一步发展，中国企业管理实践不仅要通过学习应用国外现代管理知识来提高现代化管理水平，更要根据企业自身发展全面创新管理方式来提高现代化管理水平。近年来，无论是国有企业，还是民营企业和外资企业，都已经出现了大量优秀的企业管理实践。中国管理学在整体学科体系基本完备、研究方法日趋规范、专业研究队伍不断扩大、优秀管理实践十分丰富的发展基础上，需要进一步结合中国国情和企业自身发展实践来全面创新发展中国情境下管理理论、丰富中国情境下管理知识。

近年来，中国管理学界已经认识到中国管理学发展不能够仅仅停留在基于西方的理论框架和研究范式在中国开展演绎式研究、用西方理论解释中国管理现象，更要结合中国国情和社会发展趋势，创新出具有中国本土特色的管理学理论，提高中国管理学理论在世界管理学术社区的话语权，增强中国管理学的理论自信。于是，面对中国企业管理实践的丰富素材，一方面，出现了大量对中国企业管理案例的研究，试图通过案例研究方法提出中国特色的企业管理理论，并将理论贡献作为中国企业管理案例质量的首要标准（毛基业等，2016）；另一方面，理论工作者开始重视对中国情境进行具体分析，提出中国管理理论创新研究的方向和领域，例如魏江等（2014）研究了中国战略管理研究的制度环境的独特性、组织网络形态的无界性、全球竞争的深度融入性、商业伦理重塑的迫切性、创新创业范式的突破性和信息技术的全面渗透性等方面情境因素，进而指出中国战略管理研究若干前沿理论领域，包括组织双元性、网络化能力、全球化整合、商业模式创新、创业战略以及企业社会责任等；又如，谭力文等（2016）在文献计量的基础上对中国组织行为学的研究焦点、发展趋势进行分析，提出要在科学信念与学科范式上进行转换，注重理论原型构建，创新管理研究方法，以此推动具有中国特色组织行为学研究的发展；再如，张闯等（2013）认为，国内营销学研究在选题的前沿性和方法的规范性方面已经逐步与国际接轨，但出现了"轻视理论构建，崇拜工具和方法"倾向，应该结合中国本土元素进入尝试性理论创新的阶段，理论创新研究的方向包括深化对关系的研究、制度转型过程中企业营销行为研究、文化融合与变迁过程中消费者心理与行为研究、其他本土文化构念在营销学研究中的概念化与理论化研究等。与此同时，国内外学术期刊都十分重视发表中国情境下管理研究问题的学术论文，甚至开辟中国管理学研究专栏，对中国管理理论创新起到了很好的推动作用。2017 年第一本《中国管理学年鉴》出版，旨在为中国管理学发展奠定文献基础，这表明中国管理学开始注重整体学科积累，表明管理学学科走向成熟（黄群慧、黄速建，2017）。

三、 基本发展经验

一是坚持马克思主义在发展中国企业管理学的指导地位。由于管理学的学科特性，企业管理学的发展必须考虑到特定的社会制度、价值体系和意识形态，不能一味照搬西方管理学的形式和方法。中国企业管理学的发展，必须以马克思主义为指导，兼收并蓄、博采众长、融合发展。早在1982年10月22日，蒋一苇就在《人民日报》发表了题为"为构建具有中国特色的管理科学而努力"的文章，一方面指出管理的科学性，另一方面也指出世界上没有一套放之四海而皆准的完整的"现代管理学"，管理还具有社会性和国情适应性。构建中国特色的管理科学只能在马克思主义原理的指导下，通过总结自己正反两方面经验和学习国外管理知识的基础上创造，要"学"中有"创"，以"创"产"新"，从而创建一套中国特色的社会主义管理体系和模式，形成中国特色的管理科学。

二是重视企业改革、管理与发展的系统性。改革开放40年中国企业管理学发展的路径具有独特性，这在于企业管理发展历程是与国有企业改革进程紧密相关的。从实践角度看，企业改革、管理与发展是一个相互促进的系统，尤其对于中国的国有企业而言，企业改革的目标是为现代化管理体系的建立奠定企业制度基础，因此仅关注企业管理而不建立与之相匹配的现代企业制度，最终是不能促进企业发展的。从学术角度看，企业管理的学者，既关注现代企业管理方法、技术和理论，还要十分重视国有企业改革的研究。现代企业理论、现代公司治理结构等有关企业制度方面的内容一直在中国企业管理学中占据重要地位。实际上，中国管理学者也多是国有企业改革领域研究专家。重视企业改革、管理与发展的系统性，从学科内容看，意味着中国企业管理学是一个有关企业的制度基础、组织管理和发展战略相协调的知识系统。

三是坚持跟踪国际学术前沿问题与解决中国具体管理问题相结合。改革开放40年中国企业管理学成长路径是学习借鉴、吸收融合、模仿创新到全面创新。这个过程要求管理学者必须正确处理国际化管理前沿与本土化管理问题的关系，重点关注那些既具有中国现实意义又具有国际学术前沿性的重大问题。一方面，中国管理学研究要关注国际学术前沿，追随国外管理研究潮流和国际研究热点，及时学习借鉴和消化吸收，缩短与国际管理学发展的差距；另一方面，中国管理学还要更注重研究和解决中国的实际问题，关注中国本土化的重大管理问题的研究，分析中国管理科学化进程的规律，对中国企业管理实践和创新进行科学总结，从而建立具有中国特色的管理科学理论和学科体系，并进一步指导中国企业管理实践。

四是坚持自主创新思维与科学研究规范相结合。改革开放 40 年，中国的企业管理学者不仅仅学习引进了一般管理学知识，同时还学习到了管理学的规范研究方法。尤其是近些年来，在规范的学术期刊推动下，中国管理学研究日趋强调科学研究规范，突出科学方法特色，这也正是中国企业管理学这门学科走向成熟的标志，同时也是中国管理学走向国际的必经之路。但是，追求管理学研究的科学规范性，并不意味着仅追求科学的形式、用大量的数学语言和实证研究的形式"包装"没有新意的研究观点，创新性才是管理研究的最核心要求。而且，由于管理学的学科特性，实际上管理学的研究范式是多元的，黄速建和黄群慧（2005）将管理学研究归结了经典物理学、数学、心理学、经济学、历史学、社会科学、系统科学七种学科范式，这七种范式都可以应用到管理学研究中并为丰富管理学知识做出贡献，因此不能过度追求实证规范研究的形式。要实现管理学的创新性和规范性的有效结合，一方面，管理理论的框架不能停留在描述性和启发性的层面上，要重视规范性的特性；另一方面，实证性研究要考虑特定的社会制度、价值体系和意识形态的情景因素。中国企业管理学的发展，既要立足区域特征和制度特点，也要辅以严谨的方法论支撑和大规模的经验研究，使中国管理学研究既在国际上受到认可，又具有强有力的解释问题和解决问题的能力。

五是坚持企业管理理论与企业管理实践相结合。从研究角度看，管理学是一门学以致用的科学，管理学研究必须注重管理理论与管理实践的结合，要从管理实践中归纳管理理论，同时致力于应用管理科学理论指导管理实践。中国企业管理学的发展，一方面要注重系统研究中国管理实践，对中国企业管理实践和创新进行科学总结，积极探索、提炼出相应的管理理论。改革开放以来中国企业已创造了大量的管理经验，进行了大量的管理创新实践，这为形成中国企业管理理论提供了很好的实际素材。另一方面，中国企业管理理论要能够指导中国企业管理的实际问题，这要求管理学者关注中国本土化的重大管理问题的研究，注重研究企业管理理论如何应用于管理实践。从学科角度来看，企业管理学是一门科学，也是一门艺术。在学科发展上要正确处理管理学的科学性与艺术性的关系，形成既符合科学逻辑，又注重实践应用的完善的学科体系。这不仅要求管理学科发展按照科学的逻辑积累管理学知识，同时也要求管理学学科体系有利于管理知识指导实践、有利于转化为现实的管理生产力。因此，中国建立自己的管理学科体系时，不仅要有自己的学科理论、科学方法和系统的知识体系，而且还要有利于管理知识的传授和交流，有利于应用指导管理实践。这些年，中国十分重视管理学的案例库建设和案例教学，充分体现了这一点。

四、 未来发展使命

改革开放 40 年来，中国企业管理学的发展取得了巨大的成就，中国企业管理学不断发展壮大。但也必须清醒地认识到，中国企业管理学还没有成熟，还没有完全形成自己的特色、风格和气派。正如习近平总书记在 2016 年 5 月 17 日哲学社会科学座谈会上所指出的，"哲学社会科学的特色、风格、气派，是发展到一定阶段的产物，是成熟的标志，是实力的象征，也是自信的体现。我国是哲学社会科学大国，研究队伍、论文数量、政府投入等在世界上都是排在前面的，但目前在学术命题、学术思想、学术观点、学术标准、学术话语上的能力和水平同我国综合国力和国际地位还不太相称"（习近平，2017）。对于中国企业管理学而言，当前还存在很多问题，如学科基础发展不牢固，学科积累不充分、体系不完善，教育质量还有待提高，管理研究学术水平与国际水平还存在较大差距。尤其是面对高速发展的中国经济，还没有形成中国特色的社会主义市场经济条件下的企业管理理论，对丰富、活跃的中国企业管理实践还缺乏理论归纳和指导。重要的是，中国还没有独立提出的来自于中国管理实践，但又能有国际影响、被国际管理学界所接受、对指导管理实践具有一定普遍意义的管理理论。

从世界企业管理史角度看，一个大国实现工业化和经济发展的过程，必然是以自己企业管理创新与发展为基础的，而且其管理理论和方法具有全球意义。美国崛起时，将美国大企业的经理革命与组织革命，推广到了全球；德国崛起，也使德国大企业出众的定制设计、强大的工程师技能系统享誉世界；日本在第二次世界大战以后推进了快速工业化进程，在20世纪七八十年代跨入工业化国家行列，以大规模精益制造、终身雇佣制等为核心内涵的日本企业管理方式以及一系列基于日本企业管理实践的研究成果都被世界管理学界认可。当前中国已进入工业化后期，成为经济总量世界第二的工业大国，在2020年将基本实现工业化，但客观地讲，迄今为止中国还没有自己独特的企业管理方式被世界认可，中国企业管理总体水平仍然不尽如人意。中国管理学界亟待对中国特色的企业管理实践进行归纳总结，形成中国情境下的企业管理理论。因此，研究工业化、市场化、信息化进程中的中国情境下企业管理创新与发展问题，从国际视角分析经济发展"中国经验"的企业管理内涵，是未来我们中国企业管理学发展的重大使命，也是中国管理学者义不容辞的重大责任。

党的十九大报告指出："深化国有企业改革，发展混合所有制经济，培育具有全球竞争力的世界一流企业。"这不仅为国有企业改革提出了要求，也为未来中国企业的发展指明了方向。所谓世界一流企业，是在重要的关键经济领域或者行业中长期持续保持全球领先的市场竞争力、综合实力和行业影响力，并获得全球业界一致性认可的企业（黄群慧等，2017）。展望未来，中国企业要发展成为世界一流企业，必须创新出世界一流的企业管理方式，这也正是上述创新发展中国情境下中国企业管理理论所要求的。中国企业创新世界一流管理方式和企业管理学发展出中国情境下企业管理理论，已经具备两大情境变化条件：一方面，中国正在推进"一带一路"，这将深刻影响全球化进程。在新一轮全球化中，伴随着中国企业的"走出去"，中国的企业管理方式将逐步走出国界，逐渐被国外所熟悉，并在新的国际情境下得到进一步的验证和发展，中国企业管理方式和中国企业管理理论也将逐步成熟。另一方面，以信息化、数字化、智能化为核心内涵的新一轮工业革命，给正步入工业化后期的中国企业带来了在高度不确定的新产业技术条件下谋加速发展的难得机遇，中国企业需要充分展示中国式的企业管理智慧，创新巨大技术变革情境下的企业管理方式，而中国企业管理学界也需要在企业管理知识颠覆性变革时代创新出中国企业管理理论。在这两大情境因素变化下，我们相信，中国一定会产生世界一流企业，并向世界贡献中国特色的企业管理智慧与企业管理方式，中国管理学界也将会向世界贡献中国特色的企业管理理论。

习近平总书记指出："要按照立足中国、借鉴国外，挖掘历史、把握当代，关怀人类、面向未来的思路，着力构建中国特色哲学社会科学，在指导思想、学科体系、学术体系、话语体系等方面充分体现中国特色、中国风格、中国气派。"未来中国企业管理学，要以习近平总书记讲话精神为指导，按照体现"继承性、民族性、原创性、时代性、系统性、专业性"的要求，在不断创新中加快构建中国企业管理学，形成具有中国特色、中国风格、中国气派的企业管理理论和完善的学科体系。

参考文献

［1］Child J. , 2000, "Theorizing about Organization Cross – nationality", Cheng J. L. , Peterson R. B. in *Advances in International Comparative Management*, Greenwich, CT：JAI Press.

［2］Hofstede G. , 2008, *Cultures Consequences：Comparing Values, Behaviors, Institutions and Organizations across Nations*, Shanghai：Shanghai Foreign Language Education Press, pp. 7 ~ 9.

［3］Weber M. , 1964, *The Theory of Social and Economic Organization*, New York：Free Press.

［4］陈佳贵、黄群慧：《新中国管理学 60 年的探索与发展》，《光明日报》，2009 年 11 月 3 日。

［5］黄群慧：《从高速度工业化向高质量工业化转变》，《人民日报》，2017 年 11 月 26 日。

［6］黄群慧、黄速建：《中国管理学年鉴 2016》，中国社会科学出版社，2017 年。

［7］黄群慧、余菁、王涛：《培育世界一流企业：国际经验与中国情境》，《中国工业经济》，2017 年第 11 期。

［8］黄群慧、张蒽：《企业、政府与非营利组织的管理比较研究》，中国社会科学出版社，2014 年。

［9］黄速建、黄群慧：《企业管理科学化及其方法论问题研究（上）》，《经济管理》，2005 年第 20 期。

［10］贾良定、刘德鹏、郑祎、李珏兴、尤树洋：《构建中国管理学理论自信之路——从个体、团队到学术社区的跨层次对话过程理论》，《管理世界》，2015 年第 1 期。

［11］蒋一苇：《蒋一苇文集（第一卷）》，经济管理出版社，2013 年。

［12］毛基业、苏芳：《案例研究的理论贡献——中国企业管理案例与质性研究论坛（2015）综述》，《管理世界》，2016 年第 2 期。

［13］谭力文、伊真真、效俊央：《21 世纪以来国内组织行为学研究现状与趋势——基于 CSSCI（2000 – 2013）文献的科学计量分析》，《科技进步与对策》，2016 年第 1 期。

［14］魏江、邬爱其、彭雪蓉：《中国战略管理研究：情境问题与理论前沿》，《管理世界》，2014 年第 12 期。

［15］习近平：《习近平谈治国理政（第二卷）》，外文出版社，2017 年。

［16］尤树洋、贾良定、蔡亚华：《中国管理与组织研究 30 年：论文作者、风格与主题的分布及其演变》，《华南师范大学学报：社会科学版》，2011 年第 4 期。

［17］张闯、庄贵军、周南：《如何从中国情境中创新营销理论？——本土营销理论的建构路径、方法及其挑战》，《管理世界》，2013 年第 12 期。

［18］张培刚：《农业与工业化》，华中工学院出版社，1984 年。

［19］朱镕基：《管理现代化》，企业管理出版社，1985 年。

中国本土管理研究路径探索[*]

——基于实践理论的视角

北京大学　陈春花

苏黎世大学　马胜辉

摘要： 在经历了30多年的发展并从西方引入大量的管理理论之后，中国本土管理研究应该如何进一步发展成为学界探讨和争论的热点。回应学界最近的讨论，本文认为，以研究本土管理实践为重心是中国管理研究能够取得突破性进展的关键。针对学界在实现路径上的疑惑并推动对本土管理实践的深入研究，本文介绍了实践理论（Practice Theory）的视角及其对中国本土管理研究的重要启示。透过这一视角，本文构建了基于中国管理实践研究的实现路径，探讨了中国管理实践的特殊性及亟须研究的相关问题，并对基于中国管理实践研究的理论贡献和现实指导价值进行了展望和探讨。

关键词： 本土管理研究　中国管理实践　实践理论　实践视角　研究路径

一、 引言

自20世纪80年代中期以来，管理学在中国经历了30多年的发展并在学科建设和人才培养上取得了巨大进步（郭重庆，2008；张静等，2016）。在大量引进西方的管理理论和研究方法之后，中国本土管理研究

---

* 原载《管理世界》2017年第11期。

进入了一个学科发展的历史转折点。近些年，特别针对本土研究与管理实践严重脱节的现象，学界对于管理学研究应该如何定位和进一步发展进行了广泛的反思和争论。例如，《管理学报》自2005年开始主办"中国实践管理"系列年度论坛，持续倡导学者对本土实践进行深入研究。中国管理研究国际学会（IACMR）也将2014年的双年会主题定为"立足中国实践，创新管理理论"，鼓励学者研究中国企业特有的重要问题并探索中国情景下的管理新概念和新理论。重要的管理期刊，如《管理世界》、《管理学报》、《组织管理研究》（*Management and Organization Review*）等，近年来都对中国本土管理研究的未来和出路进行了专题探讨。在这场大讨论中，众多学者积极参与并对如何加强对中国特定情境下的管理实践进行研究甚至构建中国的管理理论提出了不同构想（Barney and Zhang，2009；曹祖毅等，2015；陈春花，2011，2016；陈春花等，2014；郭重庆，2008；韩巍，2011；黄光国等，2014；蓝海林等，2012；刘祯等，2014；齐善鸿等，2010；谭力文等，2015；Tsui，2006，2009；席酉明、韩巍，2010；徐淑英、吕力，2015；张静等，2016；章凯等，2014）。

回顾学界的讨论，我们发现关注中国本土的管理实践，构建能够有效解释和指导本土实践的理论已经成为学者们的共识。然而，真正践行这一理念的实际研究仍然非常有限，呈现出讨论激烈而行动不足的局面（曹祖毅等，2015；韩巍，2011；刘祯，2014）。究其原因，没有在实现路径上达成清晰一致的看法是关键所在。首先，在研究对象上，学者们虽然一直号召深入研究本土的管理实践，但却没有对"管理实践"进行明确的定义，没有对构成管理实践的基本要素进行探讨，导致了实际操作中不知如何有效地界定研究对象和分析角度（曹祖毅等，2015）。其次，对基于实践的研究如何进行理论体系构建和贡献管理理论，学界还存在彷徨。章凯等（2014）总结了学界关于本土研究在理论构建上的三种不同的观点：中国管理理论、管理的中国理论以及普适性理论（Barney and Zhang，2009；陈春花等，2014；Leung，2009；Tsui，2009）。因为这些不同观点，学者们似乎对于本土实践研究如何能够真正贡献管理理论仍然存疑。最后，学界对中国管理实践的特殊性探讨不足。不明确本土管理实践为何不同于其他国家，学者们在具体研究中将难以聚焦于那些独特的本土管理实践。正因为未能明确以上在实现路径上的各种疑惑，基于中国管理实践的研究依然止步不前。

为解决在实现路径上的疑惑并真正推动对中国管理实践的研究，本文将介绍实践理论（Practice Theory）的视角及其对本土研究的启示。由于近几十年在社会科学中的兴起（Schatzki et al.，2001），实践理论被日益广泛地应用于组织和管理研究的诸多领域，如战略管理、领导、知识管理、组织常规（Routines）、技术应用、制度化（Institutional ism），等等（Feldman and Orlikowski，2011）。虽然不同流派的实践理论对"实践"内涵的理解略有不同，"实践"可以被界定为具有特定模式的一系列有组织的活动的集合（Feldman and Orlikowski，2011；Reckwitz，2002；Whittington，2006）。这一系列活动组合起来的特定模式通常是为达到一个具体目标，并在一定程度上为社会成员所共享。实践理论的视角认为，要理解一个社会现象，必须要研究构成这个社会现象的一系列实际活动（Feldman and Orlikowski，2011；Whittington，2006）。例如，应用于战略管理研究当中，实践理论的视角引导了学者们去研究战略实践，即管理者在日常工作中到底如何开展与战略相关的活动（The "Doing" of Strategy Actors），极大地丰富了人们对于战略管理的复杂性的理解，包括战略决策的微观过程，战略工具和方法的运用，战略变革的过程，不同层次战略管理者的角色，等等（Golsorkhi et al.，2010；Jarzabkowski，2003；Johnson et al.，2007；Vaara and Whittington，2012；Whittington，2006）。实践理论为研究管理实践提供了在本体论和认识论上的哲学基础。因为实践理论的视角完全切合重视本土管理实践这一理念，并推动了组织与管理诸多领域对于实践的深入研究，我们认为有必要介绍这一理论视角并系统地探讨其对中国本土管理研究的启示，从而探索一条研究本土实践的系统性路径。

为此，本文的其他部分安排如下：第二部分介绍实践理论视角及其在国外管理研究中的应用。第三部分试图构建一个基于实践理论视角的研究路径，包括界定"管理实践"的定义及其构成要素，从而为界定研究对象，框定关键问题和分析角度，以及构建理论提供了基础；同时，我们探讨了如何有效地利用定性和定量方法来研究管理实践。第四部分探讨了中国管理实践的特殊性，并讨论了与其相关的亟须研究的重要问题。第五部分讨论了基于中国管理实践研究的理论贡献，表现在构建理解本土实践的理论体系和对全球管理知识的贡献两个方面。第六部分深入讨论了基于中国管理实践的研究如何能够对本土实践提供现实指导价值。第七部分总结了本文的主要观点。

二、介绍实践理论视角及其在国外管理研究中的应用

实践理论在现代社会科学的兴起源于一系列倡导实践在构建社会现实（social reality）中扮演核心角色的学术思潮。这其中包括一些重要的哲学家（Wittgenstein，1953；Foucault，1977）、社会学家（Giddens，1984；Bourdieu，1990）、活动理论学家（Vygotsky，1978）、人类学家（Ortner，2006），等等（Golsorkhi et al.，2015；Nicolini，2012）。因此，实践理论并非一个高度统一的社会理论体系，而是由不同学派所组成（关于这些不同学派的差异，可参见 Nicolini（2012））。因为实践理论在国内管理学研究中少有讨论，我们认为有必要介绍这些学派对于理解社会现象所共享的一些核心观点，从而形成对实践理论视角的基本认识。然后，以战略管理为例，讨论这一视角在管理研究中所催生的新的研究方向和理论成果，从而为探讨其对中国本土研究的启发意义提供基础。

（一）实践理论的一些核心观点

虽然实践理论的不同学派在具体观点上有所差异，但在本体论和认识论上，它们共享一些基本的理论逻辑，都认为研究社会实践（Social Practice）是理解社会现象的关键所在（Feldman and Orlikowski，2011；Golsorkhi et al.，2015）。首先，实践理论认为日常活动（Activity）及其构成的实践对社会现实的构建和重构起着决定性的作用。这不同于主张个体的活动和行为主要是由社会结构所统摄的观点。根据实践理论的观点，社会现实的存续并非固化在种种的社会结构（如社会层级、规范和制度、角色等）当中，而是呈现在相续的社会个体的活动和实践之中。个体的活动既受到社会结构的制约，也同时不断地构建和重塑社会结构（Giddens，1984）。因此，实践理论提供了理解社会现实在微观层面的基础。这意味

着要理解特定的社会现象，学者们需要注重对微观层面的具体活动及其构成的实践进行研究，而非单纯地依靠对这些活动的抽象描述。例如，要充分理解一个组织的运作模式，就需要去观察组织成员日常的工作活动和互动以及组织成员与外部人员的互动，而不是单纯地依靠组织结构图、组织章程或岗位描述。对于管理研究，实践理论的重要启示是通过研究个体所参与的活动及其构成的实践，学者可以为解释宏观的组织现象提供微观基础。

其次，实践理论强调个体的具体活动的开展（或个体的实践）是受到个体所在场域（Field）中广泛盛行的实践所影响的（Bourdieu，1990；Jarzabkowski et al.，2016）。由于种种原因，一个场域当中通常存在着大家所共享和盛行的实践，如工厂管理的做法、公司治理的方式、团队协作的模式、领导下属的方式，等等。场域中的成员在开展具体活动的时候，通常受到这些盛行实践的影响。例如，一个企业在开展公司治理中通常会采用所在行业和所在国家在治理中的普遍做法。这些盛行的实践和做法一方面提供场域成员开展具体活动的模板，另一方面也在一定程度上限制了场域成员采用完全不同的做法。从这个意义上讲，场域的成员是社会性地嵌入在场域之中（Bourdieu，1990）。因此，实践理论倡导在研究中不仅仅要关注个体活动或个体的实践，还需要考察其与场域中盛行的实践之间的关系，考察个体的活动的开展是如何遵从和偏离盛行的实践。

再次，实践理论突出了个体的能动性（Agency）。个体是实践及其相关活动的承载者和实施者（Reckwitz，2002）。在开展实践活动的过程中，因为需要适应具体的情境，个体总是需要对既定的实践模式进行某种程度上的调整而非简单的完全重复。例如，员工招聘存在着一些行业通行的实践模式，然而在一个企业的具体操作中，招聘人员可能因为要满足企业快速增长的特别需求，而采用新的招聘途径和评估标准。从严格意义上来讲，因为每一个情境都具有一定的独特性，每一次对既定实践模式的运用都存在某种程度的即兴发挥。这是实践不断改变和演进的重要源泉之一。同时，特别是在组织中，一个实践的开展通常涉及多个个体（如团队协作）。每个个体在实践中均具有能动性，而并非只有占据主导地位的个体。实践理论强调对不同个体能动性的关注，包括他们如何参与和开展实践活动以及受到哪些因素的影响和制约。因此，实践理论在逻辑上给个体的能动性和创造性提供了理论空间。对于组织与管理研究，这种视角倡导学者们去关注个体在实践中发挥的作用，从而构建相关理论去解释管理实践如何在应用中不断变异、进化和创新。

最后，实践理论强调实践与情境的共同进化（Coevolution）。一个实践的情境不仅仅包括物质和文化因素，更包括它所发生的环境中其他的实践（Nicolini，2012）。在实践理论看来，没有任何社会现象是孤立存在的，任何社会现象的存在都是建立在与其他社会现象的关系之上。实践与其所存在的情境的关系也是如此。实践的产生和变化不仅仅受到情境的影响，实践也影响着情境的变化。因此，情境不再只是一个相对静态的概念，并非一成不变的，而是与实践共同进化的。例如，基于手机网络平台的打车模式是在传统的出租车行业背景下产生的，但这种商业实践的发展也改变了传统出租车行业的运行模式。从这个角度来看，要深入理解一个实践的发展，需要关注它与其所在的情境之间的共同影响、共同进化的关系。单单孤立地研究单个具体的实践，或者把情境或与其关联的其他实践当作一个静态的因素，将很难全面地捕捉到实践的产生、形成和演化机理。

基于以上这些核心观点，实践理论的不同学派为在社会科学领域开展实践研究提供了本体论和认识论的基础。这股思潮影响了社会科学中诸多学科的发展，其中包括管理学。以下将以战略管理为例，介绍实践理论视角对管理学研究的影响。

（二）实践理论视角在管理研究中的应用——以战略管理为例

正如引言中所提到的，实践理论视角已经被应用到组织和管理研究的诸多领域，促进了在战略管理、知识管理、技术应用、制度化等领域对相关实践的深入研究（Feldman and Orlikowski，2011）。我们将以战略管理为例，讨论实践理论视角对相关研究的影响，从而阐明这一视角对中国管理实践研究的借鉴意义。在过去的十多年间，"战略作为实践"（Strategy - As - Practice，SAP）的一系列研究成为战略管理领域一股强劲的新思潮，并形成了一个稳定的国际研究社群，在美国管理学会（Academy of Management）和美国战略管理学会（Strategic Management Society）分别成立了专门的分部。基于实践理论的视角，SAP 注重研究人们是如何在实际中具体参与战略相关的活动（the doing of strategy），同时突出了战略参与人员的能动性。这不同于主流战略管理学派在微观经济学逻辑影响下的研究重点——组织拥有什么样的战略以及相应的绩效表现（Vaara and Whittington，2012；Golsorkhi et al.，2015）。

在研究主题上，SAP 的研究突破了当时战略研究的范畴，研究了战略实践当中一系列重要的问题。Whitiington（2006）倡导了一个 SAP 的总体框架来研究战略实践，包括三个部分：实践者（Practitioners），即实际参与战略的形成、制定、执行的人员；具体活动（Praxis），即具体情境下与战略相关的活动；实践（Practices），即以具体活动为基础所形成的惯例性的活动模式。在具体的研究中，学者们研究了高层管理者、中层管理者、董事会成员以及其他人员在战略决策及执行过程中的具体活动和角色（Balogun and Johnson，2004；Jarzabkowski，2008；Ma and Seidl，2018；Maitilis，2004）。例如，Balogun 和 Johnson（2004）研究了中层管理者在执行战略变革过程中所面临的挑战，他们在观念结构上的变化过程以及他们如何通过在同一层级之间的互动去影响战略变革的实施。学者们还对战略决策（Kaplan and Orlikowski，2013；Liu and Maitlis，2014）和战略变革（Denis et al.，2001；Mantere et al.，2012；Huy et al.，2014）的微观过程进行了研究，丰富了学界对于战略管理微观基础的理解。另外，学者们还研究了一些具体的实践活动如何开展并影响战略发展，包括战略会议、战略研讨、语汇运用、意义塑造等（Hendry and Seidl，2003；Kaplan，2008；Jarzabkowski and Seidl，2008；Paroutis and Her acleous，2013）。

在研究方法上，不同于主流战略研究所采用的定量统计方法，SAP 的研究大量采用定性研究方法。为了探寻战略实践和活动中的动态和机制，这些研究通常采用现场观察、深度访谈或者收集内部材料作为一手研究资料。在这些资料的基础上，通过案例研究或扎根理论的分析方法去构建理论，而不是检验已有的理论（Eisenhardt，1989a）。虽然到目前为止 SAP 以定性研究为主，但这并不排除定量研究仍然可以用来研究战略实践，关键在于研究问题的框定。例如，在研究特定实践应用的普遍性或企业运用特定的实践是否能够产生优于其他企业的绩效时，定量研究方法有其优势所在（Bloom and Van Reenen，2010；Bromiley and Rau，2014；Laamanen et al.，2015）。

在研究成果的积累上，SAP 的研究取得了丰硕的理论成果。截至 2015 年，超过 100 篇的相关论文发表在顶级的学术期刊上（Golsorkhi et al.，2015），并有两篇全面的文献综述去梳理这些研究的进展和理论贡献（Jarzabkowski and Spee，2009；Varra and Whittington，2012）。虽然这些研究能否形成一个系统性的理论体系仍然有待商榷，这些研究的确很大程度上丰富了学界对战略管理的理解（Langley，2015）。Varra 和 Whittington（2012）在回顾当时的 SAP 文献时说，"SAP 的系列研究已经拓展了主流的战略研究，这是通过聚焦在过去很大程度上被忽视的实践以及发掘这些实践中我们以前从未想象到的作用机理"。这些研究成果不仅丰富了学界对于战略实践的动态性和复杂性的深入理解，也有助于修正现有理论的基本假设并为未来的理论构建和发展提供基础。

三、 构建基于实践理论视角的研究路径

通过以上对实践理论视角及其对战略研究影响的介绍，可以看出这一视角对于研究中国本土管理实践具有重要的借鉴意义。尤其重要的是，这一视角在本体论和认识论上为研究管理实践提供了基础。本部分将基于实践理论视角，试图构建一个研究中国本土管理实践的路径，包括如何定义管理实践，框定问题和分析角度的切入点，理论构建的导向和研究方法的建议。

（一）界定对象：定义管理实践

明确管理实践的定义是我们在研究本土实践中能够界定研究对象的前提。基于实践理论的视角，管理实践的定义可以界定如下：一个管理实践是指为达到特定的组织目标，具有特定模式的一系列有组织的活动的集合（Feldman and Orlikowski，2011；Reckwitz，2002；Whittington，2006）。特定模式是指构成一个实践的系列活动之间存在着相关联的逻辑关系，从而使这些活动表现出特定的组合样式。根据其目标和所涉及的活动范围，管理实践可以界定在不同层面。例如，企业的战略规划相对于团队决策，前者的目标通常更为宏观，所涉及的活动和人员范围也更广，因此是更为宏

观层面的管理实践；前者可以看作是组织层面的管理实践，而后者可以看作是团体层面的管理实践。根据相同的逻辑，组织间的战略联盟相对于企业内部的战略规划，则是更宏观的管理实践。从某种意义上讲，宏观层面的管理实践也可以看作是由较微观层面的不同实践所构成的（Schatzki，2006）。因此，管理实践是宏观还是微观，抑或是界定在个体、团队或组织层面还是更宏观的层面，在于该实践所要达到的组织目标及其涉及活动的范围。在具体研究中，界定管理实践的层面，需要取决于研究者所感兴趣的研究问题（曹祖毅等，2015）。

除了在现象层面上的不同，管理实践还存在着共享程度上的区别。在空间维度上，有一些管理实践在行业或区域内甚为流行，为较多企业所共享，而有一些则较为少见。在时间维度上，有一些管理实践会不断重复，而有一些管理实践则处于尝试的阶段。关注不同管理实践在空间维度和时间维度上共享性的区别，有利于我们深入研究不同管理实践在发展上所处的不同阶段，从而探讨其进化的机制。同时，这也有利于我们探讨管理实践在不同区域的差异和相互影响。例如，在中国不同省份内部的企业可能有高度共享的管理实践，而在省份之间管理实践的差异则可能比较大。

以上讨论了如何定义管理实践以及不同管理实践存在的差异，目的在于帮助学者在具体研究中界定研究对象。以下，我们将针对在具体研究中如何框定问题和选择合适的分析角度，提供一个理论框架。

（二）框定问题和分析角度：以管理实践三元素为基础的理论框架

基于上面对管理实践定义的探讨，对中国本土管理实践的研究就意味着要发掘特定管理实践所包含的一系列活动，以及将这些活动如何有机地组合在一起从而达到特定目标的内在逻辑。从这个角度出发，管理人员以及管理活动被拉回研究关注的重心，成为解释管理现象的关键因素。同时，要深入理解某个管理实践，则需要考察其产生和演化机制，特别是与周围的情境和相关联的其他实践的动态关系。而在一个具体研究中，很难关注管理实践的所有方面，通常有所侧重。为此，基于 Whittington（2006）提出的战略实践研究的三元素模型，我们提供一个研究本土管理实践的理论框架，为具体研究在界定研究问题和分析角度上提供有效的切入点。这一框架涵盖了理解管理实践的三个基本元素，而每一元素都可以成为研究和分析管理实践的切入点。

（1）实践模式：个体开展具体活动所基于的管理实践（Practices）。构成管理实践理论框架的第一个基本元素是管理实践本身，它为组织成员开展具体的实践活动提供了模板和指导。前面我们提供了管理实践的定义，即为达到特定的组织目标，具有特定模式的一系列有组织的活动的集合。管理实践是在一定程度上常规化的活动模式，从而区别于在一个具体情境下个体所开展的实践活动（Reckwitz，2002）。需要提出的是，组织中存在大量的为达成不同组织目标的管理实践，例如，如何进行团队协作，如何开展年度预算，如何进行战略规划，如何进行员工招聘，如何组织产品研发，如何开展精益生产，如何进行购并，等等。根据目标及其相关活动涉及的范围，这些管理实践可以体现于不同层面的管理现象中，包括个体、群体、组织层面，甚至更宏观的行业层面（如战略联盟、企业合作相关的实践）。值得注意的是，虽然有些管理实践可能显性地呈现于组织的章程和规定之中，如标准化操作手册，大量的管理实践却是组织成员通过日常工作所习得或发展出来的，隐性地内化于理念、习惯和文化之中。这些显性或隐性的管理实践为组织中日常活动的开展提供了模板。这为研究管理实践提供了第一个切入点，引导研究人员关注形成模式化的管理实践，分析这些实践模式的内存逻辑，其产生和演化的机理，以及其对组织活动或业绩的影响。

（2）实践活动：个体所开展的具体活动（Praxis）。理解管理实践的第二个基本元素是个体所开展的具体实践活动。它的内容涵盖组织成员在开展具体工作中所涉及的所有活动，包括个体或个体之间的所为（Doings）和所言（Sayings）。例如，在一次战略变革过程中，所有相关人员所涉及的具体活动，包括方案制定、沟通、实施，等等，都是战略变革的实践活动。实践活动因其所涉及的范围可以表现于不同层面，从个体到群体，再到组织，甚至行业层面。这些活动可能是正式的，也可能是非正式的。例如，一次战略决策的活动可能涵盖在正式的管理团队会议中不同人员的讨论互动以及某些人员私下的对相关议题的探讨交涉。正如前文所提到的，这些活动的开展通常是基于一些形成常规化的实践模式。例如，在一次具体的战略变革中，管理者通常会按照一些变革模式去开展相关活动，包括如何进行分析和方案设计，如何开展沟通，如何按步骤实施，等等。然而，在介绍实践理论的核心观点时我们提到过，因为具体情境的不同，每次开展特定管理实践所呈现出来的具体活动都存在某种程度的差异。从这个角度上讲，作为活动模板，特定的管理实践虽然约束着相关活动的开展，但却无法完全限制其开展的具体方式。偏离特定实践模式的活动通常是实践模式演化的重要机制之一，也是催生新生实践模式的源泉。组织成员也经常在不同实践模式进行调整组合的基础上开展其实践活动，从而有目的性地创造新的实践模式。因此，实践活动为研究管理实践提供了另一个切入点，即关注某一组织现象所包含的具体相关活动。这一方面有助于通过描述和分析相关活动的展开去解释这些复杂的现象，如战略变革（Denis et al.，2001）、并购过程（Vaara，2003）等；另一方面有助于理解这些活动如何基于已有的实践模式进行变异和创新，从而理解实践模式的演化、创新机制。

（3）实践者：开展实践活动的个体（Practitioners）。理解管理实践的第三个基本元素是实践者，即开展实践活动的个体。正是这些个体基于已有的实践模式开展日常的实践活动。这些个体的主观能动性（Agency）体现在他们对已有实践模式的灵活运用、调整和组合，从而适应特定的管理情景和需求，以达成其目标（Reckwitz，2002）。因此，这种能动性的发挥既基于个体本身，如他们对已有实践模式的理解和运用的能力，也是和特定情景紧密相关的。同时，因为实践活动通常涉及不同层面的不同个体，实践者包含活动参与的所有个体，而不仅仅是占据领导岗位的管理者。根据所研究的实践活动所涉及的范围，这些个体可能包括企业不同层面的人员，如高层管理者，不同级别的中层管理者以及一线员工。例如，要研究精益化管理的实践，可能需要了解一线员工如何在其日常工作中开展和实施相关的活动。而在战略管理活动中，有些研究聚焦在高层管理者（Denis et al.，2001；Ma and Seidl，2018），有些研究则聚焦在中层管理者（Rouleau et al.，2015），甚至聚焦在一线员工如何推动战略的实施活动（Balogun et al.，2015）。因此，实践者这一元素为研究管理实践提供了又一个切入点，即关注哪些关键个体参与实践活动，这些个体运用哪些既有的实践模式，如何灵活运用这些模式，他们面临的实际挑战是什么，如何发展其能动性去达成特定目标，以及在此过程中不同个体之间的互动。

以上三个基本元素构成了一个理解管理实践的理论框架，每个元素都为具体的研究提供了一个研究的切入点。尤其需要注意的是，在组织现象中这三个元素是紧密相关的：实践者基于已有的实践模式开展实践活动，而这些活动又影响着实践模式的演化和创新；同时，对实践模式的运用也在一定程度上影响实践者，改变其对已有实践模式的认知和对其灵活运用的能力。因此，深入理解任何一个元素都需要研究人员关注另外两个元素的潜在影响，虽然在具体研究时很难同时聚焦三个元素而通常有所侧重（Jarzabkowski et al.，2007；Whittington，2006）。以下我们将探讨基于这个框架如何在具体的管理实践研究中构建理论。

（三）构建理论：形成解释管理现象的理论机制

随着学界的提倡，近年来国内涌现出一些研究本土管理实践的研究。但是，很多相关研究主要是在描述管理实践和总结相关的经验，而没有更进一步去构建解释这些实践内在机理和作用机制的理论（陈春花等，2014；叶广宇等，2012）。然而，管理研究的目的最终需要构建理论而非单纯地描述现象，对本土实践的研究需要实现从描述到理论的概念性飞跃（Klag and Langley，2012）。我们认为，基于上文中讨论的理论框架，在研究本土管理实践中可以从两个大的方向去构建理论：一是解释管理实践的相关机理，二是利用管理实践解释其他管理现象。

（1）解释管理实践的相关机理。第一个方向是构建能够解释管理实践相关机理的理论。这些机理将有助于我们深入理解管理实践，因此具有重要理论价值。上文讨论的实践模式、实践活动和实践者为此提供了具体的切入点和角度。相关研究可以聚焦于解释某个元素进行相关的理论构建，从而回答上文中提到的关于每个元素的关键问题。聚焦实践模式时，关键在于呈现构成该模式的一系列活动如何有机地组合在一起来达到其目标。基于此，研究人员可以通过深入对比不同的模式去解释何种模式更为有效。Eisenhardt（1989b）关于动态环境中战略决策的实践就是一个典型的例子。该研究通过研究不同决策模式的差异（如对信息量的摄入以及决策方式），解释了快速决策是如何比慢速的决策过程更能够产生优异的决策结果。同时，对于重要的管理实践，解释其产生和演化的机制也同样具有重要理论意义。聚焦实践活动时，研究人员应该构建理论解释这些活动展开的具体方式（如战略变革），基于什么实践模式以及如何受特定情境的影响。聚焦实践者时，研究人员需要解释在实践开展中个体能动性的发挥，其方式和影响机制是什么。例如，基于对中国四个大型国企的案例研究，Guo 等（2017）探索了中层管理者是如何管理区域政治环境从而实现市场目标的。他们发现了中层管理者在连接市场和政治环境中采取的两类管理实践，一是连接市场理念和政治理念体系，二是连接市场成员和政治个体。同时，他们发现，中层管理者因为所具有区域运营知识和区域关系网络，他们比高层管理者在管理区域政治环境中更具优势。而所处的管理层级让他们拥有权力和地位去管理政治环境，这是前线员工所无法做到的。Guo 等（2017）的理论贡献不仅是呈现中层管理者是如何管理区域政治环境的实践模式，更重要的是解释了为何中层管理者相较于其他个体更具展开这些实践的能力和资源。

（2）利用管理实践解释其他管理现象。在研究本土管理实践中进行理论构建的第二个方向是利用管理实践去解释其他管理现象。不同于上面谈到的理解管理实践本身，具体的研究也可以通过实践模式、实践活动和实践者的一个或多个维度去解释组织里的其他现象的产生和发展。这些现象可以是较微观层面的，如团队绩效或团队决策的结果；也可能是较宏观层面的，如企业的业绩表现或独特的竞争优势（Bromiley and Rau，2014）；或者是更宏观层面的，如行业层面的并购行为或区域的竞争优势。例如，Jarzabkowski 和 Seidl（2008）在研究三所大学的战略会议的实践时，通过描述这些实践模式的不同（如讨论方式、地点选择等），解释了为何有的会议模式倾向于产生偏离现有战略方向的决策，而有的会议模式则更倾向于产生固化现有方向的决策。这样的理论构建对于理解组织战略方向的稳定性和动态性有重要价值。再例如 Balogun 和 Johnson（2004）在研究一个企业的战略变革中，分析了中层管理者如何通过同层级之间的协商互动实施变革方案，解释了组织成员思维模式的变化过程。这一研究是通过聚焦实践者和他们的实践活动，去解释变革的进程中人们思维模式转变的不同机制。而在更宏观的层面，Vaara 等（2004）在研究航空业中航空公司联盟的形成时，通过分析行业中关键人员的语汇实践（Discursive Practices）

及其运用，解释了航空公司联盟这一行业现象的产生和发展。目前，学者们也在倡导利用实践模式去解释企业的业绩表现和竞争优势，虽然相关的实证研究还比较少（Bromiley and Rau，2014）。总之，将实践当作本土管理现象的解释变量进行理论构建，将有助于理解本土实践的重要影响，从而具有重要的理论价值。

（四）研究方法建议：定性与定量方法的多元和互补

在学界探讨本土研究的出路时，研究方法一直是争论的热点之一。很多学者认为，正是因为学界对于定量研究及相关统计方法严谨性的一味推崇，在很大程度上导致中国管理研究与本土的管理实践脱节的现象（曹祖毅等，2015；尤树洋等，2011；徐淑英、吕力，2015；章凯等，2014）。定量研究适合于探讨变量间关系并进行相关的理论检验，而很难用于发掘新概念和构建新理论。因此，学界倡导对中国的本土管理实践进行探索性研究，采用扎根理论、案例研究、历史研究等定性研究方法（曹祖毅等，2015；尤树洋等，2011；徐淑英、吕力，2015；章凯等，2014）。在本部分，我们认为有必要针对本土研究的现状以及对管理实践研究的需求，提出在研究方法上的建议。一方面，目前本土研究中定性研究严谨性不足，并且缺少纵向的历时性研究；另一方面，学界对于定量研究如何可以有效地用于研究中国管理实践并未进行充分探讨。本部分试图通过对这两个方面问题的深入探讨，促进多元化方法在研究中国管理实践中发挥其应有的价值。

（1）提高定性研究方法在应用中的严谨性。因为对于本土管理实践的研究还处于起步阶段，探索性的定性研究对于呈现和解释本土管理实践具有重要价值。然而，根据 Jia 等（2012）对 1980 ～ 2010 年六种国际顶级管理期刊中 259 篇关于中国情境研究的文献回顾，只有一篇论文是运用扎根理论的定性研究，而且并非来自于华人学者。由此可见，对于定性研究方法的掌握仍然是本土研究需要克服的难题。尤其需要注意的是，在定性研究中需要关注方法的严谨性。虽然国内近年来对定性研究方法的运用日趋系统化和规范化（刘鑫、杨东涛，2015；张笑峰等，2015；周文辉等，2016），但总体上国内的定性研究在严谨性上与国际水准还存在较大差距（陈春花等，2014）。因为直接涉及研究结论的有效性、可信性和可推广性，方法运用上的严谨性至关重要，因此是未来研究需要特别关注的。因为缺乏像定量研究中标准化的操作步骤，定性研究在方法运用上存在着巨大的挑战。目前在管理学领域定性研究已经形成了一些广为接受的模板，如 Eisenhardt 的多案例研究方法和 Gioia 的系统化定性分析方法等，为定性研究的研究设计、数据收集以及数据分析提供了可供借鉴的指导（Langley and Abdallah，2011）。然而，在借鉴这些模板的时候，需要避免机械的套用，而是需要根据研究问题选择和调整相应的模板。因为不同的研究问题具有不同的特性，具体的研究方法也应该存在相应的差异。因此，呈现研究方法的严谨性不仅仅在于表明自己所采用的模板，而关键在于在论文中详细阐述研究的设计、数据的来源和数量与数据分析分别是如何有效地配合研究问题，从而让读者能够形成自己的判断。保持研究步骤的高度透明性也有助于研究人员不断反思自己研究方法的内在逻辑性，这对于没有高度标准化研究规范的定性研究至关重要。

（2）定性研究中纵向的历时性研究设计。关于组织理论的经典论述中，Mohr（1982）将理论划分为两类：变量理论（Variance Theory）和过程理论（Process Theory）。变量理论是通过变量之间的关系解释组织现象。例如，在研究组织变革中，变量理论会研究引起组织变革的一系列前因变量或相应的调节和情景变量。而过程理论在解释组织现象中，是通过研究一系列的活动或事件如何随时间展开并导致最终的结果。例如在前面研究组织变革的例子中，过程理论会研究变革是如何展开的，在不同的阶段有哪些相关的活动和事件，关键的转折点是什么以及这些活动和事件如何导致最后变革的结果。和变量理论相比，过程理论强调时间维度是理解管理活动的核心要素（Langley，1999）。根据研究的目的，定性研究既可以用于构建变量理论（Eisenhardt，1989b），也可以用于构建过程理论（Gioia et al.，2010）。虽然在研究本土管理实践中两种理论构建的导向都具有重大价值，但目前国内关于过程理论的研究仍极为欠缺。然而，时间维度是构成管理实践的核心要素，理解管理实践需要研究构成该实践的一系列相关活动如何按时间序列形成特定的模式。过程理论导向的研究对于理解本土管理实践的展开、转化及其成效具有重要意义。因此，我们建议未来的定性研究在研究本土管理实践当中强化对时间维度的敏感性（韩巍，

2011），构建关于本土实践的过程理论。这意味着研究人员需要采用纵向历时性的研究设计，通过长时间的观察和跟踪调研来采集数据资料，并在分析中关注活动和事件的时间序列（Langley，1999）。

（3）如何运用定量方法研究管理实践。在倡导研究中国本土管理实践的讨论中，定性研究的价值及其紧迫性一直是讨论的热点，而对定量研究可以做出的贡献却少有讨论。事实上，只要界定好适合的研究问题和进行相应的研究设计，定量研究至少在以下几个方面能够促进对本土管理实践的理解。第一，定量研究有助于理解特定管理实践对于企业绩效的贡献（Bromiley and Rau，2014）。这需要在研究中对于要研究的管理实践已经有深入的理解，从而设计出能够测量其在企业中应用程度的问卷。然后通过大规模的问卷调查，对该管理实践和相应企业绩效之间的关系进行检验。类似地，也可以对比不同管理实践对企业绩效的贡献有何不同，从而判断在具体情境下相对有效的管理实践。第二，定量研究有助于理解在宏观层面特定管理实践产生和演化的条件。基于大样本的分析可以呈现管理实践的分布情况，从而有助于理解其产生和演化所需要的组织内部和外部的条件。例如，基于全国的大规模问卷调研可能会显示在特定区域会采用特定的管理实践，因此有助于探索该区域具备哪些特殊的要素，如政治、经济和区域文化环境，从而促进该管理实践的产生。类似的研究也可能显现不同区域在应用特定管理实践所处的不同阶段，从而有助于理解该管理实践演化的规律和相应的条件。第三，一些定量研究的方法和工具可以用于分析构成特定管理实践的一系列活动的内在结构。例如，研究企业在战略沟通中的策略时，研究人员可以收集大量企业在沟通战略中使用的材料，通过计算机辅助的内容分析发掘这些企业在对新战略进行意义塑造中使用语汇、修辞的规律和逻辑。尤其是在具有大量定性数据的基础上，在合适的情况下对其进行编码然后进行定量分析，有助于研究人员发现特定的样式和规律，从而帮助研究者进一步发掘这些样式和规律背后的理论机制（Langley，1999）。最后，基于大样本的定量研究能够检验由探索性的定性研究所构建的关于本土管理实践的相关理论的可推广性，从而促使这些理论的修正和完善。总之，经过合理的研究设计，定量研究同样可以用于研究本土管理实践，并提供定性研究所不能产生的见解和理论，而关键是在于选取合适的定量方法和工具去实现研究的目的（Laamanen et al.，2015）。因此在研究本土管理实践中不应有所偏废，而应当鼓励不同方法的运用，从而对本土管理实践不同方面提供深入、全面和丰富的理解。

四、 中国管理实践的特殊性及亟须研究的相关问题

以上基于实践理论视角讨论了研究中国管理实践的路径，并在研究方法上提供了建议。为了推动对本土管理实践的研究，有必要讨论中国管理实践的特殊性及亟须研究的相关问题。正如徐淑英所倡导的，本土研究应该特别关注中国企业中那些令人费解的管理问题，那些"不同于常态的且很难被现有文献中的逻辑和理论所解释的管理实践"（徐淑英、吕力，2015）。基于中国企业发展的历程和现状，我们认为本土管理实践的特殊性主要体现在以下三个方面，其相关的本土管理实践值得学者率先进行探索性研究。

（一） 当下互联网技术环境下的中国管理实践的领先性

在互联网技术的驱动下，现代社会已经步入了互联共享的时代。互联网技术给人们的生活和工作方式带来了巨大改变，也因此对传统的组织管理和商业模式造成了巨大冲击（陈春花，2016；Davis，2015b；彭剑峰，2014）。例如，彭剑峰（2014）认为，互联网时代在人力资源管理的各个环节都颠覆着传统的实践，表现在"四个方面的'去'：去找最聪明、最能干的人，去绩效考核；去管理层，去威权领导；去人才所有，去企业忠诚；去中心化，去边界，去利益独享"。陈春花（2016）更是认为在互联网时代，管理需要新范式，因为雇员社会将要消失，而个体价值正在崛起。中国企业在融入和塑造当今基于互联网技术的商业环境中扮演着主导者的角色，占据了管理实践的领先性，而不再是跟随西方的实践模式。这其中涌现一大批独具特色的新兴企业，如小米、乐视、腾讯、阿里巴巴、美团等。中国巨大的本土市场和互联网用户为这些新兴商业实践的探索和发展提供了基础。而这些商业实践也极大地改变着人们的生活方式。我们亟须理解本土的这些领先的管理实践以及传统企业如何基于互联网技术进行转型和变革（谢康等，2016）。更为重要的是，在这个全新的互联网时

代，研究这些新兴实践对管理理论的发展具有重要意义。我们需要重新审视管理理论的一系列核心问题：例如，在高度共享的经济环境中，企业的边界到底如何界定，组织与环境是什么关系？大量基于互联共享技术的商业模式不断涌现，我们是否需要重新定义什么是商业模式？当基于网络技术和数据运算的平台性、开放性和协同性逐渐成为组织的新特征，传统意义上用于协调员工的组织结构到底应该如何界定？协调员工的管理者的工作内容发生了什么变化？（Davis，2015b）在个人价值崛起而组织忠诚度下降的情形下，个人与组织到底是什么关系？对于回答这一系列问题，我们并没有太多既存的理论可以依靠，而需要深入地对本土新兴企业的组织形态和商业模式进行探索性研究，从他们的实践当中去发掘答案，并试图构建具有这一时代特点的管理新概念和新理论。

（二）中国管理实践产生和发展中面临着独特而复杂的本土化环境

中国管理实践在产生和发展中面临着独特而复杂的本土化环境，包括特殊的政治经济背景、市场环境、社会整体转型、文化传统和哲学等。这些本土化环境可能是西方企业未经历过的，因而可能催生全新的管理实践。这些特殊环境下的管理实践应当是本土研究尤为关注的。例如，不同于发达的西方国家，在中国特有的政治经济制度环境下，政府机构在企业的战略规划和公司治理中发挥着重要作用（Keister and Zhang，2009），而目前对这一独特管理实践的研究甚少。政府机构参与本土企业经营主要有两方面的原因。一方面，在经济转型时期，政府或地方政府和企业保持着密切的关系，通常直接帮助在其辖区的企业应对变化的外部环境和经营中的重大问题，而不是单纯地依靠制定宏观政策和市场规则。从这个意义上来说，一些学者将中国政府在经济发展中的角色定位划为社团主义型（Corporatism）（Walder，1995），这不同于在西方发达国家，政府的导向是自由市场型，从而很少直接影响企业的战略规划。另一方面，虽然经历过国企所有制改革，中国仍然存在大量的国有企业或混合所有制企业。在这些企业中，政府或相关机构会作为所有者直接参与到公司治理当中。而在西方发达国家，国有企业或者国家持有股份的企业占总体企业数量的比例极小。由此可见，在中国，政府在企业战略和公司治理中的角色不同于西方国家，是具有本土特色的管理实践。但由于目前的战略管理理论主要源自于西方国家，这些理论主要从企业的视角出发，集中于分析市场和技术环境对战略的影响，而很少关注政府在企业战略中的参与（Griffiths and Zammuto，2005；Pearce et al.，2009）。因此，本土研究亟须考察政府如何参与企业战略和经营，并探讨适应本土特色的公司治理模式。基于实践理论的视角，未来的研究可以探讨一系列相关的研究问题，如政府人员如何具体参与企业的战略规划？（Child and Yuan，1996）在混合所有制企业中，政府相关机构如何与其他所有者有效地互动并共同治理公司？地方政府如何帮助当地企业应对市场、技术和政治环境的变化？政府的参与模式对企业经营结果有何影响？企业与当地政府如何互动以构建其竞争优势？企业如何有效地管理对政府的依赖关系？（Keister，2004）

本土文化环境是中国管理实践产生和发展中的另一个独特影响因素。作为本土管理实践的践行者和创造者，中国的企业家和管理者深受本土文化和思维观念的影响（席酉明、韩巍，2010）。因此，我们需要深入了解中国的企业家和管理者，包括他们所面临的挑战，他们的管理哲学和认知结构以及这些如何影响和体现在他们的管理实践当中。而主流的研究通常是探讨管理者的个人特质或领导风格和领导绩效的关系，或者利用传统的管理者角色（Mintzberg，1973）去描述其管理活动，而较少关注他们在具体工作中实际面临的挑战，导致我们对于管理者的工作内容和管理实践的理解很大程度上停留在抽象的概念层面（Korica et al.，2017）。例如，在中国，许多管理者深受儒家、道家、法家等传统治道的影响，但学界对这些传统如何具化在他们的管理实践当中仍然知之甚少，更不用说这些实践的有效性和可复制性（Ma and Tsui，2015）。同样，虽然我们知道中国管理者中盛行着圈子和关系的现象，对于管理者如何建立和运用圈子和关系达到特定的管理目标或为企业获得资源的实践却知之甚少（罗家德，2012）。对其面临的独特挑战及其管理实践的考察将有助于我们深入地理解中国的管理者和管理模式。

（三）30 年经济高速增长下中国企业管理实践的创新

中国管理实践特殊性的第三个来源是经济高速增长下中国企业管理实践的创新。在 30 年经济高速增长的背景下，中国企业不断与国内外环境互动并进行着管理实践的创新（张毅恒等，2015），成就了许多优秀的本土企业，为中国经济增长做出了巨大贡献。有些企业甚至是全球范围内的行业先锋，它们能够领先所在的行业持续稳定地增长。这些企业的成功不再仅仅是依赖对市场、营销、技术、质量或成本等单一要素的把握，而是形成了自己卓有成效的管理模式（陈春花，2010）。特别是在中国正在进行的产业转型和升级的背景下，一些领先企业能够不断调整自身结构和战略进行持续增长，例如美的、新希望、华为、海尔等。虽然我们对于这类企业有大量的讨论，但大多是在媒体或者报纸杂志上，而对它们独特的管理实践的学术研究仍然不足（陈春花，2009）。因此，未来的研究需要深入分析中国领先企业构建竞争优势并进行持续快速增长的管理实践。这需要关注它们是如何应对同行企业所共同面临的重大难题，如在经济高速增长的环境中如何实现探索与利用的双元平衡，如何构建和维持自身的动态竞争能力，如何实现持续的变革与调整以应对不断变化的环境以及如何有效地管理利益共同体，等等。只有发掘这些领先企业在应对这些难题时所采用的异于同行的管理实践，我们才能够真正理解他们何以能够构建自身的竞争优势并保持行业领先。

中国经济迅猛发展的一个重要表现是中国企业的国际化实践。尤其是2008年全球金融危机之后，中国企业更是掀起了全球并购的新浪潮，在国际化的速度和规模上让世人瞩目。中国企业的国际化也呈现出一些特征，例如通过国内市场获得巨大的规模优势，获取进军海外市场的竞争优势（蓝海林等，2011），这不同于那些国内市场有限的企业进入国际市场的模式。在这一过程中，企业不再只是单纯地寻求更大的市场，也希望通过国际化并购重塑自身的技术优势和业务能力，从而实现战略转型。在这样的背景下，我们需要研究中国企业在国际化过程中面临的实际挑战到底是什么？这些挑战和20年前或10年前有什么不同？中国企业如何设计国际化进程的节奏（王艺霖、王益民，2016）以及不同步骤的内存逻辑？在应对一系列的挑战中，中国企业采用的管理实践有哪些以及它们的有效性如何？在海外并购过程中如何有效地实现并购后的业务整合和文化融合？对类似问题的研究将有助于我们发掘中国企业国际化实践的独特性，并有机会为中国企业提供可借鉴的有效模式和路径。

以上探讨了中国管理实践的特殊性以及一些亟须研究的相关领域，以期获得未来研究的关注。然而，其他值得研究的特色的本土实践还有很多，如商帮对于企业竞争优势的构建（Keister，2001）等，因为篇幅有限便不再一一讨论。

五、 基于中国管理实践研究的理论贡献展望

试想若干年后，如果要对基于中国管理实践的所有研究做一个理论综述，我们应该看到一个什么样的理论体系？事实上，近年来学界对于本土管理研究在理论构建的导向上存在着不同的观点，如中国管理理论、管理的中国理论以及普适性管理理论（Barney and Zhang，2009；Leung，2009；谭力文、宋晟欣，2015；章凯等，2014），其实就是对本土研究应当形成何种理论体系的探讨。特别是在本土研究在理论贡献上尤为欠缺的背景下（陈春花等，2014；Jia et al.，2012；刘祯等，2014），明确这一问题对于推动本土管理实践的研究具有重要意义。为此，本部分将首先展望基于本土管理实践的研究可能形成的理论体系，然后探讨这样的理论体系如何贡献全球管理理论，从而明确研究本土管理实践的理论价值。

（一） 基于本土管理实践研究的理论体系展望

对中国本土管理实践的广泛和深入研究必将形成一个能够理解本土实践和中国企业的理论体系，从而解决本土研究和本土实践严重脱离的问题（郭重庆，2008；齐善鸿等，2010；Tsui，2009；徐淑英、吕力，2015）。因为研究对象的聚焦，这样的知识体系将能够回答关于中国本土管理实践的一系列核心问题："中国管理实践的重大问题是什么""中国管理实践的独特性在哪里"以及"中国管理实践的发展脉络是什么"（陈春花，2011）。

（1）呈现中国管理实践是什么。基于中国本土管理实践的研究将提供一个对中国企业发展中所存在的，尤其是那些不同于西方管理实践的一个全面认识。未来一系列对具体实践的深入剖析将不再只是对这些实践的抽象化认知（Korica et al.，2017），而是呈现其具体的内涵和相关作用机制。例如，对本文前面提出的一系列中国企业独具特色的管理实践的深入研究，将能够呈现在互联共享时代中国新兴企业在组织运作和商业模式构

建中的领先实践；在中国特殊的政治文化环境下，政府在企业战略和公司治理中的角色以及管理者在实践中所面临的挑战和对策；在经济高速增长下，中国领先企业如何构建持续的竞争优势以及本土企业国际化的实践模式。因为对管理实践本身的聚焦，相关研究还可能呈现为达到相同的组织目标，中国不同省份和区域存在的不同管理实践。这与情境化的本土研究有所不同，因为情境化的研究通常将中国文化和制度抽象成中国情境（Tsui，2006；张静等，2016），不利于发掘中国区域之间的差异，从而无法对中国不同区域中管理实践的潜在差异保持敏感性。聚焦管理实践本身，将有助于发现不同实践在不同区域的分布，从而有助于发掘在中国不同区域环境中相对更为有效的管理实践。

（2）呈现中国管理实践的价值贡献性。本土管理研究的一个重要问题是回答中国管理不同于西方管理的特色到底在哪里（郭重庆，2008；齐善鸿等，2010；Tsui，2009；席酉明、韩巍，2010；徐淑英、吕力，2015），这个特色的理论价值贡献是什么？然而，没有对本土管理实践的深入研究，将无法进行中外管理的对比研究，无法发掘中国本土管理的特色（徐淑英、吕力，2015）。在呈现中国企业在各个方面所涉及的具体管理实践的基础上，相关研究将有机会对比本土管理实践和盛行的西方管理实践存在的差异，从而呈现中国管理实践的独特性。并且，在特殊的市场环境和社会整体转型的背景下，中国企业经历的发展环境可能是西方企业未曾经历过的，因而可能催生全新的管理实践（陈春花，2011），例如企业对区域政治环境的应对与管理（蓝海林等，2012；Guo et al.，2017）或者商帮对企业竞争优势构建的影响（Keister，2001）。呈现中国管理实践的独特性不仅能够深化对中国管理特色的理解，还有助于将中国的管理问题国际化，从而引起国际管理学界对中国管理问题的关注和研究。

（3）呈现中国管理实践的发展脉络。管理实践并非一成不变，而是不断地经历着产生、演化、扩散以及转化的过程。管理实践的发展是企业与周围环境不断互动的结果。中国本土管理实践的发展和演化是与中国改革开放后特殊的政治和经济环境、中国经济的快速发展、中国传统的文化观念、对国外先进管理模式的引入和转化以及国际市场环境密不可分的（陈春花，2011）。基于本土管理实践的系列研究将有助于理解重要的管理实践是如何产生和演化的，和企业所处的国内外环境以及中国传统文化哲学的关系是什么，从而为梳理中国管理实践的发展脉络提供坚实的基础。

以上讨论了基于本土管理实践的研究如何有助于形成深入和全面理解中国管理实践的理论体系。然而必须提出的是，这并非是独立于全球管理知识的一个自闭体系。恰恰相反，正如下面将要探讨的，这些研究因为对本土实践的深入研究，将有助于贡献全球管理知识，甚至提供全新的管理理论。

（二）基于中国本土管理实践研究对全球管理理论的贡献展望

要推动基于管理实践的本土研究必须要明确在理论发展上与全球管理知识体系的关系。目前，学界对于中国管理研究的发展方向存在着三个主要观点：中国管理理论、管理的中国理论以及普适性理论（章凯等，2014）。中国管理理论的观点认为，本土研究应该避免另起炉灶，而是检验和拓展现有的西方理论，并通过中国特殊的文化背景发掘西方理论的情境变量（Barney and Zhang，2009）。相反地，管理的中国理论则认为文化具有独特性，而不同文化中蕴含着不同的管理规律。因此，中国管理研究应当构建基于本土语言和概念的理论体系，才能充分解释和指导本土的管理现象（Barney and Zhang，2009）。而普适性理论的观点则认为，本土研究虽然专注于本土管理现象，但仍然应该发展普适性理论（Leung，2009）。不同于第一种观点，这种观点认为现有的西方理论存在缺陷，并且存在大量理论欠缺的领域，因此本土研究应当致力于开发新的普适性理论，同时修正和完善现有的西方理论（陈春花等，2014；谭力文、宋晟欣，2015；章凯等，2014）。

我们认同构建普适性理论的观点，认为基于管理实践的本土研究将有机会为全球的管理理论做出重大贡献。管理理论的发展和创新不足不仅是中国管理学界的独有现象，也是国际管理学界的普遍现象（Davis，2015a）。现在国际管理学界中流行的主要理论多数产生于20世纪六七十年代，如结构权变理论、资源依赖理论、新制度化理论、组织种群生态理论等等，理论拓展和创新不足。在反思和展望中，回归管理现象和管理问题本身被认为是进行理论创新的关键（Davis，2015a）。在这种背景下，贴近中国本土管理实践不仅仅能够提高我们对本土管理现象的认知，更是中国管理研究能够贡献全球管理理论创新的历史机遇。一方面，基于实践的研究能够促使我们对现有理论基本假设的反思，从而有助于修正和拓展现有的理论。例如，Eisenhardt（1989b）对战略决策实践的研究就发现，不同于以往决策理论的假设，快速决策相对于慢速决策通常使用更多的信息以及考虑更多的选项，从而决策的结果更优。正是对决策实践相关活动到底如何开展的深入考察，她有机会获得这些突破性的发现，让学界对战略决策有了新的认识。另一方面，因为新理论通常源于对新的管理现象和管理实践进行解释，中国大量的创新性的管理实践为本土研究提供了理论创新的素材。例如前面提到的，基于对中国四个大型国企的案例研究，Guo 等（2017）探索了在中国政治经济环境下，企业是如何管理区域政治环境，从而实现市场目标的。他们发现了中层管理者在这一过程中所采取的两类管理实践。Guo 等（2017）的研究有效地解释了中国中层管理者在管理政治环境中的实践模式。同时，因为现有的管理理论只强调了中层管理者在管理市场环境中的角色，因而不能解释他们研究中呈现的中层管理者在管理政治环境中的做法。他们的研究填补了这一理论空白，从而对中层管理理论做出了贡献。这样的理论构建，既能够有效地解释本土现象，又能够为全球管理理论提供新的见解和观点，并与之融为一体。

在中国本土管理实践的研究中采用普适性理论发展的导向，在学术语言和规范上要和国外管理学者保持一致，不仅能够使本土研究为全球管理知识贡献新的理论和观点，还能够推动国际学者对本土现象的关注，将中国的管理问题国际化（黄光国等，2014；Leung，2009）。因为市场和企业数量巨大，中国管理实践因其显著性必然是国际学者关注的重点话题。而在研究中对于构建普适性理论的导向，持续和现有理论的结合和互动，有利于国际学者看到研究中国管理实践对于推动管理理论发展的价值，从而进行深入研究。尤其是新的实践常常催生新的理论，中国企业在快速发展的过程中创造和采用的一些管理实践可能是在其他国家还未出现或仍不显著的。这意味着可能有许多新的管理理论会从中国的管理实践中被发掘，正如科学管理理论从美国企业实践中被发掘或精益管理在日本的企业实践中被发掘一样。当国际管理学界看到对中国本土实践的研究能够呈现具有独特性的管理现象，看到本土研究对推动一般性理论发展以及构建新理论的契机，必然会参与到相关的研究当中，从而推动对本土管理的研究（黄光国等，2014）。正如郭重庆（2008）在谈中国管理学界的社会责任和历史使命时所提到的，"着力研究透中国的管理问题，这就是世界的，世界必然认同，国际一流也就水到渠成"。因为对实践的深入研究要求研究者能够近距离接触这些实践并获取最鲜活的数据和资料，中国本土学者在这些独有的本土管理实践的研究中将占据天然优势。如果能够在此基础上发掘新的理论，将让中国有机会在全球管理研究中实现"弯道超车"（章凯等，2014）。

六、 基于中国管理实践研究的现实指导价值

在探索本土管理研究的走向时，学界对如何解决管理研究和本土实践脱节的现象尤为关注（齐善鸿等，2010），试图改变本土管理研究"对中国经济与社会发展插不上嘴"的局面（郭重庆，2008）。那么，基于中国管理实践的研究能否改善这一局面？对本土实践的研究如何能够创造出更具现实指导价值的理论？管理理论如何更具实用价值并非一个简单的问题（Kieser et al.，2015）。对这一问题的简单认识很可能误导本土研究的发展，因而需要进行明确和探讨（陈劲、阳银娟，2012；韩巍，2011）。为此，我们将探讨基于实践的本土研究如何更具现实指导价值及其对本土企业和管理者指导意义的具体体现。

（一）基于实践的研究因捕捉实践的逻辑而更具现实指导价值

关于管理理论的现实指导价值，学者们认为，限制管理研究实用性的根本原因是管理学者和管理实践者处在不同的社会场域，具有不同的基本假设、利益导向和场域结构（Sandberg and Tsoukas，2011；Splitter and Seidl，2011）。Sandberg 和 Tsoukas（2011）认为，主流的管理研究是基于科学理性（Scientific Rationality）而非实践理性（Practical Rationality）的。以科学理性的视角，研究者是以一个旁观者的角色对由客体所构成的社会现实进行观察并进行理论性的重现。科学理性包含着三个基本假设：①人类现实是由可分的、具有独特属性的实体所构成的。这些实体及其所具有的属性是独立于观察者所客观存在的，但同时是可以被认知的。②学者对

这个世界的认知是以主体—客体的关系为基本形式的。一边是研究者作为主体，另一边是这个世界作为被研究的客体。③这种认知论上的主体—客体关系同样被认为是构成实践的潜在逻辑。这样的逻辑认为，和研究者一样，实践者面临着一个由可分的实体所构成的世界，能够通过认知活动了解这些实体的独特属性，并以此认知为基础开展活动。以此为逻辑，实践者越是能够准确地认知和重现独立于其意识的外在世界，就越有可能提高其活动的有效性。基于科学理性的逻辑，实践者因为太接近于实践本身，因而对管理实践的认知是有偏差的、主观的、有偏见的，从而容易不准确和不理性。而作为旁观者，研究者通过科学方法所构建的关于管理实践的重现式知识则被认为更客观，从而更准确和更理性。因此，应用这样的科学知识可以使实践更缜密并提高其有效性。然而，Sandberg 和 Tsoukas（2011）认为，事实上科学理性会限制对管理实践的全面理解，主要有三个原因：①科学理性低估了实践者是以一种整体性的方式沉浸于实践的。周围的环境和条件构成了实践者所面临的有意义的整体，而不只是一组抽象的、可相关的变量。处在一个实践之中意味着实践者面临着一个整体性的环境，其中包括具有特定影响的事件、人物、行动和选择。②科学理性强调不同实体的抽象特征是以何种方式在总体上是相关的，而忽视了实践者具体工作中情景的独特性。这样的逻辑容易简化管理现象，发展出在总体水平上变量之间关系的结论，而在管理者看来过于简单而不实用。③科学理性在理论发展中很少考虑实践的时间维度——个体在实践中是如何经历时间的，例如紧急性和不确定性。这一点明显表现在大量管理研究所形成的命题都是没有考虑时间维度的（例如：只表述变量 A 和变量 B 间的关系，而这种关系产生效应所需的时间却很少提及）。因为这些原因，Sandberg 和 Tsoukas（2011）认为基于科学理性的管理研究和理论很难让管理者所接受，因而其现实意义会极其有限。

为提高管理研究的现实相关性，Sandberg 和 Tsoukas（2011）基于海德格尔的哲学提出了基于实践理性进行管理研究的观点。他们认为，实践的逻辑（Logic of Practice）可以表述为"缠绕"（Entwinement），即在社会实践中我们从来都无法和其他人和事物分离，而是一直相互缠绕在一起的。这意味着某个事物之所以为某个事物，它必须是其相关整体的一个部分。除了强调个体在实践中面临周围环境的整体性，实践的逻辑还强调个体对开展实践所需知识的体现化（embodiment of practice）以及对时间的敏感性。Sandberg 和 Tsoukas（2011）认为，要捕捉实践的逻辑就要在研究中基于实践理性而非科学理性，即研究实践到底是如何开展的以及个体是如何运用实践的。为此，他们建议在研究中注意以下步骤：①将实践作为研究的起点，关注实践者和相关工具的相互影响；②重点不只是个体，而是个体为达到特定目的所进行的一系列活动；③观察活动的开展中个体是如何运用身体以及相关的工具；④通过探寻实践中优秀的标准去判断到底什么对实践者是重要的；⑤通过研究这一实践与相关联的其他实践的关系去发现产生和开展这一实践的可能性。另外，研究实践中发生故障（Breakdown）的情况也有利于发现实践到底是如何开展的，因为人们在产生故障时通常开始有意识地反思平时是如何开展实践的，因而让那些习以为常的隐性知识显现出来。从前文中可以得知，基于实践理性进行管理研究完全切合本文所倡导的研究管理实践的思路和方法。相对于主流的研究范式，基于实践的本土研究因为更具实践理性，将能发展出更具现实指导意义的管理知识和理论，更容易为管理者所接受，从而影响本土管理实践和管理活动的开展。

（二）基于实践的研究在指导本土实践上的具体表现

然而基于实践的本土研究是否能够如许多学者所期待的，为本土企业或管理者所面临的问题提供直接明了的解决方案？或为管理实践的提升和改善提供具体的建议和指导？（齐善鸿等，2010）在国际管理学界，当实践理论视角被应用于战略等研究领域，学者们提出了同样的问题（Splitter and Seidl，2011；Langley，2015）。因此，我们需要探讨基于实践的研究在指导本土实践中具体表现在哪些方面。虽然基于实践的管理研究重视对实践本身的研究，其目的在于描述现实和理论构建而不是解决具体的管理问题。同时，研究者并不具备解决具体管理问题的现场知识和相关技能。因此，和大多数研究一样，基于实践的管理研究很难为管理者提供具体的问题解决方案（Astley and Zammuto，1992；Pelz，1978；Nicolai and Seidl，2010）。然而，对本土实践的深入研究能够为管理者提供极具价值的概念性工具和理论框架去反思自身的实践以及面临的具体问题和处境。也就是说，基于实践的研究通过提供对管理实践的逻辑及相关活动更好的理解，影响或指导管理者的实践活动（Splitter and Seidl，2015）。

我们认为，基于实践的中国本土管理研究的现实指导价值可以表现在三个主要方面：首先，对本土实践的深入研究通过呈现不同的管理实践在不同情境中的运用，可以让管理者对自身管理活动进行反思，并意识到新的或不同的管理实践的存在，从而开拓自己分析问题和解决问题的思路。管理者通常沉浸在管理活动当中，而对自己习以为常的管理方式和活动很难进行真正的反思。通过对管理实践及其相关活动的描述和相关作用机制的解释，研究者可以为管理者呈现采取不同实践和不同行动的多种可能性，以及这些可能性存在的优势和局限。其次，基于实践的本土研究可以为管理者呈现他们在管理实践中可能忽视的因果关系、作用机制和负向效应。对于个体在实践中所面临多种因素的整体性关注，使相关研究能够更全面地呈现实践的复杂性和多种不同的作用机制。如果意识到这些复杂性和作用机制，将有助于管理者更好地理解自己所面临的问题和处境。最后，基于实践的本土研究能够为管理者提供新的语汇或概念，使他们能够以一种新的视角去看待相关的实践，从而采用新的方式去灵活运用这些管理实践，从而发挥其在实践中的主观能动性。因为是基于本土实践的研究所构建出来，这些新的语汇或概念更有可能为本土管理者所接受，从而在他们的实践中运用这些语汇或概念去思考、探讨和解决相关问题。

七、 结束语

经历了 30 多年的发展并引入大量西方的管理理论之后，中国本土管理研究正处在一个历史转折点：本土研究应该如何进一步向前发展，如何能够构建新的理论而不仅仅是检验西方理论，如何能够贴近并解释中国本土管理实践而不是和实践相脱节以及如何使本土研究对本土管理实践产生影响是学界近年来探讨的热点话题。虽然关注中国本土的管理实践并构建能够有效解释和指导本土实践的理论已经成为学者们的共识，真正践行这一理念的研究仍然非常有限。其原因主要在于学界没有在实现路径上达成一致的看法，尤其是对管理实践的定义、分析框架、关键问题的界定以及理论贡献等方面缺乏清晰一致的认识。为解决在实现路径上的疑惑，本文介绍了实践理论的视角，以及其应用于战略管理推动对战略实践研究的经验，从而讨论其对本土实践研究的借鉴意义。基于这一视角，本文探讨了研究本土管理实践的一个可行性路径，包括对管理实践的定义和对其分析的理论框架。为了推动对本土重要实践问题进行研究，本文讨论了中国管理实践的特殊性及亟须研究的相关问题，包括中国管理实践在当下互联网技术环境下的实践领先性，中国管理实践产生和发展中面临着独特而复杂的本土化环境以及30年经济高速增长下中国企业管理实践的创新。最后，本文对基于中国管理实践研究的理论贡献和现实指导价值进行了展望和深入探讨。总之，通过对研究中国本土管理实践在实现路径上一系列关键问题的探讨，我们希望能够推动对本土实践的全面和深入的研究，使本土研究不仅仅能够更好地描述和解释中国管理实践，更能够通过构建新理论贡献于全球管理理论的发展。

参考文献

［1］Astley，W. G. and R. F. Zammuto，1992，"Organization Science，Managers and Language Games"，*Organization Science*，Vol. 3，pp. 443 ~ 460.

［2］Balogun，J. and G. Johnson，2004，"Organizational Restructuring and Middle Manager Sensemaking"，*Academy of Management Journal*，Vol. 47，pp. 523 ~ 549.

［3］Balogun，J.，K. Best and J. Le，2015，"Selling the Object of Strategy：How Frontline Workers Realize Strategy Through Their Daily Work"，*Organization Studies*，Vol. 36，pp. 1285 ~ 1313.

［4］Barney，J. B. and S. Zhang，2009，"The Future of Chinese Management Research：A Theory of Chinese Management Versus a Chinese Theory of Management"，*Management and Organization Review*，Vol. 5，pp. 15 ~ 28.

［5］Bloom，N. and J. Van Reenen，2010，"Why do Management Practices Differ Across Firms and Countries?" *Journal of Economic Perspectives*，Vol. 24，pp. 203 ~ 224.

［6］Bourdieu，P.，1990，heLogic of Practice，Cambridge：Polity.

［7］ Bromiley, P. and D. Rau, 2014, "Towards a Practice – based View of Strategy", *Strategic Management Journal*, Vol. 35, pp. 1249 ~ 1256.

［8］ Child, J. and L. Yuan, 1996, "Institutional Constraints on Economic Reform: The Case of Investment Decisions in China", *Orga nization Science*, Vol. 7, pp. 60 ~ 77.

［9］ Davis, G. F., 2015a, "Celebrating Organization Theory: The After – party", *Journal of Management Studies*, Vol. 52, pp. 309 ~ 319.

［10］ Davis, G. F., 2015b, "Editorial Essay: What is Organizational Research For?" *Administrative Science Quarterly*, Vol. 60, pp. 179 ~ 188.

［11］ Denis, J. L., L. Lamothe and A. Langley, 2001, "The Dynamics of Collective Leadership and Strategic Change in Pluralistic Organizations", *Academy of Management Journal*, Vol. 44, pp. 809 ~ 837.

［12］ Eisenhardt, K. M., 1989a, "Building theories from case – study research", *Academy of Management Review*, Vol. 14, pp. 532 ~ 550.

［13］ Eisenhardt, K. M., 1989b, "Making Fast Strategic Decisions in High – velocity Environments", *Academy of Management Journal*, Vol. 32, pp. 543 ~ 576.

［14］ Feldman, M. S. and W. J. Orlikowski, 2011, "Theorizing Practice and Practicing Theory", *Organization Science*, Vol. 22, pp. 1240 ~ 1253.

［15］ Foucault, M., 1977, *Discipline and Punish: The Birth of the Prison*, New York: Pantheon Books.

［16］ Giddens, A., 1984, *The Constitution of Society*, Cambridge: Polity.

［17］ Gioia, D. A. and K. Chittipeddi, 1991, "Sensemaking and Sensegiving in Strategic Change Initiation", *Strategic Management Journal*, Vol. 12, pp. 433 ~ 448.

［18］ Gioia, D. A., K. N. Price, A. L. Hamilton and J. B. Thomas, 2010, "Forging an Identity: An Insider – outsider Study of Processes Involved in the Formation of Organizational Identity", *Administrative Science Quarterly*, Vol. 55, pp. 1 ~ 46.

［19］ Golsorkhi, D., Rouleau L., Seidl D. and E. Vaara, 2010,

Cambridge Handbook of Strategy as Practice, Cambridge: Cambridge University Press.

[20] Golsorkhi, D., Rouleau L., Seidl D. and E. Vaara, 2015, "Introduction: What is Strategy as Practice?", in D. Golsorkhi et al., Editors, *Cambridge Handbook of Strategy as Practice*, 2015, Cambridge: Cambridge University Press, pp. 1~29.

[21] Griffiths, A. and R. F. Zammuto, 2005, "Institutional Governance Systems and Variationsin National Competitive Advantage: An Integrative Framework", *Academy of Management Review*, Vol. 30, 823~842.

[22] Guo, Y., Q. N. Huy and Z. Xiao, 2017, "How Middle Managers Manage the Political Environment to Achieve Market Goals: Insights From China's State - owned Enterprises", *Strategic Management Journal*, Vol. 38, pp. 676~696.

[23] Hendry, J. and D. Seidl, 2003, "The Structure and Significance of Strategic Episodes: Social Systems Theory and the Practice of Strategic Change", *Journal of Management Studies*, Vol. 40, pp. 175~195.

[24] Huy, Q. N., K. G. Corley and M. S. Kraatz, 2014, "From Support to Mutiny: Shifting Legitimacy Judgments and Emotional Reactions Impacting the Implementation of Radical Change", *Academy of Management Journal*, Vol. 57, pp. 1650~1680.

[25] Jarzabkowski, P., 2008, "Shaping Strategy as a Structuration Process", *Academy of Management Journal*, Vol. 51, pp. 621~650.

[26] Jarzabkowski, P., 2003, "Strategic Practices: An Activity Theory Perspective on Continuity And Change", *Journal of Management Studies*, Vol. 40, pp. 23~55.

[27] Jarzabkowski, P., J. Balogun and D. Seidl, 2007, "Strategizing: The Challenges of a Practice Perspective", *Human Relations*, Vol. 60, pp. 5~27.

[28] Jarzabkowski, P., S. Kaplan, D. Seidl and R. Whittington, 2016, "On the Risk of Studying Practices in Isolation: Linking What, Who and How in Strategy Research", *Strategic Organization*, Vol. 14, pp. 248~259.

［29］Jarzabkowski, P. and D. Seidl, 2008, "The Role of Meetings in the Social Practice of Strategy", *Organization Studies*, Vol. 29, pp. 1391 ~ 1426.

［30］Jarzabkowski, P. and A. P. Spee, 2009, "Strategy – as – practice: A Review and Future Directions for the Field", *International Journal of Management Reviews*, Vol. 11, pp. 69 ~ 95.

［31］Jia L. , S. You and Y. Du, 2012, "Chinese Context and Theo – retical Contributions to Management and Organization Research: A Three Decade Review", *Management and Organization Review*, Vol. 8, pp. 173 ~ 209.

［32］Johnson G. , A. Langley, L. Melin and R. Whittington, 2007, *Strategy as Practice: Research Directions and Resources*, Cambridge: Cambridge University Press.

［33］Kaplan, S. , 2008, "Framing Contests: Strategy Making Under Uncertainty", *Organization Science*, Vol. 19, pp. 729 ~ 752.

［34］Kaplan, S. and W. J. Orlikowski, 2013, "Temporal Work in Strategy Making", *Organization Science*, Vol. 24, pp. 965 ~ 995.

［35］Keister, L. A. , 2004, "Capital Structure In Transition: The Transformation of Financial Strategies in China's Emerging Economy", *Organization Science*, Vol. 15, pp. 145 ~ 158.

［36］Keister, L. A. , 2001, "Exchange Structures in Transition: A Longitudinal Analysis of Lending and Trade Relations in Chinese Business Groups", *American Sociological Review*, Vol. 66, pp. 336 ~ 360.

［37］Keister, L. A. and Y. L. Zhang, 2009, "Organizations and Management in China", *Academy of Management Annals*, Vol. 3, pp. 377 ~ 420.

［38］Kieser, A. , A. Nicolai and D. Seidl, 2015, "The Practical Relevance of Management Research: Turning the Debate on Relevance into A Rigorous Scientific Research Program", *Academy of Management Annals*, Vol. 9, pp. 143 ~ 233.

［39］Klag, M. and A. Langley, 2012, "Approaching the Conceptual Leap in Qualitative Research", *International Journal of Management Reviews*,

Vol. 15, pp. 149 ~ 166.

[40] Korica, M., D. Nicolini and B. Johnson, 2017, "In Search of 'Managerial Work': Past, Present and Future of an Analytical Category", *International Journal of Management Reviews*, Vol. 19, 151 ~ 174.

[41] Laamanen, T., Reuter, E., Schimmer, M., Ueberbacher, F. and X. Welch Guerra, 2015, "Quantitative Methods in Strategy – as – practice Research", in D. Golsorkhi, et al., Editors, *Cambridge Handbook of Strategy as Practice*, Cambridge: Cambridge University Press, pp. 520 ~ 543.

[42] Langley, A. and C. Abdallah, 2011, "Templates and Turns in Qualitative Studies of Strategy Andmanagement", in D. Bergh and D. Ketchen, Editors, *Building Method – ological Bridges: Research Methodology in Strategy and Management*, Bingley, UK.: Emerald Group, pp. 201 ~ 235.

[43] Langley, A., 1999, "Strategies for Theorizing from Process Data", *Academy of Management Review*, Vol. 24, pp. 691 ~ 710.

[44] Langley, A., 2015, "The Ongoing Challenge of Developing Cumulative Knowledge about Strategy as Practice", in D. Golsorkhi et al., Editors, *Cambridge Handbook of Strategy as Practice*, Cambridge: Cambridge University Press, pp. 111 ~ 127.

[45] Leung, K., 2009, "Never the Twain Shall Meet? Integrating Chinese And Western Managementresearch", *Management and Organization Review*, Vol. 5, pp. 121 ~ 129.

[46] Liu, F. and S. Maitlis, 2014, "Emotional Dynamics and Strategizing Processes: A Study of Strategic Conversations in Top Team Meetings", *Journal of Management Studies*, Vol. 51, pp. 202 ~ 234.

[47] Ma, L. and A. S. Tsui, 2015, "Traditional Chinese Philosophies and Contemporary Leadership", *The Leadership Quarterly*, Vol. 26, pp. 13 ~ 24.

[48] Ma, S. and D. Seidl, Forthcoming, 2018, "New CEOs and Their Collaborators: Divergence and Convergence between the Strategic Leadership Constellation and the Top Management Team", *Strategic Management Journal*, Vol. 39 (3), pp. 606 – 638.

［49］ Maitlis, S., 2004, "Taking it from the Top: How CEOs Influence (and Fail to Influence) Their Boards", *Organization Studies*, Vol. 25, pp. 1275 ~ 1311.

［50］ Mantere, S., H. A. Schildt and J. A. A. Sillince, 2012, "Reversal of Strategic Change", *Academy of Management Journal*, Vol. 55, pp. 172 ~ 196.

［51］ Mintzberg, H., 1973, *The Nature of Managerial Work*, New York: Harper & Row.

［52］ Mohr, L. B., 1982, Explaining Organizational Behavior, San Francisco: Jossey – Bass Publishers.

［53］ Nicolai, A. and D. Seidl, 2010, "That's Relevant! Different Forms of Practical Relevance in Management Science", *Organization Studies*, Vol. 31, pp. 1257 ~ 1285.

［54］ Nicolini, D., 2012, *Practice Theory, Work and Organization: An Introduction*, Oxford: Oxford University Press.

［55］ Ortner, S. B., 2006, *Anthropology and Social Theory: Culture, Power and the Acting Subject*, Durham, NC: Duke University Press.

［56］ Paroutis, S. and L. Heracleous, 2013, "Discourse Revisited: Dimensions and Employment of First – order Strategy Discourse During Institutional Adoption", *Strategic Management Journal*, Vol. 34, pp. 935 ~ 956.

［57］ Pearce, J. L., R. Dibble and K. Klein, 2009, "The Effects of Governments on Management and Organization", *Academy of Management Annals*, Vol. 3, pp. 503 ~ 541.

［58］ Pelz, D. C., 1978, "Some Expanded Perspectives on Use of Social Science in Public Policy", in Yinger, M. J. and Cutler, S. J. (eds.), *Major Social Issues: A Multidisciplinary View*, New York: Free Press: pp. 346 ~ 357.

［59］ Reckwitz, A., 2002, "Toward a Theory of Social Practices: A Development in Culturalist Theorizing", *European Journal of Social Theory*, Vol. 5, pp. 243 ~ 263.

［60］ Rouleau, L., J. Balogun and S. W. Floyd, 2015, "Strategy –

as – practice Research on Middle Managers' Strategy Work", in D. Golsorkhi et al. , Editors, *Cambridge Handbook of Strategy as Practice*, Cambridge： Cambridge University Press, pp. 598 ~ 615.

[61] Sandberg, J. and H. Tsoukas, 2011, "Grasping the Logic of Practice： Theorizing Through Practicalrationality", *Academy of Management Review*, Vol. 36, pp. 338 ~ 360.

[62] Schatzki, T. R. , 2006, "On Organizations as they Happen", *Organization Studies*, Vol. 27, pp. 1863 ~ 1873.

[63] Schatzki, T. R. , K. *Knorr – Cetina and E. v. Savigny*, 2001, *The Practice Turn In Contemporary Theory*, London： Routledge.

[64] Splitter, V. and D. Seidl, 2011, "Does Practice – Based Research on Strategy Lead to Practically Relevant Knowledge? Implications of a Bourdieusian Perspective", *Journal of Applied Behavioral Science*, Vol. 47, pp. 98 ~ 120.

[65] Splitter, V. and D. Seidl, 2015, "Practical Relevance ofPractice – based Research on Strategy", in D. Golsorkhi et al. , Editors, *Cambridge Handbook of Strategy as Practice*, Cambridge： Cambridge University Press, pp. 128 ~ 141.

[66] Tsui, A. S. , 2006, "Contextualization in Chinese Management Research", *Management and Organization Review*, Vol. 2, pp. 1 ~ 13.

[67] Tsui, A. S. , 2009, "Editor's Introduction – Autonomy of Inquiry： Shaping the Future of Emerging Scientific Communities", *Management and Organization Review*, Vol. 5, pp. 1 ~ 14.

[68] Walder, A. G. , 1995, "Local Governments as Industrial Firms： An Organizational Analysis of China's Transitional Economy", *American Journal of Sociology*, Vol. 101, pp. 263 ~ 301.

[69] Whittington, R. , 2006, "Completing the Practice Turn in Strategy Research", *Organization Studies*, Vol. 27, pp. 613 ~ 634.

[70] Wittgenstein, L. , 1953, *Philosophical Investigations*, Oxford： Blackwell.

[71] Vaara, E. , 2003, "Post – acquisition Integration as Sensemaking：

Glimpses of Ambiguity, Confusion, Hypocrisy and Politicization", *Journal of Management Studies*, Vol. 40, pp. 859~894.

［72］Vaara, E., B. Kleyman and H. Seristo., 2004, "Strategies as Discursive Constructions: The Case of Airline Alliances", *Journal of Management Studies*, Vol. 41, pp. 1~35.

［73］Vaara, E. and R. Whittington, 2012, "Strategy – as – Practice: Taking Social Practices Seriously", *Academy of Management Annals*, Vol. 6, pp. 285~336.

［74］Vygotsky, L., 1978, *Mind in Society: The Development of Higher-Psychological Processes*, Cambridge, MA: Harvard University Press.

［75］曹祖毅、伊真真、谭力文:《回顾与展望:直面中国管理实践——基于"中国·实践·管理"论坛的探讨》,《管理学报》,2015 年第 3 期。

［76］陈春花,《中国领先企业的管理方式研究——中国理念—西方标准》,《华南理工大学学报》,2009 年第 4 期。

［77］陈春花:《当前中国需要什么样的管理研究》,《管理学报》,2010 年第 9 期。

［78］陈春花:《中国企业管理实践研究的内涵认知》,《管理学报》,2011 年第 1 期。

［79］陈春花、宋一晓、曹洲涛:《中国本土管理研究的回顾与展望》,《管理学报》,2014 年第 3 期。

［80］陈春花:《共享时代的到来需要管理新范式》,《管理学报》,2016 年第 2 期。

［81］陈劲、阳银娟:《管理的本质以及管理研究的评价》,《管理学报》,2012 年第 2 期。

［82］郭重庆:《中国管理学界的社会责任与历史使命》,《管理学报》,2008 年第 3 期。

［83］韩巍:《管理研究认识论的探索:基于"管理学在中国"专题论文的梳理及反思》,《管理学报》,2011 年第 12 期。

［84］黄光国、罗家德、吕力,《中国本土管理研究的几个关键问

题——对黄光国、罗家德的访谈》,《管理学报》,2014 年第 10 期。

[85] 蓝海林、宋铁波、曾萍:《情境理论化:基于中国企业战略管理实践的探讨》,《管理学报》,2012 年第 1 期。

[86] 蓝海林、李铁瑛、黄嫚丽:《中国经济改革的下一个目标:做强企业与统一市场》,《经济学家》,2011 年第 1 期。

[87] 刘鑫、杨东涛:《企业价值观管理体系的构建及其作用机制——基于 A. O. 史密斯公司的案例研究》,《管理学报》,2015 年第 9 期。

[88] 刘祯、陈春花、徐梅鑫:《和而不同:管理学者争鸣与反思的价值贡献》,2014 年第 9 期。

[89] 罗家德:《关系与圈子——中国人工作场域中的圈子现象》,《管理学报》,2012 年第 2 期。

[90] 彭剑锋:《互联网时代的人力资源管理新思维》,《中国人力资源开发》,2014 年第 12 期。

[91] 齐善鸿等:《出路与展望:直面中国管理实践》,《管理学报》,2010 年第 11 期。

[92] 谭力文、宋晟欣:《管理学本土化问题研究的分析与再思考》,《管理学报》,2015 年第 7 期。

[93] 王艺霖、王益民:《高层管理人员权力与中国企业的国际化节奏研究》,《管理学报》,2016 年第 3 期。

[94] 席酉民、韩巍:《中国管理学界的困境和出路:本土化领导研究思考的启示》,《西安交通大学学报(社会科学版)》,2010 年第 2 期。

[95] 谢康、吴瑶、肖静华、廖雪华:《组织变革中的战略风险控制——基于企业互联网转型的多案例研究》,《管理世界》,2016 年第 2 期。

[96] 徐淑英、吕力:《中国本土管理研究的理论与实践问题:对徐淑英的访谈》:《管理学报》,2015 年第 3 期。

[97] 叶广宇、黄嫚丽、王永健:《实践导向的管理理论研究:内涵、机制与成果评价——2011'"中国·实践·管理"论坛观点述评》,《管理学报》,2012 年第 2 期。

[98] 尤树洋、贾良定、蔡亚华:《中国管理与组织研究 30 年:论文

作者、风格与主题的分布及其演变》，《华南师范大学学报（社会科学版）》，2011 年第 4 期。

　　［99］张静、罗文豪、宋继文、黄丹英：《中国管理研究国际化的演进与展望——中国管理研究国际学会（IACMR）的发展范例与社群构建》，《管理学报》，2016 年第 7 期。

　　［100］张笑峰、席酉民、张晓军：《本土领导者在应对不确定性中的作用——基于王石案例的扎根分析》，《管理学报》，2015 年第 2 期。

　　［101］张毅恒、曹祖毅、伊真真：《经济转型中的管理理论创新——2015'中国本土管理研究论坛（第 2 届述评)》，《管理学报》，2015 年第 10 期。

　　［102］章凯、张庆红、罗文豪：《选择中国管理研究发展道路的几个问题——以组织行为学为例》，《管理学报》，2014 年第 10 期。

　　［103］周文辉、林华、陈晓红：《价值共创视角下的创新瓶颈突破案例研究》，《管理学报》，2016 年第 6 期。

中国管理研究道路选择：康庄大道，羊肠小道，还是求真之道？[*]

——基于 2009～2014 年中文管理学期刊的实证研究与反思

华中农业大学　曹祖毅　谭力文　贾慧英　赵　瑞

华中科技大学　伊真真

摘要： 本文从理论开发与理论探索两个维度构建了分类模型，并评价了中国管理研究的道路选择。通过四个较有影响力、较有代表性的中文管理学期刊 2009～2014 年的经验研究表明，中国管理研究不仅存在重视理论开发的康庄大道与强调理论探索的羊肠小道，还存在同时重视理论开发与理论探索的综合之道，以及不强调理论开发或理论探索的发现之道。虽然不同的道路选择拥有不同的特征与合法性，但在现阶段康庄大道的学术影响力与合法性最强，而其他道路相对不被认可而且影响力比较有限。本文认为，求真之道不是在康庄大道、羊肠小道、综合之道或者发现之道进行抉择，而是在学科整体上继续平衡道路选择的多元化路径，并保持理论与理论之间以及理论与实践之间的必要张力。

关键词： 道路选择　理论探索　理论开发　评价模型　知识创造

一、引言

中国管理研究的道路选择是国内外学者共同关心的话题（Barney and

---

* 原载《管理世界》2017 年第 3 期。

Zhang，2009；Tsui，2009；Child，2009），攸关中国管理学理论创新的价值取向以及学科发展的战略方向与合法地位。在转型时期的中国文化情境为理论创新提供了难得的机遇与丰富的沃土之际（Leung，2009；Tsui，2006），管理学者或强调对现有理论的开发与检验，或强调对本土新理论的探索与构建（Zhao and Jiang，2009）。而2008年6月在广州召开的中国管理研究国际协会（IAC - MR）第三届双年会上"MOR专题论坛——开发还是探索：中国管理研究的未来"，以及随后在MOR上发表的一系列文章更是将中国管理研究的道路选择议题推向高潮。其中，Barney和Zhang（2009）在《中国管理研究的未来：中国管理理论与管理的中国理论》一文中，创造性地提出了"中国管理理论"（A Theory of Chinese Management）与"管理的中国理论"（A Chinese Theory of Management）的经典论断，引发了众多学者的广泛对话与深刻思考[①]（Tsang，2009；章凯、张庆红、罗文豪，2014；井润田、卢芳妹，2012）。从此，中国管理研究道路选择已然成为管理学术界关注的焦点甚至必须直面的问题。因为对现状进行反思是学科发展与科学进步的重要前提（Priem and Butler，2001；Suddaby，2014；Birkinshaw et al.，2014；罗珉，2008），本文主要探讨：自"康庄大道"（中国管理理论）与"羊肠小道"（管理的中国理论）（Tsui，2009；Cheng et al.，2009；Jia et al.，2012）被提出以来，以及随着中国管理学科近期的发展与演变，国内学者是选择了中国管理理论，还是管理的中国理论，抑或其他可行的科学道路？选择这些不同的研究道路在学术群体产生了怎样的效果与合法性？学术共同体未来应该如何选择中国管理学理论与实践发展的求真之道？这些问题意义重大，亟须明确回答。本文主要围绕这三个问题开展研究。

在现阶段，关于中国管理研究道路选择的理论成果并不鲜见，已有研究或认为可以从中国传统文化与哲学中构建本土管理理论（如和谐管理理论、C理论、东方管理学、和合管理等）；或认为可以"借鉴旨在改良"（Whetten，2009），强调运用现有理论解决中国管理实践的问题时对其进

---

① 关于这一讨论，不仅在管理学学科层面引起了强烈的反响，还有学者尝试在管理学二级学科进行相关的探讨，如张闯等（2013）深刻关注了"如何从中国情境中创新营销理论"，提出了"中国营销理论""营销的中国理论"和"世界通用的营销理论"。

行必要的完善以增强其普适性；或认为可以直接基于中国管理实践构建理论①；或基于中国管理理论与管理的中国理论的认识论高度，直接分析与探讨道路选择问题（Child，2009；Von Glinow and Teagarden，2009；章凯等，2014）。不难得知，这些观点主要围绕对现有理论的开发与对新理论的探索而展开，虽然对中国管理研究的道路选择提供了有益的指导与借鉴，但目前主要存在以下几方面的遗憾：①自康庄大道与羊肠小道被提出数年以来，鲜有研究提出系统的道路选择分类框架并基于近期的经验证据对不同的路径选择效果与合法性进行评价与反思；②虽有学者进行了一定程度的回顾与总结，但主要是基于西方的主流管理学期刊而不是中文期刊，降低了学者对道路选择问题进行客观评价与认知的程度；③而且已有研究主要在康庄大道与羊肠小道之间徘徊，少有学者寻找除此之外的其他道路选择，导致研究视域有待进一步开拓，同时也缺少对道路选择的解释机制进行深入的探讨。

鉴于上述不足，本文主要在 Colquitt 和 Zapata – Phelan（2007）的模型基础上，从理论开发与理论探索两个维度尝试构建中国管理研究道路选择新的分类框架，基于中文期刊数据并围绕理论创新在学科发展的价值逻辑，对道路选择问题进行科学与系统的认知、评价与反思。基于 2009 ~ 2014 年的经验数据表明，道路选择既包括康庄大道与羊肠小道，又包括其他的同时重视理论探索与理论开发的综合之道，以及不强调理论探索或理论开发的发现之道；虽然不同程度的理论创新道路拥有不同的特征与合法性，但是在现阶段康庄大道的学术影响力与合法性最高，这条道路目前主要对现有的西方管理理论进行应用、检验与完善。在此基础上，本文围绕为何康庄大道的合法性最高、如何提升发现之道的社区合法性，以及如何科学地选择求真之道等问题，进行了进一步的讨论与反思。本研究提供了分析道路选择问题的新视角，拓宽了道路选择的知识贡献空间，也提高了学者对道路选择问题进行客观认知的可信程度。

---

① 如《管理世界》率先在中国开展企业管理案例与质性研究论坛取得的理论成果、"领先之道"等。

二、 理论基础与道路选择评价模型

（一） 既有观点

在中国管理研究的关键时刻 （Tsui，2009），由中西方学者共同参与并进行意义构建的道路选择议题，旨在探讨如何开发 （exploit） 现有的理论知识与探索 （explore） 新的理论知识 （Zhao and Jiang，2009；Von Glinow and Teagarden，2009；Tsang，2009）。在这场学术对话中，学者主要围绕康庄大道与羊肠小道的抉择而展开讨论。

康庄大道即中国管理理论，强调在中国情境下应用、完善与拓展现有的管理理论 （Barney and Zhang，2009），即使大多数现有理论是从西方的文化情境中发展而来 （Tsui，2009）。在中国的文化情境中，这条开发性道路 （Zhao and Jiang，2009） 主要致力于演绎式的理论发展与检验（Tsui，2009；章凯等，2014），假设具有文化普遍性，旨在通过有效的复制与检验增强现有理论的通用性与普适性。正在兴起的中国文化情境为验证与完善现有理论提供了一个天然的实验室 （Tsui，2006，2009）；管理学者既可以通过这一策略与主流学者进行科学的对话，又比较容易在西方的权威期刊发表论文，但也有学者认为这条道路只能对世界管理理论的发展提供有限的贡献 （Whetten，2009），可能导致中国管理研究的议程被西方的理论范式所设定 （Barney and Zhang，2009），如果继续被康庄大道主导的话 （Tsui，2009），那么注定要在科学严谨性 （rigor） 与实践相关性（relevance） 之间有所取舍，这会妨碍管理学者对新知识的发现与探索（Von Glinow and Teagarden，2009）。因此，越来越多的学者开始呼吁选择羊肠小道以提高中国管理学理论创新的世界话语权。

羊肠小道即管理的中国理论，强调在中国情境下对本土管理实践与现象提出新的解释 （Barney and Zhang，2009）。这条探索性的道路 （Zhao and Jiang，2009） 假设具有文化特殊性，尝试摆脱现有理论范式所设定的管理议题，认为中国社会独特的历史与演进特征，特别是改革开放 30 多年以来转型时期的经济、技术、社会和政治等文化环境 （雷恩、贝德安，2013） 的变迁所体现出的情境动态性，只能用新的本土理论进行解释，而不能完全或很好地用现有理论来解读（Tsui，2006）。学者呼吁，在现阶段选择羊肠小道并强化其合法性更应该被学术共同体重视（Cheng et al.，2009），否则中国管理研究将长期被锁定在理论贡献价值链的低附加值产区。既有学者认为羊肠小道不具有超越中国情境的通用性与普适性（Barney and Zhang，2009），也有学者主张对本土管理实践与文化元素（如历史、文化和哲学）的重视不能盖棺而论，认为这条道路也可以发展成为世界公认的、具有文化普遍性的普适性理论（章凯等，2014）。虽然这条道路目前依然处于萌芽阶段，中国尚未诞生出被西方甚至被世界主流管理学术共同体真正认可的理论（贾良定等，2015），但是已有学者对此做出了有益的尝试（Cheng et al.，2009）。

综上所述，康庄大道与羊肠小道分别描述了管理知识生产的不同创造过程（Von Glinow and Teagarden，2009），均是为全球管理知识做出贡献（Tsui，2004，2007，2009；Meyer，2006）的有效途径。虽然中西方学者对康庄大道的理解见仁见智，但均认为其是对现有理论进行检验、完善和拓展，强调开发现有理论的知识创造逻辑；虽然学者对羊肠小道的认知也比较辩证，但均认为其旨在构建与创造新的理论知识，强调探索新理论的知识创造逻辑（Zhao and Jiang，2009；Tsui，2009）。不可否认，现有研究深刻关注了这两条理论创新道路，两者也确实在国内外学术共同体产生了深远的影响，并为中国管理研究的未来发展提供了重要的参考与借鉴。然而，需要强调的是，并不是所有的学者都完全认同 Barney 和 Zhang（2009）对中国管理理论与管理的中国理论的"二分法"（Dichotomizing；Von Glinow and Teagarden，2009），一些有代表性且有影响力的其他道路选择确实存在，导致中国管理研究可能并不是仅仅存在康庄大道与羊肠小道。从同时强调理论开发与理论探索的其他理论创新道路来看，随着近年来东西方文化更多的交流与学术对话（Child，2009）以及中西方学者对中国文化情境更多的关注（Barkema et al.，2015），文化特殊性与文化普适性的结合（Leung，2009）、文化双融（Chen，2014）等路径日益被重视；从既不强调理论探索又不强调理论开发的其他路径选择来看，学者既可以进行实证规律研究[①]（Empirical Regularities）（Miller，2007；Helfat，2007；Tsang，2004）以作为康庄大道与羊肠小道的可行替代（Tsang，2009），又可以开展"雾霾调查报告"等归纳研究深刻关注管理实践。这些非主流研究在学术群体以及管理实践者中间均可以产生较大的影响力。因此，康庄大道与羊肠小道对中国管理研究的道路选择与知识创造的全部空间而言到底是否是穷尽的，以及如何认知除此之外的其他道路选择，都值得我们进一步探索与分析，这也促使本文尝试拓宽研究视域并回到问题的原点，即"开发还是探索：中国管理研究的未来"，并从理论开发与理论探索两个维度对道路选择问题进行重新认知与评价。

（二）道路选择评价模型

在现有文献中，Whetten（1989）的"理论是什么"、Sutton 和 Staw（1995）的"理论不是什么"、Jia 等（2012）的"情境主位模型"等研究，均为本文从理论开发与理论探索的角度窥探道路选择问题提供了重要的依据与参考。尤其是 Colquitt 和 Zapata‒Phelan（2007）构建了"实证研究理论贡献的分类模型"，认为学者可以从最低程度到最高程度分别对现有理论进行检验和对新理论进行构建，以实现"描述类""拓展类"等不同程度与类型的理论贡献。本文主要借鉴这一模型从最低程度到最高程度对理论检验与理论构建的刻画及其相关的分类做法，认为理论开发与理论探索也均可以从不同的程度进行关注与描述，而且这两个维度不同程度的组合，不仅可以说明不同程度的理论创新途径及其知识创造属性，还可以进一步考虑在中国转型时期的文化情境中深刻关注管理实践并有效地揭示实践背后的重要事实与实证规律等类型的探索研究，以及关注中西方文化与理论互相整合的开拓研究。因此，本文尝试构建"中国管理研究道路选择评价模型"，如图 1 所示。

（三）理论探索

本文用理论探索反映学者对新理论进行构建与探索的程度，是从中国的文化情境中提炼可以有效解释本土管理现象的理论或模型。Colquitt 和 Zapata‒Phelan（2007）认为，理论构建既可以通过归纳的研究方法，也

---

① 关于实证规律研究的实例，可参考 Tsang（2004，2009）对迷信与商业决策以及 Beamish 和 Bapuji（2008）对产品召回事件的研究。

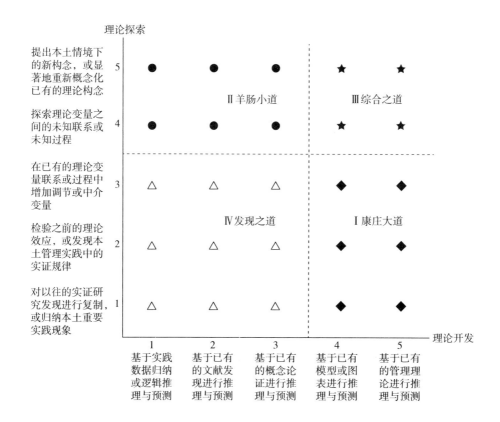

图1 中国管理研究道路选择评价模型

可以通过假设推演式的方法，或基于管理实践抽象理论模型，或基于现有文献提出理论模型。高静美和陈甫（2013）也认为，理论创新既可以来源于现有理论，又可以来源于管理实践现象。鉴于此，在模型的纵轴上本文认为理论探索存在两种途径，既可以通过现有文献进行演绎，又可以从中国管理实践中进行归纳。因此，当理论探索程度较低时，学者既可以检验与复制之前的研究发现或理论效应，又可以深入关注中国管理实践的事实描述与归纳（Hambrick，2007），发现与揭示重要的实践特征与实证规律（Tsang，2013）。本文将理论探索共分为五个分值，分别定义如下。

纵轴的"1"值代表最低程度的理论探索，表示不构建新的管理理论，既可以是对现有研究成果的操作性或建设性复制，又可以是对中国本土管理实践现象与事实的深入描述与重要归纳。从理论演绎的方向来看，正如

Colquitt 和 Zapata – Phelan（2007）所言，操作性复制试图重复已发表的经验成果的所有细节；建设性复制试图使用新的样本数据或者新的分析技术避免对之前研究成果的完全模仿，而是进行更为严格的检验，这种复制对于增强现有研究发现的外部效度至关重要（Tsang and Kwan，1999），是知识有效积累的关键。从理论归纳的方向来看，本文认为在中国的文化情境中对本土管理实践现象进行系统的描述与归纳，有助于深入窥探转型时期中国最真实的管理现象，这种描述与归纳虽然没有上升或抽象至理论高度，但却为后期发现重要的实证规律与构建理论或模型提供了最真实、最直接的素材（Hambrick，2007）。根据理论发展的阶段性演变特征（Cheng et al.，2009），处于转型时期的一些管理实践与现象目前才刚问世，可能还不适合构建新的理论（章凯等，2014），此时强调事实的描述与归纳似乎更为必要，也更为可取。

纵轴的"2"值代表第二个水平的理论探索，一方面用以表示对之前未经过实证检验的理论效应进行复制与验证。不少学者认为，虽然西方管理学期刊提出了琳琅满目的理论模型，但是其中真正得到有效检验的却很少（Davis and Marquis，2005）。因此，通过对现有理论或模型在中国的文化情境中进行有效的复制与检验，既可以提高理论的合法性，又有助于摒弃或完善一些无法解释现代管理现象的旧理论，从而促进管理学科的范式一致性，并降低学科的碎片化趋势（Preffer，1993）。另一方面，管理学者也可对中国独特的管理现象进行深入挖掘，从而探索符合实践特征的实证规律。这种研究虽然仍尚未上升至理论高度，但却可以有效洞察管理实践中的重要规律，而且可以非常发人深省。这种实证规律不必然会导致新理论的创造与构建（Tsang，2013），但却与管理实践息息相关（Helfat，2007）。

纵轴的"3"值代表中等程度的理论探索，表示在现有理论变量关系之间或过程中添加调节变量或引入中介变量。在中国的文化情境中，学者通过引入这些调节变量或中介变量可以探索与发现现有理论过程的情境适用边界（Whetten，1989），从而增强与拓展现有理论的应用范围。然而，这种方式不会改变现有理论的核心解释逻辑（Sutton and Staw，1995），即使是引入了体现中国本土情境与文化特征的调节变量或中介变量（Barkema et al.，2015）。

纵轴的"4"值表示较高程度的理论探索程度，以探索理论变量主效应之间的未知联系（Whetten，1989；Jia et al.，2012）或未知过程。一方面，管理学者可以通过案例研究、扎根理论、民族志等归纳方法探索与构建新理论，通常以一系列理论命题或模型作为其研究结论，如《管理世界》借此途径积极地探索管理的中国理论（Zhao and Jiang，2009）。另一方面，管理学者也可以通过假设演绎的方式探索现有变量主效应之间的新关系或新过程。正是这些新的理论或模型，体现了学者对新颖性（McKinley et al.，1999）的追求与强调，这种新颖性越来越成为管理学期刊、学术共同体对理论创新的基本要求（Corley and Gioia，2011）。需要注意的是，随着东西方文化与理论的整合日益被强调与关注，管理学者也可以通过中西方理论整合的途径构建新的理论模型（Leung，2009）。

纵轴的"5"值代表最高程度的理论探索，用以表示结合中国管理情境提出新的理论构念或者对现有构念显著地进行本土化与概念化。根据Colquitt 和 Zapata – Phelan（2007），新构念更加新颖，既为学术共同体提供了新的研究方向，又为理论发展提供了原创与独特的贡献。正如 Jia 等（2012）通过对西方七个顶级的管理学期刊所发现的三个新构念——"关系""市场转型""网络资本主义"——一样，新理论构念既可以对学术共同体产生重大的影响并对全球管理知识做出开创性的理论贡献，又可以为相关理论的发展提供崭新洞见来源，因此管理学者也可以基于中国制度、哲学、文化价值观与管理实践进行新理论构念的探索。当学者尝试东西文化与理论的整合时，这种新构念往往可以体现整合与跨越东西文化情境特征的属性。

（四）理论开发

在图 1 的横轴上，本文用理论开发表示学者在中国文化情境中对现有的管理理论进行检验与利用的程度，用以提出研究假设或进行逻辑推理与预测。基于 Sutton 和 Staw（1995）对参考文献、数据、变量、图表、研究假设等非理论要素与理论关系的探讨，以及 Van de Ven 和 Johnson（2006）对理论知识与实践知识的相关阐述，横轴从最低程度到最高程度的理论开发，表示学者对现有理论的开发"从距离理论最远"过渡到"距离理论最近"（Weick，1995），逐渐接近理论的解释逻辑范畴（Whetten，1989）。具体而言定义如下。

横轴的"1"值表示最低程度的理论开发。对于归纳性质的实证研究，这种程度的理论开发或强调基于中国情境下的经验数据（Sutton and Staw，1995；Weick，1995）进行逻辑归纳，从而提出新的理论命题，如案例研究；或强调对中国管理实践数据进行深度的提炼与挖掘，从而揭示重要的管理现象或发现实证规律。对于假设演绎式的实证研究，这种水平的理论开发也可以是进行逻辑推理（Colquitt and Zapata - Phelan，2007）。换言之，最低程度的理论开发是几乎没有对现有的管理理论进行开发与应用，而主要是基于实践知识或其他非理论知识进行推理与预测。

横轴的"2"值表示基于已有的参考文献与研究成果进行推理与预测。这种程度的理论开发仅是从现有的相关文献提出研究假设或者进行推理，并没有涉及理论的解释逻辑。根据 Sutton 和 Staw（1995），参考文献有时掩饰了管理理论的缺乏，因为学者通过引用现有的研究成果与发现以提高其说服力，试图告诉读者类似的研究发现。在中文管理期刊中，学者可能限于篇幅的限制，在对数据归纳或提出演绎式的假设时往往只是简单地罗列现有的中英文参考文献，并没有实质性地呈现理论的解释逻辑。

横轴的"3"值表示中等程度的理论开发。这种研究基于过去的概念论证试图阐述变量之间的关系或过程为何存在，但是这样的论证基础不足以构成理论的完整解释逻辑（Whetten，1989；Sutton and Staw，1995），也未对所关注的现象给予全面的理论解释（Colquitt and Zapata - Phelan，2007）。但是相对于上述基于已有的参考文献与研究成果进行预测的理论开发程度来讲，中等程度的理论开发对因果逻辑的解释机制提供了有益的描述。通过这种概念论证，读者可以知晓预测与推理的理论依据所在。

横轴的"4"值表示较高程度的理论开发，是基于已有的理论模型或图表提出研究假设或进行推理与预测。虽然模型与图表还不是真正意义上的管理理论，但却与之非常接近（Weick，1995）。即使在解释逻辑缺位的情况下，这些模型和图表可以明确地表述理论变量之间的因果关系，提供理论的象征性表示（Sutton and Staw, 1995）。当理论或模型（如 AMR 上的理论模型）还处于成长过程时，通过对其进行有效的开发与利用，既可以促进理论合法化的进程（Tsang and Kwan, 1999），又可以辅助学者提出先验的研究假设。

横轴的"5"值表示最高程度的理论开发，是学者基于现有的理论解释逻辑进行推演、推理或预测。真正意义上的管理理论既包括变量及其之间的因果关系，还一定包含变量关系与过程背后的解释机制与逻辑（Whetten, 1989; Sutton and Staw, 1995），在试图对管理实践进行简化与抽象时（Van de Ven and Johnson, 2006），也提供令人信服的逻辑一致性观点。随着中国管理学者对本土情境与实践的持续关注，中国已经开始诞生一些比较重要的本土理论与思想，如复合基础观、家长式领导理论、和谐管理理论以及通过案例研究构建的理论模型等。考虑到复制与验证对理论合法性建立的重要性，学者对现有理论的开发，可以不局限于西方的管理理论，还可以对本土的新理论或模型进行检验与利用（Barney and Zhang, 2009），因为即使在中国的文化情境中探索再多的理论或模型，如果缺乏理论复制与应用从而导致其内部效度、外部效度和信度的缺乏（Tsang and Kwan, 1999），那么可能很难在世界范围内将其"扩散和泛化"至国际管理学学术共同体内，更遑论通过本土理论的创新与构建来提高中国管理研究的世界话语权。因此，学术共同体对本土理论或模型进行有效的开发是促进理论发展与合法化的重要渠道，也是为管理新知做出重要贡献的途径。当学者尝试整合中西方的文化与理论时，往往同时对西方与中国的理论或模型进行开发。

（五）道路选择的分类

借鉴 Colquitt 和 Zapata‒Phelan（2007）分类方法，本文认为横轴上的 1、2 或 3 值均未体现理论的完整解释逻辑，故用这三个数值表示较低程度的理论开发，而用 4 或 5 值表示较高程度的理论开发；在纵轴上，因为 1、2 或 3 值均未上升至理论的抽象高度，或只是对现有理论的完善，均未体现对新理论解释的探索，故用以表示较低程度的理论探索，而用 4 或 5 值表示较高程度的理论探索。因此，分别基于理论开发与理论探索程度的高与低，本文将图 1 划分为 4 种知识创造类型，分别表示中国管理研究的不同道路选择空间，即康庄大道、羊肠小道、综合之道和发现之道①。

一是康庄大道。本文定义康庄大道这条理论创新的知识贡献道路为在中国的文化情境中，对现有的管理理论进行检验、应用与拓展，从而提高理论的合法性以及扩充其适用边界，对应图1中纵轴上较低程度的理论探索（得分为1、2或3）与横轴上较高程度的理论开发（得分为4或5）。如李四海（2012）在探讨管理者背景特征对企业捐赠行为的影响时，主要基于高阶理论提出相应的研究假设，通过中国2006～2009年在沪深交易所上市的公司数据验证与拓展了这一理论的适用边界；如顾远东和彭纪生（2010）在回答"如何激发员工创新行为"问题时，在社会认知理论的基础上将创新自我效能感这一中介变量，引入到组织创新氛围与员工创新行为的关系之中，通过在南京和苏州两地的478份有效调查问卷进行了相关研究假设的检验，同时也拓展了社会认知理论。

二是羊肠小道。本文定义羊肠小道这条理论创新的知识贡献道路为在中国的文化情境中摆脱现有理论所设定的议题，尝试探索与构建本土新的理论或模型，对应图1中纵轴上较高程度的理论探索（得分为4或5）与横轴上较低程度的理论开发（得分为1、2或3）。如杜义飞（2011）深入考察了一个国有企业的衍生企业发展历程，并深度跟踪和提取了该企业七年的事件数据，通过纵向研究和扎根理论把创业衍生企业的理论延伸到"主辅分离"这一具体政策导向措施的作用机理中，并得到其理论模型与核心权衡过程；田志龙等（2010）基于吉利、奇瑞、华晨、比亚迪和哈飞五家本土企业的多案例研究，构建了"后入者进入方式—资源弱势克服方式—后发优势实现途径三要素理论框架"来探讨弱势后入者的经营战略。

三是综合之道。本文定义理论探索与理论开发程度都较高（得分均为4或5值）的研究类型为综合之道，这种道路代表基于中国的文化情境既

---

① 相对于康庄大道与羊肠小道，本文并没有过于推崇综合之道和发现之道之定义，而是提倡更加遵循中国管理研究道路选择与发展的客观规律，呼吁学者驻足反思，重新审视道路选择的科学分类问题。因为任何模型与分类法都有一定的价值涉入（Colquitt and Zapata - Phelan，2007），本文提供和探讨了一个初步分类框架，只为分析问题方便，是为了说明这种客观存在的现象以及由现象反应而来的客观问题。当然，本文定义的"综合之道"与"发现之道"均可通过其他类似的名称来定义，但是无论如何定义，其所折射以及需要反思的问题是需要学术共同体高度注意与亟待解决的。

重视开发现有理论又强调探索新理论的实证研究，或在现有的理论基础上探索与构建了新的理论或模型，或是对已有的中西方理论或模型进行有效融合与超越。如江诗松等（2011）基于对吉利公司的纵向单案例研究，探讨了后发企业如何在复杂而冲突的制度环境下实现能力追赶，在借鉴与开发制度理论、资源基础观和动态能力理论的同时，构建了"转型经济背景下后发企业能力追赶的共演模型"，从而解释了转型经济背景下后发企业如何通过各种方式管理复杂的制度环境，以及实现技术和市场能力的追赶；如曾垂凯（2011）有效融合了本土的家长式领导理论与西方的领导—成员交换理论，在国内率先探讨了三种家长式领导行为——德行领导、权威领导与仁慈领导——对部属职业高原的影响，发现家长式领导对部属内容高原和中心化高原均有显著的影响，但对层级高原的影响不显著，而领导—成员关系在家长式领导与部属内容高原及中心化高原之间起着部分或完全中介作用。

四是发现之道。本文定义理论探索与理论开发程度都较低（得分均为1、2或3值）的研究类型为发现之道，这种道路既不重视对现有理论的开发，也不强调在中国管理的文化情境中构建新的理论或模型，而是旨在对现有理论进行较低程度的开发，或发现与解决现有文献中的重要问题，或报告中国管理实践背后的重要事实发现，或探寻本土管理实践与情境中的实证规律。如潘持春（2009）在研究工作满意度和组织承诺对管理人员离职倾向的影响时，主要参考了现有相关的研究成果，并未基于具体的理论逻辑，也没有探索变量之间的未知联系与过程，或提出新的理论构念；如田志龙和蒋倩（2009）基于2008年中国500强企业的实践数据以及企业愿景的相关文献，通过严谨的研究方法发现这些企业有极强的成为世界级企业的愿望，其财务绩效和愿景有无与表达内容有关，而且愿景表达上的差异与企业所有制、规模和所处行业之间存在显著相关性。

三、 研究方法

（一）数据来源与筛选

为了更好地反映中国管理研究道路选择的真实情况，本文将时间跨度选定为 2009 ~ 2014 年，强调起源于 2009 年的中文管理学期刊文章作为分析样本：一是因为之前虽有文献涉及，但系统地关注中国管理研究的道路选择问题是在 2008 年；二是因为国内的管理学研究水平呈现逐年上升的趋势，关注近期的实际成果，可以更真实地反映理论创新的现状（许德音、周长辉，2004）；三是因为在此期间，一些本土的管理学期刊已经成功实现转型与蜕变，如以"中国""实践"与"文化"为特色的《管理学报》（张金隆等，2014；曹祖毅等，2015），不仅深刻记载了中国管理研究的动态发展过程，还比较充分地体现本土文化情境与理论发展的关系；四是因为"如果想藉由发展'管理的中国理论'以适切地诠释华人管理现象，则势必要仰赖中文管理学期刊上的知识累积"（Cheng et al.，2009），而且学者将中国管理研究提交至中文期刊时更容易被接受。

与此同时，本文借鉴 Colquitt 和 Zapata - Phelan（2007）与 Jia 等（2012）的研究方法，只关注实证研究的文章，既包括定性研究（如案例研究），也包括定量研究（如回归分析）（Usdiken，2014）。之所以选择实证研究作为样本，是因为这是理论发展的必要条件，也是管理学被称为"科学"的学科是否健全的重要标志（陈佳贵，2009），而且有证据显示，2000 年以来实证研究已经成为中国管理研究的主流方法（特约评论员，2013）。

对于期刊的筛选，首先，本文参照"中国人文社会科学期刊评价报告（2014 年）"从"吸引力""管理力"与"影响力"三个指标评选的最新结果①，初步选择其中管理学排名前三的顶级期刊《管理世界》以及权威期刊《南开管理评论》与《管理学报》；其次，根据法约尔对管理的定义以及本文所关注的样本主要是微观层面的企业组织，再筛选出以上"报告"中的核心期刊《经济管理》；最后，出于力量分布与期刊平衡的考虑，本文重新审视所选的四个期刊，发现《管理世界》和《经济管理》分别创刊于 1985 年与 1979 年，至今发展均已 30 余年，均拥有一定的历

---

① 详见官方网站：http：//www.cssn.cn。本文也综合考虑了基金委的"管理科学重要学术期刊表"，其中 A、B 类期刊是 2006 年遴选和认定的结果（张金隆等，2014）。本文考虑到中国管理学科长期受到经济学科与制度因素的影响（谭劲松，2006），2006 年以来市场竞争力量的逐渐显现，期刊的管"物"与管"人"研究主题与内容（谭力文，2013），以及数据的代表性与可获得性，最终确定文中四个样本期刊。

史底蕴；而《南开管理评论》与《管理学报》分别创刊于 1998 年与 2004 年，可以认为是推动中国管理学科成长的新兴主力。因此，本文认为这四个期刊在很大程度上见证了中国管理学科的发展与管理知识的创造与积累，可以较好地反映中国管理研究的整体概貌，故以之为样本来源。

为了可以与西方的学术共同体进行科学与有效的对话，本文在确定期刊的基础上，按照三项原则确定所关注的管理研究领域，并筛选样本分析数据：首先，尽量与国际管理学领域的划分方法接轨，参考美国管理学学会（AOM）[①] 对管理领域的划分；其次，参考国外顶级期刊对管理研究领域的区分，如 Birkinshaw 等（2014）、Jia 等（2012）[②] 的做法；最后，参照法约尔对管理的定义，即将企业中涉及人的工作视为管理职能，而将其他涉及物的工作看作商业、技术、财务、会计等职能（法约尔，2013；谭力文，2011），本文将对"人"的研究与对"物"的研究进行系统的区分，主要筛选出涉及人与组织的管理研究，在与国际通行的管理学划分标准尽量保持一致时，使得出的结论不至于过于庞杂而无序[③]。

考虑到中文管理类期刊在栏目划分方面不够清晰的问题，本研究对所选定期刊的相关文献认真浏览、阅读与筛选，以确定合适的数据作为我们分析的样本，由此得到初步的样本期刊文献年代与频数分布，如表 1 所示。从总体来看，2009 ~ 2014 年的样本数量呈现递增的趋势，表明本文所关注的问题已在中国管理学术界受到越来越多的关注。

[①] 可参见 AOM 官方网站：http：//aom. org。

[②] Birkinshaw 等（2014）将管理研究未来发展的讨论定位在战略管理、HRM、组织行为、创业管理、国际商务、一般管理与组织理论等领域，这些领域在很大程度上都与"人"相关，比较符合法约尔对管理职能的定义——"其他职能涉及原料和机器，而管理职能只是对人起作用"。Jia 等（2012）将管理研究定位在战略管理、国际企业管理、组织理论、HRM 和组织行为领域。

[③] 受国家学科划分的影响（谭力文，2013），中国管理学科涵盖组织管理、会计、营销等众多领域，甚至在一级学科上设置了工商管理、公共管理、农林管理、情报与档案管理等，导致中西方管理学期刊在内容、定位等方面存在明显的不同：西方期刊分工比较明确，而我国多数期刊囊括了会计、营销、公司治理等多个领域范畴。因此在筛选期刊时，我们慎重考虑了这些影响，主要定位于企业组织。与此同时，本文认为不同学科与领域对理论的贡献要求并不一致，如 Hambrick（2007）的经验分析表明，营销、财务、会计等领域并不像管理一样同等程度地重视理论创新。为了验证其观点，本文作者也专门请教了国内相关领域的几位学者，发现组织管理领域的学者认为发展新理论至关重要，而其他领域并不同等程度地追求对理论的开发与探索，而更侧重研究的其他方面，如方法的科学严谨、模型的精确、实践问题的解决等。

通过剔除管理量表开发、文献计量研究等文献，本文最终得到1123个数据，并收集了每篇文献的被引频次、发表时间、研究方法（定性还是定量）、期刊种类等数据。其中，收集被引频次的时间是2016年5月5日至7日。被引频次既可以表示期刊文献的质量和影响力（Baldridge et al.，2004；Bergh et al.，2006；Tahai and Meyer，1999），又可以表示知识的扩散与传播效果（Schulz and Nicolai，2015），同时也表示文章的制度化程度（贾良定等，2015）与合法性（Judge et al.，2007；Flickinger et al.，2014）。

表1　样本文献期刊来源的年代与频数分布

年份	《管理世界》	《南开管理评论》	《管理学报》	《经济管理》	合计
2009	36	37	44	42	159
2010	30	39	50	44	163
2011	31	37	72	50	190
2012	29	36	77	44	186
2013	39	40	92	45	216
2014	39	35	100	42	216
合计	204	224	435	267	1130

（二）数据编码

为了计算每篇文献的理论开发与理论探索程度从而确定其所属的选择道路种类，本文借鉴了 Colquitt 和 Zapata - Phelan（2007）与 Jia 等（2012）的做法，并在其基础上由三位作者负责对四个样本期刊中的1123篇样本论文进行编码。为了保证编码的信度，数据编码的过程遵循以下步骤：第一，编码前商讨。为了能较为准确地结合中国管理情境与文化，首先由每位编码人员仔细阅读并充分理解英文原文①，以形成讨论的基础，并对理解中存在的分歧进行重点讨论与分析，直至达成较为一致的标准。第二，进行尝试性编码。三位编码人员按照编码表分别独立地对本文时间跨度内60个随机样本论文进行编码，然后逐条进行对比和讨论，具体分

---

① 虽有中文翻译，但出于严谨性考虑，本文借鉴贾良定等（2015）的做法，将原文作为参考依据。

析编码人员对每个刻度的理解及操作依据，并逐步完善编码模式。第三，预编码过程。在之前充分讨论的基础上，编码人员随机抽取另外 30 个样本再进行尝试性编码，并用 ICC（1）组内相关系数来考察编码者之间的信度。经过计算，本研究中理论探索的 ICC（1）分值为 0.463，理论开发的 ICC（1）分值为 0.884，均高于 Bliese（2000）以及 Colquitt 和 Zapata - Phelan（2007）建议的 0.3 值，这表明三名编码人员编码结果的一致性较高，信度较强。第四，正式编码。在确定编码信度之后，将剩下的样本论文在三位编码者之间进行平均分配，完成编码。

四、 结果分析

（一） 描述性统计

根据最终确定的样本数据（N = 1123），表 2 列出了文章被引频次（Citation）、发表时间（Year）、研究方法（Method）（1 代表定量研究，0 代表定性研究）、理论探索（Theoex - plor）、理论开发（Theoexploit）以及管理学期刊（Journal1 代表《管理世界》，Journal2 代表《南开管理评论》，Journal3 代表《管理学报》，Journal4 代表《经济管理》）的均值、标准差和皮尔逊零阶相关系数。表 2 显示在 2009～2014 年这六年时间内，整体上中国管理研究的理论开发均值为 3.38（SD = 1.47），表明样本期刊比较重视基于概念论证或者现有的模型进行推理与预测；而理论探索的均值为 3.12（SD = 1.07），表明中国管理学者比较侧重在现有的理论过程中添加调节变量或者中介变量。从统计意义上来看，表 2 也显示理论探索与理论开发的相关系数为 - 0.08（p < 0.01），表明这两个维度基本上相互独立，也证明本文所建立的二维评价模型在横坐标与纵坐标上的可行性与科学性（Colquitt and Zapata - Phelan，2007）。

表 2 描述性统计与零阶相关系数

	Mean	SD	1	2	3	4	5	6	7	8
1. Citation	19.99	36.77	—	—	—	—	—	—	—	—
2. Year	3.69	1.70	- 0.38 ***	—	—	—	—	—	—	—

续表

	Mean	SD	1	2	3	4	5	6	7	8
3. Method	0.79	0.41	0.08 ***	− 0.02	—	—	—	—	—	—
4. Theoexploit	3.38	1.47	0.08 **	0.11 ***	0.45 ***	—	—	—	—	—
5. Theoexplor	3.12	1.07	− 0.04	0.18 ***	− 0.27 ***	− 0.08 ***	—	—	—	—
6. Journal1	0.18	0.39	0.26 ***	− 0.03	− 0.17 ***	− 0.08 ***	0.23 ***	—	—	—
7. Journal2	0.20	0.40	0.14 ***	− 0.06 *	0.16 ***	0.19 **	0.02	− 0.24 ***	—	—
8. Journal3	0.39	0.49	− 0.20 ***	0.13 ***	− 0.09 ***	− 0.11 **	− 0.04	− 0.37 ***	− 0.40 ***	—
9. Journal4	0.23	0.42	− 0.14 ***	− 0.07 **	0.10 ***	0.01	− 0.20 ***	− 0.26 **	− 0.28 ***	− 0.44 ***

注：①Year 变量值 2009 ~ 2014 年分别对应 1 ~ 6 值；② *** 表示 $p < 0.01$. ** 表示 $p < 0.05$. * 表示 $p < 0.1$。

（二）道路选择的总体概况

从 2009 ~ 2014 年的整体情况来看，中国管理研究的理论开发与理论探索程度均随时间推移逐渐地提高（见图 2，见表 2），表明道路选择在总体上越来越重视理论贡献水平。在所考察的时期内，图 3 显示康庄大道、羊肠小道、综合之道与发现之道每年都占有一定的比重，而且四条道路的比重均随时间推移发生变化：康庄大道与羊肠小道在样本文献所占的数量比例均稳中有一定的提升，虽然综合之道的样本占比从 2009 年的 12.6% 上升至 2014 年的 20.1%，但是发现之道的样本占比却从最初的 38.4% 明显地下降至 22%。综合来看，道路选择理论创新水平的逐渐升高伴随着发现之道的比重逐渐下降。

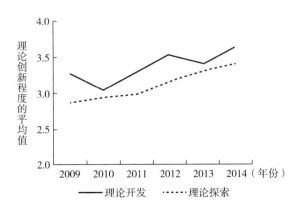

图 2　2009 ~ 2014 年理论开发与探索发展趋势

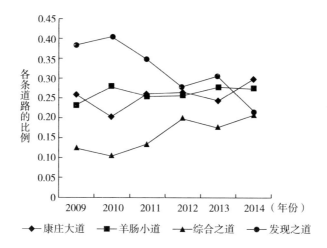

图3 2009～2014年各道路选择的占比趋势

（三）不同道路的特征与效果

在康庄大道的数据样本中（N＝288），即理论开发程度高而理论探索程度低的实证研究中，本文发现中国管理学者目前主要对现有的西方管理理论或模型进行检验、利用与完善，如资源基础观、交易成本经济学、制度理论等。虽然对本土新理论与模型（如通过案例研究归纳的理论模型）进行复制与利用是理论发展与合法化的必要渠道（Miller and Tsang，2011；Hambrick，2007），但在四个期刊上只有六篇文章对本土已经提出的理论模型或解释逻辑进行了尝试，如李明等（2013）对本土CPM领导理论的实证复制与改良。换言之，现有学者并没有对和合管理理论、中国式管理理论以及其他被国内学术共同体寄予厚望的理论或模型进行有效的验证与巩固，因此本文认为这些本土理论与模型可能还只是停留在个体层面，尚未上升至团体层面或社区层面，也并未真正实现从个体、团体到学术社区的"跨层次对话"（贾良定等，2015）。但有趣的是，每个期刊均有学者对本土的家长式领导理论进行检验与完善（吴春波等，2009；傅晓等，2012；于海波等，2009；林志扬、叶恒，2013）。

在羊肠小道的样本文献中（N＝298），即在理论开发程度低而理论探索程度高的实证研究中，无论是探索理论变量主效应之间的新关系或未知过程，抑或是提出本土情境下的新构念，本文发现学者目前均很少基于中国传统文化与哲学构建新理论，而现有最高频率的理论探索文章主要是通过案例研究构建新的理论模型，但是这些新成果几乎与中国的传统文化与哲学相关性并不高，而更多是与已有文献和中国现代的管理实践相关。这一定程度上说明了《管理世界》对中国案例研究的推动在羊肠小道上已经初见成效。一方面，这种现象充分显示在这六年期间，对于本土管理理论的探索，中国传统文化与哲学可能还不足以单独支撑本土理论的构建；另一方面，也说明了中国管理学者不应该完全依赖传统文化与哲学，还应该充分、有机地结合中国近现代管理实践提出新的理论。

在综合之道的样本文献中（N＝180），即在理论开发程度和理论探索程度均较高的实证研究中，本文发现中国管理学者在四个样本期刊上目前主要在开发现有的西方理论时，或通过演绎式的回归分析等定量研究首次探索理论变量主效应之间的未知关系，或通过归纳式的案例分析等定性研究探索多个理论变量之间的未知过程从而提出新的理论模型。对于中西文化与理论的融合，只有六篇文章进行了有益的尝试，而且这几个有限的样本主要还是中西方管理理论的简单整合，尚未真正实现东西文化的双融或超越。换言之，在综合之道的全部文献中，绝大多数是在现有的理论基础上提出新的理论模型，而东西文化的融合尚处于起步阶段，有待学者继续挖掘。

在发现之道的样本文献中（N＝357），即在理论开发和理论探索程度均较低的实证研究中，本文发现中国管理学者基于管理实践数据、参考文献或概念论证目前主要在现有的理论变量联系或过程中增加调节变量或中介变量。虽然这条道路的样本最多，但绝大多数学者的研究目的是解决现有文献中的问题或弥补相关缺口，仅有23篇文章深入描述与归纳了本土管理实践现象或者发现了重要的实证规律。虽然这些非主流研究的理论贡献较少，但实践相关性程度较高。其中六个样本来自《管理世界》（占该期刊发现之道的比例为22.2％），一个样本来自《南开管理评论》（相应占比为1.5％），九个样本来自《管理学报》（相应占比为6.3％），而七个样本来自《经济管理》（相应占比为5.7％）。换言之，在整体上旨在归纳管理实践事实与探索实证规律的非理论研究不被重视（《管理世界》相对比较侧重）。

（四）不同道路的合法性

在表 3 中本文通过 STATA12.0 列出了主要的回归分析结果，估计了康庄大道、羊肠小道、综合之道与发现之道分别与文章被引频次的回归系数。从回归结果（1）可知，控制变量（如发表时间、研究方法、期刊种类等）均与因变量（被引次数）显著地相关，而且大部分系数的 p 值都小于 0.01。对于自变量即不同的道路选择而言，当中国管理学者选择康庄大道而不选择其他三条路径时，文章的平均被引频次比其他三条道路的总体平均值高出约 5.8 次（p < 0.05）。而当学者无论选择羊肠小道、综合之道还是发现之道中的任一条道路时，都会比其他三条道路的总体平均被引频次低（但这三项结果均不显著）。这一结论初步说明了康庄大道可以使管理研究更具有合法性，这样的学术论文拥有较高的质量与影响力，更有利于促进管理知识的分享与传播，也更容易在学术共同体内受到认可。

表 3　文章被引频次与各种道路选择的回归分析

回归步骤 与变量	Citation					
	（1）	（2）	（3）	（4）	（5）	（6）
Constant	37.28***	36.66***	38.41***	37.34***	37.92***	42.46***
	(5.17)	(5.17)	(5.35)	(5.17)	(5.22)	(5.60)
Year	−13.36***	−13.26***	−13.33***	−13.31***	−13.39***	−13.23***
	(2.80)	(2.79)	(2.80)	(2.80)	(2.80)	(2.79)
Yearsqr	0.76**	0.74*	0.76**	0.76**	0.76**	0.74*
	(0.38)	(0.38)	(0.38)	(0.38)	(0.38)	(0.38)
Method	9.51***	8.32***	8.56***	9.46***	10.05***	7.99***
	(2.40)	(2.44)	(2.65)	(2.40)	(2.47)	(2.69)
Journal1	32.23***	32.75***	32.63***	32.66***	31.69***	33.10***
	(3.03)	(3.03)	(3.07)	(3.06)	(3.08)	(3.13)
Journal2	19.53***	19.16***	19.52***	19.87**	19.15***	19.36***
	(2.91)	(2.90)	(2.91)	(2.93)	(2.94)	(2.94)
Journal3	5.76**	5.96**	5.89**	5.92**	5.59**	6.08**
	(2.53)	(2.52)	(2.53)	(2.53)	(2.53)	(2.54)

续表

回归步骤 与变量	Citation					
	（1）	（2）	（3）	（4）	（5）	（6）
Road1 （康庄大道）		5.76 ** （2.25）				
Road2 （羊肠小道）			− 2.06 （2.47）			− 6.12 ** （2.97）
Road3 （综合之道）				− 2.64 （2.64）		− 6.59 ** （3.11）
Road4 （发现之道）					− 1.99 （2.18）	− 5.22 ** （2.55）
Observations	1123	1123	1123	1123	1123	1123
R − squared	0.252	0.256	0.253	0.253	0.253	0.257

注：①在所有的回归模型中，均将《经济管理》期刊作为参照组；②在回归模型（6）中，将 Road1（康庄大道）作为参照组；③括号中数字为标准误；∗∗∗ 表示 p < 0.01，∗∗ 表示 p < 0.05，∗ 表示 p < 0.1。

表 3 中回归模型（6）进一步显示，当学者选择羊肠小道、综合之道或者发现之道任一条路径时，都会显著地降低文章的合法性与学术影响力。由非标准化回归系数可以看出，相对于康庄大道，羊肠小道的论文引用次数平均会降低约 6.1 次（p < 0.05）；综合之道的论文引用次数平均会降低约 6.6 次（p < 0.05）；而发现之道的论文引用次数平均会降低约 5.2 次（p < 0.05）。结合表 2 的结果可知，当平均值为 19.99 以及标准差为 36.77 时，被引频次下降 6.1、6.6 或 5.2 次，均会对管理知识的合法性与制度化程度（贾良定等，2015）产生重要的影响。

五、 讨论与反思

本文主要对中国管理研究的道路选择进行系统的认知与评价。首先，整体而言，相对于国际化视角下的中国管理研究（Jia et al.，2012）以及西方主流管理研究（Colquitt and Zapata – Phelan，2007）的理论创新程度与贡献水平，本文发现基于中文期刊数据的中国管理研究在开发现有管理理论从而促进学科范式常规化（Kuhn，1962）方面正与国际接轨，而在探索新的管理理论从而促进学科范式多元化（Tsui，2009）方面也走在前沿（见表 2 与图 2）。因此，近年来本土期刊已经在理论贡献与创新方面做出了重要的尝试。虽然 Barney 和 Zhang（2009）提出了中国管理理论与管理的中国理论作为道路选择的路径，但是本文尝试构建新的分类框架并为此提供了经验基础，阐明了学者在理论创新的知识创造道路上并没有完全选择康庄大道与羊肠小道，而同时也选择了既重视理论开发又强调理论探索的综合之道以及对理论开发与理论探索均不侧重的发现之道。国内学者除了检验、复制与完善现有的管理理论以及探索与构建新的本土理论与模型以外，还正在尝试融合中西方的管理理论以及开展深刻关注中国管理实践的非理论研究，即使后两种研究或因现有学术制度环境使然，或因中国管理研究正在积极与西方的主流理论范式接轨，或因目前正处于起步阶段，从而导致相关的样本数量较少。

其次，虽然越来越多的学者已经意识到，如果过于重视康庄大道就会导致"中国学者的研究议程被西方学者的以往理论与研究所设定"（Barney and Zhang，2009），而且长此以往并不利于中国管理学话语权的建立与合法性的巩固，但是本文基于道路选择评价模型从学术影响力（被引频次）的角度证明了事实却可能事与愿违：尽管近年来学术群体对探索本土理论的呼声从未间断，即使学者也多次强调开展羊肠小道的重要性与必要性，即使学者已经在发展本土理论模型方面进行了有益的尝试，但康庄之道依然是目前学术共同体最认可的路径选择，而其他知识贡献道路的合法性程度尚未被充分发掘。不仅如此，表 3 结果也显示，学术共同体对本土新构建的理论或模型的认可程度较低，无论这样的理论探索是尝试摆脱现有理论束缚从而体现对非常规科学下理论范式多元化的追求（羊肠小道），抑或是基于较高程度的理论开发从而体现对常规科学下理论范式的维护（综合之道）。换言之，虽然近年来本土管理学者已经在康庄大道、羊肠小道、综合之道与发现之道上均有所建树，但是却更加认可拓展现有理论（尤其是西方理论）的研究而对任何形式的理论构建以及理论创新程度较低的研究相对不认可。出现这种情况的一个原因可能是，在现有的学术制度环境（Tsui，2009；Zhao and Jiang，2009）场域内，当学者选择康庄大道与现有的理论范式保持连续性时，管理知识更容易被察觉从而可以得到有效的传播与合法化（McKinley et al.，1999）；另一个原因可能是，管理学者也更愿意把研究建立在西方公认的现有理论基础上，以期获得同行更多的认可（Flickinger et al.，2014）并参与国际主流理论范式的学术对话，从而提高其成果在科学社区中的合法性与影响力。

再次，Colquitt 和 Zapata - Phelan（2007）的研究表明，随着既不重视理论检验也不强调理论构建的"描述类"研究逐渐减少乃至消失，愈加体现 2000 年以后 AMJ 的实证论文——在很大程度上代表了西方的管理研究水平——对理论创新的重视，本文认为，这可能是西方学术社区过度强调理论开发与探索而造成的一个直接结果，应该成为开展中国管理研究并为全球管理知识做出贡献的一个提醒。相对而言，基于 2009～2014 年的经验数据研究表明，中国管理研究整体上在康庄大道、羊肠小道与综合之道上强调理论创新的学术价值时，还正在通过发现之道归纳独特的管理现象与探寻重要的实证规律。虽有别于西方，但本文认为这种现状并不意味着中国管理研究将来应该完全模仿西方的理论范式演变路线，因为这是在转型时期随着企业管理实践的成长与演变，知识创造的一个真实写照，也应该是学术群体在现阶段尊重管理实践特征而共同努力的成果体现。然而，也需要注意的是，随着理论开发与理论探索程度的同步提升（见图2），发现之道这条非以理论创新为目的的知识创造途径却越来越缺少尝试（比重明显下降，见图3）而且合法性较低（见表3）。因此，即使理论创新对管理学的发展、演化与变革至关重要（Zahra and Newey，2009），本文呼吁制度层面、科学社区与个体学者都应该更为辩证与反省地看待理论对于管理知识创造与传播的价值（Miller，2007），避免将来对"理论崇拜"（Hambrick，2007）的趋之若鹜。我们希望看到管理学者可以抓住历史赋予的巨大机遇，根据"探究自主性"原则（Tsui，2009）并遵循中国管理学的客观发展规律，继续打造属于自己的未来；而不希望看到随着中国管理研究的蜕变并逐渐与国际化接轨，未来的道路选择空间完全被西方强调理论创新的主流研究范式所主导、所设定。为此，本文提倡将来应该适当提升发现之道在科学社区的关注程度与合法性。一方面，中国学术期刊可以改变一味追求理论贡献的偏颇，欢迎与认可揭示中国管理实践中有意义的重要现象与探索相关的实证规律[①]，如"大败局"、马太效应等，即使这些研究与应用现有理论或构建新理论可能并无关联（Helfat，2007；Tsang，2009）；另一方面，因为有些比较新颖的现代管理实践很可能有悖于管理中人性的基本假设，也未必与时俱进（章凯等，2014），所以中国管理学者应该深谙是否所有的管理实践现象背后都一定蕴藏着构建本土新理论的机遇，或许此时选择发现之道可能更为必要与可行，只要这些研究"关注了管理实践的重要问题或检测到了有意义的规律，并至少对一些组织的利益相关者是有益的；付出了大量的搜寻与努力成本从而探究到了原创性的新发现；遵守了研究方法的严谨性从而可被复制与检验"（Miller，2007）。

最后，从现有的研究结果来看，四条道路选择在整体的数量上存在一定的平衡，但是目前康庄大道缺乏对本土新诞生的理论与模型进行检验与完善；羊肠小道依然缺乏基于中国的传统文化与哲学进行理论探索；虽然综合之道的比重逐年上升，但却缺乏文化双融的理论构建；而发现之道的比重不仅逐渐下降，这条道路还缺乏对中国管理实践进行深入的归纳与实证规律的探寻。因此，本文认为，道路选择未来应该继续维持对四条道路的多元化共同追求，并"保持"（Fabian，2000）四条道路中理论与理论之间以及理论与实践之间的必要张力。虽然必要的张力最初被用来描述自然科学中既维持传统又追求创新、既维持收敛式思维又追求发散式思维以实现相互制约与相互促进的共同价值主张（Kuhn，1963），但随后被用以表示对理论范式一致性与多元化的共同追求（Fabian，2000），以及描述既开发现有的理论知识又探索新的理论知识以实现两者平衡（March，2004）。而本文更关注随着管理学的发展，这些互相竞争、互相冲突、互相促进与互相依存的必要张力在被拓展至理论与理论之间（如Suddaby，2014）以及理论与实践之间（Bartunek，2003）的辩证关系时，如何有效指导系统的求真道路选择。

从理论与理论之间的必要张力来看，因为带有不同价值主张的管理理

---

① 为此，在 Hambrick（2007）的建议下，AOM 已于 2016 年发行了 *Academy of Management Discoveries*。

论只能对复杂与动态的管理实践提供有限的、不完整的内部一致性解释（Van de Ven and Johnson，2006），而且每一种理论都只能是片面与相对精确的，所以寻求这种张力有助于对比竞争性的理论解释，揭示不同理论的优势利弊，既有利于更为全面地认识管理实践的复杂性与多面性，又有助于诞生崭新的理论洞见与管理新知（Poole and Van de Ven，1989；Suddaby，2014）。因为康庄大道可以复制、检验与完善现有的理论——包括对本土新诞生的理论或模型——以提高其效度、信度与预测能力，羊肠小道致力于在中国的文化情境中构建新的管理理论，而综合之道可以同时强调对理论进行开发与探索，所以三者都是积累、抽象、规范和合法化知识价值（Suddaby，2014）的重要途径，而且"不同类型的理论之间的对话与交流，用意并不在比较不同理论到底孰优孰劣，而在于强化每种理论的知识价值及其未来发展"（Cheng et al.，2009）。因此，本文认为，中国管理研究应该继续同时追求这三条理论创新之道并保持理论之间必要的张力，从而实现不同价值主张与视角下的理论在互相竞争的同时也互相补充、互相揭示，这样有利于从国际化的视角审视本土管理问题与从本土化的视角看待国际化的管理问题，又有利于基于本土化与国际化的互动视角实现中西管理文化与情境的整合、超越与双融，从而既有助于共同呈现较为真实、较为全面、较为动态的管理实践，又可以帮助中国管理学者更为全面与系统地进行理论化抽象。

从理论与实践之间的必要张力来看，因为管理理论与管理实践是既互相竞争又互相促进的矛盾两端（Bartunek，2003），所以保持这种张力可以强化两者存在的合法性与必要性，又有效促进管理思想的诞生与理论的构建（Bartunek and Rynes，2014），也充分体现了管理学发展的科学路线与人文路线之间的竞争与依存（刘文瑞，2012），并释放了正能量（曹祖毅等，2015）。不可否认，康庄大道、羊肠小道与综合之道都是重视理论知识开发与探索的创新道路，而且中国管理学也确实需要借以提高和巩固合法性地位，但是学者应该深知，关注与直面中国管理实践并不只局限在较高程度的理论创新上，学者还可以选择与认可理论开发与理论探索程度均较低的发现之道，尤其是其中探寻管理实践中重要的实证规律与归纳数据背后的有趣现象研究。这种研究发现往往是基于真实的实践与现象实现突破，与实践结合最为紧密，对人类实践、生活的改善更具有影响力，对管理学这门实用性很强的学科尤为重要（Helfat，2007）。因此，本文认为，中国管理学者应该关注较高程度的理论创新研究，但至少也该同等程度地重视知识创造的其他有效途径。这些重视理论创新的研究与可以更加贴近管理实践但不强调理论贡献的研究，互相竞争、互相补充也相辅相成，维持其必要的张力，可以形成促进中国管理学科健康发展的基石（高良谋、高静美，2011）。

由此本文认为，康庄大道、羊肠小道、综合之道与发现之道都是创造与传播管理知识的有效途径，中国管理研究没有必要在康庄大道与羊肠小道构成的知识空间进行争论，因为道路选择可以从最初的两者"非此即彼"问题（Von Glinow and Teagarden，2009），一方面转换为在由四条道路所构成的、更为广阔的知识生产视域内如何适当地提升与有效地平衡四条道路的知识合法性问题，另一方面转换为在维持对四条道路的多元化追求时如何追求与保持理论与理论之间以及理论与实践之间的必要张力问题。对于前者，本文认为，学术共同体可以采取 Hambrick 和 Chen（2008）与贾良定等（2015）的建议，即当管理知识被创造以后，通过必要的社会化与制度化过程，有效地促进知识的传播与扩散，从而适当地提升与平衡各条知识贡献道路的合法性。对于后者，本文建议学者从矛盾的视角更为辩证地看待中国管理研究的道路选择问题，否则，当学者过于重视康庄大道时，虽然这是通往普适性管理理论的一条可行途径，但可能会限制对中国有关的重要现象之发掘和理解，也可能会导致管理研究被继续掣肘于西方管理议题而失去增强中国管理学科话语权的机遇；如果学者过于强调羊肠小道，虽然有利于解决本土管理问题，但却可能形成短期导向的问题，导致"我们将很快看到的不仅是'管理的中国理论'，还会是不同国家和地区（如上海和苏格兰）的管理理论"（Tsang，2009）；然而，如果过度关注管理理论的探索与开发（无论是康庄大道、羊肠小道还是综合之道）而忽视发现之道的价值时，也可能会形成另一种短板，即由于管理理论的过度繁衍，导致薄弱或者错误的理论既会阻碍好理论的发展，也会妨碍科学的进步（Pfeffer，1993），甚至会比起初没有这个理论带来更大的危害性（Tsang，2009）。因此，若是未来过于关注理论创新而忽视管理研究的其他方面，可能只会让学者在因为缺乏信心从而不得不探索新理论以增加话语权时，因为理论的过度繁殖，导致中国管理学科更加缺乏信心，也很有可能在无形中继续拉大理论与实践的距离，动摇学科的合法地位，甚至是陷入孔茨担忧并试图竭力避免的《管理世界》（月刊）2017 年第 3 期"管理理论丛林"困境。故本文认为，中国管理研究的求真之道不是在康庄大道与羊场小道之间做出抉择，也不是在备择的综合之道与发现之道做出选择，而是一个知识创造与社会化的动态过程，是在学科整体上同时追求与合法化这四条探索与发现管理新知的现实路径，并在四条道路之间分别保持理论与理论之间以及理论与实践之间的必要张力，从而促进中国管理研究科学与有序地成长，既遵循中国管理学科自我演变与发展的客观规律，又为全球管理知识做出自我的价值贡献。

六、 结论与展望

本文构建了新的分类框架，探讨了道路选择的重新认知与评价问题，发现中国管理研究不仅存在康庄大道与羊肠小道，还存在包含中西方理论整合的综合之道与不必强调理论开发或理论探索的发现之道。在为分类模型提供经验支持时，本文进一步发现康庄大道是目前学术群体最认可的道路选择，而羊肠小道、综合之道与发现之道的合法性相对都有待进一步的强化。这可能是中国管理研究 30 多年的发展现状，也应该是学术共同体未来需要关注和逐步解决的问题。在实证发现的基础上，本文进行了深入的探讨与反思，认为中国管理研究的求真之道应该继续维持知识创造的多元化路径，遵循管理学科自我发展与演变的客观规律，适当提升与平衡每条道路的知识合法性，同时保持各种理论创新途径之间，以及理论与实践之间有机的、动态的必要张力。学者既需要提高"吸收能力"来开发已经存在的管理理论与知识从而促进中国管理学科的科学发展，也需要通过不同程度的理论开发与理论探索组合，不断地探索管理新知，并为全球管理知识的更新做出重要的自我贡献。

未来的研究，一是可以应用本文构建的道路选择评价模型，尝试探讨某一个研究领域（如战略管理）的道路选择概况；二是可以考虑其他较有影响力的中英文期刊，增加样本期刊的种类与数量，或尝试开展中西方比较研究，或跟踪某一个管理学期刊，考察其路径选择的动态变化，以期多方位、多角度地窥探中国管理研究的道路选择现状以及其中存在的问题；三是可以继续探讨康庄大道、羊肠小道、综合之道与发现之道之间的张力如何扩散与泛化的问题，以及这些张力机制如何保持必要的平衡从而促进中国管理研究的科学进步与演变，甚至可尝试提出相应的研究假设或命题并通过实证研究予以证明与深化；四是可以对研究方法进行更为具体和细致的划分，甚至可以考虑将非实证性质的理论研究与思辨研究纳入分析样本，进一步验证与拓展本文得出的相关结论。

参考文献

［1］ Baldridge, D. C. , Floyd, S. W. and Markoczy, L. , 2004, "Are Managers from mars and Academicians from Venus? Toward an Understanding of the Relationship Between Academic Quality and Practical Relevance", *Strategic Management Journal*, Vol. 25 （11）, pp. 1063 ~ 1074.

［2］ Barkema, H. G. , Chen, X. , George, G. , Luo, Y. and Tsui, A. S. , 2015, "West Meets East: New Concepts and Theories", *Academy of Management Journal*, Vol. 58 （2）, pp. 460 ~ 479.

［3］ Barney, J. B. and Zhang, S. , 2009, "The Future of Chinese Management Research: A Theory of Chinese Management versus a Chinese Theory of Management", *Management and Organization Review*, Vol. 5 （1）, pp. 15 ~ 28.

［4］ Bartunek, J. M. , 2003, "2002 Presidential Address: A Dream for the Academy", *Academy of Management Review*, Vol. 28 （2）, pp. 198 ~ 203.

［5］ Bartunek, J. M. and Rynes, S. L. , 2014, "Academics and Practitioners are Alike and Unlike: The Paradoxes of Academic – Practitioner Relationships", *Journal of Management*, Vol. 40 （5）, pp. 1181 ~ 1201.

［6］ Beamish, P. W. and Bapuji, H. , 2008, "Toy Recalls and China: Emotion vs. Evidence", *Management and Organization Review*, Vol. 4 （2）, pp. 197 ~ 209.

［7］ Bergh, D. D. , Perry, J. and Hanke, R. , 2006, "Some Predictors of SMJ Article Impact", *Strategic Management Journal*, Vol. 27（1）, pp. 81～100.

［8］Birkinshaw, J., Healey, M. P., Suddaby, R. and Weber, K., 2014, "Debating the Future of Management Research", *Journal of Management Studies*, Vol. 51（1）, pp. 38～55.

［9］Bliese, P. D., 2000, "Within－Group Agreement, Non－Inde－pendence and Reliability: Implications for Data Aggregation and Analysis" in Klein, K. J. and Kozlowski, S. W. J., *Multilevel Theory, Research and Methods in Organizations: Foundations, Extensions and New Directions*, San-Francisco, CA: Jossey－Bass.

［10］Chen, M. J., 2014, "2013 Presidential Address: Becoming Am-bicultural: A Personal Quest, and Aspiration for Organizations", *Academy of Management Review*, Vol. 39（2）, pp. 119～137.

［11］Cheng, B. S., Wang, A. C. and Huang, M. P., 2009, "The Road More Popular versus the Road Less Travelled: An 'Insider' s Perspective of Advancing Chinese Management Research", *Management and Organization Review*, Vol. 5（1）, pp. 91～105.

［12］Child, J., 2009, "Context, Comparison and Methodology in Chi-nese Management Research", *Management and Organization Review*, Vol. 5（1）, pp. 57～73.

［13］Colquitt, J. A. and Zapata－Phelan, C. P., 2007, "Trends in Theory Building and Theory Testing: A Five－Decade Study of the Academy of Management Journal", *Academy of Management Journal*, Vol. 50（6）, pp. 1281～1303.

［14］Corley, K. G. and Gioia, D. S., 2011, "Building Theory about Theory Building: What Constitutes a Theoretical Contribution?", *Academy of Management Journal*, Vol. 36（1）, pp. 12～32.

［15］Davis, G. F. and Marquis, C., 2005, "Prospects for Organiza-tion Theory in the Early Twenty－First Century: Institutional Fields and Mecha-nisms", *Organization Science*, Vol. 16（4）, pp. 332～343.

［16］ Fabian, F. H., 2000, "Keeping the Tension: Pressures to Keep the Controversy in the Management Discipline", *Academy of Management Review*, Vol. 25 (2), pp. 350 ~ 371.

［17］ Flickinger, M., Tuschke, A., Gruber – Muecke, T. and Fiedler, M., 2014, "In Search of Rigor, Relevance and Legitimacy: What Drives the Impact of Publications?", *Journal of Business Economics*, Vol. 84 (1), pp. 99 ~ 128.

［18］ Hambrick, D. C., 2007, "The Field of Management's Devotion to Theory: Too Much of a Good Thing?", *Academy of Management Journal*, Vol. 50 (6), pp. 1346 ~ 1352.

［19］ Hambrick, D. C. and Chen, M., 2008, "New Academic Fields as Admittance – Seeking Social Movements: The Case of Strategic Management", *Academy of Management Review*, Vol. 33 (1), pp. 32 ~ 54.

［20］ Helfat, C. E., 2007, "Stylized Facts, Empirical Research and Theory Development in Management", *Strategic Organization*, Vol. 5 (2), pp. 185 ~ 192.

［21］ Jia, L. D., You, S. Y. and Du, Y. Z., 2012, "Chinese Context and Theoretical Contributions to Management and Organization Research: A Three – Decade Review", *Management and Organization Review*, Vol. 8 (1), pp. 173 ~ 209.

［22］ Judge, T. A., Cable, D. M., Colbert, A. E. and Rynes, S. L., 2007, "What Causes a Management Article to be Cited – Article, Author, Or Journal?", *Academy of Management Journal*, Vol. 50 (3), pp. 491 ~ 506.

［23］ Kuhn, T. S., 1962, *The Structure of Scientific Revolutions*, Chicago: University of Chicago Press, IL.

［24］ Kuhn, T. S., 1963, "The Essential Tension: Tradition and Innovation in Scientific Research", in C. W. Taylor and F. Barron (Eds.), *Scientific Creativity: Its Recognition and Development*, NewYork: Wiley.

［25］ Leung, K., 2009, "Never the Twain Shall Meet Integrating Chinese and Western Management Research", *Management and Organization Re-*

view, Vol. 5 (1), pp. 121 ~ 129.

[26] March, J. G., 2004, "Parochialism in the Evolution of a Research Community: The Case of Organization Studies", *Management & Organization Review*, Vol. 1 (1), pp. 5 ~ 22.

[27] McKinley, W., Mone, M. A. and Moon, G., 1999, "Determinants and Development of Schools in Organization Theory", *Academy of Management Review*, Vol. 24 (4), pp. 634 ~ 648.

[28] Meyer, K., 2006, "Asian Management Research Needs More Self ~ confidence", *Asia Pacific Journal of Management*, Vol. 23 (2), pp. 119 ~ 137.

[29] Miller, D., 2007, "Paradigm Prison, Or in Praise of Atheoretic Research", *Strategic Organization*, Vol. 5 (2), pp. 177 ~ 184.

[30] Miller, K. T. and Tsang, E. W. K., 2011, "Testing Management Theories: Critical Realist Philosophy and Research Methods", *Strategic Management Journal*, Vol. 32 (2), pp. 139 ~ 158.

[31] Pfeffer, J., 1993, "Barriers to the Advance of Organizational Science: Paradigm Development as a Dependent Variable", *Academy of Management Review*, Vol. 18 (4), pp. 599 ~ 620.

[32] Poole, M. S. and Van de Von, A. H., 1989, "Using Paradox to Build Management and Organization Theories", *Academy of Management Journal*, Vol. 14 (4), pp. 562 ~ 578.

[33] Priem, R. L. and Butler, J. E., 2001, "Is the Resource – Based 'View' a Useful Perspective for Strategic Management Research?", *Academy of Management Review*, Vol. 26 (1), pp. 22 ~ 40.

[34] Schulz, A. and Nicolai, A. T., 2015, "The Intellectual Link Between Management Research and Popularization Media: A Bibliometric Analysis of the Harvard Business Review", *Academy of Management Learning & Education*, Vol. 14 (1), pp. 31 ~ 49.

[35] Sutton, R. I. and Staw, B. M., 1995, "What Theory is Not", *Administrative Science Quarterly*, Vol. 40 (3), pp. 371 ~ 384.

[36] Suddaby, R., 2014, "Editor' s Comments: Why Theory?", *A-*

cademy of Management Review, Vol. 39 (4), pp. 407 ~ 411.

[37] Tahai, A. and Meyer, M. J., 1999, "A Revealed Preference Study of Management Journals' Direct Influences", *Strategic Management Journal*, Vol. 20 (3), pp. 279 ~ 296.

[38] Tsang, E. W. K., 2004, "Toward a Scientific Inquiry into Superstitious Business Decision – making", *Organization Studies*, Vol. 25 (6), pp. 923 ~ 946.

[39] Tsang, E. W. K., 2009, "Chinese Management Research at a Crossroads: Some Philosophical Considerations", *Management and Organization Review*, Vol. 5 (1), pp. 131 ~ 143.

[40] Tsang, E. W. K., 2013, "Case Study Methodology: Causal Explanation, Contextualization and Theorizing", *Journal of International Management*, Vol. 19 (2), pp. 195 ~ 202.

[41] Tsang, E. W. K. and Kwan, K. M., 1999, "Replication and Theory Development in Organizational Science: A Critical Realist Perspective", *Academy of Management Review*, Vol. 24 (4), pp. 759 ~ 780.

[42] Tsui, A. S., 2004, "Contributing to Global Management Knowledge: A Case for High Quality Indigenous Research", *Asia Pacific Journal of Management*, Vol. 21 (4), pp. 491 ~ 513.

[43] Tsui, A. S., 2006, "Contextualization in Chinese Management Research", *Management and Organization Review*, Vol. 2 (1), pp. 1 ~ 13.

[44] Tsui, A. S., 2007, "From Homogenization to Pluralism: International Management Research in the Academy and beyond", *Academy of Management Journal*, Vol. 50 (6), pp. 1353 ~ 1364.

[45] Tsui, A. S., 2009, "Editor's Introduction – Autonomy of Inquiry: Shaping the Future of Emerging Scientific Communities", *Management and Organization Review*, Vol. 5 (1), pp. 1 ~ 14.

[46] Usdiken, B., 2014, "Centres and Peripheries: Research Styles and Publication Patterns in 'Top' US Journals and Their European Alternatives, 1960 ~ 2010", *Journal of Management Studies*, Vol. 51 (5), pp. 764 ~ 789.

［47］Van de Ven，A. H. and Johnson，P. E.，2006，"Knowledge for Theory and Practice"，*Academy of Management Journal*，Vol. 31 （4），pp. 802 ~ 821.

［48］Von Glinow，M. A. and Teagarden，M. B.，2009，"The Future of Chinese Management Research：Rigour and Relevance Redux"，*Management and Organization Review*，Vol. 5 （1），pp. 75 ~ 89.

［49］Weick，K. E.，1995，"What Theory is Not，Theorizingis"，*Administrative Science Quarterly*，Vol. 40 （3），pp. 385 ~ 390.

［50］Whetten，D. A.，1989，"What Constitutes a Theoretical Contribution?"，*Academy of Management Review*，Vol. 14 （4），pp. 490 ~ 495.

［51］Whetten，D. A.，2009，"An Examination of the Interface between Context and Theory Applied to the Study of Chinese Organizations"，*Management and Organization Review*，Vol. 5 （1），pp. 29 ~ 55.

［52］Zahra，S. A. and Newey，L. R.，2009，"Maximizing the Impact of Organization Science：Theory Building at the Intersection of Disciplines and/or Fields"，*Journal of Management Studies*，Vol. 46 （6），pp. 1059 ~ 1075.

［53］Zhao，S. and Jiang，C.，2009，"Learning by Doing：Emerging Paths of Chinese Management Research"，*Management and Organization Review*，Vol. 5 （1），pp. 107 ~ 119.

［54］曹祖毅、伊真真、谭力文：《回顾与展望：直面中国管理实践——基于"中国·实践·管理"论坛的探讨》，《管理学报》，2015 年第 3 期。

［55］陈佳贵：《新中国管理学 60 年》，中国财政经济出版社，2009 年。

［56］杜义飞：《衍生企业组织演化：驱动与约束的权衡》，《南开管理评论》，2011 年第 4 期。

［57］法约尔：《工业管理与一般管理》，机械工业出版社，2013 年。

［58］傅晓、李忆、司有和：《家长式领导对创新的影响：一个整合模型》，《南开管理评论》，2012 年第 2 期。

［59］高静美、陈甫：《组织变革知识体系社会建构的认知鸿沟——基

于本土中层管理者 DPH 模型的实证检验》，《管理世界》，2013 年第 2 期。

［60］高良谋、高静美：《管理学的价值性困境：回顾、争鸣与评论》，《管理世界》，2011 年第 1 期。

［61］顾远东、彭纪生：《组织创新氛围对员工创新行为的影响：创新自我效能感的中介作用》，《南开管理评论》，2010 年第 1 期。

［62］贾良定、尤树洋、刘德鹏、郑祎、李珏兴：《构建中国管理学理论自信之路》，《管理世界》，2015 年第 1 期。

［63］雷恩、贝德安：《管理思想的演变》，中国人民大学出版社，2013 年。

［64］江诗松、龚丽敏、魏江：《转型经济背景下后发企业的能力追赶：一个共演模型》，《管理世界》，2011 年第 4 期。

［65］井润田、卢芳妹：《中国管理理论的本土研究：内涵、挑战与策略》，《管理学报》，2012 年第 11 期。

［66］李明、凌文辁、柳士顺：《CPM 领导理论三因素动力机制的情境模拟实验研究》，《南开管理评论》，2013 年第 2 期。

［67］李四海：《管理者背景特征与企业捐赠行为》，《经济管理》，2012 年第 1 期。

［68］林志扬、叶恒：《家长式领导的效能——基于中国民营企业的实证研究》，《经济管理》，2013 年第 11 期。

［69］罗珉：《中国管理学反思与发展思路》，《管理学报》，2008 年第 4 期。

［70］刘文瑞：《管理思想演变中的张力》，《管理学家：实践版》，2012 年第 12 期。

［71］潘持春：《工作满意度和组织承诺对管理人员离职倾向的影响》，《经济管理》，2009 年第 3 期。

［72］谭力文：《改革开发以来中国管理学发函的回顾与思考》，《武汉大学学报（哲学社会科学版）》，2013 年第 1 期。

［73］谭力文：《中国管理学构建问题的再思考》，《管理学报》，2011 年第 11 期。

［74］谭劲松：《关于中国管理学科定位的讨论》，《管理世界》，2006

年第 2 期。

[75] 田志龙、蒋倩：《中国 500 强企业的愿景：内涵、有效性与影响因素》，《管理世界》，2009 年第 7 期。

[76] 田志龙、李春荣、蒋倩、王浩、刘林、朱力、朱守拓：《中国汽车市场弱势后入者的经营战略——基于对吉利、奇瑞、华晨、比亚迪和哈飞等华系汽车的案例分析》，《管理世界》，2010 年第 8 期。

[77] 特约评论员：《再问管理学——"管理学在中国"质疑》，《管理学报》，2013 年第 4 期。

[78] 吴春波、曹仰锋、周长辉：《企业发展过程中的领导风格演变：案例研究》，《管理世界》，2009 年第 2 期。

[79] 许德音、周长辉：《中国战略管理学研究现状评估》，《管理世界》，2004 年第 5 期。

[80] 于海波、郑晓明、李永瑞：《家长式领导对组织学习的作用——基于家长式领导三元理论的观点》，《管理学报》，2009 年第 5 期。

[81] 张闯、庄贵军、周南：《如何从中国情境中创新营销理论?》，《管理世界》，2013 年第 12 期。

[82] 张金隆、蔡玉麟、张光辉：《百期奠基十年筑梦》，《管理学报》，2014 年第 3 期。

[83] 章凯、张庆红、罗文豪：《选择中国管理研究发展道路的几个问题——以组织行为学研究为例》，《管理学报》，2014 年第 10 期。

[84] 曾垂凯：《家长式领导与部属职涯高原：领导——成员关系的中介作用》，《管理世界》，2011 年第 5 期。

构建中国管理学理论自信之路[*]

——从个体、团队到学术社区的跨层次对话过程理论

南京大学 贾良定 刘德鹏 郑 祎 李珏兴

东北财经大学 尤树洋

摘要： 本文选择六个国际管理学界公认的、合法有效的理论体系为案例，其中四个理论的提出者为西方学者，两个是华人学者。基于组织学习理论和制度对话理论，采用多案例研究设计探究管理学理论构建的社会化活动过程及其内在机制。研究表明，理论体系形成是一个由个体学者思索开始，到学术团体整合，再到学术社区辩证的动态、跨层次对话过程。学者通过唤醒性修辞，引起他人对新理论的共鸣，推动学术社区对新理论的检验和修正，最终成为合法有效的理论体系。构建中国管理学理论自信之路，不仅要求学者个体善于理论创新，而且要求学者群体以及整个学术社区建立对话平台，对理论进行不断的讨论、检验和完善，从而从中涌现出一些或一批合法有效的中国管理理论。

关键词： 理论自信 中国管理理论 案例研究

一、 引言

经过 30 多年的改革开放，中国涌现出一批具有世界竞争力的企业，也成为世界第二大经济体。一方面，中国与世界各国的经济、政治和文化交流越来越广泛和紧密，人们对中国情境的兴趣日益浓厚，对来自中国企

---

* 原载《管理世界》2015 年第 1 期。

业和组织的管理学知识需求也日益强烈（Tsui et al.，2004；Barkema et al.，2011）。在国际顶级管理学学术期刊发表有关中国情境的论文数量及其占期刊发文总量的份额也迅猛增长①。但是，另一方面，贾良定等（Jia et al.，2012）的最近研究表明，30 年来发表于七本顶级期刊的 270 篇有关中国情境的管理与组织论文只贡献了三个新概念：市场转型（Markettransition）、关系资本主义（Network Capitalism）和关系（Guanxi）；在概念间关系的解释逻辑方面，贡献了儒家思想的一些概念及其解释逻辑（如面子、五伦、报、人情等）。该研究证实了徐淑英在 2009 年《组织管理研究》主编论坛"中国管理研究的展望"中的判断，"过去二十多年来，中国管理学研究追随西方学术界的领导，关注西方情境的研究课题，验证西方发展出来的理论和构念，与借用西方的研究方法论。而旨在解决中国企业面临的问题和针对中国管理现象提出有意义解释的理论的探索性研究却迟滞不前"（Tsui，2009），这也证实了国内学者的类似判断（韩巍，2009；郭毅，2010；田恒，2011）。如郭毅（2010）所说："有关'中国的'本土管理研究总是缺乏一个'好'理论建构和发展所必需的过程，如同一个长不大的歪脖子树，总是只有几个短短的树枝和小小的枝芽，始终长不成常青茂盛的参天大树。"

这个现象提出了两个重大问题：一是，情境如何对理论产生贡献？或者说，本土化研究如何产生理论贡献？二是，作为中国本土研究的学术社区，如何建构合法的、有效的理论体系？

对于第一个问题，国内外学者从不同角度进行了充分的解释，并就具体研究给出了指导方法。贾良定等（Jia et al.，2012）构建了一个情境本位模型，指导如何开展有理论贡献的情境化或本土化研究。Rousseau 和 Fried（2001）强调三个层次的情境化：一是对情境的工笔描绘，二是对情境作用的直接分析，三是通过识别跨情境的一般性和独特性来开展比较

---

① 在 1981～2010 年的 30 年间，发表于七本顶级管理学国际期刊（*Administrative Science Quarterly*，*Academy of Management Review*，*Academy of Management Journal*，*Strategic Management Journal*，*Journal of Applied Psychology*，*Organization Science*，*and Journal of International Business Studies*），有关中国情境的管理与组织研究的学术论文共 270 篇。1981～1990 年均发表 0.6 篇（占总数的 0.21%），1991～2000 年均发表 5.5 篇（占总数的 1.67%），2001～2010 年均发表论文数上升为 20.9 篇（占总数的 5.28%）。

研究。Tsui（2006）提出可以在四个方面进行情境化：一是选择要研究的现象，二是发展理论，三是测量数据，四是设计研究方法。Whetten（2009）把情境对理论的贡献分为两类：一是"情境化理论"，即识别一个理论的边界条件，并且当在新情境中运用该理论时确定如何调整理论的预测；二是"理论化情境"，即找出一个可能的新理论，这个理论可以有效地预测个体和组织的行为。张志学（2010）提出了几种情境化方法，如将国家特征作为自变量，找出某个重要的组织特性来检验以往理论在何种特性下的适用性，以及考察某种价值观程度不同的个体对于组织现象的反应以丰富以往的理论。李平（2010）提出本位—客位平衡的本土研究方法，类似于 Morris 等（1999）提出的"动态协同的跨文化研究方法"，即在单情境中发展出新的概念、理论与方法，并试图在多情境中展开一系列对话性的探索研究和应用研究。最近，徐淑英和贾良定（2012）进一步总结了四种情境化方法，每一种都旨在改善研究的严谨性和切题性，并且提高得出有意义研究结果的可能性，使研究结果能对管理学知识体系和中国管理实践有所贡献。

如果说第一个问题针对单项或多项研究而言，那么第二个问题则更多从学术社区层面考虑问题。数量众多的研究成果和理论产生后，经过学术社区的检验和竞争过程，只有少量能够成为合法的、有效的理论体系。对于目前中国管理学研究现状而言，不仅要关注如何产生既严谨又能指导中国管理实践的成果和理论，而且更要重视如何从这些众多成果和理论中涌现出一些或一批合法的、有效的理论体系。这些理论体系在管理领域甚至其他学科领域被不断地引用和检验，不仅能够解释和指导中国企业和组织的管理实践，甚至可以解释和指导其他国家和地区的管理实践，成为中国管理学术社区甚至国际社区的合法性理论体系。基于中国情境的管理研究，如果发展出一些或一批这样的理论体系，那么中国管理学才真正建立了理论自信。

然而，目前几乎没有对第二个问题的讨论。本研究正是回答第二个问题：如何建构合法的、有效的理论体系？

本文认为，管理学理论建构是个体学者在整个管理学学术社区内产生新思想并传播思想的对话过程。在这个过程中，新理论首先在个体学者脑中形成，并经过小团体讨论和修正，到整个学术社区的检验、完善和竞争，最终成为管理学界公认的合法有效的知识体系。知识体系已经远远不是某个学者最初的个体认知，而是融入了多人智慧的跨层次学习和对话的结果，是在"思想市场"上与其他相关理论竞争中胜出的产物。本文选择六个国际管理学界公认的、合法有效的理论体系为案例，其中四个理论的提出者为西方学者，两个理论的提出者是华人学者。基于组织学习理论（Crossan et al.，1999）和制度对话理论（Phillips et al.，2004），本文采用多案例研究设计探究管理学理论构建的社会化活动过程及其内在机制。研究表明，理论体系形成是一个由个体学者思索开始，到学术团体整合，再到学术社区辩证的动态、跨层次对话过程。学者通过唤醒性修辞，引起他人对新理论的共鸣，推动学术社区认同新理论，最终成为合法有效的理论体系。本研究试图为搭建国内管理学学术社区的对话平台，构建中国管理学研究的理论自信道路提供理论指导。

二、 理论基础与本文理论框架

（一）既有观点

理论是一系列命题的集合，用以解释特定社会现象（Whetten，1989）。理论建构研究则是有关如何构建科学理论的反思性研究。既有文献中，管理学者着重理论建构中"个体学者应该如何做"的问题，而忽略了理论体系形成的社会化过程及其内在机制。近期反思中，管理学者分别在 *Academy of ManagementReview*（*AMR*）和 *Management and Organization Review*（*MOR*）两本反映西方和中国管理学前沿思想的国际核心期刊中，以专刊形式讨论了新理论构建和情境化研究取向等问题。在 MOR 的专刊中，学者对是否应该进行中国本土化研究以及如何进行本土化研究展开讨论。他们认为，作为科学工作者，管理学者应该从情境出发，发展具有高度切题性的管理学理论，从而指导特定情境中的管理实践（Tsui，2009；Whetten，2009；Barney and Zhang，2009）。在 AMR 的专刊中，以欧洲学者为代表的批评者对管理学研究现状提出了挑战并指出创新理论的具体方法。他们认为，自 20 世纪 80 年代以来，管理学领域已经逐渐没有新理论产生，取而代之的是对既有理论细枝末节构建中国管理学理论自信之路的扩展、曲解、澄清等活动（Suddaby et al.，2011）。为了构建管理学新理论，个体学者应该善于整合不同的认识论范式（Kilduff et al.，2011）、挑战已有理论的基本假设（Alvesson and Sandberg，2011）、整合和推广其他学科中的理论（Oswick et al.，2011）、提出对立性研究问题（Tsang and Ellsaesser，2011）、组合不同理论中的既有元素（Boxenbaum and Rouleau，2011）、从实践中提出命题（Sandberg and Tsoukas，2011），等等。另外，虽然 Smith 和 Hitt（2005）用简单归纳法提出一个理论发展的过程模型，但遗憾的是他们同样将注意力集中在个体学者身上——突出学者的个性特征（如敏感程度、毅力等）对理论发展的作用，这一点同样忽略了理论建构的社会化过程。

诚然，既有观点对作为个体的管理学研究者有明确而重要的启发，但它们并没有触及和解释管理学理论形成的社会化过程和内在机制。试想，如果整个管理学研究领域中诸多有天赋并勤奋的学者都在尝试构建新理论，为什么一些思想能被发表而另一些思想则不能？为什么大量被发表的文献几乎没有影响力，而其中极少部分却成为了当今整个管理学研究领域内公认的理论体系？基于过程的观点是回答这些问题并解释管理学知识制度化过程的关键。

（二）理论框架

以 Crossan 等（1999）为代表的组织学习理论认为，组织内知识的产生是一个由个体员工直觉（Intuiting）和解释（Interpreting）开始，到整合（Integrating）其所在团队内其他成员的观点，最终到整个组织制度化（Institutionalizing）的跨层学习过程，简称"4I"模型。在这个过程中，个体员工最初脑中模糊的、难以言表的想法在整个组织内不断扩散并融入他人的观点，经过群体讨论和修正逐渐获得合法性，成为组织的规范。这个跨层次组织学习的观点将个体员工思想作为组织知识产生的起点，认为组织学习是某个个体员工的想法在整个组织内制度化的过程，而其主体由个体员工逐渐演变为团队和整个组织。因此，这个理论框架本质上是动态的、跨层的和过程导向的。

然而，在侧重讨论不同学习阶段的同时，"4I"模型并没有具体阐述这个过程的内在机制。以 Phillips 等（2004）和 Green（2004）为代表的制度化对话（Discourse of Institutionalization）理论强调语言在制度形成过程中的作用，从更一般意义上阐述了组织制度形成的内在机制。

Phillips 等（2004）认为，任何组织规范形成是组织内各方主体对话的结果，对话（Discourse）是"一系列能够塑造客观事物陈述的集合"，而"企业对话不仅仅是描述事物的手段，更是塑造事物并赋予意义的实践"（Potter and Wetherell，1987）。因此，从广义上讲，对话泛指一切能够表述、传递意义的语言（如讲演、游说等）和非语言（如文稿、法律条款等）形式的符号、手段和工具。从对话理论出发，Phillips 等（2004）认为，任何组织规范均是从个体行为（Action）开始，经过文本（Text）和对话（Discourse），最终成为组织制度（Institution）。在这个过程中，个体在越来越大的范围内使其行为获得合法性，其手段则是依赖行为主体不断说服，构建出越来越大的对话体系。当然，如果个人在组织内部的权力越大、对话获得外界已有陈述的支持越多，则个体行为成为组织制度的过程会加速发生。类似地，Green（2004）从修辞学（Rhetorical Theory）视角解释组织中新管理实践的扩散过程，即个体行为的制度化过程。"修辞"是"用以说服他人并实现持续可信的判断和合作性社会行为的一类工具性对话手段总称"，制度化是推广管理实践的主体不断说服他人并唤起情感修辞（Pathos）、认知修辞（Logos）和价值修辞（Ethos）的结果（Aristotle，1991）。在制度化过程中，推广管理实践的主体能够唤起他人的三类修辞越多，则管理实践扩散的速度越快、范围越广。由此可见，以上两种基于对话和修辞理论的制度化观点是相辅相成：制度化是管理实践在组织中从个体到组织的跨层面扩散过程，其内在机制是通过不同群体的对话，唤起组织整体对管理实践的认同。最终，组织对管理实践不仅充分认知，而且认为理所应当，视为一种规范甚至价值观。

综上所述，组织学习的"4I"模型是考察组织知识产生并制度化的基本框架，而制度对话理论和修辞唤醒理论则解释了组织规范形成的内在机制。整合上述观点，本研究将学术社区内合法有效理论体系的形成视作一个新思想从个体学者扩散到整个学术社区的制度化过程，也是科学工作者的不断对话过程。本文将这个初始想法作为理论框架的起点，结合演绎

（Deductive）和归纳（Inductive）两种逻辑方式，在案例分析后，发展出一个理论产生及其制度化的对话过程模型作为研究的基本结论（见表1），解释管理学理论体系形成的过程及其内在机制。

三、 研究方法

本研究聚焦于理论建构的社会化活动过程。通过定性案例研究方法分析六个管理学理论典范，考察管理学研究领域中知识体系的制度化过程及其内在机制。以下阐释案例研究的数据来源、案例选择、分析过程和分析结果等详细内容。

表1 理论产生及其制度化的对话过程

层面	行为	子维度	定义和说明
个体层面	思索（Pondering）	体验（Experience）	个体学者体验到理论最初想法时紧张的心理状态和疑惑感受。这种体验来自学者的实践、观察、认知等与已有理论或观念不一致，是研究问题的最初来源
		搜寻（Searching）	学者在提出新理论初始阶段寻求解决内心紧张感的行为。表现为学者在已有理论或实践中寻找研究问题的答案，是一个"思想实验"过程
		表达（Expressing）	学者用隐喻、符号、文本等形式将新理论表达出来，形成可用于交流的载体，是个体学者与他人对话新理论的开始。表现为学者在思考过程中的随手笔记、图示、论文大纲和初稿等
团体层面	整合（Integrating）	讨论（Nurturing）	发生在多主体间的、通过语言或文本形式阐述新理论并融入他人想法的小范围活动。表现为理论提出者与同事、学生等讨论并修正初始理论
		说服（Persuading）	推广新理论的说服性活动，在一定范围内构建出共识，融入他人想法，同时获得合法性。表现为论文投稿前的学术会议宣讲、修改等活动，是新理论进入学术社区的准备阶段
		合理化（Justifying）	由团体对话进入学术社区对话的过渡阶段。表现为评审过程中学者对理论的修改、辩论、澄清等活动，理论公开发表标志着对话进入社区层面

层面	行为	子维度	定义和说明
社区层面	辩证（Debating）	检验（Testing）	在整个学术社区内，证明、反驳、质疑理论。表现为应用理论解释特定现象，将代表性文献作为理论基础的实证研究、情境化研究、跨领域应用研究等科学活动
		完善（Refining）	在整个学术社区内，补充、修正和完善理论。表现为实证研究、情境化研究、跨领域应用研究等探寻理论的内在机制或边界条件，增强理论的解释力和精确性，以及确定其适用范围
		规范（Routine）	在整个学术社区内，学者对理论体系中的概念和命题形成固有认知。表现为提及该理论一定会联想到某位（些）学者、某篇（些）文献、理论体系被写入教材等状态

（一）研究情境、案例选择和数据来源

本研究将世界范围内的组织与管理研究学者组成的学术社区视为一个组织。从整个社区层面上看，以美国为代表的西方管理学研究因为起步早且科学化程度高而占据主导地位。虽然自改革开放以来中国管理学研究迅速起步，然而至今并没有产生对整个管理学界有影响力的理论体系（Jia et al.，2012）。为了解释这种现象，本研究深度剖析现有理论典范的发展历程和内在机制，进而建立管理知识制度化过程的一般模型。

为响应美国管理学会号召，Ken Smith 和 Michael Hitt 邀请全美 24 位管理学界著名学者为其代表性理论撰写回忆录，编辑《管理学中的伟大思想》（*Great Minds in Management：The Process of Theory Development*）一书并于 2005 年出版①。本研究选取其中四个经典理论（资源基础理论、高阶理论、资源依赖理论、心理契约理论）作为案例。除此之外，我们还选取了雇佣关系理论和动态竞争理论作为华人学者提出的管理学理论典范。最终，本文选择四个宏观领域的理论和两个微观领域的理论，宏观和微观各

---

① 参见 Smith，K. G. and Hitt，M. A. 2005，*Great Minds in Management：The Process of Theory Development*，New York：Oxford University Press. 此书是本研究的主要定性数据来源。虽然国内有中文翻译版本，但本研究基于严谨性考虑，采用英文原版书为定性数据来源。本文中《管理学中的伟大思想》一词由本文作者翻译，目的是代替英文书名以节省版面。

有一位华人学者作为理论的提出者，作为样本案例①，如表 2 所示。这一做法遵循了多案例研究设计的复制逻辑（Replication Logic）（Eisenhardt，1991；Yin，2003；毛基业、李高勇，2014）和案例研究的数据可获得性原则（Research Accessibility）（Yin，2003）。

表 2　典范理论案例的选择

		理论来源领域	
		宏观领域 （战略管理、组织理论）	微观领域 （人力资源、组织行为）
理论提出者，即代表人物	华人	动态竞争理论（陈明哲） （Competitive Dynamic Theory，CDT）	雇佣关系理论（徐淑英） （Employee – Organization Relationships，EOR）
	其他	资源基础理论（Jay B. Barney） （Resource – Based View，RBV） 高阶理论（Donald C. Hambrick） （Upper Echelons Theory，UET） 资源依赖理论（Jeffrey Pfeffer & Gerald R. Salancik）（Resource Dependence Theory，RDT）	心理契约理论（Denise M. Rousseau） （Psychological Contract Theory，PCT）

---

① 两个华人学者提出的管理学典范理论分别为：以陈明哲为代表的动态竞争理论（Competitive Dynamic Theory，CDT），代表文献为：Ming – Jer，C.，1996，"Competitor Analysis and Interfirm Rivalry: Toward a Theoretical Integration"，*Academy of Management Review*，vol. 21，pp. 100 ~ 134；以徐淑英为代表的雇佣关系理论（Employee – Organization Relationships，EOR），代表文献为：Tsui A. S.，Pearce，J. E.，Porter，L. W.，and Tripoli，A. M.，1997，"Alternative Approaches to Employee – Organization Relationships: Does Investment in Employees Pay Off?"，*Academy of Management Journal*，Vol. 40，pp. 1089 ~ 1121。四个西方学者提出的管理学典范理论分别为：以 Jay B. Barney 为代表的资源基础理论（Resource – Based View，RBV），代表文献为：Barney，J. B. 1991，"Firm Resources and Sustained Competitive Advantage"，*Journal of Management*，Vol. 17，pp. 99 ~ 120；以 Donald C. Hambrick 为代表的高阶理论（Upper Echelons Theory，UET），代表文献为：Hambrick，D. C. and Phyllis，A. M.，1984，"Upper Echelons: The Organization as a Reflection of Its Top Managers"，*Academy of Management Review*，vol. 9，pp. 193 ~ 206；以 Jeffrey Pfeffer 和 Gerald R. Salancik 为代表的资源依赖理论（Resource Dependence Theory，RDT），代表文献为：Pfeffer，J. and Salancik，G. R. 1978，*The External Control of Organizations: A Resource Dependence Perspective*，New York: Harper & Row；以 Denise M. Rousseau 为代表的心理契约理论（Psychological Contract Theory，PCT），代表文献为：Rousseau，D. M.，1995，*Psychological Contract in Organizations: Understanding Written and Unwritten Agreements*，Newbury Park，Calif: Sage.

其一，从逐个复制（Literal Replication and Yin，2003；毛基业、李高勇，2014）角度看，本文核心目的是探究合法、有效的理论体系形成过程和内在机制。所选的六个案例无一例外地被当下国际组织与管理研究学术社区公认为重要的理论体系，其数十年酝酿、成形、争鸣的复杂而曲折的发展历程，为我们构建过程模型提供了合适的样本。与 Creed（2010）等学者的研究一致，本文采用多个可重复的案例设计，不仅充分具有理论层面上的代表性，而且增强了本研究结论的稳健性。其二，从理论复制（Theoretical Replication）（Yin，2003；毛基业、李高勇，2014）角度看，出于结论的理论可推广性考虑，我们在选样时分别控制了研究领域（宏观与微观）和理论提出者个人文化情境特征（华人与非华人）这两大方面因素，进而有机会探究其可能产生的影响。在当今世界范围内的组织与管理研究中，不同领域内的研究范式不仅不同，即使在同一领域内的不同学者研究范式也存在差异。通过本文所选的六个案例，一方面我们可以探究合法、有效的理论体系形成是否会因为研究领域的不同而存在差异，另一方面我们也可以考察合法、有效的理论体系形成是否一定由西方学者所提出。基于此，本文的案例抽样不仅能够使最终结论在理论特征上延伸至上述两个关键方面，而且能够排除可能存在的错误解释，符合 Eisenhardt（1991）对多案例抽样原则的界定。其三，诚然，仅从复制逻辑的角度来说，满足上述条件的管理学理论体系并不止六个。但是，根据数据可获得性原则（Yin，1994，2003），我们最终确定了本文的六个案例，实现了研究的可操作性。一方面，在《管理学中的伟大思想》一书中，资源基础理论、高阶理论、资源依赖理论、心理契约理论四章的内容最为翔实，而且在其后续发展中的记录和综述等文献数据较多。另一方面，本文第一作者长期与本文所选案例中的两位华人学者合作，清楚知道哪些文献能够反映其思想在发展成为理论体系过程中的重要经历，具有获得有效数据的独特优势。

因此，综合复制逻辑和数据可获得性原则，本文所选择的六个案例具有充分的理论代表性、可推广性、可操作性，对于我们回答如何构建合法、有效的理论体系这一核心理论研究问题是合适和匹配的。

本研究定性数据主要来自六个案例理论提出者对该理论形成和发展的

历史性叙述。其中,《管理学中的伟大思想》,一书中的四个经典理论案例的数据来自该书中所对应的章节,其内容为作者对这四个理论形成过程的详尽叙述。对于两位华人学者的理论,我们查找其近期所写的反思性文章和回忆录作为数据来源。其中,雇佣关系理论,我们选取 2012 年出版的《求真之道,求美之路:徐淑英研究历程》一书作为数据来源;动态竞争理论,我们则选取陈明哲两篇回忆录文章(Chen,2009;Chen,2010)作为数据来源。除此之外,为了追踪各案例理论发展情况,我们还查找理论发展过程中的综述、里程碑文献的引用率以及应用范围等数据作为补充材料。

(二) 数据分析过程和结果

按照 Miles 和 Huberman(1994)的建议,本研究将上文中的组织学习过程理论和制度化对话理论作为基本框架和数据分析起点。采用归纳式主题分析方法(Mischler,1986;Riessman,1993),对各案例的叙述进行编码。结合演绎式逻辑,在编码过程中按照理论框架的界定拟合数据同时保持开放的态度。与其他定性研究一致,我们在整个数据分析过程中,在逐渐产生的主题、已有理论和数据间反复迭代,最终达到"理论饱和"并得到知识制度化的对话过程理论及其内涵(见表1)。

首先,一阶编码。根据初始理论框架,四位作者同时对案例理论的发展历程叙述进行文本分析。在此阶段,四位作者主要考察文本中有关如下问题的信息:该理论形成分几个阶段?每个阶段中有什么关键事件?在每个阶段中,谁做了什么行为?经过逐行编码,四位作者得到初始编码语句。然后,五位作者共同讨论所有编码结果,对四位编码者认为重要和明确的语句进行详细讨论,最终得到第一轮编码的概念和文本证据的一致性结论。与初始理论框架相比较,经过反复讨论,我们从概念及其文本证据抽象出第一阶概念。参照 Maitlis 和 Lawrence(2007)以及 Creed 等(2010)学者报告方法,我们将一阶概念的内容和文本引用示列于表3。

其次,二阶编码。在一阶概念基础上,四位作者再次回到数据和已有关于组织学习和制度对话的文献中,在第一步所产生的一阶概念与理论之间、各一阶概念之间进行反复比较和归类。与此同时写下备忘录(memo),用以改进编码程序和逐渐成形的理论框架。通过讨论和理论迭代,我

表3　一阶概念及文本证据示例

一阶概念	文本证据示例
体验 Experience	"20世纪70年代流行的观念是不均等对社会整体有害。但这种观念与我个人的体验和观察是不一致的：社会上的一些不均等不仅是不可或缺的，而且是有益的——可以通过奖励优异者从而激励创新。"（资源基础理论，《管理学中的伟大思想》，第281页） "我无意间看到《财富》期刊的文章罗列出500强企业总经理完整的个人背景信息，包括年龄、职位、职能背景、教育水平和专业、宗教信仰和家乡所在地等。我的第一反应是疑惑并好奇：为什么我们要了解这些信息？"（高阶理论，《管理学中的伟大思想》，第110页） "资源依赖理论发展源于对美国社会平权运动的观察：20世纪60年代末到70年代初，在美国，组织对当地社会反对女性和少数民族员工的雇佣歧视现象反应不一。事实上，组织不仅对政府等外部单位的压力反应不同，而且对外部其他压力的反应也不一致。这些观察使我产生疑惑：为什么不同组织在面临外部压力时行为反应不同？"（资源依赖理论，《管理学中的伟大思想》，第439~440页）
搜寻 Searching	"威廉·大内教授来到耶鲁大学组织管理系做讲座……听完他的报告，我向他请教还需要读哪些文献才能理解他的报告。他建议去阅读威廉姆森1975年《市场与层级》一书。于是，我去图书馆借了该书，这是我第一次阅读交易成本经济学的理论。"（资源基础理论，《管理学中的伟大思想》，第287~288页） "为了回答这个问题，我不断阅读……我花了一年半时间去读我能找到的所有有关契约、雇佣关系和心智模式等方面的文献。"（心理契约理论，《管理学中的伟大思想》，第195~196页） "在观察到企业界新的变化后，我和我的同事，Lyman Porter 和 Jone L. Pearce，还有3个博士生既看文献，又看报纸了解实际情况。"（雇佣关系理论，《求真之道，求美之路》，第311页）
表达 Expressing	"1983年，我在日本东京的地铁上写下了资源基础理论文章初稿的大纲。"（资源基础理论，《管理学中的伟大思想》，第291页） "心理契约的概念是比较复杂，并非简单的两类别变量，所以我决定用一个2乘2的矩阵表格来组织和表达这个思想。"（心理契约理论，《管理学中的伟大思想》，第205页） "在阅读过程中我写下了大量旁注，现在透过这些旁注，我当时如何思考心理契约的画面逐渐清晰了。"（心理契约理论，《管理学中的伟大思想》，第196页）

一阶概念	文本证据示例
讨论 Nurturing	"会议结束后，我与 Ra Y. Amit 教授去海边散步，我们花了一个多小时进一步讨论资源基础论内在的核心观点和逻辑。"（资源基础理论，《管理学中的伟大思想》，第 293~294 页） "发展心理契约理论的重要一步是，一次午餐我与 Kellogg 大学的 Max Bazerman 教授的谈话。他是当时著名的实验心理学家。"（心理契约理论，《管理学中的伟大思想》，第 197 页） "在观察到企业界新的变化后，我和我的同事就每周花两三个小时讨论这个问题，就这样讨论了六个月。"（雇佣关系理论，《求真之道，求美之路》，第 311 页）
说服 Persuading	"1990 年在圣弗朗西斯科举行的管理学会上，Margie Peteraf 教授和我组织了一次讨论会。组织者包括我，Margie，Ra Y. Amit，David Teece 和 Garth Saloner 等，我在会上报告了 1991 年发表在 *Journal of Management* 上的那篇论文。"（资源基础理论，《管理学中的伟大思想》，第 294 页） "1993 年 4 月，我在工业组织心理学会会议期间组织了一次有关心理契约的讨论会，经过讨论和对话，我对心理契约概念以及与之相关的众多理论有了更深刻的理解。"（心理契约理论，《管理学中的伟大思想》，第 205 页）
合理化 Justifying	"包括 1991 年 JOM 的那篇论文，我的每一篇文章都经历了一个痛苦的历程。"（资源基础理论，《管理学中的伟大思想》，第 292 页） "我们投稿到 *Academy of Management Journal* 一篇论文，当时的主编 Mike Hitt 建议我们去收集额外的数据……"（心理契约理论，《管理学中的伟大思想》，第 201 页） "1993 年初我们收到了修改再投稿的邀请……我大部分的精力基本都花在这篇文章的修改上，挑战相当大。三个审稿人中一位有很多批评意见，一位蛮喜欢，另一位处于中间态度。……审稿人对这个测量方法（工作导向和组织导向）颇有微词，于是我就思考如何改进……"（雇佣关系理论，《求真之道，求美之路》，第 314~315 页）
检验 Testing	"从我们发表 AMR 的那篇论文开始，支持高阶理论的研究就快速并持续增长。"（高阶理论，《管理学中的伟大思想》，第 115 页） "香港科技大学有一位博士生叫王端旭，他是从内地来的，做我的研究助理。……他把重心放在了公司对中层经理的雇佣关系制度上……他的博士论文被整理成一篇论文，在《组织行为学报》上成功发表。"（雇佣关系理论，《求真之道，求美之路》，第 314 页） "我 1996 年发表在 AMR 上的那篇论文激发了后来一系列的理论和实证研究，包括检验动态竞争的 Baum 和 Kom（1996）研究等……"（动态竞争理论，陈明哲，2009：14）

一阶概念	文本证据示例
完善 Refining	"在理论发展过程中，我主要对高阶理论做出了两大方面的改进和完善：一个是引入了'管理者自由处置权'作为理论的边界条件……"（高阶理论，《管理学中的伟大思想》，第118页） "Guillermo Dabos 开始关注社会结构中的位置对员工心理契约的影响。"（心理契约理论，《管理学中的伟大思想》，第207页） "在解释员工与组织关系和结果变量之间的关系时，工作嵌入是一个解释力更强的中介变量，文章最终发表在（应用心理学学报》上。"（雇佣关系理论，《求真之道，求美之路》，第316页）
规范 Routine	"在1991年 *Journal of Management* 专刊中发表的部分文章后来成为整个战略管理研究领域引用率最高的文献。"（资源基础理论，《管理学中的伟大思想》，第294页） "在一定意义上讲，资源依赖理论是成功的。……资源依赖理论的核心思想和命题已经持续被用作一些实证研究的理论基础。"（资源依赖理论，《管理学中的伟大思想》，第449页） "动态竞争理论中的核心思想，已经被写入了两本在战略管理研究领域广泛使用的教材中。"（动态竞争理论，陈明哲，2009：12）

注：表3中双引号内是本研究所用的定性数据原文，作为抽象概念的示例。其中，资源基础理论、心理契约理论、高阶理论和资源依赖理论发展历程的定性数据均来自 *Great Minds in Management：The Process of Theory Development*（Smith，K. G. and Hitt，M. A. 2005，New York：Oxford University Press）一书中的各对应章节。雇佣关系理论和动态竞争理论发展历程的定性数据分别来自"徐淑英：《求真之道，求美之路：徐淑英研究历程》，北京大学出版社，2012年。"一书和"Competitive Dynamics Research：An Insider's Odyssey"（Ming－Jer，C.，2009，*Asia Pacific Journal of Management*，Vol. 26，pp. 5－25）、"Reflecting on the Process：Building Competitive Dynamics Research"（Ming－Jer，C.，2010，*Asia Pacific Journal of Management*，Vol. 27，pp. 9－24.）两篇回忆录。定性数据原文后的（）内为对应数据的具体来源，由本文作者翻译。其中，《管理学中的伟大思想》这一书名由本文作者翻译，代替原版英文书名；《求真之道，求美之路》是徐淑英所著《求真之道，求美之路：徐淑英研究历程》（北京大学出版社，2012年）一书的简写形式；"陈明哲，2009"是"Ming－Jer，C.，2009，'Competitive Dynamics Research：An Insider's Odyssey'，*Asia Pacific Journal of Management*，Vol. 26，2009，pp. 5－25"一文的简写形式，目的均是出于节省正文版面的考虑。

们归纳出三个二阶概念：思索（Pondering）、整合（Integrating）、辩证（Debating），分别表示理论体系从个体层面的初始状态——"体验"——

开始，经过跨层次对话过程，成为整个学术社区内制度的状态——"规范"——的三个行为阶段。

"思索"指个体学者从体验、灵感或思想火花开始，到与他人交流理论的最初观点这一过程的一系列行为。因此，思索表示个体学者在理论建构过程中与已有文献对话并开始与他人对话的学习阶段。"整合"指新思想在小范围内被讨论，因此行为主体由个体学者转变为小范围的学术团体，通常为同事、学生和期刊评审者等。在此阶段，个体学者通过唤起小范围内其他学者对新理论的共鸣以增加其合法性。同时，在与他人不断对话中（如审稿过程），个体学者将他人的观点整合到最初的理论中以增强其合理性。最终，理论以论文发表或著作出版等形式进入到学术社区层面的对话体系中。"辩证"指新理论在整个学术社区内被学者检验和完善的过程，其主体则转变成为更大范围内的相关领域全体研究者。经过学术社区的证明与反驳，新理论的内核不变但其解释逻辑更加细致和精确、适用边界不断拓宽。实现这一过程的内在机制，则是自该理论发表以来所引起的整个学术社区学者的修辞共鸣。由此，本研究归纳出了知识制度化对话过程的内在结构和机制，用图 1 表示。

再次，构建叙述。与 Plowman 等（2007）学者的研究方法类似，本研究四位作者同时写下所有案例中理论的发展历程叙述（Narrative），重点关注理论发展过程中的关键事件和对话活动，五位作者共同讨论并得到一致性结论。我们将结果报告于"案例研究"一节。

最后，多案例比较。为证明知识制度化对话过程的模式（Pattern）具有内在一致性，在案例叙述基础上，四位作者将每个理论的发展阶段按照"由个体到团体"和"由团体到学术社区"进行分割。与此同时，五位作者共同讨论并得出在每个阶段中实现对话过程的内在机制。作为补充材料，我们同时查找各理论自发表以来在管理学社区内的关键事件和引用率，以描述和解释理论的制度化程度和范围，如表 4 所示。下面我们报告本研究的六个案例理论的发展历程叙述，重点突出理论体系产生的对话过程及其内在机制。

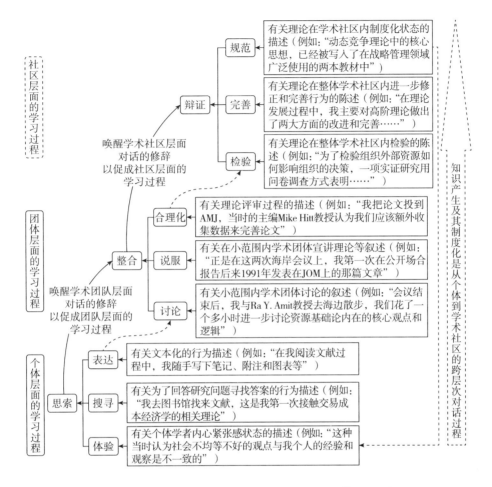

图1 知识产生及其制度化的对话过程：结构和机制

四、 案例研究

案例一：企业资源基础理论

以 Jay B. Barney 为代表的资源基础理论（Resource - Based View, RBV）从企业内部资源异质性解释企业绩效的差异，这一理论体系形成最初来源于他个人对社会不平等现象的好奇和思考，是他个人体验与已有理论不一致的反映。

表4 知识产业及其制度化过程的内在机制：唤醒性修辞

案例理论	修辞唤起是创造制度化知识跨层面对话过程的内在机制		制度化程度	
	个体→团体	团体→社区	代表文献的SSCI引用率	代表文献被引用的学科分布
企业资源基础理论（Barney, 1991）	●1972～1986年，修辞失败使对话停在个体层面： ◇"我对那鲁大学社会学系的研讨班并不感兴趣……我发现与社会学同事讨论'社会有益'等是不可避免且有益的。'这种不均等观点是完全不可能的。"《管理学中的伟大思想》第285页。 ◇"UCLA的战略管理研究氛围很封闭，在那我也很少参加管理学年会。"《管理学中的伟大思想》第293页。 ●1987～1991年，修辞也使对话进入团体层面： ◇"20世纪80年代末，我有幸受邀参加两次海峡两岸的交流……文中思想得到了非常好的交流和认同。"《管理学中的伟大思想》第293页。 √解释：认知性修辞唤醒成功	●1991年至今，修辞成功使对话进入社区层面： ◇"1991年JOM特刊中的文献成为RBV领域引用率最高的文献……在人力资源等领域也被广泛应用。"《管理学中的伟大思想》第294页。 √解释：认知性和规范性修辞唤醒成功。 ◇2001年，*Academy of Management Review* 第1期发表专刊讨论企业资源基础理论的内涵和适用性。 √解释：认知性修辞唤醒成功。 ◇2010年，*Journal of Management* 第6期发表专刊讨论企业资源基础理论的发展历程和方向。 √解释：规范性修辞唤醒成功	●资源基础理论代表文献 *Firm Resources and Sustained Competitive Advantage* 一文，自1991年发表至2013年的23年间，在SSCI数据库中的引用率： ◇总数为5351次，初次引用率为1991年的1次； ◇平均引用率为233次/年，引文总数随时间推移呈边际递增趋势； ◇2010年至2013年发展到发展高峰期，获得学术社区整体认同：4年平均引用率为542次/年； ◇2011年引用率达到最大值：646次	●资源基础理论代表文献在不同学科门类研究领域的引用率分布： ◇总体上，引用该文的学科门类为98个； ◇引文集中于管理学和经济学两大研究领域，以发观研究为主； ◇代表文献被引用最多的前10个学科依次为：管理科学（3508次）；管理科学工程（417次）；工业工程（331次）；应用心理学（294次）；图书情报学（291次）；经济学（265次）；信息系统（232次）；规划（187次）；工程制造（119次）；工业关系（98次）

续表

案例理论	修辞唤起是创造制度化知识跨层面对话过程的内在机制		制度化程度	
	个体→团体	团体→社区	代表文献的SSCI引用率	代表文献被引用的学科分布
高阶理论（Hambrick and Mason, 1984）	● 1975～1982年，修辞失败使对话停在个体层面： ◇ "Max教授虽然给我那篇课程论文的成绩是A，但显然对我的思想并不感兴趣。"《管理学中的伟大思想》第110页。 √解释：情感性修辞唤醒失败。 ● 1983～1984年，修辞成功使对话进入团体层面： ◇ "在一次非正式讨论后，我同博士生Phyllis是否愿意与我一起发展高阶理论，她欣然同意了。"《管理学中的伟大思想》第111页。 √解释：认知性修辞唤醒成功	● 1984年至今，修辞成功使对话进入社区层面： ◇ "发表之后的20年中，已有数十甚至上百项的研究，对该理论的某些方面进行了检验、测试或完善。"《管理学中的伟大思想》第118页。 √解释：认知性和规范性修辞唤醒成功。 ◇ Hambrick等学者对该理论进行了4次系统性文献回顾，并增加了两个重要的条件变量以增强该理论的解释力。 √解释：认知性和规范性修辞唤醒成功	● 高阶理论代表文献 Upper Echelons: The Organization as A Reflection of Its Top Managers 一文，自1984年发表至2013年的30年间，在SSCI数据库中引用率： ◇ 总数为1497次，初次引用率为1984年的3次； ◇ 平均引用率为50次/年，引文总数随时间推移呈平缓的边际递增趋势； ◇ 2009年至2013年达到发展高峰期，获得学术社区整体认同：5年平均引用率为117次/年； ◇ 2011年和2012年引用率达到最大值：均为142次	● 高阶理论代表文献在不同学科门类中的引用率分布： ◇ 总体上，引用该文的学科门类为72个； ◇ 引文集中于管理学、经济学、心理学三大研究领域，以宏观研究为主； ◇ 代表文献被引用最多的前10个学科依次为：管理学（1082次）；应用心理学（211次）；公司财务（47次）；伦理学（45次）；经济学（43次）；管理科学（35次）；工业工程（34次）；社会科学交叉领域（32次）；规划学（30次）；信息系统（26次）

续表

案例理论	修辞唤起是创造制度化知识跨层面对话过程的内在机制		制度化程度	
	个体→团体	团体→社区	代表文献的 SSCI 引用率	代表文献被引用的学科分布
心理契约理论（Rousseau, 1995）	●20 世纪 80 年代初至 1995 年，修辞成功使对话进入团队层面： ◇"拥有大量学科和教员的研究型大学是无价之宝。我通过与同事的讨论和对话，知道了'我应该找谁讨论什么信息'的伟大思想'……在工业组织心理学会议期间，我组织了一次心理契约的研讨会"《管理学中的伟大思想》第 209 页。 √解释：认知性修辞唤醒成功	●1995 年至今，唤起修辞使对话进入社区层面： ◇"在 1995 年的美国管理学年会上……决定在学术社区内建立一个跨国界的研究团队……通过 13 个跨国家的研究，我们发现心理契约理论的跨国适用性。"《管理学中的伟大思想》第 206 页。 √解释：规范性和认知性修辞唤醒成功。 ◇1997 年和 2005 年，Tsui 等学者建议从企业视角看待雇佣关系中的员工心理契约。 √解释：认知性修辞唤醒成功	●心理契约理论代表文献 Psychological Contract in Organizations: Understanding Written and Unwritten Agreements 一书，自 1995 年出版至 2013 年的 19 年间，在 SSCI 数据库中引用率 ◇总数为 347 次，初次引用率为 1996 年的 1 次； ◇平均引用率为 18 次/年，引文总数随时间推移呈平缓的边际增速趋势； ◇2011 年至 2013 年达到发展高峰期，获得学术社区整体认同；3 年平均引用率为 70 次/年； ◇2011 年引用率达到最大值 92 次	●心理契约理论代表文献在不同学科门类被引用率的引用率分布： ◇总体上，引用该文门类数为 38 个； ◇引文集中于管理学和心理学两大研究领域，以微观研究为主； ◇代表文献被引用最多的前 10 个学科依次为：管理学（200 次）；应用心理学（107 次）；工业关系（35 次）；伦理学（21 次）；经济学（18 次）；公共环境与职业健康（9 次）；社会科学（7 次）；心理学研究多学科领域（6 次）；公共管理（6 次）

案例理论	修辞唤起是创造制度化知识跨层面对话过程的内在机制		制度化程度	
	个体→团体	团体→社区	代表文献的SSCI引用率	代表文献被引用的学科领域分布
资源依赖理论（Pfeffer and Salancik, 1978）	●20世纪70年代初至1978年，修辞成功使对话进入团队层面。 ◇"对于Salancik和我来说，过分强调组织领导的决策作用，似乎是不正确的。"《管理学中的伟大思想》第439页。 √解释：认知性修辞唤醒成功。 ◇"Salancik与我的工作风格是互补的……我们两个人对于构建理论的方式也有相似的观念和尊重……"《管理学中的伟大思想》第446页。 √解释：情感性和认知性修辞唤醒成功	●1978年至今，修辞失败使社区对话缓慢。 ◇"无论是Salancik，Burt还是我自己，我们的博士生并没有继续发展资源依赖理论。……选择研究完全不同的课题。"《管理学中的伟大思想》第452页。 √解释：缺乏规范性修辞。 ◇"Davis（2003）认为，RDT之所以不能激发很多实证研究，是因为该理论中所描绘的现象在现实世界中已不见了。"《管理学中的伟大思想》第451页。 √解释：缺乏规范性修辞	●资源依赖理论代表文献 The External Control of Organizations: A Resource Dependence Perspective 一书，自1978年出版至2013年的36年间，在SSCI数据库中引用率： ◇总数为4849次，初次引用率为1978年的1次； ◇平均引用率为135次/年，引文总数随时间推移呈平缓增长趋势； ◇2010～2013年达到发展高峰期，获得学术社区整体认同：4年平均引用率为266次/年； ◇2012年引用率达到最大值316次	●资源依赖理论代表文献在不同学科门类学研究领域的引用率分布： ◇总体上，引用该文的学科门类为97个； ◇引文集中于管理学和社会学两大研究领域，以宏观研究为主。 ◇代表文献被引用最多的前10个学科依次为：社会学（2561次）；应用心理学（339次）；公共管理（239次）；公司管理（256次）；管理科学（164次）；经济学（158次）；教育学（156次）；社会科学交叉领域（147次）；公司财务服务学（31次）；健康服务（125次）

续表

案例理论	修辞唤起是创造制度化知识跨层面对话过程中的内在机制		制度化程度	
	个体→团体	团体→社区	代表文献的 SSCI 引用率	代表文献被引用的学科分布
雇佣关系理论（Tsui, Pearce, Porter and Tripoli, 1997）	●1988～1997 年，修辞成功使对话进入团队层面： ◇"到了加州大学欧文分校的第二年，我就跟两个同事一起讨论 1988 到 1990 年初美国企业界的一些大的改变。"《求真之道，求美之路》第 311 页。 ◇"在观察到企业界新的变化后，我和我的同事……就每周花两三个小时讨论这个问题……这样讨论了六个月。"《求真之道，求美之路》第 311 页。 √解释：认知情感性修辞唤醒成功。 √"我把这个想法告诉我的同事后，他们觉得很好，于是我们就在这个基础上继续思考下去。"《求真之道，求美之路》第 313 页。 √解释：认知性修辞唤醒成功	●1997 至今，修辞成功使对话进入社区层面： ◇1997 年，获得 AMJ 最佳论文奖； √解释：规范性和认知性修辞唤醒成功。 ◇"在解释变量和结果变量之间的关系时，工作嵌入是一个解释力更强的中介变量，文章最终发表在《应用心理学学报》上。"《求真之道，求美之路》第 316 页。 √解释：认知性修辞唤醒成功。 ◇"关于这个主题，目前我正在做的还有两个研究……"《求真之道，求美之路》第 316 页。 √解释：规范性和认知性修辞唤醒成功	●雇佣关系理论代表文献 Alternative Approaches to Employee – Organization Relationships: Does Investment in Employees Pay Off? 一文，自 1997 年出版至 2013 年的 17 年间，在 SSCI 数据库中引用率： ◇总数为 331 次，初次引用用率为 1998 年的 6 次； ◇平均年引用率为 20 次/年，引文总数随时间推移呈平缓边际递增趋势； ◇2009～2013 年达到发展高峰期，获得学术社区整体认同，年平均引用率为 34 次/年； ◇2011 年引用率达到最大值：42 次	●雇佣关系理论代表文献在不同学科门类研究领域的引用率分布： ◇总体上，引用该文的学科门类为 28 个； ◇引文集中于管理学和心理学两大研究领域，以微观研究为主； ◇代表文献被引用最多的前 10 个学科依次为：管理学（254 次）；应用心理学（127 次）；社会科学交叉领域（29 次）；工业关系（10 次）；社会心理学（9 次）；社会学（9 次）；公共管理（6 次）；伦理学（4 次）；医疗休闲体育旅游（4 次）；信息系统（3 次）

续表

案例理论	修辞唤起是创造制度化知识跨层面对话过程的内在机制		制度化程度	
	个体→团体	团体→社区	代表文献的SSCI引用率	代表文献被引用的学科分布
动态竞争理论（Chen, 1996）	●1989~1991年，修辞失败，修辞使对话停在个体层面： ◇"理论停在个体的最初反馈意见太过刻薄了。"（Chen, 2009: 19） √解释：情感性修辞唤醒失败。 ●1991年管理学年会投稿后，被拒绝。 √解释：认知性修辞唤醒失败。 ●1991~1996年，修辞成功使对话进入团队层面： ◇1992年管理学年会投稿后，被接受；1993年5月18日，TIMS报告论文；1994年6月14日，《组织科学》期刊专刊讨论会接受论文并受邀报告。 √解释：认知性修辞唤醒成功	●1996年至今，修辞成功使对话进入大社区层面： ◇1997年，获得AMR最佳论文奖； √解释：规范性和认知性修辞唤醒成功。 ◇"我的理论在1990年到1999年所有的管理学者中排进了前五名。"（2009, APJM, p. 15） ◇动态竞争理论领域两本代表性教材（Hitt et al., 2007; Peng, 2006）。 √解释：规范性修辞唤醒成功	●动态竞争理论代表文献 Competitor Analysis and Inter-firm Rivalry: Toward a Theoretical Integration 一文，自1996年出版至2013年的18年间，在SSCI数据库中引用： ◇总数为232次，初次引用率为1996年的3次； ◇平均引用率为13次/年，引文总数随时间推移呈平缓边际递增趋势； ◇2010~2013年达到发展高峰期，获得学术社区整体认同，4年平均引用率为22次/年； ◇2011年引用率达到最大值：34次	●动态竞争理论代表文献在不同学科门类中的引用率的分布： ◇总体上，引用该文献类为29个； ◇引文集中于管理学和心理学两大研究领域，以宏观研究为主；代表文献被引用最多的前10个学科依次为：管理学（185次）；应用心理学（18次）；管理科学（12次）；工业工程（9次）；经济学（7次）；图书情报学（7次）；规划学（4次）；信息系统（4次）；医疗休闲体育旅游（3次）；计算机科学（2次）

注：表 4 中所有直接引用本研究中的定性数据均来自于"研究方法"一节中对数据来源描述的对应文献，引号外为对应所引用的定性数据具体来源。

"20 世纪 70 年代流行的观念是不均等对社会整体有害。但这种观念与我个人的体验和观察是不一致的：社会上的一些不均等不仅是不可或缺的，而且是有益的——可以通过奖励优异者从而激励创新"（数据来自《管理学中的伟大思想》第 281 页）。

为了解决这个矛盾，Barney 开始寻找答案。他从选择杨百翰大学的社会学专业开始，到耶鲁大学的社会学专业进一步学习。然而，他很快发现社会学和哲学抽象的思考方式并不能很好地解决他所关注的问题，而且耶鲁大学"在当时并没有真正的社会学"（Smith and Hitt，2005，p. 285）。不仅如此，在耶鲁大学社会学专业中的同事普遍坚持当时流行的观念——社会不均等是有害的。他很难与其他人讨论自己的观点，也不能唤起同事的研究热情，从而更不能构建认同自己思想的团队。这让他对耶鲁大学社会学习的经历感到失望。很快，他转到耶鲁大学的组织与管理系，在那里第一次接触到了新制度经济学相关理论并认为可以用来解释社会不均等问题。

为进一步深入理解新制度经济学的思想，他来到了加州大学洛杉矶分校，同时也做些企业咨询工作。这一切都成为 Barney 进一步寻找社会不均等现象背后原因的基础。最终，他将核心研究问题锁定在企业间绩效差异上，由此发展出资源基础理论。

"我对耶鲁大学社会学系的研讨班并不感兴趣，于是我……加入到耶鲁大学的组织管理学院……威廉·大内教授来到耶鲁大学组织管理系做讲座……听完他的报告，我向他请教还需要读哪些文献才能理解他的报告内容。他建议我去阅读威廉姆森 1975 年的《市场与层级》一书。于是，我去图书馆找到了该书，这是我第一次开始阅读交易成本经济学的理论……我阅读的四个文献——Jensen 和 Meckling（1976）发表在 *Journal of Finan-cial Economics* 上委托代理理论的论文，1982 年 Rumelt 和 Wensley 发表在美国管理学会上的最佳论文，1973 年 Demsetz 发表在 *Journal of Law and Eco-nomics* 上的论文以及 Porter《竞争战略》一书——成为了我构建理论的工具和动机，也是企业资源基础理论的基础"（来自《管理学中的伟大思想》第 287～288 页）。

1983 年，在积累了咨询工作的经验和学习新制度经济学理论后，Barney 在日本东京地铁上写下了后来发表在 *Journal of Management* 上文章的初稿大纲。虽然这篇论文被战略管理学者公认为是企业资源基础论的奠基性文章，但与他的其他论文一样，其发表也经历了一个"曲折的历史过程"（Smith and Hitt，2005，p. 292）。1983～1991 年的八年间，这篇论文先后被 *Academy of Management Review* 和 *Strategic Management Journal* 两本期刊拒绝了三次。最终，在 20 世纪 80 年代末到 90 年代初的两次管理学会议过后，这篇论文得到了当时战略管理学者的认同，并在 1991 年的 *Journal of Management* 特刊中被发表。回忆该历程，他认为得益于会议上积极讨论和向同行的学习。

"20 世纪 80 年代末，我有幸受邀参加在新泽西州由沃顿商学院同事组织的两次海岸会议。那是我第一次见到 Connie Helfat 和 Margie Peteraf 两位教授。这两次会议也是我第一次在公开场合报告后来 1991 年发表在 *Journal of Management* 上的那篇文章。文中思想也在那两次会议上得到了非常好的交流和认同……会议结束后，我与 Ra Y. Amit 教授去海边散步，我们又花了一个多小时进一步讨论企业资源基础理论内在的核心观点和逻辑"（数据来自《管理学中的伟大思想》第 293 页）。

企业资源基础观认为，企业竞争优势源于企业内部资源；这一点从根本上挑战了当时占主导地位的战略管理理论——产业组织理论——的基本假设。因此，在初始阶段，并不能迅速唤起学术社区层面的对话，甚至连团队层面的对话也经过很久才形成。

"早期的资源基础理论文献并没有产生任何影响。因为整个战略管理研究领域完全被波特的 SCP 理论范式（Structure – Conduct – Performance）及其应用研究所主导。战略管理学者只关心产业的结构、战略群和基本战略等问题，很少学者关注企业内部独特的、抽象的、不可见的资源和能力"（来自《管理学中的伟大思想》第 292～293 页）。

随着在学术社区层面对话日益增多，以 Barney 为代表的战略管理学者不断检验、补充和修正理论中的观点，资源基础观逐渐成为解释企业竞争优势的重要理论视角；并被应用于战略人力资源管理、管理信息科学、市场营销、创业、运营管理和技术研发管理等领域，成为了合法有效的体系。值得我们注意的是，这个历经曲折的伟大思想，发轫于 Barney 对社会不均等现象的好奇。

"从企业资源基础理论发展过程的经验来看，我认为一点很重要：为了澄清整个理论模型，我可能要再发表八篇文章，这是在我发表 1991 年那篇文章后很快就意识到的。在那篇论文发表后的三年，我继续写了若干篇文章以发表。当我完成这些论文时，我知道，企业资源基础理论的核心观点已经在战略管理文献中占据一席之地了"（来自《管理学中的伟大思想》第 300 页）。

案例二：高阶理论

以 Donald C. Hambrick 为代表的高阶理论（Upper Echelons Theory，UET）把组织看作是其高层管理者的反映。Hambrick 的研究动机最初来源于他在攻读博士学位时期对战略管理领域卡内基学派有关有限理性、搜索、联盟动力等方面文献的阅读。在这个过程中，他无意间发现《财富》杂志上一篇文章，文中列举了财富 500 强企业总经理详尽的年龄、任期、职能背景、毕业学校与专业、宗教等背景信息。这一点使他十分意外，"我当时的第一反应是，为什么人们要关注这些人的背景信息呢？"（Smith and Hitt，2005，p. 110）。但他很快意识到这些信息很重要，并开始寻找答案。

"我开始沉迷于《财富》杂志上有关企业高管的名录并尝试做一些简单的分析，比如把最年轻的和最年长的总经理以及教育程度最高和最低的放在一起比较等等。我还去 Moody's 数据库中搜寻企业最近的绩效和相关行为进行分析"（来自《管理学中的伟大思想》第 110 页）。

在进行初步分析后，他完成了高阶理论的最初版本并作为课程论文提交给当时的课程负责人 MaxRichards 教授。遗憾的是，Max 教授对他的想法并不感兴趣，没有激发起团队层面的讨论和修改。Hambrick 回忆说，这是该篇课程论文被搁置八年的重要原因。

"Max 教授虽然给我那篇课程论文的成绩是 A，但显然对我的思想并不感兴趣……Max 教授，是一个喜欢抽烟、脾气很怪的人，他很少对什么事表现出热情，他也许当时也很喜欢我的论文"（来自《管理学中的伟大思想》第 110 页）。

直到 1983 年，与一个博士生（Phyllis，后来成为了合作者）讨论

MBA 学位对管理者行为的影响时，Hambrick 想起了八年前的那篇课程论文。这次非正式讨论不仅给了他灵感，更重要的是，这让他觉得有人对自己的思想感兴趣。于是，他邀请 Phyllis 共同修改、更新和扩展高阶理论的最初思想。也正在这个时期，他才真正构建出一个充满热情的研究团队。几个月之后，他们完成了初稿，投稿到 *Academy of Management Review*，很快被录用和发表（1984 年），开创了高阶理论。由此，高阶理论思想进入了整个学术社区层面的对话。经历 20 多年的洗礼，包括后来 Hambrick 本人对理论的检验、修正和反驳，高阶理论逐渐发展成为解释企业战略决策过程的重要理论视角。

"在高阶理论发展历程中，我主要做出了两个方面的修正：第一，引入'管理自由处置权'作为理论边界条件……第二，引入了高层管理团队的集体特征的思想……一些持批评态度学者认为高阶理论过度强调了高层管理者的作用，给企业战略决策过程带来了过多的英雄主义色彩……但有意思的是，每次我与一些总经理讨论高阶理论的研究结论时，他们并没有觉得如此……自文章发表以来，支持和验证高阶理论的证据迅速并稳定增加……发表之后的 20 年中，已有数十甚至可能有上百项的研究，对该理论的某些方面进行了检验、测试或完善。截至 2004 年，据社会科学引文索引统计，该论文已被引用 568 次"（来自《管理学中的伟大思想》第118 页）。

值得注意的是，一方面，与企业资源基础理论相同，在构建团队层面对话阶段 Hambrick 同样遇到了瓶颈。只有在他与博士生 Phyllis 共同讨论高阶理论的思想并发展成论文时，他才真正构建出一个小范围内对该理论认同的群体。另一方面，相比于 Barney 来说，Hambrick 是幸运的，这篇论文投给 *Academy of Management Review* 后直接被接受。如此顺畅的评审过程，加速了高阶理论进入学术社区层面对话的过程，是高阶理论能够制度化的关键。

案例三：心理契约理论

Denise M. Rousseau 提出的心理契约理论（Psychological Contract Theory，PCT）从雇员视角看待组织中领导对下属的义务和责任问题，研究动机是她观察到父亲对工作的不满。

"我父亲的愿望是成为高中历史教师，但却成了一名电话公司的普通接线员……他痛恨自己的工作，我父亲对工作不满意的态度促使我开始关注人们的工作，尤其是普通员工的工作"（来自《管理学中的伟大思想》第 191 页）。

带着好奇，Rousseau 开始阅读 Chris Argyris、Chester Barnard 和 Harry Levinson 等学者关于心理契约的文献，这进一步激发他的兴趣并转化为正式的研究问题：理论界是否真正有雇主和雇员间有关责任的心理过程模型？为了回答这个问题，Rousseau 大量阅读文献，并在 Nicholson 和 Johns（1985）的文章中发现了关于心理契约的定义。然而，当她和同事在教材中查询相关术语时，却没能在社会心理学、组织行为或者人力资源管理等文献中发现相关的内容。这个意外的结果并没有使她灰心，反而激起她更大的兴趣。她花了一年半的时间阅读所有关于契约、雇佣关系和心理模型的文献并进行综述。在此过程中，她了解到西北大学法学院 Ian Macneil 教授提出过一个相似的概念——关系契约。她向后者寻求合作和帮助，获得了有关法律契约研究的相关文献。这成为 Rousseau 将法律专业领域内的契约概念应用到心理学研究领域的重要契机。

值得注意的是，在阅读过程中 Rousseau 即时写下灵感、旁注，并用图表等形式辅以表达出逐渐成型的心理契约理论的思想。在她看来，这些零散的旁注、图表是帮助她思考和进一步完善心理契约理论的关键，"图标、表格等启发式的符号能够帮助学者理解和澄清已有的想法和思路并帮助学者进一步的思考"（Smith and Hitt，2005，p. 210）。很快，她完成第一篇有关心理契约理论的论文并投稿于 *Academy of Management Review*。虽然经过多次修改这篇论文并没有被接受，但她还是选择在一本当时新办期刊 *Employee Rights and Responsibilities Journal* 上发表，心理契约理论获得了初始的合法性。

在进一步研究中，以 Rousseau 为代表的学者对心理契约理论不断发展和补充，这得益于与同事所构建的认同心理契约理论的团队，也得益于论文评审过程中与期刊编辑的对话。例如，她与著名实验心理学家 Max Bazerman 合作，在心理契约理论的实验研究方面做出很大贡献；与博士生合作进行了系列纵向研究进一步验证心理契约的思想；在与 *Academy of Man-*

agement Journal 时任主编 Mike Hitt 交流过程中完善数据；等等。

她回忆道，"我非常幸运能得到很多'知道谁知道什么'的帮助。尽管在寻找合作者的时候公正且深思熟虑，但西北大学给了我认识和接触这些聪明又慷慨的人的'特权'……拥有大量学科和教员的研究型大学是无价之宝。我通过与同事的讨论和对话，知道了'我应该读什么文献'和'我还应该找谁讨论'的信息……1993 年 4 月，在工业组织心理学学会会议期间，我组织了一次心理契约的研讨会。经过讨论和对话，我才发现自己对心理契约概念以及与之相关的众多理论有了更深刻的理解"（来自《管理学中的伟大思想》第 198～200 页）。

在一系列研究后，Rousseau 筹划出版一本书总结心理契约理论的主要观点。她最初将书名定为《行动中的承诺》。但在出版过程中，编辑建议更名为《组织中的心理契约》，更有利于读者理解书中内容并引起读者的兴趣。这些对话过程帮助心理契约理论的思想快速进入学术社区，并得到传播和进一步验证。Rousseau 在整个学术社区内构建跨国界的研究团队以及相关的推广活动，是心理契约理论成为典范的重要条件。

"在《组织中的心理契约》一书出版后，我觉得是时候进行一些关于心理契约理论的跨国的、情境化研究了。我在 1995 年的美国管理学年会上认识了一位荷兰的同事 Rene Schalk，我决定在学术社区内建立一个跨国界的研究团队，来考察心理契约理论在不同社会中内在动态机理的异同。除了在学术会议上偶尔碰面外，我们一般通过电子邮件沟通和合作。通过 13 个国家的研究，我们发现心理契约理论的跨国适用性，并出版了一部合集《组织中的心理契约——跨国研究视角》"（来自《管理学中的伟大思想》第 206 页）。

案例四：资源依赖理论

资源依赖理论（Resource Dependence Theory，RDT）关注企业与其环境的互动关系，代表人物为 Jeffrey Pfeffer。20 世纪 70 年代，环境对组织的影响受到管理学界广泛关注，资源依赖理论正是在这种背景下发展而来。Pfeffer 的思想来源于对 20 世纪 60 年代末到 70 年代初美国企业面对平权运动时的行为差异的不解。带着这种疑问，他在有关解释组织行为的理论中寻求答案，很快发现当时组织理论并没有对组织应对外部压力的表现给出很好的解释。这成为发展资源依赖理论的契机。

"资源依赖理论发展源于对美国社会平权运动的观察：20 世纪 60 年代末到 70 年代初，在美国，组织对当时社会反对女性和少数民族员工的雇佣歧视现象反应不一。事实上，组织不仅对政府等外部单位的压力反应不同，而且对外部其他压力的反应也不一致。这些观察让我疑惑：为什么不同组织在面临外部压力时行为反应不同？……在当时，理论界普遍认为组织领导的价值观和行为是解释组织行为差异的关键，而讨论外部社会情境对组织行为影响的研究很少。然而，对于 Salancik 和我来说，过分强调组织领导的决策作用，似乎是不正确的"（来自《管理学中的伟大思想》第439 ~ 440 页）。

Pfeffer 将他的思考与同事、博士生交流并展开密切合作，并迅速构建出认同资源依赖理论的小团队。在 1972 ~ 1976 年，Pfeffer 等学者陆续发表有关企业并购、合资企业和董事会联系等选题的一系列研究成果。1978年，Pfeffer 与 Salancik 合作出版著作 *The External Control of Organizations：A Resource Dependence Perspective* 一书，标志着资源依赖理论正式进入了学术社区的对话。

值得注意的是，资源依赖理论的提出以及进入学术社区过程相比于大多数理论来说是容易的，这得益于 Pfeffer 在早期与两位同事（Gerald Salancik 和 Barry Staw）的密切合作，从而构建了既密切又互补的研究团队。另外，这也得益于资源依赖理论与当时盛行的组织权力理论、组织开放系统理论等观点的相契合，因此在相关文献中具有延续性。

"作为耶鲁大学的社会心理学家，Salancik 与我的工作风格是互补的：我是有条理的而他是自由畅想和赋予创造力的。但是我们两个对于构建理论的方式持有相似的观念：都强调情境重要性，都热衷于从现象的观察中学习以及都喜欢提出挑战性的研究问题。我们同样也互相欣赏和尊重，这使得我们都可以接受在论文写作过程中修改对方的观点而不引起彼此的反驳行为……如果说资源依赖理论有什么贡献的话，那就是这个理论将当时已有的多个观点整合在一个系统性的理论框架中"（来自《管理学中的伟大思想》第 446 页，第 444 页）。

然而，虽然 Pfeffer 与其他学者在资源依赖理论提出的早期进行过实证研究，但时至 20 世纪 90 年代末，理论最初提倡者并没能在后续研究中进一步完善、补充。与此同时，资源依赖理论也受到了一些学者的批评，甚至其中部分学者认为资源依赖理论已经逐渐融入制度理论中，失去了解释力。

"Davis（2003）认为，资源依赖理论之所以不能激发很多实证研究，是因为该理论中所描绘的现象在现实世界中已不见了……对于资源依赖理论的主要挑战在于这个理论已经明显与现实脱节了……例如，Carroll（2002）通过两点说明资源依赖理论已经'死去了'：一是基于资源依赖的实证研究与基于制度理论的无法区分了；二是交易成本经济学理论已经囊括了资源依赖理论的观点"（来自《管理学中的伟大思想》第 446～447 页）。

从学术社区层面上看，遗憾的是，尽管对资源依赖理论的质疑逐渐增加，但却少有支持者为其辩护，甚至 Pfeffer 本人也并没有对这些挑战做出过多的回应。Pfeffer 在回忆中也不无遗憾地总结道，"从资源依赖理论的发展中学到最重要的教训是，支持者对于一个理论成功的重要性"。

"无论是 Salancik、Burt，还是我自己，我们的博士生并没有继续发展资源依赖理论。许多我的学生选择研究完全不同的课题，比如 Davis 就成为了后来对资源依赖理论的批评者之一。……在社会科学研究中，如果想达到理论的成功并最终占据主导地位，不仅要求一个研究团队进行理论发展和实证检验，而且更重要的是，需要这个团体在理论的后续发展过程中持续不断地推广和游说该理论；并且当学术社区内出现对该理论的批评和攻击时，这个团体能够站出来为其辩护并进行修正和完善"（来自《管理学中的伟大思想》第 452 页）。

尽管如此，资源依赖理论仍然在管理学科中产生深远影响。截至 2004 年夏天，Pfeffer 和 Salancik 的代表著作 *The External Control of Organizations: A Resource Dependence Perspective* 一书被引用了 2655 次。但值得注意的是，其中 54% 产生于最近的十年，它的思想成为一些实证研究的理论基础。

案例五：雇佣关系理论

以徐淑英（Anne S. Tsui）为代表的雇佣关系（Employee – Organization Relationships，EOR）理论从雇主视角探讨员工与组织间的互动关系。研究最初来源于徐淑英及同事对 20 世纪 90 年代初美国企业雇佣实践重大变革的观察，这一点是当时已有理论无法解释的。

　　"市场竞争非常激烈，很多传统的成功企业都遇到了巨大的竞争挑战。突然之间组织有很大的改变，许多原来在保护员工方面做得很好的企业为了让企业持续下去，开始不得不裁员。……我们观察到当时企业与员工间的关系有了变化。在这之前，企业对员工有很多承诺与投资是一种长期的关系。现在员工不能再依靠企业给予他们很多保障。但同时这些企业还要求员工关心企业，更加努力地去把工作做好……"（来自《求真之道，求美之路》第 311 页）。

　　出于对这个现象的好奇，徐淑英开始积极寻找答案。幸运的是，当时她所在的学校具备良好的学术氛围，很容易构建合作研究的团体。她和同事 Lyman Porter、Jone L. Pearce，还有三个博士生，每周花两三个小时进行讨论。与此同时，他们还主动查找相关理论和资料，"既看文献，又看报纸，了解企业界的情况"（徐淑英，2012，p. 311）。这样讨论了六个月以后，他们的研究团队发展出了一个员工与组织关系的理论模型。

　　1992 年，受美国国家自然科学基金的资助，徐淑英的研究团队开始收集数据并在处理数据的同时完成了两篇文章，其中一篇实证文章投稿到 *Academy of Management Journal* 之后于 1993 年初收到"修改再投稿"的意见。当时审稿人对文章持有不同的态度。

　　"三位审稿人中一位有很多批评意见，一位蛮喜欢，另一位处于中间态度"（来自《求真之道，求美之路》第 314 页）。

　　对文章最大的挑战是，自变量测量方法不太好。为了解决这个问题，徐淑英运用新的测量方法并将自己的想法与同事交流，得到了他们的积极反馈。在修改文章后，他们重新投稿。尽管评审人对文章的评审意见还是有很大差别，但主编还是决定接受那篇论文。

　　论文一经发表，就获得 1997 年度 *Academy of Management Journal* 最佳论文奖和管理学会人力资源分部颁发的年度最佳论文奖。很快，这篇论文被视为雇佣关系理论的标志性文章，对该领域的后续发展起到重要的影响。1998 年，徐淑英来到香港科技大学并开始关注中国企业的雇佣关系发展。直到 2002 年的一段时间里，她与中国学者王端旭、张一驰、马力等发展了适合中国企业中层经理的问卷，针对中国企业的雇佣关系进行了一系列情境化研究，扩展了雇佣关系理论的适用范围。

至今，除了徐淑英本人对雇佣关系理论持续地开展研究外，学术界的其他学者如 Jason Shaw、Peter Hom 等也不断参与到该理论的对话中。再如，徐淑英本人现在正在进行着两个研究，一个是探讨相同的雇佣关系对不同员工是否都一样有效；另一个是与南京大学的贾良定教授合作探讨的雇佣关系对员工创新能力的影响。这些学术社区层面的合作和对话，进一步加深了雇佣关系理论的合法化程度，逐渐形成较为明显的理论体系。

案例六：动态竞争理论

以陈明哲（Ming‐Jer Chen）为代表学者的动态竞争理论（Competitive Dynamic Theory，CDT）认为竞争是发生在个体关系中的、不对称的和动态的。这打破了市场理论和产业组织理论对竞争的定义。回顾研究起源，陈明哲总结道："事实上，我的整个学术生涯就是在回答一个基本问题：什么是竞争？"（Chen，2009，p.18）正是对这个"天真"问题的兴趣激发了陈明哲的研究热情和孜孜不倦的探索。

为了解决这个问题，陈明哲搜寻与竞争相关的所有文献，包括当时占主导地位的战略管理、战略群、市场营销和多点竞争等领域。他很快发现这些研究都有不足之处，恰好，在 20 世纪 80 年代末沃顿商学院举办的研讨会邀请他写一篇批判当时战略管理理论的文章。他把对动态竞争的思考首次写出来并参与到小范围的会议讨论中。这篇后来成为动态竞争理论奠基性文章最初并不受欢迎，甚至得到了刻薄的批评。

"理论得到的最初反馈太过刻薄了，用其中一位会议主持人的话讲是'令人生畏'的，以至于我花两个小时开车去另一小镇平复情绪"（来自陈明哲 2010 年发表于 APJM 的回忆录第 19 页）。

甚至，这篇论文在投稿 1991 年的管理学年会时也被拒绝。然而，这些并没有使陈明哲丧失信心，反而更激励他对动态竞争理论的进一步思考和改进。在接下来的几年里，陈明哲不断在与同事、会议评审和期刊评审的对话和讨论过程中学习，并进一步改进自己的理论，在保持原有的思想同时融入了更多的观点使理论解释力更强。直至 1996 年，该思想在 *Academy of Management Review* 上发表，并引领了动态竞争理论研究。

从 20 世纪 90 年代中期开始，在管理学研究领域中针对动态竞争理论研究涉及了 40 多个产业，大量理论和实证研究检验并完善了该理论的适用性，包括对动态竞争的测量、对竞争者分析模型的扩展、对战略群之间非对称的竞争的研究等。1996 年论文荣获 *Academy of Management Review* 年度最佳论文奖。动态竞争理论的思想也被写进战略管理领域两本代表性教材（Hitt et al.，2007；Peng，2006），该理论在学术社区内快速而广泛传播。

回顾动态竞争理论的发展历程，我们当然敬佩陈明哲个人作为社会科学工作者坚韧的毅力和持之以恒的科学精神。同时，应该看到对话过程在科学研究中的重要作用。在陈明哲看来，那些与他讨论并帮助他思考、改进和发展动态竞争理论的同事，如 Ken Smith、Ian MacMillan、Michael Hitt、Don Hambrick 等，是一笔宝贵的财富。

他在回忆录中写道："Michael Hitt 教授担任 AMJ 主编，那时候我正竭尽全力发展动态竞争理论并将这个思想纳入到已有的战略和管理研究中。他不仅是一位有奉献精神的主编，而且他还对新思想保持开放和支持的态度，并鼓励我不断思考并挑战已有的研究范式"（来自陈明哲 2010 年发表于 APJM 的回忆录第 11 页）。

五、理论建构的对话过程的行为：思索、整合与辩证

结合理论推理、归纳式文本分析（见表 1、表 3 和图 1）、案例叙述和比较（见表 4）等方法，本文发展出知识产生及其制度化的对话过程理论。我们认为，理论建构是一个从个体学者到小范围学术团体，再到整个学术社区的对话过程。在这过程中，推广理论的主体通过唤醒他人的修辞，使团队直到社区产生对理论的认同感。理论，从最初的状态——个人"体验"，经过跨层面对话，成为整个学术社区公有化的最终状态——知识"规范"。如图 1 所示，个体、团体和社区层面分别有相应的对话体系；每个层面最后一个对话行为连接着两个不同层面对话体系。以下分别阐述三个层面对话行为的具体内涵以及对话过程的内在机制。

（一）个体层面对话：思索

本文案例理论的叙述均表明，思索是理论建构的起点。在这个阶段，新理论的思想逐渐成型但仍然停留在个体学者思辨阶段，是个体学者脑中的思想实验。具体包括体验、搜寻和表达三类个体层面的对话活动。

体验是理论构建的起始点，是个体学者对客观现象的观察与已有认知不符而产生的紧张感受，也是研究问题的来源。在本文的案例分析中我们发现，所有理论最初均来自于其提出者对管理和组织现象的好奇和疑惑。例如，高阶理论，Hambrick 对《财富》期刊罗列企业高管信息十分意外；资源依赖理论，源于 Pfeffer 对美国社会平权运动中组织行为的疑惑。因此，体验作为一种张力（Tension），是理论体系最初的存在状态。

搜寻是个体学者在感受到张力后的第一个行动。本研究结果表明，个体学者为了回答特定研究问题并解决疑惑，会积极在已有理论中寻找答案。这种搜索不仅是个体学者自我思辨的表现，而且是新管理思想与已有理论的对话过程。例如，为探究心理契约的内涵，Rousseau 积极搜寻心理学、法律、社会学等有关契约文献；Barnery 阅读交易成本经济学、公司理论等解释企业间的异质性。

经过思辨后，学者试图用语言、图表等表达自己的理论。正如 Weick（1995）所言：如果我不看到我要说什么，我怎么知道我是如何想的呢？只有将抽象的、模糊的、经过思辨的想法表达出来，学者才真正将理论向外界传达，而非仅停留在个体脑中。在我们的案例中，所有学者都在搜寻答案和思辨后将自己的理论以提纲（资源基础理论：东京地铁上初稿大纲）、课程论文（高阶理论：给 Max 教授的课程论文）、读书笔记（心理契约理论：阅读过程中即时写下灵感、旁注，并用图表等形式辅以表达）等形式表达出来。因此，"表达"这一行为连接着个体层面和团体层面的对话。

（二）团体层面对话：整合

整合是团体层面的对话，个体将新理论表达后，将理论在多主体间讨论并融合多人观点的行为。与个体层面对话不同的是，整合是理论提出者通过对话活动，构建出认同新理论的小团体（本文案例表明，学术团体通常由提出者的同事、学生和期刊评审等构成），并通过唤醒性修辞达成团体成员对新理论的认同。具体包括讨论、说服和合理化等行为。

讨论是发生在多个主体间、通过语言或文本形式阐述新理论并融入他人想法的社会性活动，主要表现为理论提倡者与其同事或学生讨论并修正最初的想法。这一行为的直接结果是在小范围内构建出认同新理论的"小圈子"。本研究的案例分析表明，理论在未发表之前已经融入了多人的思想。例如，雇佣关系理论形成初期就体现了作者"与多位同事和学生定期讨论"（徐淑英，2012，p. 311）；心理契约理论的提出者也强调，"拥有大量学科和教员的研究型大学是无价之宝"（Smith and Hitt，2005，p. 209）。

为使新理论进一步获得认同，理论提出者会在更大范围内为其思想进行说服，主要表现为论文发表前的会议宣讲、各种讲座等。例如，正是在两次学术会议的宣讲，资源基础理论才得到进一步的完善并逐渐获得合法性，"（20 世纪）80 年代末，我有幸受邀参加在新泽西州由沃顿商学院的同事组织的两次海岸会议……文中思想（资源基础理论）也在那两次会议上得到了非常好的交流和认同"（Smith and Hitt，2005，p. 210）①。

经过小范围讨论后，理论提倡者对新理论进一步合理化，主要表现为出版或发表的评审过程中对新理论辩论、澄清、修改等活动。"合理化"的系列行为连接着团体层面和社区层面的对话，促使对话从团队层面进入社区层面。本文的案例表明，已经制度化的理论均经历了这一阶段。理论公开发表或著作出版标志着理论进入了整个学术社区的对话。

（三）社区层面对话：辩证

辩证是社区层面的对话行为，表现为相关学者对新理论的检验、完善并最终使理论成为学术社区的规范性知识。这一过程通常要经历漫长的岁月。

发表或出版意味着理论进入了学术社区的对话。本文研究发现，这些成为学术社区规范的理论，其必要条件是能够引起众多学者的兴趣、开展系列科研活动、检验新理论。主要表现为将该理论应用于多情境进行情境化研究、探索新理论的作用机制、探究新理论的边界条件等。正如资源依

---

① 括号内为本文作者补充以明确语义。

赖理论提出者 Pfeffer 所言，"……如果想达到理论的成功并最终占据主导地位……（要求）理论发展和实证检验……进行修正和完善"（Smith and Hitt，2005，p. 455）①。

检验理论带来的直接结果是，对理论的内涵、逻辑和适用性等进一步完善，主要表现为在学术社区内，学者对理论进行澄清、梳理和修正等活动。例如，在高阶理论发表后的近 30 年间，Hambrick 等学者对该理论进行了四次系统性文献回顾，并增加了两个重要的条件变量以增强该理论的解释力②。再如，自雇佣关系理论发表以来，以徐淑英为代表的研究团队对该理论的作用机制、适应条件进行了系列跨情境研究③。这些学术社区层面的对话在增强理论的解释力的同时，也提高了理论的合法性。

经过学术社区内的长期对话，理论作为规范成为一定时空内的理论体系，主要表现为被学界公认的知识或写入教材等。本研究所选取的案例均成为现阶段管理学研究中成熟的知识体系。理论建构过程是从个体到社区的跨层面的对话过程：从个体学者的"体验"，经过跨层面的对话，成为

---

① 括号内为本文作者补充以明确语义。

② 这四次对高阶理论的阶段性回顾分别为：Jackson，S. E.，1992，"Consequences of Group Composition for the Interpersonal Dynamics of Strategic Issue Processing"，in P. Shrivastava，A. Huff and J. Dutton，eds.，*Advances in Strategic Management*，Greenwich，CT：JAI Press，pp. 345 ~ 382；Finkelstein，S. and Hambrick，D. C.，1996，*Strategic Leadership：Top Executives and Their Effects on Organizations*，Minneapolis：West Publishing；Carpenter，M. A.，Geletkanycz，M. A. and Sanders，W. G.，2004，"Upper Echelons Research Revisited：Antecedents，Elements and Consequences of Top Management Team Composition"，*Journal of Management*，Vol. 30，pp. 749 ~ 778；Finkelstein，S.，Hambrick，D. C. and Cannella，A. A.，2008，*Strategic Leadership：Theory and Research on Executives，Top Management Teams and Boards*，New York：Oxford University Press.

③ 雇佣关系理论的后续研究包括但不限于：Wang，D. X.，Tsui，A. S.，Zhang，Y. and Ma，L.，2003，"Employment Relationships and Firm Performance：Evidence from an Emerging Economy"，*Journal of Organizational Behavior*，Vol. 24，pp. 511 ~ 535；Shaw，J. D.，Dineen，B. R.，Fang，R. and Vellella，R. F.，2009，"Employee – Organization Exchange Relationships，HRM Practices and QuitRates of Good and Poor Performers"，*Academy of Management Journal*，Vol. 52，pp. 1016 ~ 1033；Hom，P. W.，Tsui，A. S.，Wu，J. B.，Lee，T. W.，Zhang，A. Y.，Fu，P. P. and Li，L.，2009，"Explaining Employment Relationships with Social Exchange and Job Embeddedness"，*Journal of Applied Psychology*，Vol. 94，pp. 277 ~ 297；Song，L. J.，Tsui，A. S. and Law，K. S.，2009，"Unpacking Employee Responses to Organizational Exchange Mechanisms：The Role of Social and Economic Exchange Perceptions"，*Journal of Management*，Vol. 35，pp. 56 ~ 93；Jia L. D.，Shaw，J. D.，Tsui，A. S. and Park，T. Y.，2014，"A Social – Structural Perspective on Employee Organization Relationships and Team Creativity"，*Academy of Management Journal*，Vol. 57，pp. 869 ~ 891.

学术社区内的"规范",即制度化知识体系。

六、 理论建构的对话过程的机制： 唤醒性修辞

为什么有的理论能够从个体层面对话进入团体层面，甚至社区层面的对话，而有的理论却停留在某一层面？理论体系形成的对话过程的内在机制是什么？为了回答上述问题，要理清制度化对话过程中的内在机理及其作用形式，并以此探究理论体系在跨层面对话发展过程中跃迁的条件。如本文在理论背景中所述，Green（2004）有关制度扩散的修辞性观点（Rhetorical Theory of Diffusion）与Phillips等（2004）学者的对话过程模型相辅相成：对话过程模型解释了制度产生的行为过程，修辞扩散观点进一步解释了对该过程起作用的具体手段、形式和条件。本文将两者整合，为探究理论体系形成的对话过程内在机制提供了具有逻辑完整性的理论解释。

一方面，如前文所述，根据Phillips等（2004）学者的观点，理论体系在形成和发展过程中，主体学者不断产生从个体到社区层面的对话行为，进而解释了理论制度化的基本行为过程。另一方面，该过程中对对话起作用的具体机制则表现为学者间的修辞唤起。在Green（2004）的理论中，修辞被界定为在说服他人产生制度化行为过程中所使用的一类工具及手段的总和，制度化行为的扩散过程实际上是不断唤起他人情感修辞（Pathos）、认知修辞（Logos）和价值修辞（Ethos）的结果。能够唤起他人对某个行为的三类修辞越多，则其扩散的速度越快、范围越广、制度化程度越强，反之，扩散过程则停留在修辞唤起失败之中。可见，虽然制度推广的主体可能不断尝试做出从个人到群体的对话行为，但其内在的作用机制——唤醒性修辞（Arousing Rhetoric）——才是决定对话能否唤起他人认同并最终产生制度体系的因素。因此，我们认为Green（2004）有关制度扩散的修辞观点实际上是对Phillips等（2004）的制度对话过程理论内在机制的进一步解释。

整合上述观点，我们按发展历程对本研究的各案例进行进一步梳理发现，唤醒性修辞起到关键作用：唤醒小范围学术团体的修辞是由个体层面

对话进入团体层面对话的内在机制；唤醒学术社区的修辞则是由团体层面对话进入社区层面对话的内在机制。根据 Green（2004）的理论，制度化过程中包含三类唤醒性修辞：情感性修辞指在说服过程中引起他人情绪上的共鸣，通过诉诸他人的兴趣、兴奋感等初始反应达成共识；认知性修辞指在说服过程中基于理性计算引起他人共鸣，通过诉诸基于逻辑、效用等理性判断达成共识；规范性修辞指在说服过程中基于社会规范和习俗等引起他人共鸣，将新理论与更大范围内的价值观联系在一起达成共识。如图1 和表 4 所示①。

其一，能否唤醒学术团体的修辞决定了理论是否能由个体对话跃迁到团体对话，表现为团体层面对话产生和发展的机制和条件，如表 4 中第 2 列所示。

一方面，唤醒学术团体修辞的失败使对话停留在个体层面。例如，在理论发展初期，资源基础理论提出者 Barney 所在的学校中的同事所奉行的价值观与其迥然相异，所以他不能引起小范围内其他学者对其思想的共鸣和唤醒，使得进入团体对话的时间被延迟了。同样，Hambrick 第一次将高阶理论表达给其任课老师 Max 时，并没能引起他人的兴趣。回忆中，Hambrick 强调了这种情感性唤醒修辞的失败，八年后他才真正与他人交流高阶理论思想。可见，虽然在理论体系的制度化发展过程中，个体学者之间不断产生对话行为，但如果小范围内的学术团体不能产生对新理论的情感、认知和/或规范认同，即唤醒修辞失败，则对话行为将继续停留在个体层面。

另一方面，成功唤醒学术团体的修辞则加速了对话过程。例如，雇佣关系的思想火花一产生，就引起了他人兴趣，这种唤醒修辞得以迅速形成小的、固定的学术团体，定期地讨论和完善该理论。同样，Rousseau 在回忆心理契约理论发展历程时认为，自己能身处于综合性研究型大学是幸运的，她很容易形成多学科同行所组成的学术团队。可见，与 Hambrick 等学

---

① 表 4 中包含本文以修辞理论为基础对本文数据的解释。此处对定性数据解释的报告方式符合一般规范，请参见 "Which Iron Cage? Endo - and Exoisomorphism in Corporate Venture Capital Programs"（Souitaris, V., Zerbinati, S. and Liu, G., 2012, *Academy of Management Journal*, Vol. 55, pp. 477~505）一文。

者相比，Rousseau 等学者是幸运的，在其学术团体小范围内的对话过程中引起了他人对新理论的情感、认知和/或规范认同，唤醒制度扩散过程中行为者的修辞，即唤醒修辞成功，进而加速了新理论从个体走向团体层面的对话行为。

其二，类似地，能否唤醒学术社区的修辞决定了理论是否能由团体对话跃迁到社区对话，表现为社区层面对话产生和发展的机制和条件，如表4 的第 3 列所示。

一方面，唤醒学术社区修辞失败使对话停留在团体层面。在我们的案例中，资源依赖理论在学术社区内制度化速度相对较慢：这因为其认知性修辞——对现有理论的反驳多于修正和发展——所致。虽然理论在小范围内获得了认同，但在整体学术社区内缺乏共鸣，也使得理论的对话行为发展缓慢甚至停滞不前。

另一方面，成功唤醒学术社区的修辞则加速了社区层面的对话过程。在我们的案例中，动态竞争理论、雇佣关系理论和高阶理论等均在较短时间内唤起了整个学术社区内的修辞。其代表文献分别获得相应研究领域的最佳论文，表示学术社区认可其认知性修辞（Logos Rhetoric），从而被唤醒。这种对比进一步有效说明了修辞唤醒在理论体系形成和发展过程中所扮演的重要角色，是制度化对话过程的内在作用机制。

综上所述，从个体到学术社区，理论体系发展是一个学习和制度对话的行为过程，而情感、认知、价值三类唤醒性修辞是促进该过程发生和跃迁的内在机理。如图 1 所示，学习、对话、修辞唤醒三者密不可分，共同组成了解释知识产生及其制度化过程的结构和机制的一般理论框架。

七、 结论与讨论

为了探究构建中国管理学理论自信之路，本文通过回答有关学术社区层面的理论问题——"如何建构合法的、有效的理论体系"，并采用多案例研究方法发展出理论构建的跨层次对话过程理论模型。该模型解释了理论体系制度化过程中的行为及其内在机制，用以指导如何构建中国管理理论自信之路。

研究发现，科学理论建构是一个由个体学者思索，到小范围内学术团体整合，再到整个学术社区辩证的跨层次对话过程。理论是一套思想体系的具体表现，起点来自于个体学者的思考。这意味着，理论建构首先源于作为个体的科学研究者对客观现象的观察、思辨和抽象。个体层次的思索仅仅是理论构建的前语言阶段，只有学者将理论以文本等形式表达出来才得以与他人交流。因此，个体层面的对话过程需要进入到团体和学术社区对话之中。本研究所提出的跨层次对话过程理论，为理解理论制度化过程提供了一个全新视角。

本研究表明，现有组织与管理学领域中被学者所公认的制度化、体系化的理论之所以能形成，是因为在其较长的发展历史中经历了检验、证明、反驳等对话活动。中国管理学研究领域并不缺乏有天分、勤奋的学者。然而，从世界范围内看，反映中国社会和文化特征的管理学理论不仅没有占据主导地位，而且很少加入到国际学术界的对话中（Tsui, 2009; Jia et al., 2012）。运用本文提出的跨层次对话过程理论反思这种现状，对构建中国管理学理论自信之路有重要的实践启示，这也是本文的出发点和落脚点。本研究认为，在构建小范围学术团体和参与国际管理学术社区对话这两个环节上，中国管理学者需要更加努力。

其一，加强学术团体层面的对话，尤其是论文公开发表前的评审和答辩过程。从现状上看，许多中国管理学者的研究仍停留在个体层面或至多小团体层面的对话系统中。具体表现为从新理论的灵感起源到学术论文发表，是学者自己或仅与他所指导的学生交流。除了非常少数的几本管理学学术刊物外，国内大多数期刊在论文评审过程中并没有为学者提供实质性的修改建议。一些期刊甚至没有严格、透明和标准的审稿程序。具有理论原创性的博士论文数量较少，而且答辩过程趋于形式化。据此，本研究建议，一方面，中国管理学界应该进一步提高学术论文评审过程的规范化和科学化程度，构建一个有利于学者对话的平台。学术期刊编辑委员会应当制定公正、明确、有效的评审流程，邀请管理学研究领域国内外杰出学者作为外审专家，期刊编委成为外审专家与作者之间对话的协调人。坚持与作者共同改善论文、发展思想的方针，学术期刊编委会和外审专家对论文提出实质性修改建议，经过对话使理论更具解释力。在理论发展的任何阶段，提出新理论的学者应该与国内和国际相关领域的学术同行积极沟通，扩大新理论的影响范围。另一方面，在博士论文答辩阶段，学校、院系专业、博士生导师以及博士生本人应该与世界范围内相关研究领域内的优秀学者积极对话，并邀请他们成为博士论文答辩委员会的成员，架起青年学者与国际管理学研究社区的桥梁。这些实践，既是整合学术团体知识的共同学习行为，也是构唤起学术同仁甚至实践界对管理学新知识的认知和认同的过程。

其二，加强学术社区层面的对话，特别是增加已经发表的中国管理学理论在全世界范围内的辩证过程。现阶段，在国内举办的一些管理学学术会议，多表现为学者间社交活动，没能产生对已有知识的改进，也并没有对已有观点进行实质性的反驳、修正和拓展。缺乏真正意义上的学术社区对话过程，阻碍了我国管理学界学术知识的体系化和制度化。据此，本研究建议，一方面，中国管理学者在积极组织和参加国内外学术会议的同时，应该充分发展这类活动的平台效应，促进不同学者、不同学术团体之间的思想火花碰撞、合作，以此开展对已有知识的系列化后续研究。另一方面，中国管理学者不仅要善于借用西方理论解释中国的管理现象，更重要的是要善于发展出具有中国本土特色的管理学理论并进一步在西方情境中检验、完善和发展，从而提高中国管理学理论在全世界范围内学术社区的合法性，增强中国管理学的理论自信。

总之，走具有中国特色的管理学理论自信道路，不仅要求我们的理论能够反映中国社会、制度和文化的特征，体现中国企业和组织管理现状及其变革的内涵，而且要求我们建立真正意义上的学术社区对话体系，积极加入世界范围内的管理学学术对话中，并把具有中国特色、反映中华社会、文化和制度的管理学理论体系化和制度化。从这个意义上讲，对话过程不仅是丰富中国管理学理论、增强了其解释力的必由之路，而且也是中国管理学理论走向国际管理学社区，获得合法性并成为体系化、制度化、规范性的管理理论的重要手段。

参考文献

[1] Alvesson, M and Sandberg, J., 2011, "Generating Research Ques-

tions through Problematization", *Academy of Management Review*, Vol. 36, pp. 247 ~ 271.

[2] Aristotle, 1991, *The Art of Rhetoric*, New York: Penguin Books.

[3] Barkema, H., Chen, X – P., George, G., Luo, Y. D. andT-sui, A. S., 2011, "Call for Papers: West Meets East: New Concepts and Theories", *Academy of Management Journal*, Vol. 54, pp. 642 ~ 644.

[4] Barney, J. B., 1991, "Firm Resources and Sustained Competitive Advantage", *Journal of Management*, Vol. 17, pp. 99 ~ 120.

[5] Barney, J. B. and Zhang, S. J., 2009, "The Future of Chinese Management Research: A Theory of Chinese Management versus a Chinese Theory of Management", *Managementand Organization Review*, Vol. 5, pp. 15 ~ 28.

[6] Boxenbaum, E and Rouleau, L., 2011, "New Knowledge Products As Bricolage: Metaphors and Scripts in Organizational Theory", *Academy of Management Review*, Vol. 36, pp. 272 ~ 296.

[7] Carpenter, M. A., Geletkanycz, M. A. and Sanders, W. G., 2004, "Upper Echelons Research Revisited: Antecedents, Elements and Consequences of Top Management Team Composition", *Journal of Management*, Vol. 30, pp. 749 ~ 778.

[8] Chen, M. J., 1996, "Competitor Analysis and Inter – FirmRivalry: Toward a Theoretical Integration", *Academy of Management Review*, Vol. 21, pp. 100 ~ 134.

[9] Chen, M. J., 2009, "Competitive Dynamics Research: An Insider's Odyssey", *Asia Pacific Journal of Management*, Vol. 26, pp. 5 ~ 25.

[10] Chen, M. J., 2010, "Reflecting On the Process: Building Competitive Dynamics Research", *Asia Pacific Journal of Management*, Vol. 27, pp. 9 ~ 24.

[11] Creed, W. E. D., DeJordy, R. and Lok, J., 2010, "Being the Change: Resolving Institutional Contradiction Through Identity Work", *Academy of Management Journal*, Vol. 53, pp. 1336 ~ 1364.

[12] Crossan, M. M., Lane, H. W. and White, R. E., 1999, "An

Organizational Learning Framework: From Intuition to Institution", *Academy of Management Review*, Vol. 24, pp. 522 ~ 537.

[13] Eisenhardt, K. M., 1991, "Better Stories and Better Constructs: The Case for Rigor and Comparative Logic", *Academy of Management Review*, Vol. 16, pp. 620 ~ 627.

[14] Finkelstein, S. and Hambrick, D. C., 1996, *Strategic Leadership: Top Executives and Their Effects On Organizations*, Minneapolis: West Publishing.

[15] Finkelstein, S., Hambrick, D. C. and Cannella, A. A., 2008, *Strategic Leadership: Theory and Research on Executives Top Management Teams and Boards*, New York: Oxford University Press.

[16] Green, S. E., 2004, "A Rhetorical Theory of Diffusion", *Academy of Management Review*, Vol. 29, pp. 653 ~ 669.

[17] Hambrick, D. C. and Mason, P. A., 1984, "Upper Echelons: The Organization as a Reflection of Its Top Managers", *Academy of Management Review*, Vol. 9, pp. 193 ~ 206.

[18] Hom, P. W., Tsui, A. S., Wu, J. B., Lee, T. W., Zhang, A. Y., Fu, P. P. and Li, L., 2009, "Explaining Employment Relationships With Social Exchange and Job Embeddedness", *Journal of Applied Psychology*, Vol. 94, pp. 277 ~ 297.

[19] Jackson, S., 1992, "Consequences of Group Composition for the Interpersonal Dynamics of Strategic Issue Processing", in P. Shrivastava, A. Huff and J. Dutton (eds.), *Advances in Strategic Management*, pp. 345 ~ 382. Greenwich, CT: JAI Press.

[20] Jia L. D., You, S. Y and Du, Y. Z., 2012, "Chinese Context and Theoretical Contributions to Management and Organization Research: A Three – Decade Review", *Management and Organization Review*, Vol. 8, pp. 173 ~ 209.

[21] Jia, L. D., Shaw, J. D., Tsui, A. S. and Park, T – Y., 2014, "A Social – Structural Perspective on Employee – Organization Relationships and Team Creativity", *Academy of Management Journal*, Vol. 57,

pp. 869 ~ 891.

[22] Kilduff, M., Mehra, A. and Dunn, M. B., 2011, "From Blue Sky Research to Problem Solving: A Philosophy of Science Theory of New Knowledge Production", *Academy of Management Review*, Vol. 36, pp. 297 ~ 317.

[23] Maitlis, S. and Lawrence, T., 2007, "Triggers and Enablers of Sensemaking in Organizations", *Academy of Management Journal*, Vol. 50, pp. 57 ~ 84.

[24] Miles, M. B. and Huberman, A. M., 1994, *Qualitative Data Analysis*, Thousand Oaks, CA: Sage.

[25] Mischler, E. G., 1986, *Research Interviewing: Contextand Narrative*, Cambridge, MA: Harvard University Press.

[26] Morris, M. W., Leung, K., Ames, D. and Lickel, B., 1999, "Views from Inside and Outside: Integrating Emic and Etic Insights about Culture and Justice Judgment", *Academy of Management Review*, Vol. 24, pp. 781 ~ 796.

[27] Oswick, C., Fleming, P. and Hanlon, G., 2011, "From Borrowing to Blending: Rethinking the Processes of Organizational Theory Building", *Academy of Management Review*, Vol. 36, pp. 318 ~ 337.

[28] Pfeffer, J. and Salancik, G. R., 1978, *The External Control of Organizations: A Resource Dependence Perspective*, NewYork: Harper and Row.

[29] Phillips, N., Lawrence, T. B. and Hardy, C., 2004, "Discourse and Institutions", *Academy of Management Review*, Vol. 29, pp. 635 ~ 652.

[30] Plowman, D. A., Baker, L. T., Beck, T. E., Kulkarni, M., Solansky, S. T. and Travis, D. V., 2007, "Radical Change Accidentally: The Emergence and Amplification of Small Change", *Academy of Management Journal*, Vol. 50, pp. 515 ~ 543.

[31] Potter, J. and Wetherell, M., 1987, *Discourse and Social Psychology: Beyond Attitudes and Behavior*, London: Sage.

[32] Riessman, C. K., 1993, *Narrative Analysis*, Newbury Park, CA: Sage.

[33] Rousseau, D. M., 1995, *Psychological Contract in Organizations:*

Understanding Written and Unwritten Agreements, Newbury Park, Calif: Sage.

[34] Rousseau, D. M. and Fried, Y., 2001, "Location, Location, Location: Contextualizing Organizational Research", *Journalof Organizational Behavior*, Vol. 22, pp. 1 ~ 13.

[35] Sandberg, J. and Tsoukas, H., 2011, "Grasping the Logic of Practice: Theorizing Through Practical Rationality", *Academy of Management Review*, Vol. 36, pp. 338 ~ 360.

[36] Shaw, J. D., Dineen, B. R., Fang, R. and Vellella, R. F., 2009, "Employee – organization Exchange Relationships, HRM Practices and Quit Rates of Good and Poor Performers", *Academy of Management Journal*, Vol. 52, pp. 1016 ~ 1033.

[37] Smith, K. G. and Hitt, M. A., 2005, *Great Minds in Management: The Process of Theory Development*, Oxford: Oxford University Press.

[38] Song, L. J., Tsui, A. S. and Law, K. S. 2009, "Unpacking Employee Responses to Organizational Exchange Mechanisms: The Role of Social and Economic Exchange Perceptions", *Journal of Management*, Vol. 35, pp. 56 ~ 93.

[39] Suddaby, R., Hardy, C. and Huy, Q. N., 2011, "Where are the New Theories of Organization?", *Academy of Management Review*, Vol. 36, pp. 236 ~ 246.

[40] Souitaris, V., Zerbinati, S. and Liu, G., 2012, "Which Iron-Cage? Endo – and Exoisomorphism in Corporate Venture Capital Programs", *Academy of Management Journal*, Vol. 55, pp. 477 ~ 505.

[41] Tsang, E. W. K and Ellsaesser, F., 2011, "How Contrastive Explanation Facilitates Theory Building", *Academy of Management Review*, Vol. 36, pp. 404 ~ 419.

[42] Tsui, A. S., 2006, "Contextualization in Chinese Management Research", *Management and Organization Review*, Vol. 2, pp. 1 ~ 13.

[43] Tsui, A. S., 2009, "Autonomy of Inquiry: Shaping the Future of Emerging Scientific Communities", *Management and Organization Review*,

Vol. 5, pp. 1 ~ 14

［44］Tsui, A. S., Pearce, J. L., Porter, L. W. and Tripoli, A. M., 1997, "Alternative Approaches To Employee – organization Relationships: Does Investment in Employees Pay Off?", *Academyof Management Journal*, Vol. 40, pp. 1089 ~ 1121.

［45］Tsui, A. S., Schoonhoven, C. B., Meyer, M. W., Lau, C. M. and Milkovich, G. T., 2004, "Organization and Managementin the Midst of Societal Transformation: The People's Republicof China", *Organization Science*, Vol. 15, pp. 133 ~ 144.

［46］Wang, D., Tsui, A. S., Zhang, Y. and Ma, L., 2003, "Employment Relationships and Firm Performance: Evidence From an Emerging Economy", *Journal of Organizational Behavior*, Vol. 24, pp. 511 ~ 535.

［47］Whetten, D. A., 1989, "What Constitutes a Theoretical Contribution?", *Academy of Management Review*, Vol. 14, pp. 490 ~ 495.

［48］Whetten, D. A., 2009, "An Examination of the Interface Between Context and Theory Applied to the Study of Chinese Organizations", *Management and Organization Review*, Vol. 5, pp. 29 ~ 55.

［49］Wick, K. E., 1995, *Sensemaking in Organizations*, Thousand Oaks, CA: Sage.

［50］Yin, R. K., 1994, *Case Study Research: Design and Methods*, Second Edition, Thousand Oaks, CA: Sage Publications, London.

［51］Yin. R. K., 2003, *Case Study Research: Design and Methods. Third Edition*, Thousand Oaks, CA: Sage Publications, London.

［52］郭毅:《活在当下: 极具本土特色的中国意识——一个有待开发的本土管理研究领域》,《管理学报》, 2010 年第 10 期。

［53］韩巍:《管理学在中国——本土化学科建构几个关键问题的探讨》,《管理学报》, 2009 年第 6 期。

［54］李平:《中国管理本土研究: 理念定义及范式设计》,《管理学报》, 2010 年第 5 期。

［55］毛基业、李高勇:《案例研究的 "术" 与 "道" 的反思——中

国企业管理案例与质性研究论坛（2013）综述》，《管理世界》，2014 年第 2 期。

［56］田恒：《中国情境下的管理学研究探索——基于理论发展脉络的视角》，《管理学报》，2011 年第 1 期。

［57］徐淑英、贾良定：《管理与组织的情境化研究：以中国为例》。载陈晓萍、徐淑英、樊景立主编：《组织与管理研究的实证方法》（第二版），北京大学出版社，2012 年。

［58］徐淑英：《求真之道，求美之路：徐淑英研究历程》，北京大学出版社，2012 年。

［59］张志学：《组织心理学研究的情境化及多层次理论》，《心理学报》，2010 年第 1 期。

关于中国管理学科发展的讨论 [*]

加拿大约克大学、北京大学　谭劲松

　　摘要：本文继续就中国管理学科的发展方向和存在的问题进行探讨，主要从管理学科的几个方面，包括研究层面和教学层面入手，在讨论中国国内管理学科的现状及面临问题的同时，试图引发国内对于管理学科以后发展方向的严肃学术讨论，重新思考管理学科实用性和严密性之间的矛盾，平衡学术研究和教学的关系，最终实现规范管理学科定位和建立人才培养机制，提升中国管理学科的综合国际竞争力。

　　关键词：管理学院　发展方向　学术环境治理　管理研究与教学

　　在一篇题为"关于中国管理学科定位的讨论"的文章中（谭劲松，2006），作者针对目前管理学与经济学定位模糊和相互混淆的现状，阐述了区别两者关系的重要性。本文将延续前面的讨论，进一步探讨如何规范和提升中国管理学科的发展。管理学科在中国是一个年轻的学科，它是伴随着中国经济的转型而发展起来的。可以这样认为，中国管理学科在从事教学的人员数量上已经逐步接近了当前社会的需求，但在质量上，中国管理学科与国内高速发展的经济要求，以及世界发达国家还有相当的距离。因此，现在到了一个如何提高管理学科建设水平的关键时刻，只有通过逐步规范的过程，才能使中国管理学科发展产生质的飞跃，从而更好地满足时代所赋予的责任。在承认和尊重中国管理学科发展过程中的重大进步和几代管理学者所做出的巨大贡献的前提下，本文主要从管理研究和管理教

---

　　* 原载《管理世界》2007 年第 1 期。

学两个层面来阐明管理学科目前存在的问题，并针对部分被学术界熟视无睹的现象提出讨论以供参考。

讨论管理学科的发展，有必要先提出中国管理学科的历史及现状。作为一门独立的学科，与国际先进水平相比，国内管理学科存在的不足主要体现在以下几个方面：第一，研究基础薄弱。国外管理科学拥有了百年的发展历史，而我国的管理科学还比较年轻，研究基础相对薄弱，缺乏深厚的学术积淀，在学术研究的经验和学术成果的数量积累、研究的原创性、研究手段与基础设施等方面都存在许多不足。在资助项目与发表论文日渐增加的同时，属于基础研究的项目与论文数量依然比较少，尤其是原创性比较欠缺，因此很难在国际上获得认可，也很难提升其国际影响力。第二，管理学科不仅基础薄弱，在科学规范性方面也需要进一步加强。比如目前的一些研究仍然单纯采用所谓"思辨"的方法，没有更多地综合实证、实验、演绎等科学方法，造成大胆假设有余，小心求证不足，研究结论经不起推敲，缺少科学性，这也是国内学界难与国际学术界交流的一个主要原因。这些问题并不难解决，一些国际上的管理学院也面临这样的问题，因而导致他们培养的学者也在面对注重实证研究的北美风格的挑战，经历极大的困扰。这种格局给中国管理学科一个缩短与国际水平差距的机会。作者经过十几年跟踪调查，走访了数十所国内一流的管理学院，认为中国的管理学科完全有能力选择一些方向，很快地缩小跟国际水平的距离，甚至在个别方向跟国际一流学者的研究同步。然而，一些制度方面、环境方面和研究队伍方面的不完善，将成为赶超国际水平的瓶颈。如何治理这些不完善的因素已经成了当务之急。

鉴于对管理学科现状的基本估价，作者认为分析"学术治理"过程可以考虑从下面若干重要组成部分入手（见图1）。

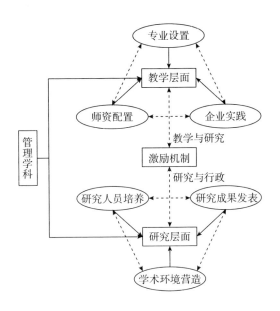

图1 管理学科"学术治理"的分析框架

一、 研究层面

上面谈到了目前我国的管理学研究现状。如果根据当前国际通行的学术水平衡量标准的话，与许多国家还存在相当的差距，而这种差距主要表现在论文的质量上，特别是研究方法的不规范，导致相当部分研究成果不能得到国际认可。我们讨论得到国际认可，不是因为自卑，也不是因为崇洋媚外，而是因为这对于提高中国管理学院的国际竞争地位至关重要。最近北京大学光华管理学院张维迎教授提出这样的看法，认为大学教育的全球化时代也已经到来。这个全球化的过程包括教授市场的全球化、学生市场的全球化、学术成果的全球化，以及教育经费来源的全球化。根据这个看法，一个非常现实的问题就是，中国顶尖的商学院如果要在全球范围内参与国际竞争，就要按国际标准参与全球排名，而这些排名中，学术研究占很大比重，并且是根据国际顶尖的几十种学术期刊发表文章的数量排名。正是基于这样的现状，中国的管理学研究目前面临着强烈的危机感，政府相关部门和学校纷纷出台政策规定来鼓励甚至强制教师从事学术研究，在这种压力下，一股急功近利，过分追求短期效果的风气在整个高校范围内蔓延，也直接导致了学术界重"量"轻"质"的恶性循环。

如果认为良好研究环境的营造是提高管理学研究水平的重要外部条件，那么一支高素质、持续的研究队伍则是决定管理学研究水平的内在关键因素。作为其中的组成部分，博士生又发挥着生力军的作用。博士教育是学术研究的一个重要组成部分，也是学术发展的推动力量。博士阶段是最富有创造力的时期，但目前的有些制度上的规定从长远角度来看，约束了博士生做出更高水平的研究，例如要求其在答辩前必须在一定级别刊物上发表相当数量的文章。可以设想，如果刚刚进入某一研究领域的博士生都能在指定的时间内在指定的刊物上发表指定数量的文章，那么这些极其容易发表文章的刊物的水平本身就值得怀疑。而且数篇文章的规定导致博士生不得不将完整的研究成果拆开发表，从而降低了文章质量。更为严重的后果是，博士生一入学，便开始整天想方设法地为文章奔波，然后再将这些文章拼凑成一篇博士论文，而不是先进行系统研究，再将论文中最精华的部分提炼出来写成文章发表。这种前后颠倒的过程，使得很多具有潜力的研究生在博士论文完成时便给自己的研究画上了句号，不像国外很多高质量的研究是从博士论文开始积累，以获得博士学位作为学术生涯的起点。另外，作为一个年轻的学科，管理学研究方向的博士生导师就更稀缺，一个导师所带的博士生远远超过其能力范围，往往名气越大的导师这种现象越明显。这种数量的提高是以牺牲质量为代价的。面对众多的博士生，难免有些研究领域导师不甚了解，因此，一来导师不能给博士生提供高水平的指导；二来在学生发表文章一定要挂上导师的惯例下，博士生导师很难对学生文章进行有效的监督，以防止类似抄袭等行为的发生，于是导致学生在抄袭的文章上署导师名，导师居然不知道事件的发生。这一问题需要通过外在强制和内在自我约束两方面的完善来解决。

管理学研究水平的提高是一个长期积累的过程，这需要宽松的研究环境，合理的人员培育机制以及规范的成果发表市场相互支持，缺一不可。当然，这些方面的完善都不是一蹴而就的，而是一个渐进的过程。从更高的角度上，研究与教学两个层面又存在一定的联系，虽然在短期内可能会有所偏重，但是就长期而言，要使中国管理学科的发展产生质的飞跃就需要这两个层面的均衡发展。

二、 学术环境

（一）考核机制

目前中国高校普遍存在的一个问题是博士学位与论文发表数量直接挂钩，达不到各学校规定的论文数量的学生，即使毕业论文外审通过也没有机会参加答辩。《新京报》委托锐智阳光咨询公司就有关博士生培养问题对北京大学、中国人民大学、北京航空航天大学、中国地质大学（北京）、中国农业大学及中国矿业大学六所北京高校的 183 名在读博士生进行的一份问卷调查显示：95.1% 的人，即 174 位博士生表示，所在学校要求在攻读博士期间必须发表一定数量的学术论文；在这 174 位博士生中，有63.9% 的人有过被期刊收取版面费的经历，55.2% 的人表示，会为发表论文而交纳版面费，41.0% 的人认为，学校关于论文发表数量的要求阻碍了自己的学术研究，是对其"开展学术研究的桎梏"①。

除了学校的规定外，院系和导师为了各自的考核又层层加码。这一做法是各学校在某些指标上相互攀比的结果，但却是以博士生的研究前景为代价的。按照规范来说，博士生在校期间应该大量阅读文献，在研究基础（包括理论基础和方法论）上打下扎实的根基，选择一个有发展潜力的研究方向。但由于这种硬性规定的压力，许多博士生从一入学就头顶高悬答辩前必须在一定级别刊物上发表一定数量论文的尚方宝剑，如履薄冰，所有的学习、研究都围绕着完成发表文章的"数量"展开，而无心顾及"质量"，这样恶性循环的结果就是，越来越多的博士生将大部分时间投入到批量生产没有多大学术贡献的垃圾文章中，离真正高水平的研究成果越来越远。

另外，很多管理学院对博士生论文发表还有一个更加"严格"的无理要求：第一作者必须是博士生本人②。博士生刚刚进入研究阶段，最需要

---

① http：//www. acriticism. com/article. asp？ Newsid = 7014&type = 1000.

② 当然，如果学校考核导师的业绩，是根据第一作者的发表文章数，则导师又不得不逼着学生也要挂导师第一作者。在这样的情况下，如果文章都是学生写的，导师不亲自做，并具体指导，自然还是起不到培养研究生做研究的能力。根据同样的道理，如果对教师研究考核也用同样的标准，那么这些规定同样会误导有发展潜力的教师。

的是一些资深学者的指导，因此与这些人开展合作研究应该是一种非常有益的事情，但论文发表的硬性规定使得很多学生不愿意与其他人合作，因为合作就会涉及作者排序的问题。与高级学者合作一方面是接受一些正规训练和方向上的引导，另一方面是借助他们进入一个学术社区。学生选择名师的价值，除了能够得到名师的直接指导，还在于名师可以将自己的学生介绍到高水平的合作网络中，跟其他名师或者他们的学生合作，学习做高水平的研究。然而，学校的政策是既要学生发表一流论文，又间接反对学生与他人合作，而让研究生在事实上"逼"高水平学者为自己扮演助手角色，结果就是迫使学生单打独斗去投稿那些层次低、质量差的刊物。由于许多管理学院考核教师也是遵循同样的标准，所以这些政策同时限制了教师进行横向合作，特别是国际学术合作的机会，鼓励短期博弈①。国际一流学术期刊不仅要求研究水平高，其审稿、修改到录取的周期非常长，而且将文章修改到符合审稿人要求需要大量的经验和技巧，这些经验是隐性知识，是很难通过几次讲座传授的。许多学者是经历无数次被拒稿的痛苦学习过程，以及无数次为期刊审稿的服务才积累这样的经验。如果国内学者和学生能够有机会通过与国外学者合作的学习过程了解投稿国际一流期刊的流程，本身就是极其宝贵的经历。然而，正因为不了解这后期工作的规则和难度，以为跟国外学者合作无非是让国外同事将英文改顺一点，这种误区使得国内很多学者不能理解和尊重国外学者的工作，结果失去很多宝贵的学习机会。其实从学校的角度应该思考一下，在一流文章做第二或第三作者与在二流或者三流文章做第一作者哪个学术水平更高？哪个做出的贡献更大？哪个对培养教师和研究生研究能力更有价值？目前国内有些院校的商学院已经在做出一些调整，如有些商学院承认导师第一作者、学生第二作者的论文等同于学生第一作者的论文。北京大学光华管理学院则更激进一些，不再强制要求发表论文，反而是鼓励学生给高水平的学术会议投稿，如美国管理学年会。按照国际上一流商学院的经验，如果一个

---

① 目前我和我的研究团队通过对国内管理期刊作者合作网所做的研究，发现国内管理学科作者合作发表文章，特别是跨校合作的程度远远低于国际惯例。另外，这种合作程度与学校水平、作者水平和期刊水平成正相关关系。也就是说，水平越高，合作程度越高；或者说合作程度越高，水平越高。我认为，目前国内管理学研究最缺乏的是横向合作，包括国内校际合作和与国外学者的合作。

博士生能够将一篇英文文章入选高水平的年会报告，并获得高水平的反馈意见，那么他一般不会就此止步，而会继续修改，最终投到顶尖学术期刊。许多有重要影响的管理学论文就是这样产生的。并且，美国管理学年会的论文录用比例一般不到30％，而优秀论文的比例甚至不到5％，比许多顶尖国际学术刊物的录用比例还低，这种规定对提高博士生研究水平以及与国际接轨的引导作用是显而易见的。

同时，博士生是一种培养教师的项目，因此大部分学生毕业后都会寻找高校就业岗位。各个高校的招聘标准也是水涨船高，一方面是跟博士生供给数量有关系，因为国内的管理教育虽然发展得晚，但发展速度却是惊人的，很多导师所带的在读博士生都超过几十个，甚至出现一个博士导师一年招收的博士生超过国外一流商学院全院招收的博士生的现象，以至于导师到博士生申请答辩时居然不知道哪些学生归自己指导。这种"放羊"式的培养模式根本无法保证年轻学者的研究能力以及在就业市场上的竞争力。与此同时，很多接受过境外商学院严格培训的留学生开始回国参与教授职位的竞争，这又导致很多商学院在选择标准上日益严格。其中，论文发表数量成为了最重要的一个标准。综观国内一流商学院的招聘说明，最低要求莫不是发表论文数量在若干篇以上。这更加迫使博士生去发表垃圾文章于三流刊物，否则研究基础再好也没有研究机构可以接纳。按照国外的惯例，优秀的博士毕业生应该是在一篇杰出的博士论文的基础上产生一系列的好文章，而国内不少管理学院博士生走的路径恰恰相反，是先赶着发表一系列没有多少影响的论文，然后在此基础上拼凑一篇低劣的博士论文。这是一种本末倒置的做法，完全搞混了终点与起点，所以这种培养模式的结果只能是慢慢倒退而不是进步。这在很大程度上都是由于制度所造成的，但博士生作为弱势群体在不合理的制度面前是无可奈何的，只能去适应。这种制度的引导作用导致学术环境日益恶化，学术人才水平无法提高，根本无法谈创新问题。随着管理学院国际化的日益加速，中国内地的博士生不仅面对欧美一流大学博士生的竞争压力，而且会面对亚洲国家和地区（如新加坡、中国香港、日本、韩国等）培育的博士生的竞争压力。如果不从制度上提供正常的培养机制，他们的竞争能力和职业发展空间就会日益萎缩。中国目前经济、政治、社会各方面还处于转型期，而管理学科作为一门新兴学科也经受着各方的冲击，只有从制度根源上正视问题并解决问题，才能引导其往更健康的方向发展。

（二）学术期刊

管理学研究成果最终是要通过学术杂志展示出来的，由各类管理学刊物所组成的成果发表市场的成熟规范程度将从一个侧面反映出该领域研究水平的高低。健康而规范的成果市场可以推动学术研究不断提升，与之形成一种良性循环。目前，中国管理领域学术期刊主要存在以下几个问题：首先，各类期刊在学术上的定位模糊，无论是以研究方法，还是以研究视角为标准都缺乏较为明确的定位。往往同一杂志包罗万象，各种形式的文章共处一室，导致杂志没有始终如一的学术风格。其次，不重视引文和参考文献。其实，引文和参考文献都是对前人所作研究的认可和尊重，反映了作者对该问题已有成果的了解程度。随便浏览一下学术期刊，可以发现不少期刊发表的学术讨论文章只是转述前人的研究。当然，好的文献综述也是重要的研究，但是这样高水平的文献综述是建立在对大量的文献的筛选和整理的基础上的，然而在许多类似文章的参考文献目录上仅有寥寥几篇文章，这是非常不利于知识的累积的。同时，从杂志角度要求作者重视引文，还有助于减少各类侵权行为的发生。最后，杂志社也应该建立起一定的行业规范，以弥补转型经济过程中法制的不健全。如对于已正式接受的文章不能随意拒绝发表，行业可提供相应的平台来帮助弱势一方，同时约束优势方的不道德行为。

目前中国商学院的博士生还主要是在国内的 CSSCI 期刊中发表论文，由于期刊数量有限，这就给很多期刊创造了巨大的"商机"，投稿后首先要交审稿费，稿件被录用后要交版面费，甚至有些杂志纯粹以赚取版面费维持经营。例如，某些以前是很好的杂志，现在仍然是 CSSCI 索引杂志，每期发表论文数量近 100 篇，每篇字数不足 5000，而且几乎是投稿就中。当然，这也为很多博士生发表论文的窘困提供了解脱的办法：好杂志没法发表，就掏钱在这些杂志上发表。为了可以多发表文章，收取版面费，许多学术期刊的文章都短到可怜的地步，根本无法将严密的学术讨论展开，更不用说完整地介绍实证研究的整个过程和结果①。这个现象又加剧了劣质文章排挤优秀文章的过程。

最后是审稿问题。学术期刊应严格实行匿名审稿制度，维护学术的严肃性和公平性，鼓励不畏权威敢于创新。对于不能认真完成审稿任务的评审人，如请学生代为评审的，应建立动态的淘汰制度。目前国内期刊大部分实行匿名审稿制度，以增强稿件选拔的公正性。但这里也存在一些严重的缺陷，最重要的是匿名审稿人社群没有建立起来。虽然杂志社选取了国内在相关领域的一些专家作为审稿人，但往往是专家队伍过小。例如，工程管理学科的学者写营销的问题经常会用大量的数学公式，但这样的稿件往往交给营销专业的专家来评，导致后者根本读不懂，因此好文章也可能得不到好的评价。一方面，这是由于专家库没有建立完整或尚未认真分类，另一方面是杂志社的初审有问题，因为杂志定位过于宽泛，导致所收稿件的研究主题也无所不包。

此外，审稿人的学术道德和学术水平也是一个重要的制约。虽然各个杂志都对审稿人有一定的要求，但部分专家仍有些我行我素，并不按照要求行事。例如，大部分稿件会被 1～3 个审稿人审阅，虽然各个审稿人给出的接纳或拒绝的理由很可能不同，但给出理由的形式却极为相似，大部分都是直接"建议不采纳"或者是"不具创新性"，没有任何的解释或建设性的意见，这是对作者的一种不尊重。每个人做研究都会付出大量的努力和时间，因此希望得到别人的一些有价值的评价，而不是草草两句话就宣告其命运。在国外，正规杂志不接受一个稿件也会给出详细的理由，并给出修改的建议，若接受的话修改意见更是洋洋洒洒数页。很多人非常乐于保留审稿人的建议，那是因为确实对他的研究起到了影响，这也有利于其以后奉献出更高质量的稿件。

很多审稿人可能对一些新的方法和研究领域并不熟悉，因此也导致评审结果不尽如人意。现实中，很多专家只是把稿件交给自己所带的博士生进行评审，评审结果不加考察就直接交给编辑，这从另外一个侧面反映了外审机制的不完善。其实，在不规范的环境下，匿名审稿并不一定能保证

---

① 许德音、周长辉：《中国战略管理学研究现状评估》，《管理世界》，2004 年第 5 期，第 76～87 页。

稿件质量。一些编辑部审稿的期刊反而能持续发表高水平的论文，原因可能有以下几点：第一，大部分杂志挂靠于高校或科研院所，编辑部内部的评委均属所在单位的学术带头人，因此对论文质量水平的评定有较高公正性。顺便提一下，国内排名靠前的很多杂志的总编（主编）都是挂名，真正负责论文审校的都是一些副总辑（副主编），这些人普遍年龄较低，学术思维活跃。但是交给外审后，就得尊重外审结果，因此很多不合格的外审结果也被迫接纳。第二，很多学者还没有意识到作为外审专家应该承担的责任和这种工作赋予他的荣誉，而是将其看作一种差事或带着"帮忙"或"回报"杂志以建立关系的态度。态度决定一切，没有良好的外审态度是不可能做好事情的，反而是编辑部的内部人员为了保持自己的杂志在学术圈的声誉而认真把关。第三，似乎国内的外审过程中若外审人员没有尽职的情况下不会受到任何"惩罚"，这等于给了他一项很大的权力，但没有对其进行监控，即管理中的有权无责，控制系统缺位。可以想象，这可能会带来权力滥用的后果。事实上，国外期刊的外审若有一次"违规"就会被清理出外审圈，而且在学术界的影响也会大打折扣，因为他在糟蹋别人的劳动成果。

总之，一个高水平的学术期刊取决于几个因素：主编和编委的水平，作者的水平，审稿人的水平，以及读者的水平。在缺乏成熟审稿机制的情况下，编辑部审稿不失为一种无可奈何的过渡机制。这也说明了为什么国内一些勉强实行外审制度的期刊无法保证论文质量，而一些高水平的学术期刊由于采用编辑部审稿制度反而能更好地把关，保持文章的水平①。这种现象的存在本身就是不正常的，而解决这个问题更需要整个学术界的参与和努力。

（三）学术会议

和学术期刊同样重要的学术会议则是学术思想进行碰撞和交流的一个更直接的场所。值得高兴的是，确实有越来越多层次和质量较高的国际会

---

① 当然，必须肯定，目前国内一些一流的学术期刊严格遵守外审的规范，保证质量，维护期刊的声誉。可喜的是，虽然在面对各种考核时这些期刊发表的文章跟二、三流期刊的文章可能没有什么区别，在高水平的同行之间，它们的价值仍然是得到高度承认和尊重的。这些期刊代表的是学术期刊的发展方向。

议开始在中国大陆举办，参会人员在管理领域的学术贡献和国际知名度都很高，突破了以前闭门造车的狭隘思想，拓展了学术圈子，并提供了与一流学者交流看法、探讨学术发展前沿的平台，并为未来的合作建立了基础。但同时我们也必须清醒地看到，部分学术会议中也有一些不良的行为在滋生和蔓延，主要表现在以下几点：

第一，重形式，不重交流。很多学校目前在评定教师和博士生的研究成果时，往往把一些重要国际或国内会议的入选论文界定为学术成果，这就导致很多学者开始把学术会议作为一种替代性的学术杂志，看到有重要会议就投稿，有时围绕一个会议的不同分论坛一稿多投，主要目的不是去和别人交流自己的研究成果或去倾听别人的研究进展，而是作为应对学校评估的策略。这就导致很多人即使论文被选中（甚至交了会议费）也不去参会，去参会也不听会的风气。导师与研究生共同参会，本来是导师为学生树立榜样，同时将自己的学生介绍给其他老师的非常好的场合，然而经常出现研究生在做学术报告，而导师虽然挂了名却根本不在场支持。这样对自己的研究生都不尊重，又怎能希望自己的学生能够有良好的学术习惯呢？

第二，重任务，不重效果。国内学术会议的一个恶劣的现象是，经常有参会人员报到以后，领完会议材料，参加完会议组织的旅游，吃完宴席，却不认真参加学术交流。会议没开完参会人员却已经走了大半，最终的会议总结往往成为主办方最为尴尬的时刻。这种现象在中国主办的国际会议中也频频出现，在国外学者中留下不好的印象。学者参加学术讨论会都希望把自己的成果展示给别人，了解同行对自己研究的看法，得到新的信息。但任何事情都是相互的，每个人都想从别人那里汲取营养却不贡献养分，这就使学术群体成了无源之水。讲完自己的参会论文就溜之大吉，说轻点儿这是一种不负责、不尊重别人的表现，说重点儿这是一种缺乏学术道德，破坏学术氛围的恶劣行径。

第三，重"大腕"，不重"新秀"。之所以很多学者热衷于参加学术会议，是因为对某些明星人物的崇拜。毋庸置疑，这些学者对学科和理论发展做出了重要贡献，值得我们尊重，但我们应该认识到新生代的力量，博士生或者一些年轻教师才真正代表了学术发展的中坚力量，他们更了解学术的前沿在哪里，更懂得如何把握理论发展方向，更清楚如何填补知识空白点。现在很多学术会议大部分是先让一些明星人物作所谓的主题演讲，占据了一半左右的时间，没有明星的会议反而成了鸡肋，这种现象是反常的。而这些在程序上注明做主题演讲的大牌学者常常会有些临场缺席，这又给研究生树立了非常不好的反面榜样。反观国际高水平的学术会议，经常只有非常有限的主题演讲，因为这些会议本来就是学者之间平等进行学术交流的场合。

（四）研究经费

最近天津大学张维教授指出，除了学者自身局限性外，国家对管理科学研究的资助与资助体系协调性也有待进一步提高。从投入规模来看，中国目前的经济增长很快，但在基础研究的投入上还远远不是科学强国，与国外相比还有较大差距。对于管理科学基础研究的资助与科学管理在国民经济发展中所起的作用、与中国丰富多彩的管理实践对管理科学研究的需求之间仍存在巨大的差距。从资助渠道来看，在国家对管理研究的资助体系中，不同资助渠道在不同层次的知识创新和应用活动中也应形成一个有机整体。比如国家自然科学基金主要支持利用科学方法所进行的、以创造新的管理知识为第一研究目标的基础管理研究，这其实仅仅是管理学科研究中的一部分；而那些为某个具体管理问题提供实践解决方案的应用性研究，则更多地应当被宏观管理部门所设立的基金或者企业资金所支持。另外，管理科学的研究具有综合性，也需要来自于社会科学基金和自然科学基金资助的其他一些基础性研究（如社会学、经济学、政治学、人口学、数学、信息科学、经济地理科学、行为科学等）的支持。总之，无论从基础研究到应用研究的各个层面，还是从不同学科横向的联系，各种资助渠道之间的协调性还需要大量的工作来改进和完善。

另外，必须承认收取版面费的情况也比较复杂。总的来说，国家在学术期刊建设方面投入得不够，期刊的管理体制也比较混乱。首先，研究机构和高等学校中一般的图书经费非常有限，这就对期刊的定价产生极大的约束，再加上研究人员本身直接订购期刊的情况远远少于发达国家的水平，从而使期刊的市场销售规模偏小；另外，由于期刊在中国被看成是意识形态的一部分，一定要有"主管单位"而不能按照国际上那样的方式操作，再加上期刊编辑部也可以作为一个安排人员编制的借口、主办期刊在学术评估中也被看成是加分的因素，这就造成了期刊的分散化举办现象，使办刊成本上升。因此，纯学术的期刊不收版面费是比较困难的，但这又给一些投机分子一个借口，他们不是以办高质量学术期刊为目的，而是将期刊变成了一个赚钱的工具，从而将市场的水搅浑，形成"劣币驱逐良币"的局面。同时，也造成了前面所谈到的文章越来越短、质量越来越差的现象。所以，我们现在区分学术期刊的优劣，除了其他一些方面的考虑以外，在收取版面费上应该是遵循这样的原则：不是给钱就发表，而是经过严格的双盲评审，认真修改以及主编通过后才有资格交钱。同时，我们是否可以考虑一方面收较高的审稿费，设置一定的进入门槛，在一定程度上控制低水平的文章浪费高水平学术期刊的审稿人的时间；另一方面对已经录用的完全由在校研究生完成的论文，则设置较低的版面费，以避免研究生纯粹由于经济原因不得不"出售"署名权给没有做贡献的导师。

三、 教学层面

管理学科研究水平的提高从根源和长远来说离不开管理教学的提高。相对于其他专业，管理学科更强调与现实的结合，它本身就来源于管理工作实践，因此在培养相关人才方面，其中一个重要的要求就是在强调理论知识掌握的前提下，更看重实际工作能力的培养。围绕这样的指导思想，管理学科在教学层面的建设可以通过专业设置、师资配置和企业实践三个方面加以支撑，它们之间并非各自独立，而是相互影响、相互制约的关系，以下我们首先分别对其进行分析，然后再综合考虑它们之间的共同作用。

我国现有管理学科的教育种类基本齐全，从本科、研究生到 MBA、EMBA，再到各种在职培训，但问题的关键是在专业设置上过分追求完备性。首先，在同一教育层次上，不同背景的管理学院都试图开设所有的管理学专业，例如，一些根本不具备条件的学校也盲目追求各种教育层次的齐全，例如，没有招收 MBA 资格的，采用各种方法和手段争取招生资格。当然，如果这种专业的健全和层次的提高是建立在学院整体教学和管理水平逐步提高的基础之上的，那么将会取得良好的绩效。但如果仅仅是为了追赶潮流或彰显政绩，这种拔苗助长式的冒进方式将是极不健康的，它将严重违背学科发展所遵循的客观规律，最终不仅所培养的人才不能很好地服务于社会，而且还损坏了学校的长期声誉，扰乱了正常的教育市场，形成各学校之间的恶性竞争。管理学院的 EMBA 就是一个很好的案例。四年前国家刚刚开始批准 EMBA 项目时，很多学校都争指标，希望多招、快招。然而短短的四年时间，许多管理学院已经开始做了重大战略转型，从差异化战略变成了低成本战略，国家批的指标都已经招不满，学员的水平（包括学员职位）也开始下降，从过去的努力高薪聘请国际一流管理学院的一流教授到今天的聘酬金低的教授。结果是恶性循环，无法提升项目的学术水平。这个过程几乎是国内不少新兴行业发展过程的缩影，缺乏长远目标和规划，以及缺乏行规导致过早进入恶性竞争，发展空间萎缩。结果是有些所谓的 EMBA 项目学费还低于顶尖管理学院的普通 MBA 项目，这样的 EMBA 已经没有多少价值了。当然，从市场优化的角度看，这也不完全是坏事，这个趋势导致 MBA 教育市场的快速分层，形成金字塔的结构，在塔尖的只有为数不多的一些一流管理学院，而这些一流的管理学院反而可以保证招到高素质的学员，收取更高的学费，同时为学员提供高水平的教育和回报。

作为教学主体，教师是影响教学效果最关键的因素之一。师资的质量和配置方式决定了一个学校的整体教学水平。相对于某些学科，特别是自然学科，大部分管理课程由于缺乏所谓的标准答案，更强调分析过程的逻辑性和灵活性，这就对教师的创新能力和实践阅历提出了更高的要求。一方面要求教师接受过正规而严格的理论训练，能够熟悉和驾驭相关的理论；另一方面又要求教师对管理具有一定的切身体验，与企业始终保持密切的联系，不断关注企业和经济发展的最新动态，从而做到理论与实践的融会贯通。因此，管理学科对教师自身素质提出了特殊的要求，虽然目前的师资水平得到了较大提高，但如何系统而有效地培养出合格的师资已经成为制约管理学科向更高水平迈进的瓶颈之一。将教师派往国外进修是提高教师水平尤其是理论和授课技巧水平的重要途径，而且也收到了良好的效果，但如何建立一个可持续的学习平台，从而使教师能够定期或不定期地接受知识更新，并能够跟踪企业的发展，是目前需要认真考虑的问题。这一问题的解决不仅涉及教师的自我完善和努力，更重要的是涉及学校教师管理体制，特别是合理的教师激励和考核机制的建立。从一个侧面，它也反映了当前学校的定位和整体的导向，所以，不同的学校在对其自身的认识方面应该根据具体情况，实事求是，力求避免好高骛远，盲目攀比。

优秀的管理人才是要通过管理实践来发现和检验的，在这一过程中，企业实践与管理教学应该呈现出一种正反馈效应。高质量的管理教学可以源源不断地为企业输送所需的人才，从而提高企业管理水平；反过来，企业对管理教学过程的参与程度又将影响到教学效果，如果学生在受教育期间能够有更多的机会参与企业实践，这种经历可降低学生在工作选择时的搜寻成本，提高工作的匹配度，同时减少将来进入企业的学习和适应成本。相对于国外的企业，中国企业对管理教育的参与度是很低的。一方面，这种文化是需要一定时间来培育的；另一方面，学校也需要建立专门的机构来协调与企业之间的关系。针对不同的企业，了解其不同的需求，以寻找恰当的合作方式。这样的相互交流不仅可以刺激企业参与管理教育的主动性，而且为学校教师提供一条便捷密切的方式与企业沟通。

教育活动具有信息不对称特征，受教育者在接受教育之前是无法准确判断教学质量的，所以，学校的信誉成为其选择的重要依据，而这种信誉的建立需要长时间的沉淀。在这个过程中，专业设置、师资配置和企业实践虽然都单独发挥着重要作用，但最终管理教学水平却取决于三者之间的共同作用。其中，专业设置受制于师资整体素质和结构组成，师资水平又与企业实践密切相关，而企业对不同层次人才的需求又是推动管理学专业不断拓展的直接力量。可见，它们之间存在相互促进、相互制约的关系，如何协调三方面的关系以提高中国管理学科的教学水平是一个需要系统研究的问题。

既然提到了教学，作者还不得不提到一个不容忽视的部分，即管理学科所面对的教授对象。由于管理教学与企业需求存在着密切的关系，于是便出现了所谓的"大学市场论"，即大学里的管理教学应以满足市场的需求为目标。有市场就有顾客，于是学生就成了顾客；在市场上顾客是"上帝"，于是管理学院的学生也就成了"上帝"。于是不少管理学院的 MBA/EMBA 项目就开始被"上帝"驱使左右。这种定位实际上颠倒了大学的本质精神。严格来说，大学从来都不应该是市场。大学更应该是一座殿堂，一座致力于人类知识与质疑精神的殿堂。因此，学生也绝不是顾客，更不是所谓的"上帝"，而应该是追随知识的虔诚信徒，无论学生是身无分文的本科生，还是身家上亿的总裁。真正的顾客应该是雇主，是企业，是社会。我们不能忘记，管理学院是大学的一部分，不是一个职业培训学校；MBA 是一个学术性学位项目（Academicdegree Program），而不是社会上以讹传讹的职业项目（Professional Program）。如果说企业老板聘请咨询顾问是消费，那么他作为"顾客"也许可以获得眼前的"柳暗花明"。但是学管理则是一项投资，学生获得的是理论思想、分析工具、管理技能，是如何确立企业的长期定位和持久竞争优势，所带来的利益是长远的，受益终身的①。

四、 激励机制

（一）教学与研究

上面两部分提到的管理教学和管理研究既是互补又是冲突的。从某种程度上来说，研究水平高的老师一般因其知识丰富度和对某些问题有较为深刻的见解而能在教学上获得认可，老师通过教学可以扩散、检验自己的研究成果，同时又能利用学生的反馈对研究进行补充和改进。根据作者的观察，在国际一流商学院的教授中，许多出色的学者同时也是出色的教师。然而，这种研究教学都出色的学者毕竟是稀缺资源。在很多情况下，资源雄厚的大学可能聘用少量研究非常出色但是教学能力明显比较弱的人才，而一些教学出色的老师未必就能有很高的研究水平。这里最重要的问题是两者在时间占用上的冲突。若是在一般学校也许这个问题不那么明显，因为它们的定位并不是研究型大学，因此师资可以把主要精力放在教学上；但对于一些研究型大学，目前这方面则是矛盾重重。

---

① 许德音：《一个管理学教授的二十一条戒律》，《21 世纪经济报道》，2006 年 3 月 6 日。

　　教学涉及备课、授课、出卷、阅卷，会大量挤占科研时间，因此很多老师并不愿意承担教学工作，也导致一些高校出现了一个本来不应该发生的现象：研究强的不喜欢教学，而从事教学的都是研究能力不强的人。这就导致很多学生非常失望，因为大家都是冲着"大师"来的，但大师似乎从来不露面，在国内的一流高校中这种现象尤为突出。

　　造成这种状况的主要原因是考核制度与学校定位不匹配。如果不顾学校定位一概将奖励（包括职称、奖金等）直接与科研成果挂钩，而将教学作为一个较弱的参考标准，这种考核制度就会带来不好的引导作用。我们必须认识到，在商学院里教学和研究具有同样的重要性，否则研究做得再好只能是个别人的声誉上去了，但商学院的名声并没有随之扩大，反而学生的怨声越来越多。这几年国内MBA项目有的已经开始出现滑坡，主要原因就是很多人认为"物非所值"。问题的解决办法就是人尽其能，让那些擅长于讲课的优秀教师充分发挥其能力，设立教学职位，减少他们的科研工作量，同时根据教学效果直接与奖励挂钩，不一定与职称挂钩，但一定要与奖金和其他一些名誉挂钩。在这方面，一些管理学院做了一些有益的尝试，新招聘的讲师可以根据自己的职业定位和特长选择研究职位还是教学职位。研究职位的老师的奖励标准是科研成果，同时享受减少教学工作量，而教学职位的老师则是课程安排得比较多，同时在科研成果的要求上相应降低。另外有些商学院则实施了博士生导师必须给本科生授课的规定，强调研学并重的指导方针。在国外一流管理学院经常采用的方式是，对新招聘的年轻教授都不允许选择侧重教学的合同，因为这些年轻教授一般有研究能力和潜力，学院都会希望将他们培养成为高水平学术研究的主力，并给予大力支持。对一些教学非常出色的教师以特殊合同聘用，他们的职称可能是讲师或者高级讲师，但是没有终身职位，这里包括一些在中国因他们的某一本书被翻译介绍（或者炒作）而突然变得非常轰动的兼职教师。或者有些已经有终身职位的教授由于各种原因不能继续从事高水平的研究，但是愿意承担较高的教学工作量，这样学院可以为他们量身定制侧重教学的合同，让他们负担较大的教学工作量，但是不要求同样地发表文章，而只要求他们保持一定程度的学术活动和继续提高①。这些研究要求低但是教学要求高的教师承担额外的教学工作量以支持研究水平高的教师多发表文章。他们的考核标准不一样，但是都能得到应有的尊重和承认。他们中非常出色的照样可以获得非常高的荣誉，一流管理学院中也经常设置大奖专门奖励教学出色的教师。然而，在研究型管理学院中，由于其学术定位的原因，研究型学者所获得的支持和报酬比纯教学人员要高，这是不争的事实。这种事实不一定完全是坏事，教学型的教师如果心理上无法适应可以通过流动到教学型的大学来实现自身的价值，这是一个非常正常的个人职业定位的选择。国内管理学院之间也应该形成教师正常流动的机制，以促进人力资源的动态优化组合。当个人的理念与环境不能融合，或者能力与环境不能适应，而个人又无法改变环境时，重新选择环境也是明智的选择。

（二）研究与行政

提到研究与行政，就不得不提一直以来牵制中国学术界前进的"官本位"制，这种制度导致资源不是按照其最优的方式进行配置。如何运用有效的激励来减少"学而优则仕"现象，使之逐步转变为"学而优则优"就成为一个值得认真探讨的问题。排除其他因素的影响，物质条件在其中占据着重要的地位。如果一流的研究学者能够拿到很高的薪水，甚至超过院校高层行政人员，从物质上对其所作研究给予充分肯定和尊重，可以减少学者追求行政职位的动机，从而保证最好的学者能够在一种比较单纯的环境中潜心从事学术研究，以高质量的研究成果回馈于社会。这其实也是作者在另外一篇文章所强调的重塑教授学者尊严的一部分，因为在大学里，一流学者在学术的巅峰时期追逐行政职位是一个非常反常的现象。谈到这里，作者想提到一个在美国的大学中脍炙人口的故事。20世纪50年

---

① 作者曾经认识一位著名研究型管理学院毕业的博士，他对研究没有兴趣，毕业几年没有出一篇像样的学术研究，以至于连他的老师，一位著名的战略管理学者，都称他为"我们博士项目的耻辱"。他最终没有得到终身教授。然而，他是一位极其杰出的教师，非常敬业，年年获得教学奖，深受学生爱戴和尊重。作者和其他非常尊重他的朋友曾经大力游说，最终协助他在另外一所水平更高的管理学院获得了纯教学合同。他没有终身合同，他不做研究，他大概永远也得不到终身教授职位，但是，只要他保持高水平的教学，他也不会失业。事实上，他在新的学校继续获得杰出教学奖。

代初，家喻户晓的"二战"英雄艾森豪威尔将军从军队退役后，竞选成功并连任两届美国总统。在他担任美国总统之前，他曾经接受了哥伦比亚大学的聘请，担任这家著名大学的校长。上任伊始，将军在下属的陪同下巡视校园，会见校董会、行政人员和学生，最后参加了学校教授为他举行的欢迎大会。在一阵热烈的掌声之后，将军致辞。他首先谦恭地对有机会会见在场的全体哥伦比亚大学的"雇员"（Employee）们表示万分的荣幸。这时，一位教授站了起来，自负却又不失风度地说："校长先生，教授们可不是哥伦比亚大学的'雇员'，教授们就是哥伦比亚大学。"由此可以窥见教授对于大学的意义，教授就是大学的中心。而这些大师的培养是需要一个良好制度来滋养的，从某种意义上说，中国大学中常见的行政人员凌驾于教授之上的现象本身就是不正常的，大学应该建立学者的尊严。整个社会都应该清楚，大学的责任就是通过研究创造知识，并通过教育传承知识，而这些大学的基本任务是直接由教授们完成的，其他所有的成员，包括校长，只是通过自己的服务协助教授们完成大学的使命。

这又涉及了整个商学院管理问题。如果说优秀的教授是稀缺资源，那么有领导能力的商学院院长就是更为稀缺的资源。那么，如何衡量和考核商学院院长业绩就成为又一亟待解决的问题。首先，在学术方面，一流商学院院长无论是否是一流的学者，都应该有能力作为学术和思想的领袖，其作用远远不是一两篇文章所能体现的。对这样的思想领袖，人们可以欣赏他的观点，也可以反对他的观点，但是绝对不会忽视他的观点。在国外一流管理学院中，聘用非学术背景的领导人才担任院长是非常普遍的，他们的任务不是发表几篇文章或者教几门课，而是创造条件，让教授能发表更多的文章、更好地教学。在国际一流管理学院中，出色的管理学院院长薪水超过校长也是正常的，也不乏这样出色的院长连续任职很长时间的例子。他们很多已不再为了应付学术考核而浪费宝贵的时间和精力去发表论文，而是致力于把自己的学院提升到更高的水平①。因此，管理学院不能

---

① 例如作者任职的加拿大约克大学舒立克商学院的院长就已经任职近 20 年，成为历史上商学院中任职最长的院长之一，尽管他曾经有机会担任校长。而在他的领导下，约克大学的商学院从一所普通的区域性商学院跃居为全球排名第 18 位，加拿大排名第一位的国际商学院（参见英国《金融时报》2006 年全球商学院排名）。

采用一般教授的考核标准来衡量院长，而应该从整合学院资源角度，考察其在位期间全院教授总体发表文章的质量和数量，而不是院长本人发表了多少篇文章。只有这样，才能促使院长从管理学科发展角度考虑学院总体战略，避免其利用权力将学院资源向有利于个人利益方向配置。目前有些管理学院由院长优先将学术资源加强自己的学术方向的倾向是不利于学院整体发展的。

其次，在管理方面，目前高校普遍采用的是近乎强制性的任期制，这种制度固然具有许多优点，但矫枉过正也容易导致短视行为。学术研究和教学都是需要相当长时间来积累和沉淀的创造性活动，稳定持续的管理方式是高质量研究和教学的必要条件。这就是说，一方面，对没有能力的院长应该立即解聘，而不应等到其任期结束才将其解聘；另一方面，对于有领导能力、业绩优秀的院长，应该考虑采取特殊政策，从而让他能在一个较长的时间充分展示其管理才能，追求长远发展目标，而没有必要为走形式强制实施任期制。当然，这还需要在激励机制上对其出色的工作给予物质和精神上的肯定，例如支付超过学校高层管理者甚至校长的薪水。这样做一方面是正面激励其认真工作，努力将学院带入更高水平；另一方面，这样的政策也为其离开院长职位设置了很高的机会成本，从而减少其追求其他行政职位的动机。

商学院的院长，甚至大学的校长应当职业化，这在中国已经被提起作为一个话题。对于院长上任就利用职权为自己的学术领域搭建一个很好的学术平台的做法，我们通常称为"院长学术"。但是，院长、校长的职业化不解决，使得他们无法将此作为一个终身的职业来追求，他们的一个理性选择就只能是"双肩挑"，因为"官儿"是别人给的，只有"学术"是自己的，命运还是需要掌握在自己的手上。这样的结果，使管理学院院长无法全身心地投入学院的长期发展[①]。所以，我们再一次看到"制度"对于人的行为的"塑造能力"。正像作者在另外一篇文章中提到的，"中国

---

① 我在国内各著名管理学院讲学时经常跟院长们这样说，作为院长，你只能在这三样目标中任选两样：做好院长，做好研究，再就是你的生命。如果连两样都做不好，那你一定有潜力可挖；如果你三样都想要，一定会丢一样，或者样样都打了折扣。国内许多管理学院院长长期高度疲劳，身体状况恶化，作者认为这种情况也到了必须引起关注的时候了。

管理学院，或者说整个学术界，甚至我们整个国家所需要的文化和理念应该是'学而优则学''仕而优则仕''商而优则商'"①。

五、 让管理实用性与学术严密性的讨论继续下去

很明显，我们对管理学科发展方向的讨论，在一定程度上其实就是对学术、学者和大学地位的讨论。基于这个理念，我想用一位管理学大师的一个学术讲座来结束我的讨论。目前中国有许多所谓的学者被尊为"管理大师"或"管理学大师"，但是詹姆斯·马奇（James March②）比任何人都更有资格获得管理学大师的称号。他是美国斯坦福大学荣退讲席教授（Jack Steele Professor Emeritus），是一位真正的学者，一个人文主义的真正传人，一位知识广博，思想深刻的文艺复兴式的人物（Renascence Man）。詹姆斯·马奇教授和赫伯特·西蒙（Herbert Simon）教授所领导的卡内基梅隆大学的研究团队在半个多世纪以前的研究奠定了现代组织理论的基础，并建立了西蒙教授后来获得诺贝尔经济学奖的研究的核心内容。但遗憾的是，他的思想和对现代组织理论的贡献在中国远远没有得到应有的介绍和重视，以至于许多中国的管理学者都没有听说过他的名字。

2006年3月16日，詹姆斯·马奇应邀在加拿大舒立克商学院做了一个学术讲座③，讲座的核心就是目前许多管理学院面临的学术研究和满足所谓的现实需求之间的冲突。事实上，如何鼓励与维持学术的严密性与实用性两方面的平衡已经成为衡量一个商学院优秀与否的尺度。这里顺便要提到的是目前在中国引起了越来越多人关注的一个名字，他就是亨利·明茨伯格（Henry Mintzberg）。亨利·明茨伯格是加拿大麦吉尔大学的讲席教授，一位曾经对组织理论研究做出过重大贡献的学者。2006年4月初的时候他曾在浙江大学做过一次演讲，坚持管理学科应该更注重满足现实世界

---

① 谭劲松：《关于中国管理学科定位的讨论》，《管理世界》，2006年第2期。

② 正因为 James March 和他的研究没有在中国得到足够的重视和介绍，我也找不到一个对他的名字的约定俗成的中文译法。如果这个译法听起来感觉很蹩脚，我请 James March 的学生和崇拜者们原谅。

③ 感兴趣的读者可以到加拿大舒立克商学院的网站下载讲座的录像和 PPT 材料（http://www. schulich. yorku. ca/ssb – extra/schulich%20lectures. nsf）。

的需要。我有幸应邀参加了这两个讲座。与明茨伯格教授的观点相反，在马奇教授的那场演讲中他所提倡的就是"严格的学术训练"以及"严密的学术态度"。也就是说，实用性不能成为在严密性上妥协的理由。

马奇教授在舒立克商学院的演讲中大力强调实用性必须建立在严格的学术训练的基础上，这不仅仅是在大学期间，而应该是贯穿我们一生的。他曾经有过一句非常精彩的名言，"想法的美感比它本身是否有用更重要"。也就是说，我们毕生的行动应该是努力实现个人对社会的义务，实现自我，而不是一切从结果出发去考虑。马奇教授的这种想法部分原因是基于堂吉诃德这样的风车挑战者的传奇。许多文学和哲学作品中都描述过这种理想的精神，尽管这种堂吉诃德式的努力听起来可能过于理想化，有些不切实际，但在堂吉诃德身上，这种人类的精神得到了很好的体现。当有人让他解释他的疯狂的行为时，堂吉诃德并没有回答自己的行为可能引起什么后果，相反，他的回答是，"我知道我是谁"（I know who I am）。

詹姆斯·马奇认为，堂吉诃德一直以来都是在听从自我的想法，而没有让环境来决定自己的行为。他身上体现出来的更多的是一种对于自我的清醒认识，而非对现实环境的适应。他追求的是一种自尊，而非私利。当然，堂吉诃德后来的不幸也活脱脱地向我们表明了这样的一条追寻自我的道路有着它的局限性，但是堂吉诃德的传奇又歌颂了对于人性的另外一种看法，即热情、责任感以及行动并不取决于最终是不是有好的结果，而是决定于是不是愿意无条件地投入一种特有的生活。

詹姆斯·马奇主张，大学不是市场，它仅仅由于特定的环境恰好成了市场（Incidentally a Market）。从本质上来看，大学更应该是一座殿堂。在大学里，知识得到尊重不光是因为它能给个人或社会带来一些好处，更重要的是，知识代表了一种人类的精神，并能够将这种精神延续下去。他提出，目前管理学院的考核制度，特别是终身教授考核制度，在扼杀年轻学者的创新精神。他提出的问题，其实与中国管理学院（或者大学）面对的挑战是一样的。我在讲座后问他是否有什么办法可以解决这个难题。詹姆斯·马奇用他那种充满智慧的幽默回答说，也许管理学院应该只招聘两种人做教授，或者是信心强大到不需要担心是否可以得到终身教授的人，或者干脆就是傲慢到不在乎是否能获得终身教授的人，因为只有这两种人才敢于蔑视制度的不完善而投身于有创新的学术研究。

这样听起是不是有些太理想主义？马奇认为，堂吉诃德的故事告诉我们，如果我们只有在确定不会被欺骗时才去信任，在知道有所回报时才去爱，在看到了知识的价值后再去学，我们就丧失了人类的一个基本特性，即愿意为自我观念的实现去采取行动，而不计较其他后果。任何宗教的存在如果能够以它能带来什么样的好处来衡量的话，那它也不能称之为一个真正的宗教了。大学教育与学术研究也是同样的道理。教育与学术应该作为一种信仰来追求，而不应该单单从实用性的角度来衡量，这样的教育和学术才算名副其实。马奇认为，高等教育是一种理念，而非实利的计算；同时它又是一种义务，而非选择。学生不应该把自己当成顾客，而应该成为信徒（Acolytes）；教育不是一种工作，而是一种圣礼（Sacrament）；而研究也不是投资，而是一份圣约（Testament）。

有人可能会说，这些不过是些异想天开的空想，因为从经济学角度看，任何愚蠢的行为都是需要一个合乎理性的解释的。关于这个问题用堂吉诃德的一句话来回答是再恰当不过了，那就是"对于一个游侠骑士，出于某种原因去干一些疯疯癫癫的事情既不会给他带来荣誉，也不会让人们对他心存感激。问题的关键在于，他可以干一些傻事，而不需要任何理由"。作为管理学者，也许我们需要这么点"愚蠢"的挑战风车的骑士精神，因为如果在学术的殿堂里都丧失了理想主义，那就更不要指望在社会的其他地方能找到了。

关于中国管理学科定位的讨论[*]

加拿大约克大学　谭劲松

摘要：本文讨论中国管理学科的发展方向和存在的问题。通过分析管理学科定位不清的现象和原因，作者讨论管理学的特点及其定位，以及制约管理学科发展的各种原因，并提出一些建议。文章的主要目的在于提出一些已经被熟视无睹的问题，以期带来严肃的学术谈论。

关键词：管理学院　学科定位　学术范式　发展方向

讨论中国管理学研究的现状和未来，也许不能脱离中国管理学院^①的过去和现在。中国的管理学院从历史渊源和学术传统考查，基本上可以分为三类，源于原计划经济时期的财经院校传统的，源于工科院校传统的，以及源于经济学传统的。经过20多年，这些不同的学术传统为今天的管理学院分别留下了各自深深的烙印，至今影响着这些管理学院的发展路径，成为这些管理学院各自独特的优势和劣势的根源。从劣势方面考虑，一些管理学院，包括一些著名的管理学院至今还没有跳出各自过去的"影子"，给自己找到确切的定位，以至于影响到今后的发展。在这三种学术传统中，对管理学发展影响最大的也许是经济学。在本文中，作者专门讨论经济学和管理学的互相定位问题。

经济学和管理学本身是两门独立的学科，它们具有不同的研究对象和研究目的，其假设条件和研究方法也相互迥异。但从管理学被引入我国之

---

* 原载《管理世界》2006 年第 1 期。
① 本文将"管理学院"和"商学院"互用。

初，就与经济学产生了混淆。尽管现代西方经济学也是在改革开放后才系统地被引进中国，但由于一大批海外和本土的经济学家的不懈努力，中国经济学科的发展和完善，以及经济学的研究规范程度已经达到相当水平。然而，管理学的定位和发展却一直笼罩在经济学的"影子"之下，就像早产儿一样没有得到健康的发育①。经济学家管理化和管理学者经济化已经成为我国经济和管理学术界的特色之一，而先入为主的经济学在这场本不该存在的较量中目前占据了绝对的优势。这不得不使我们对中国管理学进一步发展产生了深深的忧虑。在中国转型经济发展过程中，经济学和管理学究竟承担什么样的社会责任？各自的内涵和外延分别是什么？管理学在我国应该如何定位？诸如此类的问题接踵而至。正视现实是改变现实的开始。基于这样的认识，本文首先分析了经济学泛化与管理学弱化的表象，进而对其发生原因进行初步探讨，并在此基础上对问题的解决提出相应思考。

一、 经济学泛化与管理学弱化

尽管经济学的定义不尽相同，但其核心思想都是研究稀缺资源如何有效配置以达到帕累托最优状态。自 1902 年严复将《国富论》介绍到中国，经济学传入中国已有百年历史，而 1895 年的京师大学堂也已开中国近代经济学教育的先河。现在中国经济学虽然有很多难题未解，但经济学严谨和近似完美的逻辑和推理过程被一代代中国学者折服并推崇。从计划经济到市场经济，经济学在中国的发展与整个中国社会经济的发展是紧密相关的。新中国成立以来，一部分经济学家秉承马克思主义政治经济学理论，在相当长一段时间以论证和诠释现行的路线、方针、政策为职志，而后又努力从马克思主义经典著作中为改革开放寻求理论支持。公允地说，这些研究虽带有强烈的时代色彩，但是针对性很强，在一定时期确实为中国经济转型铺垫了强有力的理论基础。伴随着改革开放所带来的对西方经济学重新认识，运用现代经济理论和方法研究中国经济问题的研究成果开始出

---

① 许德音、周长辉：《中国战略管理学研究现状评估》，《管理世界》，2004 年第 5 期。

现，并呈逐渐增多之势。这些研究对探索具有中国特色的经济发展之路做出了开创性的贡献，许多改革措施都凝聚着他们的智慧，如"价格双轨制""发展社会主义市场经济"等，中国的经济学家也逐渐赢得了社会的认可与尊重。中国的改革开放为新一代经济学家提供了发挥才华、施展抱负的广阔空间，也造就了一批完全可以与国际接轨的经济学家。

承载着社会对经济学的过高期望和粗浅认知，经济学家开始将其领地延伸到了企业层面，来为他们提供了一些决策建议，很多经济学家甚至直接进入企业担当顾问或独立董事。经济学迅速在企业、媒体、咨询机构和政府政策制定等各个领域占据了主导地位。企业家成为经济学家的弟子，经济学家成为企业高参等现象已经成为一种时尚。一方面，这一现象说明我国经济学对社会发展的影响力在日趋扩大，另一方面也导致另一个重要问题的产生，经济学究竟是一门怎样的学科？是否与经济有关的上至国家宏观政策，下至特定企业决策都可以依赖经济学的理论来指导？任何学科都有其严格的内涵和外延界定，从学术意义而言，目前中国已经出现了经济学泛化现象。其主要特征表现在一些经济学家不再坚守经济学自身研究领域和方法，而开始追逐其他学科领地，并试图提供并不专业的解释和指导。这个趋势如果不引起重视，其结果就有可能导致原本极其严肃并且严谨的经济学研究逐步沦为"万金油"式茶余饭后的谈资。这不是危言耸听，因为当经济学家毫不犹豫地就其他领域的问题发表评论时，当经济学外延被大幅度扩展之后，中国经济学家终于发现他们给自己背上了过于沉重的包袱。经济学并非万能钥匙，特别是在管理领域，变化万千的现实问题让以企业同质性为假设前提的经济学研究难以适从。就此而言，中国经济学家承担了大量本该由管理学家承担的使命，同时扮演着两种不同的角色。

与经济学泛化对应的是中国管理学弱化的现实。我国的管理学还仅仅是一个新生的力量。20世纪90年代以前，中国一直是"大经济，小管理"，所有企业都是按照政府"计划"做事，重点考虑的是完成上级下达的指标并提供就业，和国家行为是完全一致的，所以管理学家在那时根本没有用武之地。与此同时，经济学家则站在政府的角度，从宏观经济和社会的角度出谋划策，整个经济围绕着政府计划运作。但随着中国从计划经济向市场经济转型，企业取代政府成为了经济发展的核心力量，市场机制取代计划进行资源配置。各种产权制度的企业在同一市场上通过竞争换取其生存和发展的机会，寻求有效的管理成为了企业生死攸关的问题，由此对管理学产生了巨大的需求。然而，管理学科在中国的存在和定位从一开始就面对重大的挑战。一个典型的例子就是本文作者 20 世纪 90 年代初向《战略管理期刊》（*Strategic Management Journal*）提交一篇研究中国电子行业企业战略管理的论文时，三位匿名审稿人中的一位专家曾经试图以中国仍在计划经济的阴影下，故不存在战略管理为由拒绝接受该论文。这就是说，按照战略管理的定义，说服主流战略管理学者中国转型经济中存在战略决策，需要战略管理本身就是挑战。这同时也说明，管理学科，包括现在被经济学家广泛"入侵"的战略管理领域，本身就是非常严谨的学科，它有特定的范式、假设，以及适用范围和具体限制条件。

从著名的"南开—约克模式"之后，我国才真正开始系统引进以 MBA 学位教育为代表的现代管理学的教育，因此可以认为管理学的研究和发展还处于新生的阶段。在过去的 20 多年中，中国成长最为迅速的一门学科就是管理学。作为转型期社会的致用之学，管理学的触角几乎深入到社会的各个领域。然而与学科清晰，范式清晰，方法清晰的经济学相比，新兴的管理学在中国却是相当的杂乱，以至于人们很难梳理出学科的发展脉络和内在逻辑。如果说经济学实现了理论的回归，重新在西方经济学中找到了自己的发展路径，那么，管理学仍然在摸索阶段，在更多的时候，管理学只是停留在对管理经验特别是企业管理经验的总结。例如，企业咨询与案例研究常常被混为一谈，而咨询报告会被当成管理研究成果。中国文人曾经崇尚的呕心沥血的"做学问"被轻松潇洒的"玩学问"所代替，严谨的学术论文被豆腐块一样的散文或杂文代替。由于缺乏严格的学术训练和严谨的学术态度，一些管理学者几乎将自己定位成了开坛布道的宗教领袖，通过大众渠道宣扬自己的管理哲学，甚至用逸闻趣事和插科打诨来解释自己的理论。不少管理学院的 MBA、EMBA 以及高管培训项目被所谓的管理顾问和培训师充斥[①]。同时，本来应该系统严密的管理训练被迎合学

---

① 在国外一流的管理学院里，MBA 和 EMBA 的课程一般都由最出色的教授担任。当然，在公开培训课程中担任教学的兼职教师中会有一些行业专家，包括咨询人员。

员的"侃大山"代替，以致不少经理人员感觉走进某些管理学院的培训课堂就好像信徒走进寺庙，听禅师用佛祖的故事劝人向善。

管理学本质是关于组织和组织成员的学问，其核心在于发掘组织和人的价值。从这个角度而言，管理学家应该是关于企业家和企业行为的大师。只不过与宗教家相比，管理学家更多的是借助于科学的手段，而不是心灵的暗示；与心理学家相比，管理学家更多地从现实社会寻找实证材料，而不是过于关注人的内心活动，忘却了社会大背景；与社会学家相比，管理学家不仅注重现场调查发现问题，而且还要找出解决问题的方法，努力改善决策水平，改善企业业绩。尽管企业作为市场经济的主体，其管理水平直接影响到一个国家经济发展进程，而管理学作为专门研究各种组织管理问题的学科，从逻辑上推论，应该在我国得到长足的发展。但现实的情况却是管理学不仅在研究方面相对世界水平还有很大的差距，而且在实践方面，相对我国经济学家的活跃程度，管理学家们似乎还没有找到自我的位置，担当起应有的职责，以出色的成绩赢得企业和社会的推崇。这种管理学弱化现象产生的原因是多方面的，以下我们将从三个层次加以分析。

二、 管理学弱化的原因

（一）管理研究者层面

管理学作为一门实用性很强的学科，为管理学者提供了得天独厚的条件来研究和指导现实企业的管理过程。但也许正是这样的实用的机会太多，来得太容易，从而导致相当一部分学者把学术研究当作追名逐利的工具，拼命做一些取悦社会大众、取悦传媒的所谓学术研究，他们抛弃了管理学者应有的历史使命，即用严谨的科学推论和规范的研究方法丰富和发展管理学理论，同时关注企业和具体企业中的经营和运行规律，务实地为企业服务。诚然，面对名利，一般人都很难把持自己，"不以物喜，不以己悲"，并不是人人都可以做到的。然而，学术研究毕竟是一种"非淡泊无以明志，非宁静无以致远"的事业和追求，如果一名从事管理学研究的学者不是把名利看作对自己的奖励而是当成人生的目标，不是矢志于严谨创新的学术研究，那就难免沦为"江湖术士"。

学者以及他们所从事的学术研究需要理想主义，"为求知而求知"的学术价值取向是西方近代科学得以迅速发展的重要文化条件，而这种理念也曾经被一些有远见卓识的中国学者认同。例如，近代思想家梁启超甚为推崇"为学术而学术"的治学精神，因为只有持"为学术而学术"的治学心态，才能形成"坚忍之态，永久之注意"，才能在"绵密之科学，深邃之哲学，伟人之文学"中取得真正的学术成就。正如梁启超、严复、王国维、胡适、陈寅恪等所注意到的，西学重求真，中学重求善。就这点而言，中国人应该向西方学习的是"为求知而求知"的求真传统。然而反观中国学术传统，"实用理性"一直以来占据主导，古代的先哲们在思维方面并不真正关注理论方面，"是非""真理"本身的价值往往不被注意，重点是如何"运用"智慧和知识，"经世致用"的学术价值取向自古已然。"实际的而非理论的"中国传统学术价值取向导致缺乏探究自然、追求真理的学术研究精神。"五四"新文化运动虽然开启了中国传统学术研究向现代学术研究转型的过程，但是"经世致用"的学术价值取向依然支配着中国学者的学术研究。

另外，中国传统文化中的"万般皆下品，惟有读书高"，其实就是为名利所驱，将知识作为跻身上流社会，获取地位和金钱的资本，而不是为了彰显知识与学术的尊严，亦不是为了将追求真理作为人生的价值所在。不可否认，不少学者依然抱着"学而优则仕""学而优则商"的心理在做学术研究，而追逐名利是中国管理学研究很难有重大突破的重要原因之一。作为学者，首先应有献身学术研究的精神，把追求真理作为学术研究的最高目标，"为真理而求知"，为"科学自身的目的"做研究，不断创造科学知识。如果把追求名利置于追求真理之上，那就偏离了学术研究的本来目的。

因此，从学术研究角度而言，一些从事管理学研究和传播工作的人自身学术素养不高是导致管理学科发展滞后的重要原因之一。当然，这个问题不能简单地归咎个人问题，作为社会中的一分子，每个人的思想和境界还受制于所处的环境。构建一个能够孕育和支持高素质的管理学者的学术环境，还需要各方面的努力。

（二） 管理学院制度层面

讨论从事管理学教学研究的人的素质，不能不谈到管理学院的考核奖励机制。大学体制内工资水平的非市场化导致学术界无法与企业界竞争管理学者的时间——既然学术研究没有足够的经济回报，而国内学术市场又缺乏足够的效率来识别高质量的研究成果，那么管理学者当然更愿意将自己的宝贵时间投入到营利性的咨询活动中而非研究上。

说到这里，作者想顺便提到管理学院的制度本身对管理学者的素质和结构的影响。目前，不少管理学院忽视了维护教授这个职业的尊严，维护管理学院教授的含金量。教授不仅仅是一个工作，也不仅仅是一个职称，教授是一个职业。这个职业的特殊性决定了选择这个职业的人要全身心投入。这是一个不应该"兼职"的职业。如果政府官员、企业经理或者咨询员希望得到教授这个荣誉，他们就应该考虑全职读博士，然后全职当教授。如果管理学院的教授对经商或者咨询等"第二职业"如此难以割舍，那他们应该考虑将"第二职业"变成第一职业，不要再当教授。当然，管理学院根据具体需要外聘的兼职教师是必要的，但这些位置不是教授，也不应该称为教授。北京大学经济研究中心的战略管理学教授马浩对此有非常中肯的建言："本来教授也应该是非常职业化的一个职业。只是这些年教授的门坎儿实在跌到谷底，尤其是商学院的教授。兼职教授、客座教授、访问教授、特聘教授、企业家教授……难以计数。其实，大学里只教课不做研究的老师，尤其是企业家兼职的，在国外一律称为讲师。没有该行业最终学术学位和学术成就的人也根本不敢自称教授。就连那些有博士学位但是由于特殊才能被聘任的，并不按主流派学术规范进行研究的人员，也只能被称为研究人员或者是高级讲师，比如以所谓第五项修炼著称的彼得·圣吉……商学院也不是不需要企业家来讲课，而是应该欢迎他们来，只是不要动不动就把教授的头衔当水果糖送出去了。企业家是实践者，不是教育者。实践者和教育者毕竟是两个不同的职业。商学院是否也该停止制造更多的业余教授了"①。作为管理学学者的"家"的管理学院，应该扮演好"守门员"的角色，维护教授这个职业的尊严，为真正献身管

---

① 参见马浩：《教授是一个职业》，《经济观察报》（http://www.eobserver.com.cn/Read-News.asp? NewsID=15946）。

理学研究的学者们保留一块他们可以引以为自豪的净土。

（三）学校教育层面

由于历史的原因，中国许多管理学者都是从经济学院转到商学院或管理学院，身体里还是流着经济学思想的"血液"，也少有机会接受正规严格的管理学训练，以至于很多院校管理专业的课程体系设计都与经济学院相差无几。作为管理研究者摇篮的博士教育更是存在严重的问题。

首先是培养方向不清晰。从培养目标上看，中国对所培养的管理学博士存在多重定位，试图通过同一专业教育来完成各方面要求都相距甚远的几种职业培训。从学者到企业家再到政府官员，这种多目标的培养思路势必带来课程设置混乱，兼顾左右的结果往往无法高质量地完成任何一个目标，从而导致我国自己培养的管理学博士研究能力普遍不高，难以做出在国际学术界有影响力的研究成果。例如，一所中国顶尖管理学院介绍博士培养目标时这样写道："能够独立从事管理学的教学与独创性研究工作，以及企业高层领导的管理实践和对应的研究工作。"另一所高校管理学博士课程班的培养目标为"培养适应市场经济发展需要，具有系统、深邃的战略思维、较高的经营管理能力和总揽全局的战略决策水平，领导驾驭国际化大中型现代企业的高层管理人员"。从生源及毕业生去向看，大约有 1/3 的学生不是去学校或科研机构，而去实际工作单位。从博士课程设计上看，似乎又很难从教学内容上兼顾教科类和应用类。往往要求学生修习的课程，几乎全部是高难的理论研究课程，又对博士的生源及去向没有任何兼顾。这种矛盾的博士生培养体系，不仅混淆了管理学博士的培养，也混淆了社会对管理学的认识，同时，对有限的管理学教育资源造成了极大的浪费。关于这一点，我们可以考察一下美国哈佛商学院的博士培养的定位理念，"哈佛商学院的博士项目的目标是培养在一流商学院和大学中从事研究和教学的杰出学者"。[①]"对那些准备到企业工作的人，MBA学位就

---

① 参见"The mission of Harvard Business School's Doctoral Programs is to develop outstanding scholars for careers in research and teaching at leading business schools and universities"（http://www.hbs.edu/doctoral/programs/index.html）。

足够了"①。

其次是导师的问题。很多导师自身对管理学研究的认识仍停留在旧的范式，虽然他们可能也说"跟国际接轨"，然而他们从骨子里不想做出改变，因为他们是旧范式的既得利益者，学术范式的变革对他们的利益影响是最大的。结果导致他们所带的博士生仍受这一思想的熏陶，无法吸收新鲜思想，在旧的范式里挣扎。此外，众所周知，一些导师将学生作为廉价劳动力，利用商学院与企业联系紧密的机会，让学生参与过多横向课题，使学生在与学术科研无关的事情上浪费大量宝贵时间。此外，导师学术思想狭隘也是一个重要问题，近亲繁殖极其严重，学生必须与导师研究的问题紧密相关，甚至出现十几个博士研究的问题大同小异，在导师的学术框架下从事些补充性的研究，根本没有多少创新空间可言，结果仅仅是把导师推向他自己学术金字塔的塔尖。很难想象这种训练方式能培养出有能力超越自己导师的博士生。

最后是体制的问题。现在管理学院在教育体制上是严进宽出，招收了大量拥有一定权力地位的在职人员，他们往往是上完一定的课程，修完学分后就回到自己原来的工作单位继续工作，论文写作完全是副业。部分在职人员甚至无法跟班上课，更不用说潜心研究。一方面，这种现象已经导致社会上对我国管理学院培养的博士期望值大打折扣，进而对管理学院产生不信任，损害了管理学院的长期声誉。另一方面，这些在职人员会影响全身心投入学术研究的博士生，因为大家几乎都是同时拿到同样的博士学位，看不出任何含金量上的差异，导致他们心情沮丧，对自己的投入认为不值得。作为承担培养未来管理学学者责任的管理学院，应该维护博士教育的尊严，为立志献身管理学研究的年轻学者们保留一项金钱买不到，权力换不来的荣誉。中国管理学院，或者说整个学术界，甚至我们整个国家所需要的文化和理念应该是"学而优则学""仕而优则仕""商而优则商"。

---

① 参见 "HBS doctoral programs prepare individuals for careers as professors of management. Usually, an MBA is sufficient preparation for individuals planning to work in industry" (http: //www. hbs. edu/doctoral/admissions/index. html)。

（四）社会层面

作为最大的转型经济国家，中国企业从计划经济向市场经济的过渡对管理学产生了巨大的需求，正是这种需求拉动了我国管理学的诞生和发展。然而，作为一门在国外发达市场经济条件下已经自成体系的学科，其学习和消化吸收的任务十分艰巨。管理学所独有的、贴近企业实践的特点，使本领域一些"不甘寂寞"的学者抛弃了学术研究的主业，而做起了咨询专家、管理顾问这样的副业。这种社会现象还使得一些相近学科的学者，有意无意地利用和加深了企业界对管理学学科范畴的认识模糊，而将管理学领域变成追名逐利的热土。

在这样一个特定的历史时期，管理学的发展短时间内难以满足市场需求，相对成熟的经济学跨越其自身的研究界限而涉足管理学领地也在所难免。从这个角度，我国目前出现的经济学泛化现象是可以理解的。但问题的关键在于，如果我国的管理学家们不努力改变这种趋势，而任其发展，其后果将可能形成一个正反馈机制：经济学泛化压抑了管理学的正常发展，导致管理学弱化；而弱化的管理学研究反过来更无法满足社会的需求，从而助长了经济学对管理学领域的进一步同化。因此，如何改变现状，促使中国管理学研究健康成长就成为管理学者们责无旁贷的义务。本文将在以下的章节对中国管理学研究的发展提出一些思考，以期待更多的人包括管理研究者、政府以及企业界对此问题的重视和关注。

三、 中国管理学研究的重新定位

（一）管理学与经济学研究范围界定

经过十几年的发展，中国管理学有一些进步，但在经济学和管理学的定位上还是存在一些混淆。很多经济学家到企业讲授经营之道，把脉诊断，而很多管理学家又对经济发展和社会福利问题高谈阔论，为政府公共政策出谋划策，这是一种严重的错位，对社会、企业、民众和学生造成了重大的误导。从管理学家的角度来看，我们有理由非常担心经济学入侵并最终取代管理学。这种担心不是没有根据的，毕竟管理学在中国是一门新兴学科，而经济学早已形成成熟的理论体系以及建立在专业分工基础上的金字塔结构，以至有一些经济学家认为经济学是社会科学之母，因此需要对所有社会现象进行分析。大量证据表明这种"思想霸权主义"已经开始同化管理学。例如，战略管理在国外已经成为一门独立的自成体系的学科，然而现在不少人还将战略管理视为微观经济学的一个分支。然而不管经济学家如何雄心勃勃，很多管理学中的问题他们是无法解决的，因为两个学科在定位上存在显著的差异。清华大学的赵纯均教授曾经这样精辟地指出，"一段时间以来，社会上包括一些政府部门把经济学与管理学混为一谈，尽管经济学可以为管理学提供理论基础，但它们还是分属于两个不同的学科。一个社会能成为经济学家的只是少数人，但一个社会却需要大批量的管理人才，所以有的院校提出'大管理、小经济'的办学方针"。如果我们不能理清经济学与管理学之间的定位差别，我们有可能会把中国的商学院和管理学院办成四不像的准经济学院。

要讨论我国目前经济学的越位和管理学的失落，我们应该先了解经济学和管理学之间的定位差异。首先，两者之间存在研究对象和目标的差异。经济学讲求社会整体的效率与公平，以提高社会公共福利为宗旨，为政府制定政策提供依据。而管理学虽然也要兼顾社会的整体利益，但其重点却是为企业利益服务，以提高单个企业竞争力，改善经营业绩，增加股东回报为目标，为企业决策提供依据。这意味着后者会关心如何面对同样的行业结构和宏观环境建立企业独特的竞争优势，而前者甚至可能试图降低某些企业甚至行业的利润率，以实现公众利益的最大化。这就带来了管理学家和企业家与经济学家的潜在利益冲突。

试想一下，假设微软的比尔·盖茨出一流的咨询费请一个一流的经济学家做顾问来把脉诊断，出谋划策，制定战略。如果这个经济学家是受过正统经济学训练的，认同经济学的基本假设和理念，那么他很可能会建议盖茨把占有全球操作系统90%以上市场份额的微软拆分成若干个小微软，以减少垄断的可能，避免垄断可能带来的对行业结构和公众利益的侵犯，就像20世纪80年代美国政府对AT&T所采取的政策一样。而我们知道，美国政府下属的司法部多年来一直不懈地在用纳税人的钱免费为微软提供这样的服务，试图起诉微软，把分拆微软作为目标。值得注意的是，为司法部提供理论依据的就包括一批美国一流的经济学家。而微软吃官司的原因，从管理学的角度看，无非是归功于这个公司把战略管理理论和方法运用到了极致。任何一个起诉微软的竞争对手，如果可以选择的话，也许宁愿坐在反托拉斯案件的法庭的被告席上。与此同时，面对我国许多行业竞争无序，不合理的价格战不断，自相残杀的生产格局，反而很少听到经济学家的呼声。企业决策者叫苦不迭，导致企业疲于应付，无力投资研发，培养核心竞争力，以至于行业平均利润率提前下降，成熟期提早到来，这些本来应该由经济学家关注的涉及行业政策和结构的宏观层次的问题，却没有得到应得的关注。坚持两个学科的区别，就体现出各自的专业道德。而如果经济学家"越界"为企业服务，则多少有所错位。

以战略管理为例，很多人知道波特的一个重要贡献是把以降低进入门槛、保护自由竞争为目标的产业组织理论反过来为力图建立进入障碍、维护超额利润的战略管理服务，但却未意识到这两者并非可以直接互相借用。

其次，两者之间存在研究对象的差异。管理学通常以个别企业为研究对象，关心的是如何解决其面临的独特问题，以及如何发掘其核心竞争力。而产业经济学则把研究重点放在行业上，关心的是整个行业的表现，而忽略行业内企业之间除规模大小之外的一切差别。这也就是人们经常提到的经济学视企业为"黑匣子"的问题。案例分析的一个功用，就是打开或走进这些"黑匣子"。

最后，也是更为重要的一点，是战略管理学和产业经济学之间赋予经理人的不同作用。在产业组织理论中，企业环境，特别是企业所处的行业结构，决定了企业的经济行为，并最终决定了企业的业绩表现。其中企业的经济行为基本上是被动的、无力的，既不能改变环境，又不足以影响最终结果。而战略管理则高度重视经理人的能动作用，重视经理人利用和迎合环境的能力。管理学院的存在本身就是基于这样的信念，即掌握管理技能的经理人能够创造出价值。在这方面，波特虽然把行业结构放在他整个分析框架中最突出的部分，但是他对战略定位的诠释，却显示出他已成功地完成了从产业经济学家向战略管理学家的转化。对管理学科来说，我们强调与经济学"划清界限"的目的不是希望筑起一道阻挡经济学家的万里长城。管理学科在中国的健康发展需要一大批能够像波特这样了解两个学科之间的根本差别，并成功地重新定位，转变为管理学家的经济学家。他们不仅人离开了在经济学系的办公室而搬到在管理学院的办公室里，他们应该认同管理学的根本理念和范式，因为只有这样，他们对经济学理论和研究方法的充分了解才能转化为对管理学研究和教学有价值的竞争优势。

在中国自然科学基金管理学部的网站的扉页上，赫然入目的一段话是："管理科学是一门研究人类管理活动规律及其应用的综合性交叉科学。管理科学的三个基础是数学、经济学与行为科学。近年来，我国管理科学界在运用数学工具、结合经济学和行为科学等基础理论发展我国管理科学的理论方法、研究解决管理科学与管理实践中的问题等方面取得了一定的进展。"从中我们可以解读到三个方面的内容：第一，管理学是一门科学；第二，管理学是在多学科交叉的基础上发展起来的；第三，管理科学界的任务是研究解决管理科学与管理实践中的问题。沿此思路，我们如何将管理学构建为一门科学？如何在相关科学的沃土中，让管理学的丛林生机勃勃？如何科学而理智地推动理论与实践的协调发展？将是中国管理学发展面临的最大挑战。

（二）用中国的管理研究丰富和创新管理范式

范式是指导学者们进行研究的理论、世界观和思维模式。社会科学任何一个成熟的学科对事实的认识都有其自成一套的范式，范式给学者以归属的标志，决定一个学科的"游戏规则"。在这一点上，管理学也不应例外。管理学领域的研究者对现实的认识要受范式的影响，范式决定了在管理学研究中，什么是应该加以注意的、什么应该是置之不理的，从而决定了管理学科所关注的领域，界定出整个管理学科的范畴[①]。西方对管理的研究一直到 20 世纪 30 年代才正式开展。在半个多世纪的历程中，管理学科得到了迅速发展，从科学管理的"一枝独秀"到"管理理论丛林"的产生与扩大，管理学的发展与变迁在范式层面上经历了由确立、稳定到再确立的动态过程，体现出了一定的历史发展逻辑。

范式虽然如此重要，却很少被分析研究，也很少受到质疑，甚至很少

---

① 关于管理学范式的讨论，感兴趣的读者可参考北京大学光华管理学院战略管理学教授许德音和周长辉所著的《中国战略管理学研究现状评估》（载于《管理世界》2004 年第 5 期）。

被明确地说清楚。由于人类社会没有固定不变的自然规律，因此，社会的不断变化会导致在过去可以成立的范式在今天可能就不成立，甚至短时间内完全错误。管理大师德鲁克认为，对管理学而言，最重要的就是由这些自成一套的基本假设所构成的范式。例如，至少在 20 世纪 80 年代初期以前，不论是在管理研究教学或是实际执行各方面，奠定管理原理的范式是"管理就是企业管理""有或者应该有一种正确的组织形态"和"有或者应该有一种正确的方法来管理'人'"。这些假设都相当接近当时的现状，而且能够发挥功效。但是现在，这些范式已经全部过时，与现实远远脱节，成为理论的障碍。因此范式的变革就更加举足轻重。

中国转型经济的实践为中国乃至世界管理学范式变革提供了前所未有的新鲜土壤，从计划经济到市场经济的逐步推进、改革开放、加入世界贸易组织以及全球化对本土企业所带来的巨大冲击等一系列外界环境的风云突变，加之组织内部从人的生活理念变化到企业产权制度改革，各种因素对管理范式提出了新的挑战。非营利组织管理的兴起、多种组织形态和管理方法的并存，这些过去的范式无法解释的问题都需要我们重新审视过去的范式，并创立一套新的范式，从而为管理学研究打下新的基础。无论在原理上还是实务上，管理都越来越需要依据新的范式。

（三）学术"殖民主义"与"拿来主义"

目前我国管理学界存在两种观点，一种观点坚持本土化的研究，试图从中国五千年的管理发展史中寻找为现代企业可以借鉴的经验和规律。这种观点强调中国特色，部分持这种观点的学者以建立"中国特色"管理理论，甚至中国自己的管理理论为目标。这种观点有一个潜在的危险，这就是当我们用"中国特色"来提高进入门槛的同时，也把自己的发展空间限制住了。另外一种观点是坚持和世界接轨，从世界级顶尖期刊中看门道，跟着世界的发展行动，他们的理由在于由于全球化的中国和中国全球化，我们国家的企业管理和管理研究必须站在世界的前沿。坚持这种观点的学者认为中国特色对管理学研究的意义在于它提供了一个验证现有的理论并发展新理论的平台[①]。目前从主流发展来看，西方的管理思想处于主流地

---

① 对此感兴趣的读者可参考：徐淑英，2004，"Contributing to global management knowledge: A case for high quality indigenous research", *Asian Pacific Journal of Management*，（21）：pp. 491~513.

位，从战略学派，到创业学派，从人力资源管理，到市场营销，西方世界的理论和思想始终笼罩在我们的上空。学术"殖民主义"使我们的管理学者眼中只有北美的主流刊物。然而，尽管学术"殖民主义"听起来不是那么光彩，但西方管理学规范研究的严谨性和崇尚科学推论的科学主义精神对中国管理学界产生了巨大的冲击。越来越多的中国学者到国外学习，并尝试在世界权威期刊上发表对中国管理研究的成果。这一从本土化向国际化的过渡已成为大势所趋。真正要弘扬"本土研究"，应该是用严格的国际规范，来发展以中国企业为研究对象、能够解释中国企业现象的理论，以构成中国管理学对普世的管理学理论的贡献。

　　作者认为，在目前阶段，作为一种转型期间的过渡，学术的"殖民主义"更多地应该适用于管理学研究的方法论上。要构建中国自己的管理学发展体系，需要有"拿来主义"的指导思想，结合中国特定的历史环境，建立一个管理学发展的金字塔型分层体系（见图1），使理论与实践能在这个体系的指导下有序、健康、高效地发展。中国目前管理学发展急需的不仅是管理理论的应用，也不是专门解释、传播管理学理论和工具，或侧重应用的咨询专家和培训专家。中国管理学科发展急需的是一批献身学术研究的精英学者，他们必须耐得住寂寞，甘愿在"象牙塔"中从事学术研究。因为一门完善的学科，必定有一些基础研究需要在"象牙塔"中来完成，即以非常专业精确的语言讲述离实用很远的问题，最终成果通常是理论性的、以严格的学术术语写作的、发表在一流学术期刊上的学术论文。他们的研究不一定需要大众能看懂，不一定需要政府官员能看懂，也不一定需要企业经理人能看懂。他们的研究应该是给同行看的，以得到同行的认可为目标。要求所有管理学研究都能立即对企业有指导意义的期望，对管理学的发展既不健康，也不现实。因为纯学术研究没有短期回报，就更需要得到制度上的支持。然后，在高水平管理学术研究的基础上，通过更多学者、教师、咨询顾问的解释、传授等方式将学术研究的成果应用到管理实务中去。只有在这样一个管理学科学分层体系的框架指导下，我们所面临的管理学研究及发展问题才可能有所突破。这个体系是一个动态过程，每个层次结构存在着信息和能量交换，而且彼此支撑、互相促进。金字塔下面的管理实践将为塔尖上的学术研究提供必要的问题及数据，反过来，纯学术研究又可以更好地指导企业的管理活动，从而形成一个良性循环。

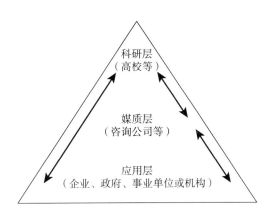

图1　中国管理学发展体系

与此同时，管理学界应该建立相应的分工清楚的学术期刊体系，包括专门发表顶尖学术成果的期刊和专门发表推广学术研究成果、为管理决策服务的期刊。从这个意义上，我们可以借鉴美国管理学会①的制度。美国管理学会有四个会刊，包括专门发表纯理论研究文章的 *Academy of Management Review*，专门发表纯实证研究文章的 *Academy of Management Journal*，专门发表针对企业决策应用文章的 *Academy of Management Executive*，以及专门探讨管理学教育有关问题的 *Academy of Management Learning and Education*。本文作者认为，中国管理学界现在不缺面向企业经理层的期刊，不缺面对政府决策层的期刊，也不缺面向大众的管理普及期刊，更不缺试图同时服务所有这些读者的期刊。我们现在急需的是建立形成面对管理学同行、专门发表高水平管理学学术研究的学术期刊。在这一点上，中国的经济学家要幸运一些，他们起码还有类似《经济研究》这样被同行公认的代表中国高水平经济学理论研究的期刊。从这个意义上说，管理学期刊的定位与管理学科的定位是分不开的。

---

①　该学会虽然发源于美国，但是其代表范围已经远远超出美国，成为代表管理学科最高水平的全球学术组织。

四、 结束语

随着中国经济的发展，中国的管理问题将受到越来越多地管理学者的重视。但是，对这些管理问题的研究将需要更多地与管理学领域的主流理论相结合，以此才能进一步推动中国管理学研究的进步。管理的科学化包含管理理论研究、管理学学科建设的科学化和管理实践等方面的内容。我国的管理学学科建设与我国管理实践的科学化、国外管理理论的本土化、我国管理理论的国际化发展方向应该是相一致的。方法论的科学化是管理学学科建设的有机内容。梳理支撑管理学的方法论体系，是加快我国管理理论研究科学化进程和推动我国管理学与世界接轨的重要途径。

作为管理学者，我们希望看到的是，随着管理学和经济学学术分工的明确，随着管理学科的发展、完善和规范，仅仅靠写管理科普文章或者连科普文章都不写就可以到处自称管理学家等诸如此类的现象都将大为减少。未来能够在管理咨询行业做出成就和形成信誉的顶尖咨询专家，应该主要是那些已经在某一领域内建立起了学术上的权威的学者。也就是说，不仅经济学家和管理学家之间有明确的界线，管理学家与管理咨询员和培训员之间也有明确的界线。同时，管理学界会出现处在学术金字塔尖的从事高水平纯学术研究的学者，他们的研究成果在推动管理学发展的同时会赢得同行高度的尊重，但他们也许不会涉足咨询和培训业。然而，这些精英学者们所贡献的开创性的研究将为管理学研究和教育，最终为企业咨询和管理实践指引方向、奠定基础。至此，成熟的中国管理学界将会形成一个金字塔式的分工结构。这时，管理学和经济学作为相关学科将可以真正有效地互相推进，互相借鉴，共同发展。

学术讨论的目的和价值不仅在于回答已有的问题，更在于提出新的问题。在结束本文的讨论之前，作者强调，本文的主要目的与其说是提供解决问题的方案，还不如说是提出问题本身。作为一个关心中国管理学科发展的学者，作者十余年来每年都回国研究讲学，并试图通过这些机会观察、了解，并做一些实际的工作。在此过程中，作者不仅有机会了解到管理学科的发展以及存在的问题，更了解并崇敬几代中国学者为管理学科在中国的发展做出的贡献。作者坚信,提出存在的问题、提出严肃的学术谈论,对管理学科的进一步发展是必要的。改变对经济学家的过高的期望并减轻他们所承载的压力,同时重塑管理学科和管理学者的学术尊严已经成为中国学术界的当务之急。经济学的天生基因和能力要求经济学家应更为踏实地关注经济规律的本身,以启迪人们的经济智慧为己任。而重新定位中国管理学的地位,更好地适应企业发展的需要,创新和发展管理理论,做有独立学者尊严的管理学者则是我们管理学界同仁的历史责任。